武學拳法×密檐磚塔×汝瓷汴繡×漕運□
黃河波濤滾滾東流，探索華夏文明

中原記憶

河南剪影

繁華古都的
興衰與更迭

許韶立　主編

- 古代知名健身狂人秦武王，竟然在洛陽舉鼎身亡？
- 宋太祖的死亡謎團，黃袍加身卻慘死在親弟刀下？
- 河南第一美食「燴麵」，最初是躲避空襲的產物？
- 令人嘆服的草船借箭，計謀並非出自諸葛亮之手？

嵩嶽巍峨河洛千古，汴水悠悠殿閣莊嚴
漫步河南的街巷，聆聽中原往昔的回音

目 錄

前言　　　　　　　　　　　　　　　　　　　　　　005

中原記憶：河南的興衰更迭與歷史風雲　　　　　　　009

九州之心：河南的地理格局與變遷故事　　　　　　　045

山川奇境：河南的壯麗風光與神話遺跡　　　　　　　063

國寶探祕：河南的傳世文物與文化瑰寶　　　　　　　085

歲月遺痕：河南的古蹟傳奇與未解之謎　　　　　　　109

佛道勝境：河南的宗教文化與千年聖地　　　　　　　147

武林傳承：從少林到太極的中原武學　　　　　　　　175

風味傳承：河南的經典美食與飲食文化　　　　　　　201

技藝非凡：河南的傳統工藝與特色珍品　　　　　　　229

戲韻悠揚：河南的民間表演與藝術盛宴　　　　　　　269

目錄

百年居所：河南的古建築與民宅風貌　　299

通途古今：河南的交通演變與橋道傳奇　　311

禮俗風華：河南的人文風情與歲時習俗　　325

人物志：改變歷史的河南名人　　363

前言

河南 —— 中國之中，華夏之源；

到河南 —— 等於走進中國露天歷史博物館；

遊河南 —— 等於翻閱華夏文明八千年。

河南位居中原，是華夏文明的腹心地帶，歷史悠久，文化燦爛，地下文物全中國第一，地上文物全中國第二，被史學家譽為「中國歷史自然博物館」，具有豐富的古文化資源優勢。河南是中華民族文化的主要發祥地之一，是中華民族之根，「源」文化、「根」文化優勢突出。從人文始祖上講，「三皇五帝」大都在河南。伏羲氏、神農氏大部分活動在河南周口一帶，太昊陵就在周口的淮陽縣。炎黃子孫崇敬的「人文始祖」黃帝，就在「軒轅故里 —— 新鄭」。在漫長的歷史過程中，河南經濟文化的發展，曾幾度達到鼎盛時期，成為中國政治、經濟、文化的中心。從夏朝開始，到北宋時期，先後有20多個王朝在河南建都，其中鄭州商城已被有關專家定論為「中國八大古都之首」，再加上九朝古都洛陽，七朝古都開封，殷商古都安陽等，使河南成為歷史上名副其實的兵家必爭之地。

河南是文物古蹟最多的省分之一，館藏文物達130多萬件，約占中國的1/8。如最早的「龍」圖騰，被稱為「華夏第一龍」的蚌塑龍，距今有6,000多年的歷史；最早的冶鐵實物，出土於三門峽虢國貴族墓葬的「天下第一劍」，距今有2,500多年；中國歷史上最早的關隘，有「天下第一關」之稱的靈寶市函谷關；周文王在中原大地上推演出的聞名世界的《周易》；最古老的禪宗寺院少林寺；最早的佛教寺院白馬寺；最早的磚塔嵩

前言

嶽寺塔，距今有1,400多年；最早的琉璃塔開封鐵塔；最古老的天文臺登封市元代觀星臺；最大的古塔群少林寺塔林；中國三大石刻藝術寶庫之一的洛陽龍門石窟；中國古代四大書院之一的登封嵩陽書院；中國唯一的洛陽古墓博物館等。其人文旅遊資源，不僅具有起源的古老性、遺存的多元性，而且還具有一定的密集性和雄渾性。

河南有「母親河」（黃河），有「父親山」（南太行）。河南不僅有豐富的人文資源，還有眾多旖旎的自然景觀。自然資源最大的特點是一個「中」字。由於地理位置處於「中國之中」，所以氣候、降水、氣溫、地質、地貌、植物、動物等景觀，都明顯具有過渡帶的特點，自然景觀兼有「北雄南秀」之特色。區內分布有眾多的世界級、國家級、省級地質公園、自然保護區、風景名勝區、森林公園及旅遊區等。伏牛山是中國重要的地理分界線，地跨中國著名的黃河、淮河、長江三大流域，是中國四季分明氣候和景色的代表。伏牛山被地質專家稱為「中國脊梁」，已成為世界地質公園，科考旅遊價值極高；南陽寶天曼被列入《聯合國生物圈保護計畫名錄》；西峽恐龍蛋被稱為世界第九大奇蹟；再加上氣勢磅礡的中嶽嵩山，巍峨挺拔的雲臺山，山勢連綿起伏、風景秀麗宜人的桐柏山、大別山，氣象萬千的白雲山以及有神話般傳說的王屋山，秀美誘人的天池山、西泰山、花果山等，使中原大地山水景觀呈現出巨大的旅遊觀賞價值和綜合開發潛力。

為了讓更多的人了解河南、到河南一遊，我們編寫了這本書。全書共分14個專題，從歷史、地理、山水、文物、古蹟、宗教、武術、鄉俗、名人等不同的角度，把發生在河南的具有趣味性、知識性的逸聞趣事告訴讀者，使其能全面地了解中原文化的博大精深。

由於該書涉及面廣，時間倉促，加之編者水準有限，有些還達不到「趣味性」的要求，我們不求「喝采」，不求「寬容」，只求讀者多多批評指正。

　　為了節省篇幅，書中引用的資料不再一一註明出處，特此說明。

編者

前言

中原記憶：
河南的興衰更迭與歷史風雲

中原記憶：河南的興衰更迭與歷史風雲

少康中興

夏啟建立夏王朝，是中國歷史的一個重要轉捩點。在大禹之前，部落聯盟的領導人是由「選賢與能」的民主選舉制辦法產生，透過禪讓制繼承。大禹也按照慣例舉薦皋陶做自己的繼承人，不料皋陶先於大禹而終。皋陶死後，大禹又舉薦一直隨他治水，並發現利用地下水「作井」的伯益做繼承人。但大禹的兒子啟卻依靠其父的崇高威望，不斷發展自己的勢力。大禹死後，啟繼承了盟主之位。伯益不服，便起來反抗，結果被啟殺死。後來有扈氏又起來反抗，也被啟打敗。此後，世襲制代替了歷史上的「禪讓制」。

夏啟的兒子太康，建都在今天的河南洛陽一帶。《史記》上記載：「太康居斟鄩，羿亦居之，桀又居之。」並考證「故鄩城在洛州鞏縣西南五十八里」，地當伊洛二水匯流處不遠。太康是個耽於享樂、不恤民事的國王，他經常率領家眷臣僕出去打獵遊玩，不管朝政。有一次，太康打獵渡過洛水，向南方出發，越玩興致越高，一直耽誤了一百多天還不想返回都城。太康這次長期出遊未歸，激起了夏民的極大怨憤，也給周邊的諸侯、部落造成可乘之機。東夷族首領后羿，便乘機攻入奪得政權。太康聞訊後，急忙返回斟鄩，但后羿的軍隊嚴陣以待，太康有家難回，只好向東流亡。最終死在陽夏，也就是現在的河南省太康縣。太康的5個弟弟，流落在洛汭一帶，就是洛河匯入黃河的地方。他們以大禹生前的告誡為題，作歌怨恨太康不能返回，這就是著名的《洛汭五子歌》：

第一首歌的大意是：祖先大禹早有訓誡，民可親近但不能輕視。一個人的過失為人所怨，皆因小事而起。小事不防，招致大禍。所以要防微杜漸，時刻警惕自己，不可掉以輕心。作為君主，就像用腐朽的繩子

駕馭馬車，怎能不畢恭畢敬？

第二首歌的大意是：祖先大禹還有訓誡，國君如果內近女色，外耽田獵，沉溺飲酒，迷戀歌舞，大興土木，建築豪華宮殿，以上六者，有一於此，沒有不亡國的。

第三首歌的大意是：失堯之道，亂其法制，必然自取滅亡。

第四首歌的大意是：祖先大禹，曾做過萬國之君，有治國之典，子孫後代要遵照執行。如今太康，荒廢先王事業，覆滅宗族，斷絕祭祀。

第五首歌的大意是：太康遠去不返，我們將何以依歸？我以此故，羞慚悲傷。太康為惡，百姓都仇恨我們，我將何依？我們的大哥不慎其德，以致失邦，雖欲改悔，怎麼能夠追及？

后羿趕走太康後，還暫時不敢公開稱王，就立太康的弟弟仲康為王。仲康死後，他的兒子相繼位。此時，后羿的實力日益擴張，就公開廢黜相，自立為王。相被迫流亡，向東逃到帝丘（今河南濮陽）。

後來后羿內部也發生動亂，后羿被他的親信寒浞所殺，而寒浞又派兵攻破帝丘，殺害了相。在混亂之中，相的妃子後緡從牆下的狗洞逃出，逃奔她的娘家有仍氏，也就是今天的山東濟寧一帶。此時，後緡已身懷六甲，不久生下一個兒子，取名少康。少康長大後，立志復國。不料寒浞知道相的兒子躲在有仍氏，就威脅攻打有仍氏。少康被迫出走，逃到了有虞氏（今河南虞城）。有虞的君主叫虞思，與夏世代交好。虞思積極幫助少康復國，把國都以東的綸邑送給少康作為根據地。少康在這裡勵精圖治，積聚力量。逐漸「有田一成，有眾一旅」，也就是有了方十里的土地，有了五百人的軍隊。

少康在有虞國積聚力量、積極復國的同時，占據斟鄩的有窮氏卻日

益遭到夏民的反對。少康趁機聯合親信氏族，向斟鄩發動進攻，並一舉攻下斟鄩，滅掉寒浞，恢復並鞏固了夏朝的統治，史稱「少康中興」。

周公東征平亂

周武王滅商之後，為了統治商朝遺民，武王把原來商王直接控制的領地——殷王畿（就是今天的河南安陽、濮陽、鶴壁一帶）分成三個區，分別封給紂王的兒子武庚以及自己的兩個弟弟管叔鮮和蔡叔度。武王的計畫，是採用「以殷制殷」的辦法來統治殷族遺民，也就是由管叔鮮和蔡叔度來「協助」武庚統治殷民並對武庚實行監視。

滅商之後不久，武王患病去世，他的兒子姬誦繼位，這就是周成王。成王即位時，還是個13歲的小孩子，而當時天下初定，政權還沒有鞏固。為了應付這個複雜的局面，武王的弟弟周公擔當起代成王執掌政權的重任，成為周朝實際上的最高統治者。這就使受封在東方監視武庚的管叔和蔡叔很不滿意。文王的長子伯邑考早死，次子武王發繼位，這是兄終弟及的例子。按照此例，管叔排行第三，周公排行第四，管叔是兄，周公是弟，不論是繼位還是攝政，管叔都比周公有優先權，所以管叔不服，蔡叔也是這個態度。於是他們便派人到處散布謠言，說周公想謀害成王，篡奪他的王位。這些謠言很快傳到成王和召公奭的耳朵裡，他們也猜疑起周公來了。

管叔和蔡叔想利用商朝舊勢力打倒周公，取得王位，武庚則想利用周族內部矛盾，消滅周朝，重建商王朝。儘管管叔、蔡叔和武庚各有各的打算，但他們在反對周公這一點上，是一致的。於是，管叔、蔡叔聯合武庚，武庚又聯絡商朝統治時的東方屬國奄（今山東曲阜）、蒲姑（今

山東博興)和淮水下游的淮夷等17國，發動了武裝叛亂。

面對這次叛亂，周公的處境十分困難：從內部說，不滿周公，對他不信任，同情管、蔡的大有人在，這些人很可能成為叛亂者的內應，而且在最高領導集團內部，也對他有所猜疑；在外部，聯合叛亂力量占著相當的優勢，叛亂集團中，還有周朝統治者的親戚，因此平定這次叛亂不大好下手，也很難輕易取得勝利。

在這緊急關頭，周公為了鞏固自己內部的團結，分化、瓦解敵人，採取了果斷措施。對內，他首先向姜太公和召公奭等懇切解釋，自己代掌政權絕無任何歹意，用事實來戳穿謠言，同時求助於鬼神，用占卜來傳達所謂「上帝」的意旨，鼓勵周族內部團結對敵；對外，他以優厚的條件收買殷族貴族，分化和瓦解他們，而對那些死硬的叛亂分子，則實行堅決的武裝鎮壓。

周公率大軍東征後，周朝的都城豐、鎬（在今陝西西安附近）地區，突然狂風大作，拔樹毀屋，禾稼倒伏，這在當時來說是不祥之兆。於是成王帶領朝臣去打開宗廟裡的金櫃。這個金櫃，非同一般，王室每次禱告後都要把禱詞收藏在金櫃裡面，以便從禱詞裡借鑑前事，應付災變。成王打開金櫃後，意外地發現了周公在武王大病時願意代替武王而死的禱詞。這篇禱詞是武王病危時周公向周部族的祖先太王、王季（文王之父）、文王的禱告。內容是：「你們的宗嗣姬發，由於勤於政事，得了重病。如果你們想讓姬發到天上侍候你們，那就請你們把我姬旦召去。我心靈手巧，多才多藝，能事鬼神，姬發在這方面比不上我。他能秉承天命，布道四方，使你們的子孫安處東土，讓四方之民無不敬畏大周，因此，他能長享社稷，先王們也可長受宗廟血食。」這篇禱詞的發現，徹底消除了朝內外對周公的猜疑，也使周公得以後方穩固，一心東征。

周公東征，是武王伐紂之戰的繼續，也是一場艱苦的戰爭。這次戰爭持續了三年，終於平定了管、蔡和武庚的聯合叛亂，「遂誅管叔，殺武庚，放蔡叔……寧淮夷東土，二年而畢定，諸侯咸服。」就是說殺掉了武庚、管叔，流放了蔡叔，還一舉攻滅了奄、蒲姑和淮夷等17個小國。周公東征的勝利，把周朝的統治地區延伸到東部沿海地區，擴大了武王滅商的戰果。

成王定鼎

當年，周武王到盟津會盟觀兵，路經洛水時，對這塊肥沃的盆地大加讚賞，決定在滅商之後把國都建到「有夏之居」的伊洛之濱，他還向上天禱告說：「餘其宅茲中國，自茲乂民。」可是，武王遷都雒邑的計畫尚未實現，就在滅商的第二年病死。周公東征，平定管、蔡之亂後，進一步認識到建都雒邑的重要性。為了實現武王的遺願，更重要的是為了鞏固周朝在東方的統治，他下決心要建立一個新的軍事、政治據點，可以有效地控制東方，就近鎮壓殷族的反抗，把被周人稱為「頑民」、「殷頑」的商朝人更加嚴密地控制起來，便決定營建雒邑。於是，他向成王建議說：「這裡是天下的中心，在這裡建都，四方諸侯來朝貢都很方便。」成王很贊同周公的建議，就派周公、召公營建雒邑。

周成王五年（西元前1038年），周公開始著手營建雒邑。這年三月，周公親臨洛河之濱，選定城址，測繪圖樣，安排勞役。經過各方諸侯、平民，尤其是廣大奴隸的艱苦勞動，十二月，雒邑建成。雒邑南臨洛水，北依邙山（卲山），正居於當時中國的交通中心，有利於周天子處理朝政和會見各方諸侯。其遺址就在今天的洛陽市西工區西部，城址呈

方形,中央為王宮,南面為朝會之地,左邊為祖堂,右邊是求神造福、祭祀豐年之地。其布局開創了中國都城建設「前朝後市,左祖右社」的傳統。

雒邑建成後又號稱「成周」,以示周朝大業完成。成王在他親政的第五年,遷都雒邑,並讓周公把象徵國家政權的重器——九鼎,從商都朝歌遷於雒邑,史稱「成王定鼎」或「周公定鼎」。為了慶祝定鼎雒邑,成王在雒邑舉行盛典,四方諸侯前來朝賀,貢獻方物,史稱「成周之會」。周公還把殷商的頑民遷到瀍水以東的「下都」,鎮以重兵「成周八師」(一師兩千五百人,共兩萬人),監視遷移來的殷人。從此,西周有了兩座都城:西方的鎬京為宗周;東方的雒邑為成周。東西兩都,並存並重,邦畿千里,緊密相連,成為統治中國政治、經濟、軍事和文化的中心。成王遷都雒邑後,又命周公、召公「分陝而治」,「陝」指陝原,位於今天的河南省陝縣一帶。陝原以西的關中平原,由召公管轄;陝原以東的伊洛盆地,由周公管轄。於是,周公長期留居雒邑,輔佐成王,治理天下,主管東都政務。

在周公、召公的輔佐下,西周初年的成王、康王兩代,周王朝全面昌盛,史稱「成康之治」,成為中國古代第一個繁榮盛世。

燭之武智退秦師

春秋時期,諸侯爭霸。晉文公、秦穆公都是當時有名的霸主。晉、秦兩國為了壓制楚國在中原的勢力,決定聯合去攻打楚國的盟國鄭國。

鄭國當時已不像鄭莊公在位時強大了,一聽說晉國和秦國聯合來打自己,鄭文公嚇得不知道該怎麼辦才好。手下的大臣佚之狐對鄭文公

說：「現在，兵臨城下，要想解救危機，只能請一個人出山。」鄭文公趕緊問道：「這都什麼時候了，你就別賣關子了！你快說，他是誰呀？」佚之狐說：「非燭之武不可！」鄭文公說：「前幾年，我嫌燭之武年紀太大，叫他回家休息去了。這時候去找他，他會來嗎？」佚之狐說：「這就要您親自出馬去請他了。」鄭文公也想不出別的辦法來了，只好硬著頭皮去拜訪燭之武。鄭文公向燭之武說明來意，燭之武笑了笑說：「我年輕的時候，還比不上別人呢！現在老了，更是不堪大用了。」鄭文公知道燭之武是在諷刺自己，只好賠著笑臉說：「現在國家已經到了生死存亡的危難關頭了，舉國上下，只有您能挽救危局。我以前的過錯，請您就不要計較了吧！」燭之武說：「好吧！既然如此，讓臣勉力一試吧！」

於是，燭之武在腰上繫上繩子，從城牆上縋城而出。他來到秦軍大營，要求面見秦穆公。秦穆公知道燭之武是鄭國名士，趕緊會見了他。

燭之武一見秦穆公，就對他說：「秦晉兩國一起攻打鄭國，鄭國的滅亡，指日可待了。但是鄭國滅亡，能給秦國帶來什麼呢？鄭國和秦國之間隔著晉國，鄭國亡了，秦國不可能越過晉國來獲得鄭國的土地。那麼，鄭國的土地自然就全歸了晉國。鄭國滅亡，無非是強大了晉國。晉國的勢力強大了，對秦國有什麼好處呢？晉國今天滅了東邊的鄭國，明天就可能向西侵犯秦國，這對您有什麼好處呢？相反，要是秦國和我們鄭國講和，以後你們有什麼使者來往，經過鄭國，我們還可以當個東道主（東方道路上的主人）接待使者，對貴國只有好處沒有壞處。您看怎麼辦吧！」

秦穆公一聽燭之武的話，覺得十分在理。於是，秦穆公就答應跟鄭國單獨講和，還派了杞子、逢孫、楊孫三個將軍帶兵替鄭國守禦國土。秦穆公自己帶領大隊人馬班師回國了。晉文公見秦國撤兵了，也只好派人與鄭國講和，怏怏地撤走了。

孔子洛陽問禮

孔子（西元前551～前479年），名丘，字仲尼，春秋末年魯國（今山東曲阜）人。其先祖是宋國貴族，到孔丘的時候，家境已經沒落了。他的童年生活並不富裕，他自己也說：「吾少也賤，故多能鄙事。」孔丘長大以後，曾當過管理倉庫和看管牛羊的小官吏。他從小就喜歡演習周禮，很想到周都雒邑（洛陽）作一番詳細的考察，便設法把他的理想告訴了當地的大貴族南宮敬叔。南宮敬叔看他很有志氣，便請求魯國國君魯昭公讓他和孔子一起到雒邑去學習周禮。他們到雒邑後，首先去拜訪了老子。

老子當時是東周王朝的徵藏史，掌管周朝的圖書典籍。他博古通今，通禮樂之源，著《道德經》五千言。他熱情地接待了孔子，見孔子虛心好學，就認真地向孔子傳授周禮，並把自己處世的經驗和為人的道德也告訴了他，使孔子佩服得五體投地。在此期間，孔子遊覽了周王城的殿堂宮室──周天子召見諸侯和國家舉行大典的明堂，祭祀周先祖后稷的太廟及祭天地的社壇等。歷郊祀之所，考明堂之則，察廟朝之度，觀先王之遺訓。他還詳細地遊覽了人文薈萃的周朝京師雒邑，考察了市容、城門、廟宇等。與此同時，為了學習周樂的知識，又特意拜訪請教了擅長音樂的萇弘。萇弘是周朝大臣劉文公屬下的大夫（謀臣），善樂，博學多聞，名顯諸侯。萇弘接待了孔子，並向他詳細地介紹了周樂。孔子走後，萇弘對劉文公說：「剛才我仔細觀察了仲尼，見他有聖人之像，而且說話口不離先王，又謙虛又有禮貌。他還博聞強識，博物不窮，可能聖人又要出世了吧！」

離開雒邑前，孔子還請老子的弟子康桑等人向他詳細地介紹了周公

「制禮作樂」的各項內容,並參閱了各類圖書典籍等。孔子透過對雒邑的考察和對「禮」、「樂」的訪問,感到深得教益,萬分感嘆地說:「我今乃知周公之聖與周公所以王也。」

孔子回到魯國後,利用他在雒邑所獲得的極為豐富的文獻資料,以及他在參觀考察中和在拜訪請教著名學者時目睹耳聞所獲得的知識,刪訂「六經」(《詩經》、《書經》、《易經》、《禮記》、《樂經》、《春秋》),並藉此闡發自己的觀點,為儒家的理論和學說奠定了思想基礎。

此後,儒家思想傳播四方,成為中國古代的主流文化,但儒家思想的淵源卻在河南洛陽。

楚莊王問鼎中原

九鼎最初在夏朝的國都,夏朝滅亡後,九鼎又被安置在商朝的國都。周武王滅商,周公營建雒邑,又遷九鼎於雒邑。

到了春秋時期,周王室越來越衰弱,而諸侯中如齊、晉、秦、楚等大國卻日益興盛。他們以強凌弱,爭當霸主,使周朝出現了「政由方伯」的局面,周天子失去了天下共主的地位。齊、晉相繼稱霸中原,都打著「尊王攘夷」的旗號,「挾天子以令諸侯」。一些比較強大的諸侯國甚至開始有了取周而代之的野心了,楚莊王就是其中的一個。

楚莊王(西元前?～前591年),是春秋時期楚國的國君,姓羋,名旅,又稱熊侶。他在位期間,非常重視選拔人才,先後得到了伍參、蘇從、孫叔敖、子重等一批很有才幹的文臣武將的輔佐,為他取得霸業奠定了基礎。楚國在楚莊王的治理下,日漸強盛。楚莊王決心北上與齊、

晉爭奪霸主之位,並想藉機吞併周室。

周匡王二年(西元前611年),楚莊王滅掉了庸國(今湖北竹山),接著又藉口討伐居住在雒邑南面的陸渾戎族,發兵伊洛流域。周定王元年(西元前606年),楚莊王率軍一舉滅掉了陸渾戎族。為了吞併周朝,取代天下,他又乘機把軍隊開到周王室的近郊一帶進行示威。

這時候,周定王剛剛即位。他聽說楚軍已來到雒邑附近,忙派大夫王孫滿前去慰勞。楚莊王見到王孫滿後,非常傲慢,問王孫滿:「我想問你一件事,可以嗎?」王孫滿不卑不亢地回答道:「但說無妨。」楚莊王就逕自問道:「周朝的九鼎有多大呢?每個鼎又有多重呢?」王孫滿見他不懷好意,大有取代周室之勢,十分氣憤,於是針對他目無周天子而自稱王的情況,義正詞嚴地反駁說:「周朝統治天下,靠的是德政,而不是九鼎,所謂在德不在鼎。夏桀無道,鼎歸於商;殷紂暴虐,鼎歸於周。君王依靠德政得天下,鼎就算小,它的分量也是很重的;君王不行德政,失去天下,鼎就算再大,它也沒有多少分量。現在周王室雖然衰微,但天命還沒有變。鼎是夏、商、周三代傳世之寶,它的輕重是不能隨便問的!」一席話,把楚莊王說得啞口無言。再說,楚莊王估計自己這時候還沒有實力滅周而代之,只好悻悻地退兵而去。

河伯娶親

戰國時候,魏王派西門豹去做鄴縣(今河南安陽北)令。西門豹一到鄴縣,就發現那裡人心惶惶,老百姓都想往別處遷移。西門豹就找了一些當地父老了解情況。

原來，鄴縣這幾年鬧著替河伯娶親的事。據說，河伯是黃河的水神（當時，黃河流經今天的安陽一帶），每年都要娶一個年輕漂亮的女子，要是不如願，黃河就會發大水，地方上就要遭殃了。為了弄清真相，西門豹又多方了解，才弄清楚原本鄴縣也沒這些事。只是這幾年地方官吏和巫婆定下了替河伯娶親的規矩。每年，巫婆就到鄴縣各家去選美女。有錢人家花點錢就過去了，沒錢的人家只好把女兒送出來。到河伯娶親的那天，地方官吏在黃河邊上放一領葦蓆，讓待嫁的年輕女子坐在葦蓆上，放到河裡，順水漂去。葦蓆剛開始還能漂在水上，過了一會兒就沉下去了。他們就說，這就是被河伯娶走了。為了替河伯辦喜事，家家老百姓還必須出錢，每年地方上都要收好幾百萬錢。

西門豹了解情況以後，就把地方官吏找來，說：「我剛到此地，不能不敬重河伯。下一次替河伯辦喜事，我一定要參加。」

到了河伯娶親那天，河邊上站滿了人。西門豹果然帶著衛士們來了。地方官吏和巫婆急忙上前迎接。西門豹對他們說：「把新娘領過來，讓我看看漂亮不漂亮。」一會兒，新娘領來了。西門豹看了一眼，對巫婆說：「不行，這女的太難看，麻煩妳到河裡去跟河伯說一聲，我們另外選個漂亮的，過幾天送去。」說完，叫衛士抱起巫婆，把她扔進了河裡。等了好半天，還沒有見巫婆上來。西門豹著急了，說：「巫婆怎麼還不回來？讓她的徒弟去催一催吧。」又下令把巫婆手下的一個徒弟扔到了河裡。又等了好半天，不僅巫婆沒回來，她的徒弟也沒回來。你說她們可能回來嗎？西門豹就說：「怎麼回事，都不回來了！麻煩地方上管事的去跟河伯說說吧！」說著又要叫衛士把地方官吏扔進河裡。地方官平時吆五喝六的，這時嚇得面如土灰，跪倒在地，拚命磕頭求饒。西門豹說：「你既然不敢去，那就再等等吧！」又過了一會兒，西門豹說：「起來吧！

看樣子是河伯太喜歡她們了，把她們留下了。不如麻煩你們再去問問，以後還替不替河伯娶親了？」地方官吏跪在地上，不住地磕頭：「不用了！不用了！再也不用了！」

從此以後，誰也不敢再提替河伯娶親的事了。鄴縣百姓又過上了安居樂業的生活。

秦武王舉鼎喪生

戰國時期，秦國自從商鞅變法以來，越來越強大。到秦武王繼位的時候，秦國已經成為戰國七雄中的超級大國了。秦武王四年（西元前307年），秦國攻下了韓國的宜陽。打下了宜陽，等於打開了洛陽的西大門。於是，秦武王親自帶著他身邊的大力士任鄙、孟賁等人來到洛陽城下。

洛陽城裡的周赧王一直在注視著宜陽前線的消息，不用說，他心裡是站在韓國一邊的。聽說宜陽丟了，周赧王就知道秦國早晚要來洛陽的。忽然聽說秦武王這麼快就來了，自然不敢怠慢，慌忙派使者到郊外迎接。秦武王見到使者，就急不可待地問：「九鼎在哪兒？」當他聽說九鼎安置在洛陽的太廟，就顧不上去見赧王，直奔太廟去觀看九鼎。秦武王來到太廟，只見九鼎一行排開，分別是：豫州鼎、冀州鼎、雍州鼎、兗州鼎、青州鼎、徐州鼎、荊州鼎、梁州鼎、揚州鼎，氣勢雄偉，震撼人心。

秦武王不由得倒抽一口涼氣。他定了定心神，指著九鼎中的雍州鼎說：「這個是我們秦地的鼎，我應該帶回咸陽去。」接著問守鼎的官員：「這鼎有多重呢？」守鼎官員說：「自有鼎以來，從未移動過。每鼎有千

中原記憶：河南的興衰更迭與歷史風雲

鈞重，沒人能動一動。」秦武王扭頭問任鄙、孟賁：「你們能把鼎舉起來嗎？」任鄙說：「臣不能。」孟賁上前一步說：「讓我試一試吧！」秦武王很高興，大聲說道：「好！」孟賁就用一根大繩繫在鼎耳上，用兩臂套在繫繩上，大喝一聲：「起！」那鼎離開地面半尺高，又落在地上。武王說：「你都能舉起來，難道寡人就不能嗎？」任鄙勸他說：「大王萬乘貴體，不可輕試啊。」武王不聽，也用兩臂套住絲繩，心中暗想：「我要舉起來再走幾步才算得勝。」武王一用力，也大喝一聲：「起！」那鼎果然也離地有半尺高。在手下人的歡呼聲中，武王正想起步轉身移動，忽然覺得力盡難支，想趕緊把鼎放到地上，卻力不從心，鼎一下子跌落在地上，正好壓在武王的右腳上，一下就把他的腳骨壓斷了。秦武王大叫一聲，昏了過去。左右隨從慌忙上前攙扶營救，把他背到行營，但由於流血不止，疼痛難忍，急救無效，到了半夜，秦武王氣絕身亡。

秦昭襄王遷鼎遭禍

春秋時期，楚莊王問鼎未成，戰國時期，秦武王又舉鼎亡身。可是，秦國還是覬覦著周王室的九鼎。他們認為得到九鼎，就能號令天下，成就王業。周赧王五十九年（西元前 256 年），秦滅周後，秦昭襄王就把九鼎從周王室在雒邑的宗廟裡，搬遷到秦國都城咸陽去了，這象徵著秦國完全取代了周王室的地位。

在搬遷九鼎的過程中，曾出現了一件奇事。當時秦昭襄王把搬遷九鼎的任務交給了大將摎。於是，摎指揮軍隊先把周的宗廟拆毀，然後又把九鼎放到車上，準備運回秦國。沒想到，運到半路，豫州鼎突然從車上飛了起來，一直飛到山東泗水，最後沉落水底。摎連忙派人下水打

撈。突然，泗水中出現一條蒼龍，須鱗怒張，凶猛嚇人。霎時，河水翻騰，波浪大作，正準備下水打撈大鼎的軍士一個個害怕極了，紛紛四散逃避。

這天夜裡，摎睡覺的時候，夢見周武王坐在太廟大殿上，怒目而斥：「你為何拆我宗廟，遷我九鼎？」周武王越說越生氣，當即命令身邊侍衛拿起鞭子，痛打了摎三百鞭，摎一下就嚇醒了。醒來以後，摎覺得背部疼痛難忍，很快又長了一個大瘡。摎再也不敢打撈豫州鼎了，只好帶著八個鼎回去見秦昭襄王，奏明豫州鼎失落的原委。秦昭襄王也嚇出了一身冷汗，過了好一會兒才感嘆地說：「此鼎真是個神物啊，我們再也不要冒犯它了！」不久，摎就因為背傷發作疼痛而死。秦昭襄王雖因九鼎缺一十分遺憾，但也無可奈何，只好把這八座鼎放在秦的太廟裡。

據《史記‧秦始皇本紀》記載，秦始皇統一六國後，東巡時路過泗水，想起昔日沉落水中的鼎，還想把鼎打撈出來。於是「齋戒禱祀」，派人下水打撈豫州鼎，結果什麼也沒有撈到，只好作罷。

博浪沙刺秦始皇

秦始皇統一天下之後，為了炫耀自己的威風，經常帶著大隊人馬浩浩蕩蕩地四處巡遊。巡遊的時候，為了確保皇帝的安全，會有其他一模一樣的座車。秦始皇每天坐在哪輛車上，除了近侍以外，誰也不知道。

這一天，秦始皇的車隊走到了一個叫博浪沙的地方，博浪沙在陽武縣（今河南原陽）境內。車隊正行進間，突然從路邊灌木叢中飛出一個大鐵錐，直往秦始皇的座車飛了過去。可能是秦始皇命不該絕，這個大鐵錐竟鬼使神差地從他的車上飛過去，砸到座車後面的一輛車上。

秦始皇聽到聲音，大吃一驚。所有隨駕人員，馬上跑到秦始皇跟前，把他的車團團圍住。秦始皇定了定神，這時早有衛士拾起鐵錐，上前呈報。秦始皇勃然大怒，立刻命令武士搜捕刺客。博浪沙這地方，一片曠野，不一會兒武士就把刺客抓住了。

侍衛官把審問的情況報告了秦始皇。秦始皇與手下的謀士們一商量，認為幕後的主使者一定是六國貴族的後人。查來查去，就把目標定在了三代擔任韓國相國的姬平的兒子身上。

秦滅韓時，姬平的兒子尚在少年，未曾出仕。韓國滅亡之後，他一心要為韓國復仇。他散盡所有家財，到處去尋求一個能刺殺秦始皇的勇士。可是，秦國實行高壓統治，天下無人敢談國事，更別說刺殺秦始皇了。然而，世上無難事，只怕有心人，到底讓姬公子找到了一個。這個大力士力大無比，姬公子與他結為知交。一天，姬公子與大力士談起心腹大事，希望他能夠助一臂之力。大力士一聽，毫不推辭就答應了。姬公子大喜，就祕密鑄成一個大鐵錐，重約一百二十斤，交與大力士，待時而動。正巧秦始皇東巡，被姬公子聞知。兩人急忙趕到博浪沙，埋伏在半路上。大力士埋伏在路邊的灌木叢中，姬公子在遠處候著。等到秦始皇車隊駛過，大力士縱身躍起，用大鐵錐兜頭擊去，不料天不遂人願，沒有打中秦始皇，功敗垂成。大力士被抓住，姬公子僥倖逃脫。看到秦國官吏到處追拿自己，姬公子索性更名改姓，從此改名張良，逃匿下邳（今江蘇邳縣），藏了起來。

此後，張良遇到圯上老人，學到《太公兵法》，終於輔佐劉邦統一天下，建立西漢王朝。

漢武帝「倒封」將軍柏

在河南登封嵩陽書院內原有三棵「古柏」，較小的稱為「大將軍」，較大的偏稱為「二將軍」，而最大的卻稱為「三將軍」。將軍柏名不副實，是什麼原因呢？這裡有一段趣談。

西漢元封元年（西元前110年）正月，漢武帝劉徹登遊嵩山加封中嶽後，又來到這裡（當時叫嵩陽道觀）遊覽。他一進門，看見一棵柏樹身材高大，枝葉茂密，讚嘆不已，說道：「朕遊遍天下，從未見過這麼大的柏樹呢！」漢武帝面對此樹仰望再三，感嘆之餘，信口賜封它為「大將軍」。

封罷大將軍，漢武帝在群臣的呼擁下，朝院內走去。來到正院，迎面又看見一棵大柏樹，這棵柏樹要比「大將軍」大得多，漢武帝心中頗為懊悔。但金口已開，無法更改。最後，他還是拿定主意，指著面前的大柏樹說：「朕封你為二將軍。」當時群臣覺得加封得不合理，想向皇上建議，但又不敢直言，只好向皇上提示說：「這棵柏樹比前院那棵柏樹大得多呀！」漢武帝固執己見，大聲斥責道：「什麼大呀！小呀！先入者為主。」群臣嚇得連忙叩頭稱「是」，誰也不敢再吭聲了。

登封嵩陽書院將軍柏（二將軍）漢武帝繼續往前走，又見到一棵更大的柏樹，他猶豫了一下，心想：「怎麼一棵比一棵大？可是我已賜封在先，又不能改口，還是按先來後到次序加封吧。」於是面對最大的柏樹說：「再大你也是三將軍了。」群臣們面面相覷，但也不敢做聲。

三棵受封的大柏樹因皇帝封得不合理，都感到不是滋味。「三將軍」認為自己是嵩山中最大的柏樹，卻被封了個「三將軍」，太不合理，又惱又怒，一氣之下，枝葉枯萎，一命嗚呼！現在遊人已看不到它了。「二

將軍」感到自己比「大將軍」大得多,卻被封為「二將軍」,實在委屈。它雖心懷不滿,卻不敢直說,一下把肚皮氣炸了,現在樹幹下部還有裂痕,遊人能置身裡邊往返。「大將軍」也深感受之有愧,沒臉抬頭見人,因而經常低著頭彎著腰,不敢見遊客。久而久之,慢慢地變成了現在這樣子。

漢武帝錯封「將軍柏」,至今還流傳著一首民謠:「大封小來小封大,先入為主成笑話;三將軍惱怒自焚死,二將軍不服肚氣炸;大將軍笑倒牆頭外,自覺有愧頭低下;是非顛倒兩千載,金口玉言誰評價。」

昆陽之戰

新莽地皇四年(西元23年)初,綠林軍揮兵北上,圍攻宛城(今河南南陽)。為了配合主力部隊攻宛,防止王莽軍葉縣昆陽故里南下,綠林軍的王鳳、王常、劉秀等率約兩萬人向北,連克昆陽(今河南葉縣)、定陵(今河南郾城西北)、郾縣(今河南郾城西南)。

王莽聽說綠林軍圍攻宛城,十分著急,立刻派司徒王尋、司空王邑率領、調集大軍四十二萬,由洛陽出發,浩浩蕩蕩,進軍宛城。在王尋、王邑的隊伍中,還有一個身長一丈,腰大十圍的巨人,名叫巨毋霸。這個巨毋霸不僅個子大,還有一項特殊的本領,會馴養各種猛獸,如獅子、老虎、大象等。王莽任命他當校尉,帶著一大群猛獸和裝扮成猛獸的士兵,以壯聲威。

王常、王鳳、劉秀據守昆陽。可是昆陽城內只有八九千人,兵力相差懸殊。王尋、王邑率領軍隊,把昆陽團團圍住。綠林軍的將士站在城上一看,不好,鋪天蓋地都是王莽的軍隊。大家都嚇壞了,有的人甚至

準備投降。但劉秀堅決主張據守昆陽。劉秀請王常、王鳳留守昆陽，自己率領李軼等13個勇士騎著快馬，殺開一條血路，衝出重圍，到郾縣、定陵求救兵。

劉秀到定陵的時候，綠林軍已攻下宛城。但劉秀他們還不知道，他把定陵和郾城的軍隊全部調到昆陽前線。為了激勵士氣，他故意說：「我們已經把宛城打下來了，各路大軍馬上就要會合到一起了！」於是，定陵和郾城的將士們全都跟著劉秀到昆陽來了。

劉秀到了昆陽外圍以後，他親自帶著一千多名精兵撲向敵陣。王尋、王邑見綠林軍兵少，就派了幾千人前去截擊。劉秀衝上去，一下就砍殺了數十名敵兵。手下人一看主帥這麼勇猛，都高呼道：「衝啊！」一下就把敵人打垮了。劉秀帶兵直撲王尋、王邑的大營。王尋、王邑就帶著一萬多人出來應戰，沒想到，他們的一萬多人很快被劉秀的部隊打散了，王尋也在亂軍中被殺死。王邑見勢不妙，倉皇逃走。昆陽城內王常、王鳳見城外殺聲震天，也率領人馬衝了出來。這一下，王莽的軍隊更亂了，四散奔逃，自相踐踏，一時間屍橫遍野。

正在這時，巨毋霸帶著他的猛獸部隊衝了出來。綠林軍還從來沒見過這陣勢，紛紛掉頭逃跑。眼看就頂不住了，忽然，天上一連打了幾個霹靂，接著狂風大作，瓢潑大雨鋪天蓋地地澆了下來。獅子、老虎一見打雷下雨，嚇得四散奔逃。扮作猛獸的士兵也跟著往後跑，巨毋霸也只好跟著往後退。一群猛獸直朝他擠了過去，擠得他站立不穩，一下掉到沙河裡淹死了。

綠林軍見到這種情景，更覺得上天相助，衝殺得更有力了。王莽的軍隊紛紛往沙河那邊敗退過去，光掉到水裡淹死的就有一萬多人，把沙河都堵住了。王邑他們騎著馬踩著屍體才逃過沙河。等王邑逃回洛陽，

手下只剩下幾千人了。

昆陽之戰消滅了王莽的主力，此後王莽再也組織不起大規模的軍隊。不久，綠林軍及各路義軍接連攻破洛陽和長安，王莽的新朝滅亡了，而劉秀也在亂世之中重建了漢朝。

白馬馱經

東漢永平年間的一天晚上，漢明帝做了一個夢，夢見一個金神，閃閃發光，在空中飛翔。這個金神繞著漢明帝的寢殿轉了三圈，然後就往西飛走了。第二天，明帝召集群臣，把這個夢告訴大家，問昨晚夢見的是個什麼神。大臣傅毅說：「西方有神，其名曰佛，形如陛下所夢。」就是說，西方有個大神叫做佛的，模樣就像皇上所夢見的一樣。傅毅還說，漢武帝的時候，驃騎將軍霍去病討伐匈奴，還曾經從匈奴那裡繳獲了一尊金子做的佛像呢。漢武帝覺得很稀奇，就把佛像放置在甘泉宮裡，後來王莽篡漢，天下大亂，佛像也不知去向了。

傅毅的話，引起了漢明帝的好奇心。於是明帝就派蔡愔、秦景等十多人，前往天竺（今天的印度）去求佛法。蔡愔等人從洛陽出發，越過雪山冰河，跨過戈壁沙漠，歷經千辛萬苦，終於到達大月氏國（今阿富汗一帶）。他們在那裡遇到了兩位在大月氏傳教的天竺高僧攝摩騰、竺法蘭。蔡愔、秦景就向這兩位天竺高僧學習佛教經典，從他們那裡獲得了釋迦牟尼像和佛經，並邀請攝摩騰、竺法蘭到中國來傳教講經。攝摩騰、竺法蘭本來就是到四方傳播佛教的，現在聽到能把佛教傳到仰慕已久的中國去，自然十分高興。於是，他們就跟蔡愔、秦景一起從大月氏國動身返回洛陽。

東漢永平十年（西元 67 年），蔡愔、秦景和攝摩騰、竺法蘭用白馬馱著佛經和佛像，回到了京都洛陽。漢明帝見到佛經和佛像後，十分高興，立即召見了兩位天竺高僧，叫他們在自己小時候讀書的清涼臺暫住。並下令在洛陽城（今洛陽漢魏故城）雍門外，依照天竺宮塔形制修建了中國第一座佛寺——白馬寺，安排攝摩騰、竺法蘭在此譯經。之所以叫白馬寺，就是因為是兩匹白馬把佛經和佛像從大月氏馱回中國的。兩位高僧在白馬寺翻譯出了中國第一部佛經，即《四十二章經》。從此，佛教開始在中國傳播了。

　　正因為白馬寺是中國最古老的佛寺，因此在佛教界享有極高的地位。白馬寺的供器、碑刻上都冠以「釋源」字樣，這是中國其他佛寺所不能享有的殊榮。所謂「釋源」，是指白馬寺是中國佛教的發源地。作為中國佛教「釋源」、「祖庭」的白馬寺，不僅在中國，而且在日本、東南亞都有極高的聲望。

文姬歸漢

　　曹操打敗袁術、呂布、張琇、袁紹，統一了北方。北方安定下來以後，曹操就準備著手重修被董卓燒掉的洛陽城。這一天，曹操親自來到洛陽，想實地考察一下怎樣重建洛陽。走著，走著，他們來到了洛陽南門外的漢代太學舊址。曹操一看，當年這裡殿臺巍峨，儒生如雲，如今已經一片殘垣斷壁了。忽然，曹操看見草叢之中，還有一些石碑，或立或伏。曹操就問左右：「那是不是當年蔡邕書寫的石經呀？」左右趕緊跑過去看了看，回來報告說：「丞相，正是。」曹操一看見這些石經，不禁想起了書寫這些石經的好朋友蔡邕：「唉！蔡邕確實是個難得的人才，可

惜生逢亂世呀！」曹操自言自語。

蔡邕是東漢名士，可惜在豪強混戰中被王允所殺。曹操想起此事，不禁嘆息不已。忽然，曹操想起蔡邕還有個女兒，名蔡琰，字文姬，跟她父親一樣，也是個博學多才的人，同樣也是個命運多舛的人。父親死後，蔡文姬被匈奴擄去，被迫嫁給了匈奴的左賢王。

曹操想到這裡，下決心一定要把好友的女兒從匈奴那裡要回來。於是，曹操回去以後，就立刻派使者帶著自己的親筆信和厚重的禮物到匈奴去，臨行前再三囑咐使者一定要把蔡文姬接回來。

使者到了匈奴，向匈奴的左賢王說明來意，並遞上曹操的親筆信。左賢王當然捨不得讓蔡文姬走，但是他知道曹操雄踞中原，也不敢違抗曹操的意志，只好讓蔡文姬回去。蔡文姬嫁給左賢王已經12年了。左賢王很愛她，對她一直很好，但她還是十分思念故國。想到能回到日夜思念的故鄉，心裡十分高興；但想到要離開自己在匈奴生下的一雙子女，又不禁覺得很悲傷。在這種悲喜交加的心情下，蔡文姬寫了一首詩，那就是〈胡笳十八拍〉。

蔡文姬回到中原以後，曹操對她很關心。見她一個人孤苦伶仃，曹操就親自做媒，把她嫁給自己手下的一個都尉董祀。曹操知道蔡邕、蔡文姬父女都十分博學，就專程去找蔡文姬，希望她能做一些整理古代典籍的工作。蔡文姬說：「我父親生前留了四千多卷圖書給我，可是這些年四處流離，丟得一卷都沒有了。不過我還能背出四百多篇來。我想把這些文章默寫下來，以免我死了以後，就再也沒人知道了。」曹操說：「那太好了，我派10個人到妳家來，妳口述，讓他們記下來，怎麼樣？」蔡文姬說：「不用那麼費事了，我自己就可以把它寫下來。」後來，蔡文姬果然把她記住的幾百篇文章都默寫下來，送給官府保存起來。

「樂不思蜀」在洛陽

人們常把樂而忘返或樂而忘本,無故國故土之思,稱作「樂不思蜀」。這個典故就產生於三國時的洛陽。

當時魏軍入川,蜀後主劉禪投降,被送到洛陽。司馬昭封他為安樂公,賜住宅,月給用度,賜童婢百人。劉禪為表感謝,特意登門致謝,司馬昭於是設宴款待,並以歌舞助興。當演奏到蜀地樂曲時,蜀舊臣們油然湧起國破家亡的傷懷之情,個個淚流滿面。而劉禪卻麻木不仁,嬉笑自若。司馬昭見狀,便問劉禪:「你思念蜀嗎?」劉禪答道:「這個地方很快樂,我不思念蜀。」他的舊臣郤正聞聽此言,連忙找個機會悄悄對他說:「陛下,等會兒若司馬昭再問您,您就哭著回答:『先人墳墓,遠在蜀地,我沒有一天不想念啊!』這樣,司馬昭就能讓陛下回蜀了。」劉禪聽後,牢記在心。酒至半酣,司馬昭果然又發問,劉禪趕忙把郤正教他的話學了一遍,只是欲哭無淚。司馬昭聽了,說道:「咦,這話怎麼像是郤正說的?」

劉禪驚奇道:「你說的一點都沒錯呀!」司馬昭及左右大臣全笑開了。司馬昭見劉禪如此老實,從此就再也不懷疑他了。劉禪就這樣在洛陽安樂地度過了餘生,傳下了這令人捧腹的「樂不思蜀」典故。

請君入甕

武則天要當皇帝,可有不少唐朝宗室和大臣明裡暗裡反對她。為了鎮壓那些反對派,她就任用了許多酷吏。這些酷吏,都是些手段極其殘忍的傢伙。他們審起案子來,不管有沒有證據,一上來就是酷刑拷打,

把人打得受不了了，只好按他們的意圖招些假口供。在這些酷吏中，周興和來俊臣是最殘酷的兩個。他們往全國各地派出爪牙，專門告密。只要他們想陷害誰，就叫爪牙們捏造證據，羅織罪名，把人置之死地而後快。而且這兩個傢伙還挖空心思，想出各種慘無人道的酷刑，嚴刑逼供，不知有多少人被他們屈打成招，不知有多少人被他們害得家破人亡。

「多行不義必自斃。」有一次，武則天接到密報，說周興也參與謀反。於是，武則天召來來俊臣，叫他負責這件案子。

來俊臣從宮裡出來以後，就請周興到他家喝酒。周興到了來府，兩人一邊喝酒，一邊討論如何使犯人招供。來俊臣就故意問周興：「我這裡最近抓了一批人犯，都很耐得住拷打，怎麼打也不招供，你看怎麼辦？」

周興得意洋洋地說：「這容易。我告訴你一個辦法，拿一口大甕，放在炭火上烤，誰要是死不招供，就把他放到甕裡慢慢烤，不愁他不招！」

來俊臣一聽，高興極了，說：「好辦法！好辦法！」說著，他就叫手下人搬來一口大甕，在屋裡架起炭火，把甕放在上面慢慢烘烤。

周興說：「好！這個辦法，我還沒有試過呢！今天在你這裡開開眼。」

沒想到，來俊臣突然站起來，厲聲喝道：「大膽周興！有人告發你參與謀反，我奉太后之命審理此案，你還不從實招來！」

周興一聽，大叫冤枉。來俊臣說：「你既然不招，那就請君入甕吧！」一聽要被放到火上烤，看著在熊熊烈焰上烤得發紅的大甕，周興直嚇得魂飛魄散，趕緊說：「我招！我招！」於是，來俊臣叫手下人抄了

口供，讓周興簽字畫押，然後上報武則天。武則天下旨，把周興發配嶺南。這個周興，幹的壞事太多，結怨也多，這一下臺，不知有多少人想殺他。結果，走到半路，被仇家暗殺。

後來，來俊臣也沒有好下場。他到處誣告，害了很多人。最後竟告到武則天的姪子武三思和女兒太平公主頭上。沒想到，被武三思和太平公主先發制人，告發來俊臣栽贓誣陷、濫施酷刑。武則天也知道來俊臣民怨太大，就下令把他處死。

李雪夜入蔡州

唐朝安史之亂以後，各地藩鎮各據地盤，對唐王朝陽奉陰違，實行地方割據。在各個藩鎮中，淮西節度使（駐蔡州，今河南汝南）吳元濟勢力很大，就想自立為王。

唐憲宗屢次發兵征討吳元濟，都是無功而返。唐元和十二年（西元817年），朝廷派李愬擔任唐州（今河南唐河）節度使，率兵討伐吳元濟。李愬到了唐州，首先向當地官員宣布說：「我一向懦弱，我到唐州來，主要是為了保證地方安全。至於打吳元濟，那是以後的事了。」吳元濟連勝唐軍，本來就揚揚自得，又聽到李愬不懂得打仗，防備就更加鬆懈了。

哪知道，這只是李愬的緩兵之計。又過了一段時間，等吳元濟徹底麻痺了，李愬就開始暗中部署攻打蔡州的計畫了。李愬先是收服了淮西的兩個降將：李祐和李忠義。這兩個人都智勇雙全，能成大事。李愬對他們十分信任，並透過他們了解了蔡州城內外敵軍的部署情況，制定了具體的作戰方案。一切準備完畢，李愬就命令李祐、李忠義帶領三千精兵做先鋒，自己親率中軍趁著夜色向東出發。唐軍到了吳元濟控制的地

界，守在那裡的淮西兵毫無防備，被李祐的先鋒部隊全部消滅。不久，李愬也到了，他下令士兵連夜繼續出發。

夜越來越黑，風越刮越緊，雪也越下越大。唐軍將士頂風冒雪，連夜趕到了蔡州城邊。蔡州城內對此一無所知。

於是，李祐、李忠義命令士兵在城牆上挖出一個個小腳窩，他們身先士卒，帶頭踏著腳窩爬上城牆。等唐軍爬上城牆，守城的淮西兵還在呼呼大睡，唐兵殺掉城上守軍，只留著一個打更的，叫他照常打更。然後，李祐、李忠義他們打開城門，讓李愬大軍進城。李愬大軍到了內城城下，也依樣畫葫蘆，照老辦法攻進內城，內城裡的淮西兵也毫不知覺。

天矇矇亮的時候，唐軍已經攻入吳元濟節度使府的外院，吳元濟還在屋裡睡覺呢。衛兵發現唐軍，急忙向吳元濟報告。吳元濟這才帶著親兵爬上院牆負隅頑抗。李愬命令將士全力攻打吳府，並放火燒了吳府南大門。終於攻破了吳府。吳元濟沒有辦法，只好哀求投降。

李愬攻下蔡州後，一面用囚車把吳元濟押送到長安去，一面派人向宰相裴度報告戰果。

李愬雪夜入蔡州、活捉吳元濟的消息傳遍全國，各地藩鎮大為震動，紛紛上表朝廷，願意服從。

趙匡胤陳橋兵變

趙匡胤，後唐明宗天成二年（西元927年）出生於洛陽夾馬營，在周世宗掌權時期，他屢建戰功，當上了掌管禁軍的殿前都點檢的要職。後周顯德六年（西元959年），周世宗柴榮死去，繼位的恭帝只有七歲，趙匡胤又得到了防守京師開封的宋州（今河南商丘）歸德軍節度使的實權，

朝廷軍政大權落到他手裡。

後周顯德七年（西元960年）元旦，駐守鎮州（今河北正定）、定州（今河北定縣）一帶的趙匡胤部下派人到京城謊報軍情，說北漢和契丹聯合向南進攻。後周宰相范質等人派遣趙匡胤率兵前往抵抗，趙匡胤先派出了前鋒部隊。京城裡傳出了「點檢為天子」的消息，老百姓非常恐慌，害怕朝廷奪權禍及百姓，紛紛四處躲藏，可是，在朝廷內一片平靜。不久，趙匡胤和後續部隊也出發了。軍中有個叫苗訓的軍校，宣稱自己通曉天文，看見太陽下面又出現一個太陽，放射出了很強的光芒。他對趙匡胤的親信楚昭輔說，那個新出現的太陽就是都點檢（趙匡胤），這是天命所歸啊！

這些話很快就在軍中傳遍了。當天晚上，部隊走到京師城東北二十里處的陳橋驛駐紮下來。一些將士議論：「皇帝年紀這麼小，我們出死力打仗，有誰知道？不如先擁立都點檢為天子，然後再北征，也不晚啊！」他們把這些想法告訴趙匡胤的弟弟趙光義和歸德軍掌書記趙普。這些將領商量了一夜，第二天又派人回京，與殿前都指揮使石守信和都虞侯王審琦聯絡。他們本來就是趙匡胤的結拜兄弟，自然完全同意擁立趙匡胤為天子。

次日早晨，趙光義、趙普等人擁進趙匡胤的寢帳，向趙匡胤說明大家的來意，趙匡胤假裝酒醉，慢慢地起來。將校已環列庭前高呼：「諸將無主，願策太尉為天子。」沒等趙匡胤開口說話，大家就把早準備好的黃袍披在他的身上，並向他跪拜高呼萬歲。然後把他推上了馬，回到開封。由於有石守信和王審琦做內應，趙匡胤輕而易舉地當上了皇帝，這就是史書上所說的「陳橋兵變」。由於趙匡胤原任宋州歸德軍節度使，因此他把國號改為「宋」，仍定國都於開封。

中原記憶：河南的興衰更迭與歷史風雲

宋太祖杯酒釋兵權

宋太祖陳橋兵變，黃袍加身，當上了皇帝。但當上皇帝以後，宋太祖心裡總擔心有人謀奪他的帝位。於是，他找來丞相趙普，請他幫助解決自己的憂慮。趙普說：「陛下所擔憂的，也是臣所擔憂的。自從唐末以來，五代十國，征戰不休，這主要是各地節度使掌握重兵，權力太大。如果把兵權集中到朝廷，天下就會太平了。」宋太祖連連點頭，讚賞趙普說得好。趙普又說：「禁軍大將石守信、王審琦等人，兵權太大，終究是朝廷大患，還是奪去他們的兵權為好。」

過了幾天，宋太祖在宮裡舉行宴會，請石守信、王審琦等幾位老將軍喝酒。喝到高興處，宋太祖屏退身邊的太監、宮女，對石守信、王審琦他們說：「現在沒有外人了，我們老朋友喝個痛快！」等大家都喝到微醉的時候，宋太祖突然長嘆了一口氣。石守信趕緊問：「萬歲，有什麼事煩心呀？」宋太祖說：「我現在當了皇帝，可是覺得還不如原來做節度使自在。不瞞你們說，現在我天天睡不著覺呀！」

石守信他們一聽，都很奇怪，連忙問這是為什麼？宋太祖說：「皇帝這個位子，誰不想坐呀？」

石守信他們聽到宋太祖這麼說，知道話裡有話，都趕緊跪到地上說：「陛下為什麼說這樣的話？你登大位，上承天意，下順民心，誰敢對陛下三心二意？」

宋太祖搖搖頭說：「我們出生入死幾十年，對你們我當然信得過。但是要是部下把黃袍披到你身上，你該怎麼辦？」

石守信他們聽到這裡，連連磕頭，對宋太祖說：「我們願意交出兵權，告老還鄉。」

宋太祖說：「那太好了！這樣吧，你們解甲歸田以後，朝廷多加賞賜給你們，你們也可以安度晚年了。」

第二天一上朝，石守信等大將都遞上奏章，說自己年老多病，想告老還鄉。宋太祖馬上照准，收回他們的兵權，賞賜給他們大量金銀財寶，讓他們回家享福了。

其他領兵的將軍們一見石守信、王審琦這些宋太祖的親信重臣都把兵權交出來了，也知道繼續貪戀兵權凶多吉少，一個個都告老還鄉了。宋太祖也順勢把他們的兵權都收了回來，把兵權完全掌握在自己手裡。此後，宋朝軍隊都由皇帝直接控制，遇到戰事由皇帝臨時任命軍官，打完仗就收回兵權。

「燭影斧聲」與宋太祖之死

趙匡胤陳橋兵變，黃袍加身，建立了北宋王朝。然而，作為一代開國皇帝，趙匡胤的死卻是個千古之謎。趙匡胤死於北宋開寶九年（西元976年），關於他的死，正史中的記載只有簡單的兩句話：「帝崩於萬歲殿，年五十。」，「受命杜太后，傳位太宗。」（《宋史·太祖本紀》）

正史諱莫如深。野史筆記眾說紛紜。司馬光的《湘山野錄》中記載，開寶九年十月二十日，宋太祖趙匡胤召他的弟弟晉王趙光義進宮。宋太祖屏退旁人，只留下他們兄弟二人對飲。侍衛在殿外看見屋內燭影下，趙光義不時離席，似有不可忍受的情狀。飲畢，三更鼓敲過，地上積雪已數寸厚。太祖步出寢閣，用柱斧戳入雪地之中，「嚓嚓」聲清晰可聞，並聽得淒厲的喊叫：「好做！好做！」說罷，太祖解衣帶就寢，鼾聲如雷。當晚，光義沒有出宮，夜宿禁中。至五更鼓過，太祖猝死。趙光義在靈柩前即皇

帝位，是為宋太宗。歷史上所謂「燭光斧影」的疑案就指此事。

關於趙光義弒兄的原因，史書上另有一種說法。《燼餘錄》稱，趙光義很喜愛已歸降的後蜀國主孟昶的妃子花蕊夫人費氏。孟昶死後，花蕊夫人被宋太祖趙匡胤納為自己的妃子，而且特別受寵。趙匡胤因病臥床，一天晚上，趙光義趁夜黑無人、趙匡胤昏睡不醒的時候調戲花蕊夫人，誰知趙匡胤突然醒來，十分惱怒，要用玉斧砍趙光義。趙光義慌忙逃回自己的王府，等到皇后、太子趕到之時，趙匡胤已經只剩一口氣了。第二天太祖趙匡胤就死了。

司馬光的《涑水紀聞》記道：太祖駕崩的那天夜裡，皇后守在身邊。太祖一死，皇后急忙派太祖生前得寵宦官王繼恩傳呼太祖四子德芳。王繼恩知道皇上一直想傳位於晉王，就逕自到開封府傳召晉王光義。趙光義隨王繼恩步入宮內，宋皇后聽到腳步聲，忙問：「德芳來了嗎？」王繼恩答道：「晉王到了。」皇后一見晉王，先是一愣，接著驚呼：「我們母子之命，全託官家保護了！」晉王哭泣著說：「共保富貴，不要擔憂。」宋太祖趙匡胤過世時，他弟弟趙光義並不知曉，也沒在宮中待過，似乎可以洗去「燭影斧聲」的嫌疑了。但是，趙光義繼帝位後，趙匡胤的次子德昭於北宋太平興國四年（西元 979 年）被迫自殺，四子德芳又於太平興國六年（西元 981 年）無故而死，這使宋太宗趙光義還是擺脫不了「燭光斧影」、「弒兄奪位」的嫌疑。

關於北宋皇位相傳的問題，此外還有「金匱之盟」的說法，說是宋太祖即位後的第二年，皇太后杜氏鑑於後周亡於幼兒的教訓，遺囑太祖：「汝百歲後，當傳位光義，光義傳光美，光美傳德昭（趙匡胤次子）。夫四海之廣，能立長君（成年皇帝），社稷之福也。」太祖哭著答應：「敢不如教！」趙普在場記下太后遺囑，藏於金匱。

洛陽仁義衚衕的來歷

在洛陽老城，有一條衚衕，叫仁義衚衕。清朝以前並無此街，而是當時董、李兩個大戶人家的一道界牆。董家就是當時朝中的左副都御史（為都察院之副長官，掌彈劾糾察百官之職）董篤行的老家。董篤行，字天因，是一個潔身自好、嚴於律己的清官，平時待人和藹可親，誠實敦厚，豁達大度，有容人之量。洛陽百姓都親切地叫他「董老官」呢！鄰居李家也是個大戶人家，在府城洛陽、省城開封乃至北京等地經營著幾十家店鋪，與朝中的許多王公貴族都有交往。兩家一個勢大壓人，一個財大氣粗，平時誰也看不起誰。後來因為一點小事，兩家為了界牆占地發生了糾紛，官司打到洛陽縣衙，知縣懼怕兩家勢力，不敢過問，就把案子推到河南府衙。河南知府也是誰也不願得罪，又把案子發回洛陽縣衙門。就這樣推來推去，問題始終解決不了。

董家的董老太爺董維翰便寫信給在朝為官的兒子董篤行，要兒子親自回來處理界牆糾紛。董篤行身為左副都御史，在朝以清正廉明著稱，曾因彈劾總河楊方興、河道方大猷等貪官汙吏而聞名朝野。這一天，他下朝回家，聽說家中來信，朝服也顧不上換，就拆開信來看。他看著看著，不禁哈哈大笑，提筆就寫了封回信，信上只有一首打油詩：

千里捎書為一牆，讓他三尺又何妨？

區區小事不足提，鄰里和睦理應當。

這董老太爺也不是沒有讀書的人，想當年，他還是明朝萬曆年間（西元 1573～1620 年）的舉人呢。他接到信後，想起自己當年教子做人之道，自己老了反而辦了件糊塗事，心裡也不由覺得慚愧。於是按照兒子的意思從原界牆退出三尺，在自家院裡又砌了一道界牆。俗話說，

你有仁，我有義，李大戶見董家身為朝廷重官，也不仗勢欺人，十分感動，也把牆往自家院裡挪了三尺。從此，一道牆變成了兩道牆，兩牆之間成了一條衚衕，大家就把它叫「仁義衚衕」。

這個衚衕現在還在，就在洛陽老城西南隅南大街和農校街之間呢！

西太后受辱相國寺

西元 1900 年 8 月，八國聯軍攻陷北京，西太后慈禧帶著光緒和王公大臣倉皇逃到西安。她一邊下令清軍斬殺義和團，一邊命李鴻章為議和大臣，簽訂割地賠款、喪權辱國的賣國條約，討得了洋人的歡心，北京城暫時平靜下來。她驚魂稍定，便動身返回北京。途中，她一時興至，要帶光緒和眾大臣到古城汴梁一遊，順便到古剎相國寺降香禮佛。

慈禧來到相國寺落座後，方丈智清忙跪地，高唸一聲佛號，說道：「今日老佛爺駕臨敝寺，真是蓬蓽生輝，光耀佛門，現將鎮寺之寶獻上，請老佛爺笑納。」

慈禧一聽智清要獻寶給她，滿是皺紋的老臉頓時笑逐顏開。太監李蓮英一揮拂塵，走到智清面前，說道：「方丈惠心可嘉，太后特此恩准。快快將寶獻上。」

智清聽了，向身邊一個僧人示意。稍時，只見兩個健壯的僧人抬著一個紅漆木桶，放在西太后面前。智清走上前去，雙手揭開黃綾，眾人拭目一看，原來是滿滿一桶黃土，土中長著一堆薑芽，不由瞠目結舌。慈禧頓時大怒，厲聲喝道：「智清，這是何物？」智清不慌不忙地跪在慈禧面前，說道：「稟老佛爺，這是一桶薑山。」

一桶薑山的諧音是一統江山。智清向慈禧奉獻此物，寓意為譏刺她垂簾聽政，獨攬大權，喪權辱國，賣國求榮，使得江山破碎，民不聊生。在場的大小官員，想不到小小的智清方丈竟敢如此戲弄太后，都暗暗為他捏一把汗。開封知府更是嚇得魂不附體，渾身像篩糠一樣發抖。

慈禧心裡雖惱，卻強裝笑臉，在左右的攙扶下來到大雄寶殿。她抬頭見大殿門上方高懸著一塊匾額，上面鑲嵌著「古汴名藍」四個金粉大字，便指著匾上的四個大字問道：「智清，你知罪嗎？」原來，匾額上的「古汴名藍」四個字，就是「古城汴梁名寺」之意，佛經上把眾僧居住的地方叫「伽藍」，簡稱「藍」。殊不知，慈禧的乳名叫藍兒，按照傳統禮教的規定，凡是帝王的名字，不准民間擅自使用，如果與名字相同，必須用其他的字代替，這叫避諱。慈禧走到智清面前，假惺惺地說道：「此地是佛門聖地，本宮不開殺戒，賜你自裁，現大殿前有一放生池，你就投池吧。」

智清也不答話，整整袈裟，對天遙拜之後，走到放生池邊，縱身跳進池內。慈禧看智清已自裁，微微一笑，正待起身，忽見放生池內爬出一個人來，慈禧以為是什麼怪物，仔細一看，原來是智清，她不禁大怒，喝道：「大膽智清，竟敢違抗懿旨，來人⋯⋯」沒等慈禧說完，智清早已水淋淋地走到慈禧面前，說道：「貧僧豈敢違旨，貧僧剛剛走到奈何橋上，就被一個人攔了回來，無奈，貧僧只好又回到陽間。」

慈禧哪裡相信，她冷笑一聲問道：「何人如此大膽，竟敢違抗本宮之命？」

智清答道：「稟太后，此人乃是先帝乾隆皇帝。先帝親口所言，此匾是他親筆所題，與貧僧無關，故叫貧僧返回陽間。」

智清說得頭頭是道，慈禧心裡也疑惑起來，她忙問道：「既是先帝所

題,為何沒有先帝落款?」

智清答道:「想當年乾隆盛世,天下太平,黎民安樂,朝臣皆服。先帝為體察民情,多次南巡路過開封,來本寺降香。他看本寺香火旺盛,眾僧皆安心誦經念佛,一時興至,故御筆親題匾額。只因先帝是微服出訪,故不便留名。」

慈禧聽智清說得有憑有據,不由半信半疑,又問道:「先帝既是微服出訪,你寺又怎知是他御筆呢?」

智清答道:「本寺原先不知,後來先帝在太和殿召見河南巡撫時提及此事,巡撫告知本寺,並囑咐本寺將此匾高懸於大雄寶殿上方,以光耀千秋。」慈禧聽了,轉頭問開封知府:「此話當真?」知府戰戰兢兢地答道:「此匾確係先帝所題,《開封府志》上有記載,臣去取府志請老佛爺覽閱。」

慈禧嘴裡這麼說,可是心裡卻像吃了蠅子一樣,七上八下直翻騰,她萬萬沒有想到堂堂皇太后,竟被一個小小僧人戲弄,早知如此,何苦來汴京一遊?就這樣,因慈禧拿走了相國寺大雄寶殿匾額上的藍字,至今匾額上只剩下「古汴名」三個字了。

花園口的歷史和現在

花園口是黃河成為地上懸河的起點,所以黃河的危險正是從花園口開始的。花園口的流量和水位就是黃河下游的防汛標準,花園口水文站的資料一直是黃河防洪、水資源排程和治理開發的重要依據。

傳說明朝嘉靖年間(西元1522～1566年),吏部尚書許讚建了一座

花園，占地 36 公頃，遍植奇花異木，還對外開放，不收門票，所以就成了附近老百姓「娛樂休閒的好去處」。花園旁邊的渡口是連線黃河兩岸的唯一通道，花園口因此得名。幾百年過去了，許讚家的花園早已被洪水淹沒，古老的渡口也在 1980 年代鄭州黃河公路大橋建成後永遠地消失了，但是沒有了花園和渡口的花園口卻永遠留了下來。

花園口成名是因為一場大悲劇。抗日戰爭開始後，日軍沿平漢、津浦兩路南下。1938 年 5 月 19 日，徐州失守，日軍沿隴海路西犯，鄭州危急，武漢震動。1938 年 6 月 9 日，為阻止日軍西進，蔣中正採取「以水代兵」的辦法，下令扒開花園口，黃河水洶湧而出，一瀉千里。花園口從此聞名世界。

扒口事件發生後，由於黃河連年氾濫，花園口鎮轄區內 80％的土地變成了沙荒、鹽鹼地和澇窪地。這種情況既影響農業生產，又危及堤防安全。從 1955 年開始，中國政府在這裡修建了 4 座引黃閘和提灌工程，把黃河水有計畫地引到沙荒、鹽鹼地和澇窪地上。經過多年的努力，花園口的大部分土地都被改造成了良田，利用黃河水種上了水稻。近幾十年來，花園口又發展起養魚業。如今的花園口，早已是名副其實的「魚米之鄉」。

中原記憶：河南的興衰更迭與歷史風雲

九州之心：
河南的地理格局與變遷故事

九州之心：河南的地理格局與變遷故事

河南歷史上的行政區劃是怎樣的

美麗的河南古為豫州之域，因大部分地區位於當時的黃河以南，故名河南。

河南作為一個行政區域的名稱始於秦代，作為一個大行政區域之名則起於唐代。西周初建都鎬京（今西安市西），河南為行都所在地。西周在河南的諸侯與封國眾多，後期達五十多個。春秋時代，洛陽一帶屬都畿之地，河南中部屬宋、衛、鄭、陳諸國地，南北分屬楚、晉。戰國時代，河南屬東周、韓、魏、宋、楚、秦、趙之地。秦始皇統一六國後，河南分屬三川、潁川、南陽、碭郡、邯鄲、上黨、東郡、陳郡、衡山等郡。漢承秦制，河南分屬司隸校尉部、冀州刺史部、荊州刺史部、揚州刺史部、豫州刺史部、兗州刺史部。東漢建都洛陽，漢獻帝移都許昌。

三國時期河南屬魏地。曹魏先建都許昌，後遷都洛陽。西晉河南分屬司州、荊州、豫州、兗州。東晉時河南分屬東晉和前秦。南北朝期間，河南設立或分屬 10 州 33 郡。北朝的北魏建都平城，後遷洛陽。隋朝建都長安，後遷洛陽。河南分屬弘農、河南、滎陽、南陽等郡。唐朝建都長安，曾遷都洛陽。唐初，河南分屬河南道、河北道、山南道、淮南道。五代十國時期，由於戰亂，行政區域變化頻繁，河南所屬國、府、州情況多變。北宋初，河南屬京東、京西、河北、陝西諸路。南宋以淮河與金為界，河南大部分屬金。金初建都會寧，後遷汴梁。金初河南屬汴京路。元代行省制開始，黃河以北屬中書省，黃河以南屬河南江北行中書省，治所汴梁。明代分屬京師、山東、河南三個地區，11 個府州。清代河南分屬直隸省、山東省及河南省。民國初，河南全省分四道、九府、五直隸州，共 108 縣。

1949年把原河南省黃河以北的各縣、市劃歸新建的平原省。河南省人民政府駐開封市，設10個專區，轄8市、86縣，鄭、汴2市由省直轄。1952年撤銷平原省，將其劃入河南省，全省轄10個專區，共117縣、4個縣轄鎮和4個專轄市。1954年，省會由開封市遷往鄭州市。

河南為什麼簡稱豫

河南電視臺的標誌就是一個簡約的大象樣子，也是河南「豫」的具體展示。「豫」是中國傳說中的行政區劃，起於春秋、戰國時代，但說法不一，主要有以下幾種說法：

第一，西漢以前，都認為九州係夏禹治水後所劃分，州名未有定說。《尚書‧禹貢》九州為：冀、兗、青、徐、揚、荊、豫、梁、雍，當時豫州據荊山與黃河之間；東漢班固《漢書‧地理志》始以《周禮》九州為周制，豫據於黃河之南；三國魏孫炎以《爾雅》九州為殷制，也據黃河之南；後世經學家合稱為三代九州。實際上九州都只是當時學者各就其所知所劃分的九個地理區域，後來以九州泛指中國。河南省古時處於九州中的豫州地，所以河南省簡稱為豫。

第二，「豫」與「象」有關。根據相關資料，古代就有大量的大象在河南省這一區域生存活動。根據考古資料，在河南省鞏義市神都山下距今11萬年的洪溝舊石器時代遺址出土了大量的大象化石，此遺址已成為河南「豫」的實證之地。許慎《說文解字》說：「豫，象之大者。」故凡大者皆可引申為「豫」，而河南省為《尚書‧禹貢》九州中之大州，故名。

第三，「豫」的寓意為「歡樂」、「安適」之意，李巡《爾雅‧釋地》記載「河南其氣著密，厥性安適」，故曰豫。

> 九州之心：河南的地理格局與變遷故事

河南為什麼又叫中原、中州

中原，在中國古語和漢語的史料和典籍中有以下含義：一是平原、原野。《詩‧小雅‧吉日》：「瞻彼中原，其祁孔有」；《左傳‧僖公二十三年》：「晉楚治兵，遇於中原，其辟君三舍。」

狹義上，中原即指河南一帶。先秦時期已有雒邑（今洛陽）、陶（今山東定陶縣）為天下中心的說法。隨著華夏族向周圍遷移，其活動範圍擴大，古代豫州位居九州之中，故豫州又名中州。而今天的河南省是古豫州的主要區域，後人也將河南稱為中州。《明實錄‧永樂十四年》：「伏維北京，南俯中原。」

在更廣的意義上，中原是指黃河中下游一帶大片地區，偶爾也指黃河流域。《宋史‧李綱傳》「自古中興之主，起於西北則足以據中原而有東南」之「中原」，即指黃河中下游流域。諸葛亮〈出師表〉「當獎帥三千，北定中原」之「中原」則泛指黃河中下游流域。

廣義上，中原是相對於邊疆地區的對應區域的稱呼，中原還可稱為中土。

古人常將「中國」、「中州」用做中原的同義語。一般認為，古代中原係指黃河中下游地區華夏族部落集中分布的區域，中心是古豫州。隨著華夏民族的大融合，以及華夏文化或周文化的擴展而有所蔓延。居住在黃河中下游地區，文化較先進的華夏族自視文明，自稱中國，以別於四夷。一些夏、商時期尚屬夷蠻狄的周邊地區，隨著華夏文化的傳播，也納入中原文化區。實際上兩周時期的中原地區除了今河南省外，主要還包括陝西、山西、河北、山東等省的部分地區。

今天，一般使用「中原地區」來替代「中原」或「中州」稱謂，但還是常用來指「河南省」，或者以河南省為中心的「黃河中下游地區」。

黃河中、下游分界線在哪裡

黃河中、下游分界線，把中游和下游的分界線，確定為「舊孟津」（河南洛陽）。

《河南省志》第四卷〈黃河志〉第一章，在「河流特徵」部分寫道：「自河源至內蒙古的『托克托』，為黃河上游，自『托克托』至河南鄭州『桃花峪』，為黃河中游，自『桃花峪』以下至山東『墾利』河口為黃河下游。」把黃河中游和下游的分界線確定為黃河南岸鄭州市滎陽「桃花峪」。

除此之外，地學界根據「區域地質環境和河谷地貌特徵」，有專家提出「鄭州花園口」是中、下游的分界線。水利工作者也有人根據「河流特性」提出「三門峽」為中、下游分界線。

河南省社會科學院許韶立透過對黃河的考查研究，提出黃河中、下游分界線的「嘉應觀」說。

許韶立認為：應以地貌特徵的變化、「懸河」的起點、支流的消失、自流引渠的出現四個方面，作為確定黃河中、下游分界線的主要劃分標準。那麼「舊孟津」說顯然不夠準確。小浪底孟津以下還處在兩岸為黃土丘陵地區，黃河的「懸河」並沒有出現，黃河仍有伊洛河、沁河等河流注入。可見「舊孟津」是一個泛指的區域概念，並不準確，也不夠科學。

桃花峪為黃河中、下游分界線的說法，與舊孟津不同的是：它不是一個區域概念，而已經是一個具體的地點。雖然桃花峪以東黃河沒有大

的支流匯入,但「懸河」在桃花峪還沒有出現,因此,這裡作為黃河中、下游分界線也不夠準確。另外黃河花園口段雖然出現了懸河,但花園口又並不是黃河最早出現懸河的地方。

許韶立透過考察分析認為,焦作市武陟縣嘉應觀同時具備上述四個條件。所以,從科學性、知識性、歷史性、藝術性、觀賞性等方面來考慮,黃河中、下游分界線應該是在黃河北岸焦作市武陟縣嘉應觀。

在哪裡可以一腳踏三省

河南淅川縣荊紫關鎮、湖北鄖縣白浪鎮和陝西商南縣白浪鎮交錯的白浪街,是目前中國唯一在三省交界處均設有鎮級行政單位的地方。

白浪街有塊著名的三省石。三省石在白浪街中央垂柳樹下的三省界碑中。界碑高3公尺多,呈三面稜柱狀,上面鑲嵌著三塊黑色大理石碑,分別朝向三省轄地,並鐫刻著介紹本省地理沿革和風俗民情的碑文。三省的碑文或優雅,或深邃,或質樸,卻都不約而同地刻下了立碑之目的:「敦誼長存。」在三省碑的下處,有一塊露出地面的三稜尖石,尖石一面朝西,一面朝東南,一面朝東北。自古以來,以此石為界,西歸陝西管,東北歸河南管,東南歸湖北管,此石也就被稱為「三省石」。踩一下「三省石」,就可體驗「一腳踏三省」的豪邁了。

三省轄地的白浪街犬牙交錯,屋舍相連,難分彼此,有不少人家房子蓋在兩省接壤處,自稱「夜臥兩省」。曾有一個傳聞:三省一條街上發生了一起凶殺案,受害人恰恰就死在三省交界碑旁邊。三省所在的警方一看都傻了眼:死者的頭在陝西,身體在河南,而雙腿卻在湖北。這案

到底該誰辦？三方都向自己的上級請示，最後只好由公安部出面才解決問題。

　　三省交界，相鄰而居的人們可以輕鬆地端著飯碗「跨省」聊天，很是愜意。談起各省的飲食，也是各有特點：午飯時，河南人吃米飯也要下麵條，怕吃不飽；湖北人吃米飯時就只吃米飯了；陝西人則是更多時候吃麵條。當然此地要算湖北人的飲食最生動：早稀飯，午米飯，晚上是麵條，一日三餐囊括了三個省的飲食特點。

　　一條百公尺白浪街，黃河文化、楚文化與秦晉文化在此交會，三種文化建構了白浪街濃郁的文化底蘊，或習俗，或音樂，或語言，或性情與觀念⋯⋯在這裡都顯得特別豐富多彩。走在一腳踏三省的白浪街上，街上商舖或戶裡人家的音樂響起時，河南的豫劇、陝西的秦腔、湖北的漢劇，精采紛呈，真是南腔北調，此起彼伏，好生熱鬧。

在哪裡又可以雞叫鳴三省

　　在河南南陽最西邊的淅川縣荊紫關，與湖北的鄖縣白浪鎮和陝西的商南縣白浪鎮相連，三省交錯的白浪街是典型的「雞叫鳴三省」處。

　　荊紫關地處三省交界處，境貫丹江，道扼隘口，西漢時始為草橋關，元為荊籽口，明為荊籽關口，清為荊子關，民國初取荊花呈紫色之祥意，改「子」為「紫」，荊紫關之名延續至今。

　　淅川荊紫關鎮是河南省公布的第一批歷史文化名鎮，為唐代後期形成的商業古街，坐落在丹江岸邊。巍巍荊紫關，背依群山，下臨清流，「西接秦川，南通鄂渚」，它憑著優越而獨特的地理位置成為歷代商賈雲

集和兵家逐鹿之地。丹江發源於商洛山，注入漢水，匯入長江，因而成為歷史上可與運河、蜀棧並稱的中國南北三大通道之一，成為豫、鄂、陝附近七省商賈雲集之地。由於丹江水利工程的修建、陸路交通的發展，荊紫關鎮河運式微，交通地位下降，今天的古鎮少了一分喧鬧，多了幾分寧靜。而源自丹江口的南水北調工程建設，又使荊紫關這個美麗的歷史文化名鎮，以旅遊勝地的面貌和「雞叫鳴三省」的生趣，吸引世人關注的目光。

三門峽如何得名

　　三門峽市是中華人民共和國成立後才有的名字，1957 年 3 月建市。歷史上三門峽行政區域被稱為「陝」，如陝州、陝縣這些歷史上的名字都與此相關。其實陝西省也是因為位於「陝」的西部而得名。今天的三門峽市位於河南西部邊緣，豫、陝、晉三省交界處，是華人的發祥地之一，遠在五六十萬年以前，這裡就留下了華夏祖先的足跡。

　　三門峽水庫大壩黃河從潼關附近折向東流，進入豫西峽谷。三門峽就在豫西峽谷的中間，是黃河最險峻的峽谷河道之一，兩岸陡峭，相距僅 250 公尺。三門峽的岩石主要是閃長斑岩，色鐵青，質地堅硬。峽口河上有兩座大石島，北名神門島，南名鬼門島。兩島把河水分成三股，像為黃河開了三座大門。相傳大禹治水，以神斧劈開高山，形成人、鬼、神三道峽谷為三門，從北而南稱為人門、神門和鬼門，三門峽也因此得名。三門中神門最深，鬼門最險，人門最淺，但是歷來過人門而遇難的人數也很多。清人宋琬有詩句說：「一下龍門過陝州，滔滔無盡古今愁。」陝州就是今天的三門峽市。

三門峽出口有三座石島頂住黃河的激流，從北向南稱為梳妝樓、煉丹爐和砥柱石。砥柱石是成語「中流砥柱」的出處。唐代柳公權有詩句說：「一柱釘江心，頂壓三門險。」

　　自西漢至民國，黃河一直是航運大河。在黃河弄舟，搏擊於湍急渾濁的黃水中，幾乎就是中華民族與命運搏鬥的象徵。三門峽被歷代行船人視為畏途，黃河水在這裡奔騰咆哮。中華人民共和國成立後，中國政府利用狹窄的河床和河床下堅固的花崗岩、攔河打壩興修三門峽水利工程，才有了「高峽出平湖」的三門峽。

雞公山如何得名

　　雞公山位於河南省南部與湖北省交界處，河南省信陽市東南大約四十公里，屬大別山支脈，與北戴河、廬山、莫干山並列為中國著名的四大避暑勝地。雞公山主峰為報曉峰，又名雞公頭，海拔 814 公尺。

　　雞公山因其整個山勢宛如一隻昂首展翅、引頸啼鳴的雄雞而得名。北魏《水經注》稱之為「雞翅山」，距今已有 1,400 餘年。在明朝雞公山和雞翅山兩名齊用，至清代易名為雞公山，沿稱至今。

　　雞公山地處副熱帶向暖溫帶過渡的地帶，雨量充沛，氣候溼潤。氣候特點是：冬長夏短，春秋相當。夏季氣候涼爽宜人，平均氣溫 23.7 ℃，最高氣溫 32 ℃。三伏盛夏，午前如春，午後如秋，夜如初冬。有「三伏炎熱人欲死，清涼到此頓疑仙」之美譽。19 世紀初，外國傳教士、商人在雞公山上修建了三百多幢別墅，其中最具特色的有頤廬、將軍樓、煙雨樓、會景樓、美國教堂、瑞典大廈。

為什麼說跳到黃河洗不清

《爾雅‧釋水》：「河出崑崙，色白，所渠並千七百一川，色黃。」但真正有黃河之稱，則見於《史記》載「黃河之名，始於漢」。

黃河發源於青海省巴顏喀拉山脈，源頭十分清澈，尤其星宿海一帶的扎陵湖、鄂陵湖等數量眾多的水泊和海子，清澈美麗，在陽光輝映下絢麗多彩。當地藏民稱這一段黃河為「瑪曲」，是「孔雀河」的意思。

黃河流至中游黃土高原地區，攜帶了由支流帶入的大量泥沙，成為世界上含沙量最多的河流。黃河泥沙絕大部分來自內蒙古的托克托縣河口鎮至陝西的潼關縣區間。這裡主要是黃土高原，水土流失最嚴重的約有 10 萬平方公里。其中，河口鎮至龍門區間年輸沙量約 9 億噸，占黃河總輸沙量的 56％以上，其中粗沙有 5.9 億噸，約占黃河粗沙總量的 80％。陝北地區河流含沙量都比較大，其中以無定河為最。

可見，黃河並不是一流出源頭就混濁的，也不是從來就是混濁的，而主要在黃河的中、下游以下的流域地區，才有「一碗水、半碗泥」的混濁黃河水，以致有「跳到黃河洗不清」的俗語。

為什麼說不到黃河心不死

「不到黃河心不死」，用來比喻人們不達目的不罷休，不到絕望不死心的意思。為什麼不說到「長江」而非要到「黃河」不可呢？據晚清小說《掃迷帚》第五回中寫到，崑山通人汪梧鳳辨析蘇州諺語時說：「弗到黃河心弗死，到了黃河死不及。」其中之「黃河」乃「橫禍」之誤，意思是

人不犯橫禍，則不肯死心塌地；等犯了事，則身為囚犯，欲死不及，乃勸人及早改過之意。現在，則被用來比喻不達目的不罷休之決心。

由此，此處說的「黃河」並非真指黃河，而是「橫禍」的諧音。久而久之，人們把「不得橫禍心不死」演變成了「不到黃河心不死」。

古之鴻溝今何在

鴻溝位於鄭州西北二十餘公里的河南省滎陽市的廣武鎮。

滎陽鴻溝遺址鴻溝是中國古代最早溝通黃河和淮河的人工運河，又名廣武澗，地處七雄中央的魏國。為了加強對黃淮地區的控制，從今滎陽東北的廣武澗，「入河水於圃田，又為大溝而行圃水者也」（《水經注》秦二十二），這就是歷史上有名的鴻溝分流。運河於戰國魏惠王十年（西元前360年）開始興建，故道自今河南省滎陽東北的廣武澗引黃河水，東流經今中牟北，又東經開封北，折向南經通許東、太康西，至淮陽東南入潁水。修成後，經過秦、漢、魏晉南北朝，一直是黃淮間主要水運交通線路之一。西漢時期又稱狼湯渠。

西元前203年，困守成皋的漢王劉邦，突破楚軍的層層包圍，退到今滎陽東北的廣武山一帶。漢軍守住西廣武，楚軍守住東廣武，各自以澗築壘相峙。劉、項多年戰爭，在此中分天下，形成了鴻溝以西歸漢、鴻溝以東歸楚的局面。現在溝口處寬約800公尺，深也不過200餘公尺，成為楚漢中分天下的一條軍事分界線，因此，也有了後來中國象棋上的「楚河」、「漢界」，在人們的心目中，鴻溝成了一條無法踰越的障礙。

九州之心：河南的地理格局與變遷故事

太行奇觀冰冰背

　　位於河南林州市太行山深處的石板岩鄉西北部車佛溝韓家窪村，海拔 1,500 公尺。每當炎炎酷暑季節，一走進這個區域，頓感洞穴來風，寒氣逼人，石窟內到處是冰凌和霜刺。由於大小石窟連線成片，又在山的陰坡上，林州人習慣把山陰叫做「背」，所以叫做冰冰背。

　　冰冰背在峽谷深處太行山上，分為南冰窟群和北冰窟群，總面積一平方公里。陽春三月，春暖花開時，開始寒氣襲人，水寒結冰。隨著天氣變暖，冰窟群越來越冷，冰凌越聚越多，三伏酷暑，寒風刺骨，冰凍如鐵，最低溫度在 -10℃左右，最大溫差達 40℃。這時，冰草、冰柱、冰球、冰淚、冰窟構成冰群，冰冰背特有的奇花異草鑲嵌於冰縫中，清幽芳香，引蝶共舞，蟲鳥齊鳴。進入秋季，紅葉滿山，野果遍地。然而一到冬季，數九隆冬，這裡卻熱氣蒸騰，冰消解凍，氣溫變暖，洞周圍草木返青，溫暖宜人。這時桃花再次盛開，形成一年桃花兩次開的奇觀。相傳山肚裡是北魏時期宰相高歡為娘娘開闢的避暑禦寒宮，天長日久，山體滑塌，找不到宮門，因而無法進入，以至成了一大迷宮。這一太行奇觀，吸引了許多專家學者和遊客前來觀賞、考察。大自然的神奇之謎，至今無人能解，所以被慕名而來的遊客稱為「太行奇觀」。

「上如下，下如上」的怪坡

　　「上如下，下如上」的怪坡，位於河南汝州市騎嶺鄉東北部，北依大槐山，南鄰雪窯村，距市區約 9 公里。怪坡長約 120 公尺，寬約 30 公尺。1999 年，當地一名司機無意中發現這種「上如下，下如上」的奇異現象，

被稱為「中原一絕」。2001年由當地政府開發建設成汝州怪坡旅遊區。

在坡上騎腳踏車或開汽車向上行駛，騎車不用踩，汽車熄火不用加油門，可以自動上坡；下坡卻要加力或加油門，否則就無法滑行。在坡下倒上水，水從低處向高處流。

目前對此種奇怪現象的解釋有很多：有的說是「磁場作用」，有的說是「重力位移」，也有的說是「視覺差」。說法紛紜，尚未定論。

開封為什麼會城摞城

黃河流經開封的一段被稱為中國最高的懸河。在位於開封市北十公里處黃河南岸的柳園口，河面寬8公里，大堤高約15公尺。由於黃河沖出鄭州邙山後，進入平原，落差驟然變小，泥沙大量沉積，致使開封段的黃河河床以每年10公分的速度增高，此處的河床已高出開封市區地平面7～8公尺，最高處達10公尺以上。為防水患，兩岸大堤日增年高，形似天河，故世人將這種人工奇觀稱為「懸河」。清代的史書記載：開封城「城在釜底，仰視黃河……」

正是黃河懸於開封城上的奇觀，歷史上的幾次黃河大水患，使開封數座古城池深深淤埋於地面之下，形成開封「城摞城」。

經考古發掘證實：開封「城摞城」最下面的城池──魏大梁城在今地面下10餘公尺深；唐汴州城距地面10公尺深左右，北宋東京城距地面約8公尺深，金汴京城約6公尺深，明開封城5～6公尺深，清開封城約3公尺深。

開封集「地上懸河」、地下「城摞城」兩大世界罕見奇觀於一城，成為古城開封旅遊的又一大特色。

鄢陵臘梅冠天下

河南鄢陵縣由於氣候溫和，地勢平坦，土壤疏鬆肥沃，非常適合臘梅生長，被認為是中國的臘梅之鄉。臘梅是一種名貴的花木，從農曆小寒到穀雨九個節氣的 120 天裡，每隔五天盛開一花。由於它花開寒冬臘月，故名臘梅，又因開花時枝條上無葉，又叫乾枝梅。臘梅既不與群芳爭春，又不畏風雪嚴寒，因而自古以來，它與松、竹一起被稱為「歲寒三友」。

鄢陵種植臘梅歷史悠久，興於唐宋，盛於明清，明代韓程愈〈敘花〉記載：「臘梅一種，唯鄢陵著名，四方諸召事，購求無虛日，士人皆以為累。」清代乾隆年間（西元 1736～1795 年），鄢陵臘梅每歲末運至京師，單株價白銀六兩，達官貴人亦將鄢陵臘梅作為禮品互贈，當時的刑部尚書，著名文學家王士禎曾讚譽：「鄢陵臘梅冠天下。」故此鄢陵有「花都」、「花縣」之美稱。其中又以鄢陵姚家花園名聞全國，各種花木多達四百餘種，外國人稱這裡是中國花都。這裡的臘梅花朵大、萼片厚、花心紅、花香濃、花期長，因而被列為上品。既有傳統品種馨口梅、虎蹄梅、老蘇梅、聖府梅、金蓮花梅、金桃花梅，又有新品種赤心梅、紫花梅、早黃梅、晚花梅等。

鄢陵現有臘梅種植面積 200 多公頃，年產臘梅 600 萬株以上。每年一屆的「臘梅花會」，都吸引了眾多遊人紛紛來此踏雪賞梅。

生在蘇杭，葬在北邙

洛陽號稱九朝古都，是歷史上人文薈萃之地。洛陽城北邙山，東西綿延百餘公里，雄渾透迤，土厚水低，宜於殯葬。歷代帝王將相、達官

貴人、富戶巨賈，皆迷信邙山為風水寶地，多葬於邙山下；甚至遠在江南塞北的人，臨終還囑其後人，要不遠千里，還葬北邙。所以民間流傳有「生於蘇杭，葬於北邙」之說，以致「北邙山頭少閒土，盡是洛陽人舊墓」（見王建〈北邙行〉）、「北邙無臥牛之地」。

北邙古老神祕的陵墓埋葬著東漢、曹魏、西晉、北魏及五代的幾十位帝王和數百皇族、大臣，如漢代劉秀、北魏宣武帝等。數百座高大巍峨的覆斗形古墓塚，在北邙土嶺上星羅棋布，森然壯觀，堪稱中國的「金字塔」群，成為中國最為集中浩大的墓葬區。

也正是這些富豪的墓葬，誘致了盜墓之風的盛行。清末修隴海鐵路取線邙山腳下，掘出的志石十分豐富。志主身分有位極人臣的相國太尉、封疆裂土的皇族貴戚、雄踞一方的藩鎮大吏、職司守土的刺史太守、官卑職微的尉墨參曹，也有仙遊園林的雅士名流、昧悟參禪的寺觀洞主以及被深鎖內宮、不知姓名的宮娥彩女，顯示了北邙墓葬規模之龐大，更是佐證了「生於蘇杭，葬於北邙」這一歷史人文現象的真實。

千古之謎「豬叫石」

「豬叫石」位於河南省安陽市林州市高家臺輝伏岩自然村，處於周圍群山環抱中。

「豬叫石」整體呈紫紅色，體形方正，頭西尾東斜插於山崖下的沃土裡，高3公尺，寬3公尺，厚2公尺，地上裸露4立方公尺，層理和節理比較明顯，石縫參差不齊，凹凸部分較多。石叫時，手摸有微顫之感，近前響動，叫聲戛然而止，待靜後叫聲復起，其叫聲有動感，像豬在石頭裡邊跑邊叫，聲音忽高忽低，一次能叫百餘聲，但錄音則難。其

聲音大致可以分為兩種，一是歡快的叫聲，一是低沉的叫聲。

傳說「豬叫石」每逢天下有事，必叫無疑。當地老百姓能經常聽到石頭的叫聲，把其叫聲與社會中出現的一些大事連繫起來，「豬叫石」顯得越發神奇。他們認為要是發出的是歡樂的叫聲，則一定會出現喜慶的事，要是發出低沉的叫聲，則一定會是悲哀的事。據當地老人說，中國發生的幾次大事，豬叫石都有預兆。僅1937年，日軍入侵中國前，「豬叫石」就低沉地叫了一個月。

當地人稱「豬叫石」還能消災避難，人們只要在「豬叫石」前將自己憂慮之事默默告之，「豬叫石」便能保佑平安。神奇的「豬叫石」已吸引了眾多的遊人專程來此祈福求安。

一塊沒有生命的石頭，卻在山民的傳說中充滿了靈性。「豬叫石」也吸引了許多中外學者、專家、遊人前來考察獵奇，有人說在這石頭的下面有空隙，有人說有溶洞……眾說紛紜，但是到目前為止，這個「千古之謎」還未解開。

恐龍之鄉，古銀杏群

西峽縣位於河南省南陽市西部的伏牛山區，西峽歷史悠久，早在春秋時期，就有「山產百貨風行，千里萬商雲集」之說。

1993年，數千枚恐龍蛋化石從西峽出土，這裡發現的恐龍蛋化石群是一窩一窩的，滿山遍野，專家估算總數為兩萬五千多枚，數量之多、規模之大，超出了人們的想像，被稱為繼秦始皇兵馬俑之後的「世界第九大奇蹟」而聞名於世。在此之前，全世界其他地方發現的恐龍蛋總數不過500枚左右，西峽因此又被譽為「恐龍之鄉」。

西峽恐龍遺跡園銀杏是世界上現存的最古老的樹種之一，也是中國特有的珍貴樹種。侏儸紀時期（約一億年以前），銀杏就和當時稱霸世界的恐龍一樣，遍布世界各地。銀杏樹因而成為「稀世珍寶」，是植物界的活化石。據調查，中國發現的古銀杏樹尚不足 500 株，而西峽縣就有 110 多株，超過中國五分之一。中國國家郵政局曾發行的全套《孑遺植物》特種郵票共四枚，其中第一枚是「銀杏」，當時郵政局特批准在西峽縣舉辦隆重的「銀杏」郵票首發式。

　　西峽不僅有震驚世界的恐龍蛋化石群，還有珍稀的野生植物──與恐龍同時代的野生銀杏群，堪稱為西峽兩大奇觀。在奇觀的背後，我們遙想久遠的地質時期，西峽也一定曾是銀杏的家園、恐龍的故鄉。

開封為何稱「汴京」或「東京」

　　魏武侯五年（西元前 391 年），魏敗楚於大梁、榆關一帶，占領大梁，魏國國勢日盛。魏惠王為了爭霸中原，於魏惠王六年（西元前 364 年），把都城從安邑遷至大梁（今開封市），這是開封在中國歷史上作為都城的開始。

　　秦王政二十二年（西元前 225 年），秦派大將王賁攻魏，引河溝水灌大梁，大梁城壞，魏王假降。秦在大梁置浚儀縣。東魏孝靜帝天平元年（西元 534 年），此地又被改設為梁州，浚儀首次成為州治。北周武帝建德五年（西元 576 年），占領梁州，因梁州城臨汴水，汴水是貫穿開封全城的四條水道中的最重要的一條河流。當時汴河一路，每年從江南運往京城的糧食、商貨數量巨大，汴水地位十分重要，為黃河與淮河間的水運要地，梁州也因此更名為汴州。

後唐滅後梁,李存勖遷都洛陽,降開封府為宣武軍駐地,仍稱汴州。後晉天福元年(西元936年),契丹滅後唐,立石敬瑭為晉帝(史稱後晉),建都汴州,號東京。又升汴州為東京開封府,始有「汴京」。後漢、後周都稱開封為東京,只有唐一代建都洛陽(稱為西都或西京)。西元960年,宋太祖趙匡胤發動陳橋兵變,取代後周建立了北宋王朝,以開封為國都,仍稱開封為「東京」。

山川奇境：
河南的壯麗風光與神話遺跡

山川奇境：河南的壯麗風光與神話遺跡

「三十六小洞天」之一的水簾洞

在河南省桐柏縣城西兩公里，折向西南，進入一條群山環抱的峽谷。這裡峰巒疊翠，松極蔽日，野花遍山，杜鵑競秀，澗溪爭流，怪石迎賓。坐南朝北有一絕壁，高百餘公尺。壁間有一天然石洞，通天河沿崖頂傾瀉而下，其狀如簾，將洞口遮掩起來，瀑水常年不涸，這便是遠近馳名的水簾洞。

桐柏縣水簾洞沿水簾洞石崖東側拾階而上，可至洞內，洞可容百人，中有孫悟空石雕坐像。相傳兩側有王禪、孫臏塑像，已不復存在。洞口憑欄而立，透過水簾遙望，空濛映虹，使人賞心悅目，塵氛盡滌。欣賞自然，懷念古人，羽化登仙之感油然而生。石崖下有一深潭，名曰「浴龍潭」，瀑布落至，激起層層雪浪，水絲飄至百公尺，雖盛夏酷暑，仍清涼宜人，真是「尋幽何須蓬萊去，天開仙境在此間」。

水簾洞四季皆景，為桐柏八景之一——「水簾掛雪」。自古及今，遊人絡繹不絕。不少文人騷客留下詩賦聯語，嘆為觀止。明楊三傑詩讚水簾洞曰：「何年懸掛此山頭？冰玉簾櫳萬壑秋。樹色遠從千尺落，嵐光橫溢數條浮。誰將巧手工如縷，為瀉銀河映一鉤。今古無人高束起，不妨洗耳聽清流。」明王鮇題詩曰：「萬古風雲洞，千年雨露天；紅塵飛不到，高掛水晶簾。」還有「崖前珠幕晴飛雨，洞內石床暑亦秋」的吟唱。近代大書法家于右任曾書「福地洞天」以贈。抗日戰爭期間，朝鮮義勇軍曾在洞中留下「洞天仙府」木匾。

水簾洞對面的澗溪，與通天河瀑布溪流匯合的夾角地帶，被譽為「山形臥虎，二溪雙捧，水似盤龍」。道家稱桐柏水簾洞為「天下三十六洞天」，在此建了一座小巧玲瓏的老君堂。老君堂係何年所建，查無確鑿

記載。據明嘉靖二十七年（西元1548年）〈重修桐柏山福地水簾洞碑〉中記載：「昔於大宋元祐三年（西元1088年），淮安郡守張公奉旨謁淮瀆，詣此祈禱……重修殿宇」，說明老君堂已有一千多年的歷史。有了這座老君堂，使自然景觀和人文景觀相得益彰，真的成了世外桃源般的福地洞天。

道教老子歸隱老君山

老子修《道德經》，其學說以自隱無名為務。因見周朝漸衰，便辭職隱居。關於老子隱居之地，無確切史載。一說晚年退隱居沛（今江蘇沛縣），躬耕授徒，講道論德。後又到達八百里伏牛山的主峰進行修道。這八百里伏牛山的主峰在哪裡呢？據相關專家考證，應該在老君山。2006年4月1日，一位攝影愛好者在欒川老君山採風時，誤入密林區峰，無意間竟發現了傳說千年的老子石像，更為老君山為老子隱居處提供了鐵證。

老君山的每一處古蹟與景觀都流傳著關於老子的神話。沿山道乘車而上，在密林環抱的停車場旁邊通往老君廟山道前，有巨型的老子騎青牛石雕像。傳說老子悟道後，就是從這裡下山西去，經函谷關西入陝西關中。途經函谷關時，因周人夫函谷關令尹喜的再三請求，「乃著書上下篇，言道德之意五千言」，對自己平生的道學觀點進行了總結，為後世留下了著名的《道德經》。

在通往老君廟的半山腰，攀鐵索，登臺階，到達「一洞五天」的捨身崖，洞外懸崖峭壁，腳下雲煙繚繞。據傳說，當時山中住著一戶三口人家，主婦在其丈夫死後一直孝敬公公，冬季為其暖腳，夏季為其驅蟲，

山川奇境：河南的壯麗風光與神話遺跡

山下人家卻對她有不少流言蜚語。主婦為證其清白,便從捨身崖縱身跳下,忽然有一位白鬍子老君在空中救了她,並說「你講孝道又講婦德,德道全也」。這位白鬍子老君就是老子。從此,孝道便成為中華傳統道德的重要內容之一。

老君廟位於老君山峰頂,始建於北魏,傳說是老子當年修道的地方,是歷代香客的朝拜之處。廟裡供奉著被人們神化的太上老君,老君白髮鬈鬈,滿面慈祥,似乎在向人們講述著《道德經》。廟的兩側有兩座山峰:一為玉皇頂,峰頂的廟裡供奉著玉皇大帝;一為亮寶臺,傳說是當年老子講授人生三寶之處。人生三寶即「一曰慈,二曰儉,三曰不敢為天下先」。「慈」即寬容,能使人勇敢;「儉」即嗇儉,能使人寬廣;「不敢為天下先」即不敢走在天下人的前面,「天之道,不爭而善勝,不爭而自來」。從廟的東面攀崖而下,是供奉老子母親金身的朝陽洞,洞中聖母俯瞰著雲海中的連綿群山。與老君廟相對的南天門,懸崖峭壁,形成一道天塹,被譽為通天雄關。

順南天門天梯而下,經過被譽為「北國張家界」的石林區,可以看到滿山蒼老遒勁、花大如碗的太白杜鵑,據傳說,這是當年老子在修煉之餘賞杜鵑之處。

等了八億年的地下宮殿

有一座地下宮殿默默地在這裡等了八億年!

位於河南洛陽欒川縣城西三千公尺處的雞冠洞屬天然石灰岩溶洞,地質學上稱其為「喀斯特岩溶地貌」。據專家考證,它形成於早、中更新紀,諸多景觀在 8 億年前就已定型。早在清乾隆年間(西元 1736～1795

年），就有人冒險探幽，終因洞內深幽奇險，懼而返。1992 年 9 月，雞冠洞在當地官兵的協助下才得以開發，1993 年 4 月 10 日正式對外開放。至此，一個在地下沉睡 8 億年、色彩絢麗的地下宮殿展現在世人面前。

雞冠洞洞長 4,600 公尺，現已開發 1,800 公尺，觀賞面積 23,000 餘平方公尺，因坐落於雞冠山半山腰，因而得名雞冠洞。

雞冠洞又稱北國第一洞，它是長江以北形成最美、發育最好的熔岩洞穴。洞內三廳一組石筍生長奇特，被世人稱為中華龍宮，雞冠洞景區為此石筍投保人民幣五千萬元。六廳石盾遍布，目前世界各地大大小小兩千多個溶洞，共發現石盾 10 面，雞冠洞內就有 6 面。大的石盾直徑達 3 公尺，而小的石盾直徑不到 10 公分，其形狀各具特色。另外，第六廳的九龍玉柱，又稱中華第一柱，由九條石龍攀附其柱身，直徑達 20 餘公尺，支撐著 6,000 餘平方公尺的遊覽大廳。雞冠洞中的這些特色將會帶來實實在在的收穫，讓遊客切實感受到八億年地下宮殿的魅力。

在洞內，人們還會聽到「嘩嘩」的流水聲，它是雞冠洞的地下暗河。它們從石縫中奔湧而出，不受季節、旱澇影響，日流量六百餘噸，富含鐵、鉀、鈣、鎂、磷、鉬等二十多種對人體有益的微量元素，是一種優質的礦泉水。這正是：「洞中有河不知源，埋沒山下千萬年。瓊漿玉液礦泉水，要為人類獻甘甜。」

洞內還有一小景觀，名叫「情侶石」，形象逼真，有道是：「朦朧月光下，夫妻偷接吻，婆婆巧湊見，羞得紅了臉。」還有一組鐘乳石、石筍，就差一公分沒有連線起來，取名「千年一吻」。

一個人間的天堂，一個童話中的世界，一個今生必到的地方 —— 雞冠洞。

山川奇境：河南的壯麗風光與神話遺跡

《西遊記》中的花果山究竟在哪裡

花果山是齊天大聖的出生地，中國又有無數個花果山。其中最有名的當數連雲港的「花果山」。它的根據是明代吳承恩在《西遊記》中寫道：「海外有一國土，名傲來國。國近大海，海中有一名山，喚為花果山。此山乃十洲之祖脈，三島之來龍……真個好山……四季好花常開，八節仙果不絕。」但是據相關專家研究，《西遊記》中的花果山，應該位於唐僧老家（玄奘故里在洛陽市偃師市）洛陽市宜陽縣。

據資料介紹，花果山即地處宜陽縣西南部的女兒山，俗名石雞山，亦名女山、天幾。山與嵩縣、洛寧毗鄰，距洛陽市區九十公里。景區總面積42萬平方公里，主峰海拔1,831.8公尺。這裡自晉唐以來就是中原地區的旅遊勝地。花果山歷史悠久，遐邇聞名。在古代史書中，與江西廬山、湖北武當山等並稱為「七十二福地」。說花果山在宜陽，主要有以下原因。

其一，洛陽的「花果山」之名，始見於北宋《太平寰宇記》：「壽安縣（今宜陽縣）嶽頂山在縣西南，又西為花果山。」據此可以推知，宜陽花果山之名早於吳承恩《西遊記》五百餘年。先有花果山，然後有《西遊記》。

其二，有出土的最新資料為證。清乾隆十五年（西元1750年）三月重修花果山西佛殿碑刻記載：「斯山也，即《西遊記》所稱齊天孫佛成聖處也，故其廟在此焉。」同年九月，另有重修西佛殿碑文記載：「宜邑西南百里許有花果山，即女幾山也，昔有神女遐幾，故名之，後因山多奇花佳果，又名之曰花果山。」

其三，花果山風景區內的風景點和附近村名如玉皇廟、大聖廟、高

老莊、南天門、玉皇頂、水簾洞、鐵板橋、靈霄殿、靈霄壁、瑤池等均是《西遊記》所沿用的地名。花果山農家也世代敬奉齊天大聖。主宰花果山的神靈是鬥戰勝佛齊天大聖，而不是西天佛祖釋迦牟尼。

更使學者專家感興趣的是，唐代高僧玄奘家居花果山東鄰偃師市，而宜陽縣為漢唐故道之唯一通途，玄奘西行必過此境，取經回來後的講經之所又是白馬寺，且由他口述、經其徒辨機執筆整理出的西行見聞錄《大唐西域記》又為吳承恩的《西遊記》提供了大量的創作素材。因此，河南洛陽花果山即為吳承恩筆下的花果山，已被越來越多的專家學者所認可。

山是人，石是人，滿山石人迎遊人

石人山古稱堯山、大龍山，是堯的裔孫劉累立堯祠紀念先祖的地方，為天下劉姓發源地；又因山上眾多石峰酷似人形，後史稱之為石人堆、石人山。專家評論石人山有「華山之險，峨眉之峻，張家界之美，黃山之秀」。整個石人山風景區號稱有「三十六處名勝，七十二個景點」。

其中最有名的景點則是石人山石人景區和白牛城景區，石人山這一名稱也來源於此。關於這兩個景區，還有一段美麗的神話傳說：

「話說當年女媧煉五色石以補蒼天，剩下一塊五彩頑石，年深日久，修煉成石人大仙。玉皇大帝讓白牛大仙在廣寒宮中為王母娘娘耕耘田園，白牛大仙因愛慕嫦娥，觸犯天規，被貶下凡，囚於苦海。嫦娥請來蟾蜍大仙，吸乾海水，救出白牛。白牛也準備東山再起，大反天宮。二郎神掛帥親征，王母娘娘也前來督戰。石人來援白牛，一步遲來，雞鳴天曙，戰場化作八百里伏牛山脈。」

山川奇境：河南的壯麗風光與神話遺跡

在石人和白牛城兩個景區之外，整個石人山還有將軍石、姐妹峰、觀音送子、猴子拜觀音、太白醉酒、包公奏本、姑嫂石、青龍背、老君峰、象鼻峰等，每一個景點都有一則美麗動人的故事。

山是風景畫，石是園林詩。石人山石峰林立，絕壁層層，冠領風景區大名的「石人」，橫空出世，俯瞰永珍，不禁令人感嘆大自然鬼斧神工的瑰偉神奇。

中國最古老的泉──百泉

中國最古老的泉要數河南省輝縣市百泉。百泉位於輝縣市西北三公里的蘇門山下，因泉出無數而得名。

百泉早在三千多年前的殷商即行開鑿，《詩經·衛風》篇裡「毖彼泉水，亦流於淇」，即指百泉；《荀子》記載，武王伐紂時，也曾「暮宿於百泉」；魏晉時期的著名隱士孫登也曾隱居於百泉。輝縣市百泉不僅年代古老，而且歷史文化的積澱也十分厚重，碑刻題記、歷史記載、故事傳說尤為豐富。

泉水湧出，會聚為巨池，約 3.4 萬平方公尺，池水溫度長年在 20 ～ 30℃，且冬溫夏涼，池水清明如鏡，四季碧透，清冽純淨。清乾隆年間（西元 1736 ～ 1795 年）百泉繞岸砌石，修成長方形的湖面，南北長 100 公尺，東西寬 40 公尺。百泉湖畔遍布亭臺樓閣，有嘯臺、消暉閣、衛源廟、噴玉諸亭、金梭橋等古蹟勝景，還有大量唐宋石刻碑銘。附近農業自古就引百泉水灌溉，唐代百泉水利已較發達，唐碑〈百門陂限碑銘〉中就有「吐納堤防，周流稼穡」的記載。元代時挖河道，增闢稻田。明代建閘門五道，用以灌溉。百泉多年來幾經斷流，近乎枯竭，如今又重現生機，珠泉噴湧。目前百泉為國家級風景名勝區。

神奇的喊泉

在河南省輝縣市太行山上的郭亮村西南兩千公尺處，這裡的石山像刀削斧砍一樣，其間鳥語花香、怪石嶙峋、風景優雅。在一個窯龕的絕壁上，一股清泉呈噴淋狀落下，泉眼距地面 20 多公尺。相傳，七仙女來此遊玩，向龍王要水沐浴，龍王急忙拔下幾根髯鬚黏在石壁腰間，形成天然噴淋，水量受聲音影響，喊聲大水量就大，喊聲小水量就小，由此得名喊泉，又稱龍鬚泉。泉下有一塊凸立的石頭。四周長著青苔，稱為仙女浴臺。

輝縣市郭亮村喊泉當地民謠稱：「仙山浴臺臨風站，喊卻龍王擲鬚髯。一束銀絲掛半壁，天然噴淋聲控關。」生動道地出了喊泉魅力無限的自然風光和傳奇色彩。

其實喊泉之謎要源於這裡的地質背景。其形成的機理過程也得到了科學工作者的證實。喊泉形成的機理跟虹吸作用有關：泉水在出露過程中，流經一個複雜的虹吸岩溶洞穴系統，泉水儲存的岩層一般都是較鬆散、易吸水的岩層（含水層），其底部和頂部有緻密不透水的岩層（隔水層），於是形成一條虹吸管道；上游有一個地下水的匯水窪地，更上游的水源源不斷地補給窪地，待水儲滿窪地後，水就沿著虹吸岩溶洞穴流出地表而形成泉水；喊泉的儲水窪地（儲水池）的關鍵部分是平衡排水道，當水池達到臨介面水位時，多餘的補給水被儲水池的平衡水位排水道引走，這是保持臨介面水位的重要洞穴結構，如果不喊叫無聲壓作用，虹吸作用無法誘發，則不湧水。若無平衡排水道，補給水不斷供給，水位隨之升高，當達到虹吸管頂部時，在水位壓力作用下自流放水，也會像間歇泉一樣定時自流。

「喊泉」的神奇自然吸引著無數遊人不辭辛苦地前來觀賞。

山川奇境：河南的壯麗風光與神話遺跡

信陽的「溫泉」、「寒泉」兩爭奇

信陽商城有「溫」、「寒」兩泉。

溫泉又名湯泉池，位於城南三十里，地因泉而得名。西依雷山，翠峰屏峙；東襟灌河，綠水環繞；泉湧溫湯，千年不涸。「湯泉溫池」古為商城八景之一。溫泉約形成於一億年前，係大別山、燕山初期花崗岩斷裂帶噴出的泉水，出口水溫58～62℃，日湧量千餘立方公尺，泉水清澈，略帶硫黃味。明嘉靖《商城縣志》稱：「溫泉，在縣南三十里，自石罅中流出，其色綠，其熱如湯，人浴之可治疥癩。」清順治《光州志》載，商城溫泉「地有硫黃，冬夏沸熱，古人以石甃為池，凡瘡疥等疾，可浴而癒」。此溫泉浴可療疾，早為古人發現、驗證，且蜚聲豫南。

商城寒泉，位於河南商城縣城南關水巷南側，西距陶家河約五十公尺，有泉水從石罅中噴出，俗稱「流水井」。寒泉礦泉水形成機制是大氣降雨沿花崗岩裂隙和斷裂處滲入地下，儲存在商城巖體深處花崗岩中，受斷裂構造影響噴湧而出地表。同位素氘的測定結果認為，寒泉水源源遠流長，其循環年齡（保留時間）在15年以上，水溫受地表溫度影響小，才形成低溫現象。泉水動態穩定，日流量為130餘噸。其質潔味爽，以之煮茶、釀酒，甘美醇厚。明嘉靖《商城縣志》載：「寒泉，在縣南關內，蓋古井也。極清而寒，多汲之不竭，人甚賴之。」嘉靖時（西元1522～1566年）知縣萬炯題名曰「寒泉」。

世界奇觀──石雞下蛋

　　青天河風景名勝區，位於太行山南麓，史稱「太行山下小江南」的博愛境內。由古道、大泉湖、月山寺、石佛灘、鳳凰嶺五大景區及108個景點組成的青天河風景名勝區，面積45.2平方公里，呈長方形帶狀，南瀕黃河，北近山西省，東鄰焦作市，是一處集雄、險、奇、秀、幽於一體，可同時進行風光旅遊、生態旅遊、文化旅遊、農業旅遊的綜合風景名勝區。素有「北方三峽」之榮、「豫北小桂林」之譽。同時也擁有眾多的頭銜，如世界地質公園、重點風景名勝區、水利風景區四個世界或國家級的招牌，另外還擁有河南省十大旅遊熱點景區、太行山國家森林公園獼猴自然保護區、河南省最具魅力的十佳風景名勝區等稱號。

　　沁陽縣青天河景區石雞下的蛋在這座風景名勝區的東峽區內，有兩根石柱：一個叫公雞峰，一個叫母雞峰，它們直徑3公尺，高20多公尺。為什麼叫公雞峰、母雞峰呢？因為這裡還有一段美麗的神話傳說：當地一座泉水，名為三姑泉，是由仙姑所引。在神仙三姑引水下山後，百姓安居樂業、物阜年豐，觀音菩薩准許三姑每月初一、十五為百姓施藥治病。

　　一日，三姑在治病途中，見眾多百姓在莊稼地撲打蟋蟀。三姑用她的慧眼，立即認出這些蟋蟀是氓孀千年修煉成精，在糟蹋百姓的莊稼，遂奏明玉帝，請來百隻天雞，到此啄食，終將蟋蟀消滅乾淨。天雞將返天庭，但有雌、雄兩隻天雞，一來被三姑為民除害的精神所感動，二來留戀此地山水，甘願留在凡間與三姑一起為民造福。

　　經玉帝恩准，這兩隻天雞便留在了人間。天長日久，兩隻天雞也動了凡念，違反天規，在此繁殖後代。母雞下蛋後一不留神，雞蛋下落，

山川奇境：河南的壯麗風光與神話遺跡

結果被夾在山石中間。玉帝知道後大怒，但經三姑說情，玉帝未責怪，恩准牠們繼續留在人間，但下不為例，再不准孵出小天雞。就這樣，直徑約5公尺的雞蛋懸在空中，雌雄二雞每日昂首相望，維妙維肖，令世人嘆為觀止，真所謂：「天公造物易，人間打造難啊！」造物主竟有如此鬼斧神工，把天地間最原始、最無私、最崇高的至情至性的母愛表現得如此傳神。

另外值得一提的是，這地方很難找到蟋蟀。

天然的炎黃二帝像

都熟知「登泰山而小天下」，岱嶽美名誰人不曉！可是近年來，河南省洛陽市汝陽縣「西泰山」忽然闖進了旅遊者的視線。

自鄭州驅車至洛陽，轉南到汝陽縣城，再向南便進入伏牛山腹地了。近看，遍地奇石璀璨奪目；遠望，群山相擁、古木參天，環境優美、萬籟無聲，古人美稱之日「神遊之地」。這便是鮮為人知的西泰山原始生態旅遊區。西泰山景區面積達125平方公里，108座山峰聳立於海拔1,000～1,500公尺之間。會仙峰、情侶峰、香爐峰、冰凌洞、清溪河、石龍溝、轉向湖等景區，峰巒疊翠，煞是壯觀。此地植被覆蓋率在86％以上，植物種類有1,700多種。如果四五月分來，漫山遍野都是鮮豔碩大的杜鵑花，目前已形成「洛陽看牡丹－汝陽賞杜鵑」的旅遊理念。

據史料記載，五千多年前，神農炎帝與軒轅黃帝化干戈為玉帛，建立部落聯盟，並在西泰山舉行「大合鬼神」的祭天大典。這「大合鬼神」中的鬼神，據專家考證應該是個部落崇拜的圖騰。

除去那歷史的記載，在西泰山景區還有一景最值得遊覽，那就是天然的「炎黃巨像」。這巨像原本就是一座山峰，因酷似歷史記載中的華夏人文始祖炎黃二帝頭像，被譽為「炎黃峰」。深山見始祖，景仰之情油然而生。

汝陽縣西大泰山天然炎黃像炎黃二帝並肩而坐，訴說著西泰山神奇的傳說和故事。這裡獨特的自然炎黃景觀與豐厚的炎黃文化資源相得益彰、完美統一，成為炎黃子孫尋根頌祖的聖地。每年9月26日～10月26日，在西泰山景區舉辦河南‧汝陽炎黃文化節，並在炎黃廣場舉行盛大隆重的西泰山炎黃頌祖大典。西泰山天然炎黃二帝巨像以其獨特的魅力吸引著海內外無數尋根拜祖的人士。

道教第一洞天——王屋山

中華文明源遠流長，道教文化在中國的漫漫歷史長河中根深蒂固。自唐代開始已經形成了各路神仙修行居住的洞天福地，計有十大洞天、三十六小洞天、七十二福地，這些均被稱為天下名山。而我們要向大家介紹的是「道教第一洞天」——王屋山。

王屋山，山有三重，因其狀如王者之屋，故名王屋。山北依山西高原，領太行千里；西鄰中條山脈，接秦晉之地；東係濟水之源，通百川滄海；南襟黃河一帶，望嵩嶽一點。主峰天壇，獨柱凌空，以其勢壓塵寰百萬峰之態，閱盡人世滄桑。

王屋山古屬九州之中州，由於天壇峰通天拔地，居中而獨高，素有「運日月以旋，衡道地綱維」的擎天柱之稱。其後有五斗峰壓陣，左右有

> 山川奇境：河南的壯麗風光與神話遺跡

日月二峰護衛，前有華蓋峰開道，其格局似「王者之屋，眾仙之宮」，其勢如「王者駕臨」。故王屋山具有「萬物以我為中心」、唯我獨尊、至高無上的地位。經過上千年諸多名士、高道的經營，宮觀建築與自然景觀又構成「天地星宿同構宇宙的格局」。所有宮觀的軸線都對準天壇、天壇背後的王母峽，正好呈現出向東南方開口的勺狀，於是構成一個北斗七星拱圍天壇的紫微垣神話。

《中華道教大辭典》主編胡孚琛教授，1999年兩次到濟源王屋山考察，為第一屆王屋山古文化學術研討會提供的論文是〈王屋山道教與司馬承禎〉。他指出：「王屋山如此之多的宮觀遺跡充分說明王屋山在歷史上道派繁多。大量道士墓葬更兆示著在王屋山道教史上還隱藏著許多鮮為人知的史實。據有關資料可以初步認定，王屋山是黃老道、天師道、太平道等道派的發祥地。上清派第一代宗師魏華存入王屋山修道，太一道二祖師在濟源建太清萬壽宮布道，龍門派復興在王屋山歷時八九年的事實，如果得到確證，則中國道教史須重新訂正。」

仙道文化以祖先為神，以山川為宗。王屋山有仙山之稱，又出神水，自然就成為名士高道首選的「洞天福地」。

天下第一雪花洞

雪花洞位於河南省鞏義市浮戲山金龜探月峰下，1963年發現，1984年開發，1992年正式對外開放。洞長1,180公尺，可遊覽面積4,600平方公尺，自然形成迎賓、通天、白龍、雪花、玉林、水晶宮、花果山、聖景臺等10個大廳。洞中晶瑩漏玉，玲瓏剔透的石花、石葡萄和石珊瑚所組成的「雪花長廊」，令人流連忘返。在長達173公尺的雪花長廊上，

鵝毛般晶瑩蓬鬆的乳白色石花堆積於洞壁，彷彿令人置身於漫天飛絮、懸冰百丈的冰雪世界。中國地質岩溶研究所所長朱學穩教授兩次考察後這樣說：「鞏義雪花洞，石花、石葡萄、石珊瑚是其特色，博覽中外，翻閱所有岩溶書刊，尚未發現如此壯觀的溶洞！石花橫生石壁，非滴水形成，不同於一般的石鐘乳，讓人看後難以控制感情，它有極高的科學研究和觀賞價值，真可謂天下第一雪花洞。」

鞏義市雪花洞說起「天下第一雪花洞」，不得不提起一個人。他就是發現雪花洞的沈少卿老人。1963年冬季，老人蓋新房子挖地基時，無意間挖出一小窟窿，為使地基結實，就把挖地基時的垃圾往小窟窿裡填，結果三間房子的垃圾也沒把它填滿。這種莫名的奇怪一直存在老人心裡，為了一探究竟，1972年冬季，老人帶領民眾首先進行了簡單試驗：一是用枯草做成火把，點燃後往洞裡扔，看火苗的燃燒情況是否良好，結果是火苗不錯，燃燒很旺；二是用雞做試驗，將雞拴好放進洞裡，10分鐘、20分鐘，雞也無異常現象。於是人們用繩繫腰、手提馬燈，開始探險。進入洞中，看到牆壁上的白色針狀東西，人們連聲稱奇道：「牆壁上也能長出雪花來？」出洞以後，人們就稱此洞為雪花洞。

吳承恩與嵖岈山

河南省遂平縣境內的嵖岈山風景區被世人譽為「西遊記全書」，其來源則出自《西遊記》的作者吳承恩。

遂平縣嵖岈山走進嵖岈山景區一個叫做「吳公洞」的景點，我們可以看到約有半個籃球場大的石板蓋在石頭上，形成了一個巨大的洞窟。相傳吳承恩就是在這洞中住了半年，睡石床，枕石枕，奮筆疾書《西遊

山川奇境：河南的壯麗風光與神話遺跡

記》，後來當地人民為了紀念他，就稱這石洞為「吳公洞」。吳公洞門為石塊砌成，有大門，有窗臺，門口有五級臺階，下去便有一小水井，井旁是吳承恩親手栽種的石榴樹，如今仍枝繁葉茂。

為什麼生於淮安府山陽縣（今江蘇省淮安縣）的吳承恩會跋山涉水、不遠萬里走入這偏僻之地呢？

據說吳承恩一生坎坷，在科舉場上很不得志，直到 40 歲才得了個「歲貢生」。吳承恩才華橫溢，但終因官場鬱鬱不得志，晚年歸隱後放浪詩酒，開始傾心創作《西遊記》。明嘉靖四十三年（西元 1564 年），吳承恩被委以浙江長興縣丞，其間結識了湖州府長興人徐中行，兩人成了莫逆之交。

徐中行任河南汝寧知府（今汝南縣）期間，遍遊天下勝景。當他結識吳承恩之後，聽說其在寫一部奇書，名曰《西遊記》，十分讚賞。他多次向吳承恩講述汝寧府境內的嵖岈山景色，並推薦道：「寫《西遊記》，不可不走萬里路，不可不到嵖岈山，那真是個風景絕妙的好去處啊！」

後來吳承恩因私自開倉放糧、賑濟災民被彈劾下獄。徐中行設法救吳承恩出獄，並勸他遠行以避禍。吳承恩問行往何處，徐中行說：「可往河南汝寧府嵖岈山，一來避禍，二來可激發創作《西遊記》的靈感。」

後吳承恩由揚州抵南京，乘船溯江而上到達武漢，再由京漢故道騎驢至汝寧府地，終於於嘉靖四十三年（西元 1564 年）秋天，登上了嵖岈山。

金秋的嵖岈山特別迷人，危巒聳峙，群峰疊翠，風虛則鳴，層林盡染，猶如仙山瓊閣。吳承恩興致勃發，當他步入石猴院時，不禁一下子驚呆了。面前這天造地設、維妙維肖的石猴形象如同黃鐘大呂撞開了他醞釀創作《西遊記》的藝術閘門，感到是冥冥之中的上神指引他來此仙

山,與這石猴進行歷史性會面的,不禁熱血沸騰。隨行的樵夫見他如痴如醉的模樣,便向他繪聲繪色地講述了石猴的傳說。

相傳嵖岈山的石猴約三丈六尺五寸高、二丈四尺圍圓,是按周天三百六十五度、政曆二十四節氣長成的,上有九竅八孔,按九宮八卦所設。這個石猴受天真地秀、日月精華,又得仙人指點,久而久之就會了七十二般變化。石猴頗通人性,心地善良,被山上的猴們尊為王。猴王經常變成農人來到山下幫助窮苦百姓做事,很受百姓們的歡迎。嵖岈山下有個海眼,直通東海,石猴就是從這海眼裡鑽到東海龍王那裡,向龍王借了如意金箍棒的,如今金箍棒就插在石猴背後。當然,砍樵人還向吳承恩講了許多關於石猴的傳說,直說得吳承恩心馳神往,情不自禁。

當下,吳承恩決定住在嵖岈山上的石洞裡,每天在嵖岈山上游玩,和百姓交談,聽他們講豬八戒、太白金星、黑風洞的傳說等。這些神奇的傳說豐富了吳承恩創作《西遊記》的素材,嵖岈山風光開闊了他的視野。吳承恩就在石洞內開始了創作,並由此完成了中國四大古典名著之一的《西遊記》。

亞洲第一大人工湖——丹江口水庫

有人可能沒有聽說過丹江口水庫,但提起「南水北調」幾乎沒有人不知道,實際上「南水北調」的中線源頭就在丹江口水庫。

淅川縣丹江口水庫南水北調中線工程是從加壩擴容後的丹江口水庫陶岔渠首閘引水,沿唐白河流域西側過長江流域與淮河流域的分水嶺方城埡口後,經黃淮海平原西部邊緣,在鄭州以西孤柏嘴處穿過黃河,繼續沿京廣鐵路西側北上,可自流到北京、天津。這陶岔渠首就坐落在河

山川奇境：河南的壯麗風光與神話遺跡

南省淅川縣九重鄉境內。

丹江口水庫是亞洲第一大人工湖，於1958年始建，1973年竣工，水域面積8.4萬公頃，蓄水總量達131億立方公尺。庫區坐落在群山環繞之中，這裡氣候適宜，空氣清新，水質透明，水面寬闊。

此外，丹江口水庫具有很高的遊憩觀賞價值。丹江水面碧波萬頃，水天一色，山清水秀，美麗如畫，奇山異石，獨具姿彩，乘遊艇漁舟蕩漾在綠波之上，人繞水轉，山隨人移，人如畫中行，山似水上漂，令人心曠神怡，樂趣無窮。水庫的雁口一帶有幾十里狹長的江面，夾岸奇峰對峙，陡壁峭拔，野藤倒掛，山環水繞，這就是著名的丹江「小三峽」（雲嶺峽、太白峽、雁口峽），可與長江三峽媲美。獅子山壁上有一天然石佛，高達15公尺，面向江面，平視前方，神態安詳，正襟危坐，頗有樂山大佛之雄姿。其慈顏端莊肅穆，兩手合掌於胸前，好像正在為坐艇、蕩舟的遊人祈福。

在丹江旅遊區的湖光山色之間，大量文物古蹟的點綴，對遊覽區更是錦上添花，使之魅力大增。這裡珍藏著「豫西走廊」的古老歷史和楚國的古都丹陽，河南省四大古剎之一的香嚴寺也坐落於此，雄偉的古代建築群，從山腰到山腳隱於古柏綠樹之中，幽雅神祕，處處藏秀。

華夏第一瀑 —— 雲臺山瀑布

雲臺山，河南山水的傑出代表，因山勢險峻、陡峭，落差懸殊，常年雲霧繚繞，故稱其為雲臺山，素以「三步一泉，五步一瀑，十步一潭」著稱。

「雲臺天瀑」位於雲臺山泉瀑峽景區，關於這個景區也有一段美麗

的傳說。相傳有位天河龍王為解救豫北民間乾旱之苦，不惜違犯玉帝旨意，私自降雨，被貶凡間，泉瀑峽（老潭溝）乃其棲身之處。泉瀑峽總長約 3 公里，兩岸高峰聳立，氣勢恢弘。溝裡高處群山如畫屏，山中花木如錦繡，腳下清溪如雲流。奇石、山泉、花香、飛瀑組成溝谷交響曲。溝的盡端就是「雲臺天瀑」。

焦作雲臺山瀑布雲臺天瀑號稱中國第一、亞洲第二高瀑，落差為 314 公尺，抬頭仰望，瀑布好像自天而降，她飄逸著輕盈的身軀，旋轉飛舞著來到湖邊，向仰望她的人們講述著天庭的故事。崖底百丈，寒潭深碧，瀑瀉入潭，轟隆雷動，如金戈鐵馬，氣貫長虹，銀珠飛濺，數十丈內，濛濛如霧，置身其中，宛如仙境。那種如煙、如霧、如塵的感覺，使人真正感到大自然的神奇和偉大，只有身臨其境，才能領略到「飛流直下三千尺，疑是銀河落九天」的意境。雲臺天瀑，堪稱天下奇觀。天瀑的旁邊還有絲雨泉，泉水像千萬條銀絲細雨順著谷底流淌而下，悄然無聲地落入深潭，它與雲臺天瀑的轟鳴聲形成鮮明對比，有一種「大弦嘈嘈如急雨，小弦切切如私語」的韻味。

中國最美麗的地方 —— 白雲山

白雲山，屬伏牛山系，這裡有壯觀的龍潭飛潭、古老的唐代銀杏、罕見的千年杜鵑、獨特的野生牡丹、驚險的雲飛高空彈跳。

白雲山國家森林公園現有總面積 168 平方公里，已開發白雲峰、小黃山、玉皇頂、九龍瀑布、原始森林、休閒服務六大觀光區。這裡風光旖旎，春季萬木吐芳，繁花似錦；夏日青山蒼翠，氣候涼爽；入秋紅葉滿山，碩果纍纍；隆冬銀裝素裹，冰雕玉砌。置身白雲仙境，「人在畫中

山川奇境：河南的壯麗風光與神話遺跡

游，雲在樹上飄，水在空中舞」。

這裡也是亞熱帶與暖溫帶的交會處，一山跨長江、黃河、淮河三大流域，因山峻水幽、地貌獨特、植被豐茂、動植物種類繁多，又被譽為「中原山水大觀」、「自然博物館」。萬畝原始森林、唐代銀杏林等構成了數千平方公尺的高山森林氧吧。

「為求牡丹常留芳，白雲高山起花園」。高山牡丹園是河南省乃至全中國範圍內的一絕。「洛陽四月醉牡丹」，而五月分嵩縣境內的白雲山上，正是牡丹爭奇鬥豔時。由於海拔高，牡丹延長了開放期，每年五六月分遊人都可以欣賞到國色天香的牡丹芳容。不僅如此，栽植的牡丹有156個品種5.6萬株，總面積達11.2公頃，景區特設了幾座十分精美的木雕觀花閣，增添了不少雅趣。

山得水而秀，水依山而幽，這裡溝谷山間處處溪水淙淙，一山之中伊河、汝河、白河三河共流，分別注入黃河、淮河、長江三大流域。千公尺落差的白河大峽谷內，五步一潭，十步一瀑。九龍瀑布落差高達123公尺，似銀河倒瀉，麗日照射，現出彩虹萬道，人走虹移，彩虹纏身。嵩縣白雲山跨三域之水於一峰，集三河之靈於一山，為中原獨有，堪稱「中原山水大觀」之絕品。

嵩縣白雲山景區雄、奇、險、秀、幽交相生輝，既有北國風光雄偉之態，又有南方山水俏麗之容。海拔2,216公尺的中原第一峰——玉皇頂，高聳入雲，是中原地區日出雲海的最佳觀賞點，登臨極頂，三市五縣風光、楚長城遺址、植被垂直帶一覽無遺。

中華第一古軍校 —— 雲夢山

在華北平原與黃土高原交會處，太行山的餘脈，距那個幾乎盡人皆知的古朝歌城三十餘里處，在群山環抱之中，便是鬼谷子的出生之地 —— 雲夢山，鬼谷子在此創立了「中華第一古軍校」。

兩千多年前，朝歌城南王莊王員外的夫人懷孕三年之久而不分娩。一個初春之夜，突然狂風驟起，電閃雷鳴，大雨如注。這時，一個火球從空中直飛到王夫人床前，正反各轉三圈，變作一條小花蛇鑽入王夫人的被窩，隨之聽得嬰兒的呱呱啼叫，王夫人生下一個滿頭紅髮、容貌醜陋的丫頭。王員外見之十分沮喪，拂袖而去。王夫人也暗暗抽泣。正在這時，小女嬰突然坐起，拉著王夫人的手細聲細語地說：「媽媽，別難過，我會變美麗的。」話音剛落，女嬰就倒下嚥了氣。王夫人抱起女嬰哭喊：「兒呀，快醒醒，娘不嫌妳長得醜！」女嬰沒有一點動靜。黎明時分，正當王夫人將要絕望之時，女嬰「哇」的一聲又甦醒過來。這次小女嬰滿頭黑髮，唇紅齒白，十分可愛。聞訊趕來的王員外一見大笑不止，對夫人說：「晨曦吉辰，迎霞聚瑞，我看女兒必有大福大貴，就取名霞瑞吧。」此女嬰乃鬼谷子之生母。

轉眼間，霞瑞姑娘長成一個知書達理的美麗少女。她性格倔強，不拘於舊的禮節，常常在丫鬟小雲陪伴下到花園嬉戲。有時還背著父母到田間去問農桑。是年朝歌奇旱，王員外家一塊三頃地的穀田裡只剩下一棵禾苗，但長勢卻十分喜人，穀稈如蘆葦，葉子賽高粱，穀穗像狼尾，沉甸甸、金燦燦，還散發出香味。霞瑞姑娘聽說自家田裡長了這株奇穀，就讓家奴收來，放到繡樓，閨房之內頓時香氣四溢。霞瑞對丫鬟說：「如此好的穀子，要好好保存起來，來年多種一些。」丫鬟把穀穗

> 山川奇境：河南的壯麗風光與神話遺跡

放在手中揉搓，那穀穗竟變成了一顆透明的珠子，且香味更加濃郁。霞瑞接過珠子，正想聞一下，不料這珠子一下鑽進口中，霞瑞欲吐出，珠子又溜進喉嚨。霞瑞嚥下珠子不久，頓覺腹內舒暢，筋骨酥軟，渾身乏睏，一頭倒下就睡著了。自此，霞瑞姑娘有了身孕。再後來，她被父母趕出了家門，寄居在穀子村。

在分娩的那天，霞瑞姑娘腹內疼痛難忍，西天老母降臨其間，慈祥地說：「霞瑞姑娘，我們該走了，不到雲夢山，妳的孩子不會出生的。」在經歷一陣飄飄悠悠的感覺後，霞瑞來到了「鬼谷洞」，生下鬼谷子。

鬼谷子在這裡培養出了披掛六國相印的蘇秦和最終幫助秦國統一天下的張儀，還培養出了中國古代著名的孫臏和龐涓兩位軍事家以及著名的外交家毛遂，成就了「中華第一古軍校」。

國寶探祕：
河南的傳世文物與文化瑰寶

國寶探祕：河南的傳世文物與文化瑰寶

「簫韶九成，鳳凰來儀」的石排簫

《韶》又名《簫韶》，傳說是歌頌舜的樂舞。實際上，原始的《韶》舞本是一種狩獵後歡慶勝利的群眾性集體歌舞。當原始人狩獵歸來，向祖先獻上獵獲物，並狂歌勁舞之時，有人披上獸皮，有人戴著鳥羽，模仿鳥獸動作；在排簫聲中，鳳凰自天而降，舞蹈達到了高潮。主要伴奏樂器是用竹管、石管、骨管編排而成的樂器「排簫」，舞有九段九種變化，所以有「簫韶九成，鳳凰來儀」的說法。

這種「排簫」樂器使聖人孔子聞後，陶醉得三月不知肉味，嘆為盡善盡美。古人對排簫有許多溢美之詞。它的外形猶如鳳鳥的羽翼，聲音猶如鳳鳥的吟鳴。

在河南省淅川縣出土有一個石排簫，呈三角形翼狀，石質，灰白色，吹口平齊，鑽有十個圓孔，下部長短依次遞減，中間刻一凸起的斜橫帶縛管，為中國目前發現的最早的排簫。它以整塊的石料製成13個長短不等的編管，管壁的厚度只有一公釐。這種精確的音律排列與令人嘆為觀止的做工，證明了兩千多年前中國古樂高超的藝術水準。

〈清明上河圖〉的五次「進宮」

北京故宮博物院珍藏著一軸繪畫長卷〈清明上河圖〉。在這幅高不到一尺，長兩丈多的手捲上，描繪了12世紀初期北宋都城汴梁的繁華熱鬧景象，是中國繪畫史上最負盛名的不朽傑作，號稱「中華第一神品」。

第一次進宮在北宋。〈清明上河圖〉的作者是北宋翰林圖畫院待詔

張擇端，他完成了這幅歌頌太平盛世的輝煌長卷後，首先就進宮將它呈獻給了宋徽宗。宋徽宗雖治國無能，但對藝術品可謂獨具慧眼。他認定〈清明上河圖〉是一件曠世奇珍，具有劃時代的意義，於是用他著名的「瘦金體」書法親筆在圖上題寫了「清明上河圖」五個字，並鈐上了雙龍小印，納入宮廷之中。然而，不久戰火燒到了宋徽宗的金鑾殿，金兵入關，擄走了徽、欽二帝，洗劫了宮中寶物，〈清明上河圖〉也流傳於民間。

第二次進宮在元朝。元滅金後，〈清明上河圖〉第二次被收入宮中，但隨即又流入民間。元代至正年間（西元1341～1368年），宮中有個裝裱匠，用臨摹本把真本換出，從這以後，畫卷就在幾個達官貴人家裡流轉。

第三次進宮是在明朝。〈清明上河圖〉幾經流轉，明朝嘉靖時落到嚴嵩、嚴世蕃父子手裡。後來嚴氏父子獲罪，據查抄他們家財產登記帳中，確實有張擇端〈清明上河圖〉一卷。在隆慶時被沒收到了宮廷，這是〈清明上河圖〉第三次進入皇宮。

第四次進宮在清朝。清代時，〈清明上河圖〉再次流入民間，嘉慶二年（西元1797年），畫卷第四次入宮，被收在紫禁城的迎春閣內。辛亥革命後，溥儀遜位，1925年，他離開北京之前，將宮中珍玩字畫帶往天津，〈清明上河圖〉也在其中。後來偽滿洲國成立，他將此畫帶到長春「皇宮」。

第五次進宮在中華人民共和國成立後。1945年，東北被蘇聯進軍前夕，溥儀倉皇出逃，將〈清明上河圖〉帶到通化，被共軍繳獲，收藏於東北博物館，1955年撥交北京故宮博物院。這就是〈清明上河圖〉第五次進宮。實際上，在「文化大革命」中，林彪的四大幹將之一李作鵬，曾利用

國寶探祕：河南的傳世文物與文化瑰寶

權勢將〈清明上河圖〉強行從故宮博物院「借」出，據為己有。他還夥同邱會作、吳法憲等人一起霸占了其他一大批珍貴文物。林彪倒臺後，〈清明上河圖〉才又重見天日，如今依然珍藏在故宮博物院中。如果加上這次進宮，〈清明上河圖〉是前前後後六次進宮。六進六出北京「皇宮」，〈清明上河圖〉引出了自身八百多年的傳奇經歷。而今，按照〈清明上河圖〉1：1複製而建的開封清明上河園已經成為河南旅遊業的璀璨明珠，傳奇畫作仍然以其傳奇魅力吸引著無數的遊客前往觀光遊覽，徜徉其中，你體會到千年畫作的魅力了嗎？

白馬寺的「石馬」

白馬寺位於河南省洛陽市以東，人稱中國第一古剎，它北依邙山，南望洛水，建築雄偉壯觀，環境靜謐清幽。

白馬寺的山門，就是一般人們所說的大門。寺院之所以把大門稱為山門，是因為佛教寺院多建在深山幽谷之中，所以稱佛寺的大門為山門。白馬寺的山門為牌坊式，歇山頂，覆以灰色筒瓦。

在山門的東西兩側，有一對石馬，由於遊人經常撫摸，現在石馬的身體表面已經非常光滑。

洛陽白馬寺石馬據歷史記載，東漢明帝時期（西元58〜75年），天竺（今印度）高僧攝摩騰、竺法蘭傳教至此，帶來大量佛教經典。漢明帝劉莊敕令按照佛教傳統式樣修建了第一座寺廟，相傳是白馬從大月氏（今阿富汗一帶）馱載佛經、佛像而歸，為表彰白馬之功，故取寺名為白馬寺。

經歷了東漢戰亂、唐朝安史之亂之後的白馬寺，絕大多數建築被毀。直至明代重修後，才奠定了今天的布局。

　　1932 年，一位僧人來到寺院，他就是後來的白馬寺住持德浩法師。1935 年的一天傍晚，為籌建寺院，在外奔波多日的德浩法師正坐在一個山坡上閉目休息，恍惚中好像有兩匹白馬在眼前晃動，那不是馱經的白馬嗎？難道是夢境？德浩法師猛然睜開雙眼，的確是兩匹白色的石馬。他輕輕走上前去仔細一看，原來這是兩匹高 175 公分、長 220 公分、體形健美、長鬃短耳、神態沉著的石馬。這兩匹石馬怎麼會與馱經的白馬如此相像呢？德浩法師百思不得其解，雕工如此精細、形態如此逼真的石馬，怎麼會被丟在荒野之中呢？莫非是馱經的白馬顯靈了？德浩法師越想越興奮，為不讓兩匹石馬有任何閃失，他召集了很多僧人，將石馬請到了白馬寺，並將它們安放在了寺院山門的東西兩側。就這樣，白馬寺的門前又出現了兩匹石馬，而且，這兩匹石馬一直流傳到今天。

古代神箭手的象徵「玉」

　　1976 年 5 月，考古人員在河南省安陽市殷墟遺址發現了一座西元前 17～前 11 世紀保存完好的中國商代王室成員墓葬，墓室長 5.6 公尺，寬 4 公尺，深 7.5 公尺，在其中出土了大量珍貴的文物，僅玉器就有 700 多件，有玉人、玉蟠龍、玉鳳等，造型生動，雕琢精細，件件堪稱巧奪天工的藝術珍品。

　　在這些玉器中，有一件引起了考古人員的興趣。它青綠色，圓桶狀，中空，前面高 2.7 公分，後面高 3.8 公分，直徑 3.4 公分，壁厚 0.4 公分，正面雕刻獸面紋，獸面下有兩個穿皮條的透孔，背面有一放置弓

國寶探祕：河南的傳世文物與文化瑰寶

弦的凹槽。專家們確定，這件玉器是玦（ㄕㄜˋ），又稱扳指，是用象骨或其他獸骨做成的，是中國古代射箭時套在右手大拇指上鉤弦用的器具。仔細觀看這件玦，上面的獸面紋已有磨損，凹槽裡留下了清晰的弦磨痕跡，說明曾被長時間使用。

安陽殷墟出土的玉除了玦，墓中還出土了一百多件兵器，有銅鏃、銅戈，人們猜測這一定是商王朝哪個國王或武將的墓葬。但是，專家們卻發現，在墓葬中出土的不少青銅器上都鑄有「婦好」的銘文。婦好是中國商朝一個女人的名字，「婦」是她的身分，「好」是她的名。更有趣的是，中國商朝晚期曾出現了兩位婦好，一位是商代第 23 世王武丁的妻子，一位是商代第 27 世王康丁的妻子。那麼，墓主人到底是哪一位婦好呢？專家根據出土的青銅器、陶器的造型屬於武丁時期的風格，確定墓主是武丁的妻子。

婦好的名字頻繁出現在中國甲骨文裡，甲骨文中就記載著這樣一段故事。有一年夏天，土方部族入侵商朝，武丁派大將沚瓡去迎敵，雙方交戰很長時間，僵持不下。正在武丁一籌莫展的時候，婦好主動請纓，要求率軍前去助戰。武丁猶豫再三，後來經過占卜，同意了婦好的請求。婦好率領軍隊星夜趕赴疆場，當時適逢沚瓡與土方交戰正酣，婦好迂迴到敵人後方，出其不意，大敗敵軍。她得勝還朝時，武丁親自率大臣出宮迎接。從此，婦好多次掛帥出征，征伐羌、夷、土方等族，屢建奇功。

婦好墓出土的玦等兵器都證實了史書的記載，婦好不但是一名傑出的政治家、軍事家，還是一名神箭手。因為在古代，玦代表的就是「神箭手」。由於年代久遠，當考古人員打開墓室時，婦好的屍骨早已腐朽。當年的巾幗英雄身高多少？婦好玦幫助我們揭示了這個祕密。婦好玦的內徑是 2.4 公分，科技人員根據成年婦女拇指的粗細與身高的比例，推

算出婦好的身高應該在 160 公分左右。雕塑家根據相關資料，用漢白玉打造了一尊婦好雕像，顯示出中國古代巾幗英雄的風采和英姿。

價值千萬的「尖刀藥」

2004 年上海花園飯店百花廳內，珍貴的殷墟甲骨片以人民幣 5,280 萬元的天價被拍賣。但是這數千萬元的甲骨片在剛開始卻被當做了「尖刀藥」，這故事要從清朝說起。

安陽殷墟出土的甲骨片在清朝，男人要留長辮子，頭頂前半部的頭髮要全部剃光。那時候，理髮工具就是一柄鋒利的剃刀，一不小心，就會劃傷頭皮，所以剃頭匠必須常備一些止血藥，這種止血藥就稱為「尖刀藥」。用龜甲碾成的粉末，竟然具有出奇的止血作用。消息傳開，安陽小屯村附近的商販也開始到小屯村收購龜甲骨片，然後再賣給藥鋪或剃頭匠，並把這種骨片稱作「龍骨」。這些珍貴的甲骨片在出土的最初幾年，不是被碾成粉，就是被當做藥渣倒掉。

因為在李時珍《本草綱目》中有這樣的記載：龍骨是古爬行動物的化石，能生肌防腐。因此各地藥店收下了這些「龍骨」。可是，當時藥材交易落後，「龍骨」在當地的用量不大，藥店就不想收了。藥店也開始挑剔起來：凡是刻有「畫紋」的「龍骨」一概不收。販賣龍骨的商人和農民立即想出了聰明的對策：拿起刀，將收集來的所有「龍骨」上的「畫紋」一刀一刀地刮掉，然後再送到藥店去賣。此時，藥店的倉庫已被「龍骨」堆滿了。這是一座人類歷史文化的寶庫，而藥店老闆卻全然不知！很快，「龍骨」進入了京城各大藥店。就這樣，一塊又一塊「龍骨」或成塊入藥，或被碾成齏粉，成為救治千千萬萬個病人的「良藥」。

國寶探祕：河南的傳世文物與文化瑰寶

　　有一位與甲骨文的發現有著不解之緣的著名古董商，他叫范壽軒。清光緒二十五年（西元1899年）夏天，居住在北京東安錫拉衚衕11號的王懿榮身染瘧疾，久治不癒。一位醫術高深的老中醫為王懿榮開出一劑藥方。藥方上一味名曰「龍骨」的藥，立刻引起了王懿榮的注意。其家人從藥房抓藥回來後，王懿榮親自查看，發現了中藥裡的「龍骨」碎片，有的碎片上鐫有奇異的紋絡。王懿榮見到刻有文字的甲骨片，分外高興。他仔細端詳著每一片甲骨上一個個單一成形的「符號」，緊鎖的眉頭舒展了。他興奮地告訴在場的人：這是比鐘鼎文更古老的中國文字！范壽軒這時才恍然大悟，原來這藥材是真正的古董。於是，王懿榮以每字二兩銀子的高價買下了這12片甲骨，並當場給范壽軒六百兩銀子，指使他為自己繼續大量收購。隨即，王懿榮派家人到京城各大藥店以重金把刻字的甲骨全部買下，甚至典當細軟、傾其家財也在所不惜，在他壯烈殉國前竟收集了1,500片！

　　金秋送爽，明月如水。王府上高朋滿座，名流如雲。王懿榮把一塊塊精心整理過的龜甲獸骨送給大家傳閱觀賞。然後，他興致勃勃地舉杯祝酒，鄭重告訴在座的高朋名流：甲骨上鐫刻的「畫紋符號」是文字，是商代中後期文字，是中國最古老的文字！隨即，京城文化界為之轟動，中國文化界為之震撼，世界學術界為之矚目！這就是中國最古老的文字──甲骨文的發現經過，它發源於中國八大古都之一的河南安陽。

揭祕天下第一壺──「彩陶雙連壺」

　　彩陶雙連壺出土於河南省鄭州市大河村遺址。大河村遺址位於鄭州東北郊六公里處的大河村西南。遺址距黃河七公里，夜深人靜的時候，

在這裡甚至能聽到黃河的濤聲。在世界文化版圖上，位於黃河流域的鄭州大河村，與古印度、古巴比倫、古埃及等世界文明古國同處於一個地理緯度。

鄭州大河村出土的雙連壺當這件造型獨特的陶器重新結為一體的時候，人們發現它是巧妙地利用連通器的原理連成一體的，所以考古學家把它命名為雙連壺。雙連壺左、右壺的圖案各不相同，其中一個是平行線夾豎短線，另一個是平行線夾斜短線，那麼五千多年前的先民為什麼要造這樣特殊的壺呢？壺上繪製的圖案又意味著什麼？

考古學家從這裡出土的一個陶製酒杯推測：雙連壺應該是酒具，那麼五千多年前有酒嗎？雙連壺為什麼和其他酒具不一樣呢？

最早記載酒的典故是「堯舜千鐘」，說的是在堯舜時代，酒已流行於社會。大河村糧食充足，釀酒是可能的。雙連壺是酒具，但不是普通的酒具，而是禮儀用品，為部落間結盟時領導者對飲所專享，以象徵和平友好。而壺上圖案的不同，可能代表著不同的部落。

酒具也好，水器也罷，總之雙連壺代表的是一種和好、一種溝通。但溝通與和好之前，兩個部落之間常常是有矛盾的，不信任對方的情況還是存在的，「兩壺之間有個菱形的孔道，大膽喝吧，不用怕有毒的，這叫『生死之交一壺酒』。」

鈞窯鼓釘三足洗，「洗」出絕世「瘦金體」

中國古代文人揮筆，研墨調色，都離不開水，於是就孕生出各式各樣、美不勝收的盛水用具，筆洗便是其中之一。

國寶探祕：河南的傳世文物與文化瑰寶

筆洗素有文房第五寶之稱，它是用來洗滌毛筆的器具。筆洗的種類很多，有玉筆洗、象牙筆洗和犀角筆洗等，其中最為常見的就是瓷筆洗，特別是宋代鈞窯出產的瓷筆洗更是其中的精品。

北京故宮博物院珍藏的一件鈞窯筆洗，高9.2公分，口徑24.3公分，足距16公分。瓷洗外壁釉色藍中泛紫，內施天青色釉，青中泛白，絢麗奪目，精美絕倫。

鈞窯是中國宋代五大名窯之一，地處河南禹州城內「古鈞臺」附近，故而得名「鈞窯」。鈞窯瓷器品種繁多，造型獨特，但最令人稱奇的是鈞窯「入窯一色，出窯萬彩」的神奇「窯變」。古人曾讚嘆：「綠如春水出生日，紅似朝陽欲上時。」在宋代，鈞窯瓷器被稱為國之瑰寶。河南民間還流傳著宋徽宗和鈞窯筆洗的有趣傳說。

宋徽宗是宋代第八位皇帝，他通曉音律，喜好歌舞，擅長作畫，但是相傳徽宗皇帝唯獨字寫得很差。大臣告訴徽宗，只要在鈞窯燒製筆洗，皇上用了，定能寫出漂亮的字體來。徽宗聽了十分高興，趕忙下令官員監造這樣的筆洗。窯工們費盡心血，終於燒製出這件精美的筆洗。洗的上下簷各有一圈鼓釘，裡面不添水，看著卻總是水汪汪的。這鈞瓷寶洗被送到宮裡，徽宗每次用時都能聽到輕輕的鼓聲，寫出的字筆法剛勁清瘦，結構疏朗俊逸，被後人稱為「瘦金體」。徽宗非常高興，隨即下旨定鼓釘洗為國寶。鈞窯鼓釘三足洗，敞口，淺弧壁。外壁口沿下方和底部分別裝飾有一圈鼓釘，洗底為三個如意頭形足，內施天青色釉，青中泛白，外壁釉色藍中泛青，絢麗奪目。這鈞窯鼓釘三足洗現在已經是價值連城。據記載，鈞窯每年精選36件鈞瓷入宮，有瑕疵和沒有被挑中的瓷器，就地被打碎掩埋，以防流入民間。鈞瓷享有「縱有家財萬貫，不如鈞瓷一片」的盛譽。

蓮鶴方壺

蓮鶴方壺，春秋中期器皿，高 122 公分，寬 54 公分，重 64.28 公斤。通體布滿了盤曲的龍形裝飾花紋，雙層鏤雕蓮瓣蓋上立有一隻展翅欲飛、引頸高亢的仙鶴。兩側鑄有圓雕的龍形細長雙耳，鏤空的雙龍耳較大，上出器口，下及器腹。壺體四面以蟠龍紋為主體紋飾，並在腹部四角各鑄一飛龍。圈足下以兩隻伏虎承器。有蓋，雙耳，圈足，壺身上下遍飾各種附加裝飾。採用了圓雕、淺浮雕、細刻、焊接等多種技法鑄造而成。這是一件巨大的青銅盛酒器，整個壺的造型優美新穎，藝術構思巧妙，與商朝那些厚重而莊嚴的青銅器形成了鮮明對比，在藝術風格上反映出東周時期雕塑藝術發展所帶來的清新氣息。

蓮鶴方壺現存兩件：一藏北京故宮博物院，一藏河南博物院，均於 1923 年出土於河南新鄭縣李家樓。

1950 年 8 月，河南省代表會同中國文化部代表共赴重慶接收河南存渝文物。文化部代表留下一尊調到北京故宮博物院，河南留下的一尊為河南博物院收藏，這對孿生方壺稍有不同，北京的一尊底部稍有殘缺，高 126 公分，銅色發綠。河南的這一尊頂蓋有裂紋，高 120 公分，銅鏽古銅色透黑。在經歷了近 30 年的人世風雨後，蓮鶴方壺終於可以在博物院裡安然享受和平的寧靜了。

龍門石窟裡的「藥方洞」

1998 年，河南醫科大學出版社發行了一本頗為奇特的醫藥書籍。說它奇特，是因為裡面介紹的藥方都不是現代中醫的臨床成果，而是來自

於藥方洞中。藥方洞位於河南古城洛陽龍門石窟，因為洞中鐫刻有百餘個石刻古藥方而被人們特別注意。

經過考證，藥方洞口的石壁上共刻有古藥方140多個，能治療40多種疾病。其中涉及的科目有內科、外科、兒科、婦科、腫瘤科等，種類相當齊全。尤為令人稱奇的是，裡面所用藥物多是中國農村常見的植物藥、動物藥和礦物藥，大多數至今仍在民間沿襲傳用。

藥方洞高約4公尺，寬3公尺，兩側雕有八角蓮柱，並且各有一個剛勁雄健的力士，造型甚為精美。走進洞內，可以看到正壁是具有北齊時期風格的五尊大象：一佛、二弟子、二菩薩。他們頭部碩大、肩胸圓渾、身軀如柱，已不同於北魏時期清瘦秀勁的造型。可以說是由北魏「秀骨清像型」向唐代「褒衣博帶式」轉化的一種「過渡型」。在洞內窟頂的中央刻有一個重瓣蓮花藻井，周圍圍繞著手持笙、笛、排簫等樂器的四身飛天，風格各異，神采飛揚。但這些都不是它的奇特之處，奇特之處還在於那密密麻麻的140多處「古藥方」。

洛陽有座「知音鐘」

鐘鼓樓，通常高大巍峨，往往是城市的標誌。但洛陽的鐘鼓樓，卻是一個小個子，與西安、北京、銀川的鐘鼓樓比較起來，屬於「小字輩」。西安、北京、銀川的鐘鼓樓，過街門洞裡都有兩個車道的寬度，可以並排通過兩輛公車。

但是，洛陽鐘鼓樓上的那口鐘，在中國卻是個少有的寶貝。這口鐘會「伴唱」，只要白馬寺大鐘一敲響，這口鐘不用敲打，自己就能發出聲音。白馬寺鐘響幾下，這口鐘也響幾下。

同聲相應，這兩口鐘算是知音了。

洛陽鐘鼓樓裡的這口大鐘能和白馬寺鐘共鳴，到底是什麼原因呢？

其實科學地講，這兩口大鐘是因為聲波、頻率相同，才會出現這種情況。這種情況，在民間還有一個例子。南朝劉敬叔《異宛‧卷二》中記載：山西有一人家，有銅盆一個，早晚都會自然鳴響，就像人敲的一樣。夜深人靜時，不免使人害怕。原來，這個銅盆和洛陽宮中的一口鐘相應，聲波頻率也相同，宮中早晚撞鐘，它也相應響起。有人就出了一個主意：可用銼刀銼一下銅盆，銅盆就不會再響了。這家人就用銼刀銼了一下銅盆，銅盆果然從此不響了。

鷹城平頂山與白玉鷹

平頂山市是河南省中部的一座新興工業城市，是華東和中南地區最大的煤田，素有「中原煤倉」之稱；鹽儲量 2,300 億噸，居河南省第一位，是中國第二大井鹽產地；鐵礦石儲量 6.6 億噸，占河南省儲量的 76.3％，是中國十大鐵礦之一。

古代蠶陽鎮一直是一個繁華熱鬧、人口眾多的城鎮，因處於南北方交通要道，地理位置十分優越，故而是四方商賈進行貿易的主要場所。當時的城牆很高，城有四門，門額上皆有題銘：其南門名叫「望楚」，東門名叫「迎旭」，北門名叫「通寶」（通往寶豐縣），西門名叫「古應」。東蠶村曾經還有一通條形石碑，其上鐫刻有豎款單行銘文，有「應國」字樣。而西蠶村有一塊方形石碑，碑刻銘文中也有「古應國」字樣。

1979 年，一個農民在燒磚取土時挖出一個銅簋，文物管理人員最終在垃圾收購站以 9.6 元的價錢收購了這件西周時期應國王宮的青銅禮

器──一件中國國家一級文物。該文物因器內銘文顯示為鄧公所作器而得名「鄧公簋」。從此，這件鄧公簋解開了兩千多年前古應國之謎。

根據「鄧公簋」的銘文，經過持續10年的考古工作，共發掘西周墓葬36座，春秋早中期至戰國墓葬20餘座。其中最具代表性的是西周晚期墓中的白玉鷹，玉質溫潤光潔。鷹展翅飛翔，頭向右扭曲，以嘴銜右翅，形成一個穿孔。鷹眼、鷹背和雙翅均為線雕，兩爪作長條形捲曲於身下。此器玉質精良，思索精緻，造型生動，是一件不可多得的玉雕精品。據考證，應國之「應」在古文字中即「鷹」字。玉鷹的出土，顯示了應與鷹的淵源關係。應國在春秋早中期之際為楚所滅，這裡成為楚國北方邊境的軍事重鎮。戰國早期曾一度屬韓，戰國晚期併入秦國版圖。

平頂山市古應國墓地出土的白玉鷹平頂山這座新興城市猛然間找回了自己的歷史，璀璨的文明隨之引起了各界的重視，因考古發現「白玉鷹」，平頂山又被稱為「鷹城」。

千金難求的「龍門二十品」

所謂「龍門二十品」，指的是河南洛陽龍門石窟中20尊北魏時期的造像題記，它們字形獨特、氣勢剛健，可以說是龍門石窟2,800多塊碑刻中的精品。因此也成為中國「魏碑」體書法的最佳代表作品，受到歷代文人、書法愛好者的青睞。

「龍門二十品」為魏碑珍品。「魏碑」指的是西元五六世紀北魏乃至整個北朝時期碑誌造像等刻石文字的總稱。清朝中期，社會上開始盛行魏碑體的書寫風潮，而「龍門二十品」作為魏碑中最具代表性的作品更是被書法界公認為「中國書法藝術的瑰寶」。那麼「龍門二十品」是誰第一

次提出來的呢?

　　西元 1889 年,維新變法失敗後,康有為立志改革的雄心受到了嚴重的挫折。有一天,閒散的康有為在家中研墨練字。寫著寫著,突然想到自己富國強兵的抱負得不到天下人的理解,心中頓時產生一股悲涼之感。這時,好友沈子培前來拜訪,沈子培拿出一些拓本遞給康有為,說道:「事已至此,你也不必多想,天下局勢自有它的定向,並非人力所能控制。素聞你喜愛魏碑,尤其是龍門的北魏造像題記,我這裡剛好有龍門拓本。今日就贈與你,權當聊以慰藉。」聽完好友的勸解,康有為大為感動。於是決定開始重拾昔日的愛好,把全部精力都放在金石碑版的研究上。而他做的第一件事情就是開始整理、篩選龍門石窟中數以千計的魏碑造像題記。

　　其實,當時的龍門魏碑已有「四品」,分別是〈楊大眼造像記〉、〈魏靈藏造像記〉、〈始平公造像記〉和〈孫秋生造像記〉。後來,人們又挑選了「十品」,如〈道匠造像記〉、〈尉遲造像記〉、〈侯太飛造像記〉和〈高樹造像記〉等。但是,在康有為看來,光列這「十四品」還是不夠。於是,經過反覆地篩選和比對,康有為又選定了〈一佛造像記〉、〈惠感造像記〉、〈法生造像記〉、〈齊郡王元造像記〉、〈解伯達造像記〉和〈馬振拜造像記〉六品。這樣,「龍門二十品」的稱謂便首次出現在世人面前。

山陝甘會館的「雞爪牌坊」

　　開封山陝甘會館牌坊大約在清乾隆三十年(西元 1765 年),天下首富的晉商聯合大西北陝西和甘肅的商人,集資在河南開封的明中山王徐達後裔府邸的舊址上修建了山陝甘會館。

> 國寶探祕：河南的傳世文物與文化瑰寶

　　古代三國故事中的關羽是中國百姓心中的偶像，被奉為武財神。因而，山陝甘會館中有為歌頌關羽而建的牌樓，叫「雞爪牌坊」。別看名字不起眼，這座精美的牌坊卻是整個山陝甘會館最引人注目的建築，關於它的興建，還有一段有趣的故事呢！

　　清乾隆年間（西元 1736～1795 年），在開封做買賣發大財的山西、陝西和甘肅籍的商人們集資籌建了一座三省同鄉會館。關羽是山西解州人，為了求得這位同鄉財神爺的照顧，財大氣粗的商人們揚言要為關老爺在會館中建一座世上獨一無二的牌坊，為此公開招標。

　　有個土生土長的年輕木匠，他雕出來的花鳥蟲魚活靈活現，因而人送綽號「神鵰手」。「神鵰手」暗中較勁，一口氣設計了幾十種樣式，但都覺得拿不出手，心裡非常彆扭。

　　那時的開封，上自達官貴人，下至平民百姓，都愛玩鬥雞。這天，全城鬥雞打擂，爭奪「狀元」，「神鵰手」也去觀看。

　　鬥雞場設在大相國寺裡，觀眾人山人海。兩隻鬥雞在場內拚命廝殺。一隻綽號「猛張飛」的鬥雞打敗了所有的對手，當上了雞王。牠渾身烏黑，兩腿粗壯，鐵爪抓地，支撐著龐大的身軀，堅如磐石，穩如泰山，好不威風！「神鵰手」盯著牠發呆，眼前的鬥雞王似乎忽然變成了一座奇特的牌坊。他心裡一動，轉身就往家跑。

　　一連幾天，「神鵰手」獨自悶在小屋裡，比比劃劃、刀砍斧鑿。到了開標的日子，各地工頭聚集在會館裡爭標搶活，但沒有一個使股東們滿意的。正在這時，「神鵰手」上前打開了包袱，亮出他的傑作。眾人眼睛一亮，都被這座造型奇特的模型吸引住了。

　　股東們立即伸出大拇指說：「牌坊六柱五樓三牌坊，這在中國都是少見的。」另有一個老者說：「小兄弟，就怕你這牌坊是中看不中用，六根

麻秸似的柱子支撐不起這肥豬一樣的身子。」「神鵰手」拍了拍胸脯說：「如果牌坊倒塌了，我願意傾家蕩產包賠損失。」

不久，一座雄偉壯麗的關公牌坊矗立在山陝甘會館院子正中。六根柱子好似鬥雞雞爪，抓地生根。每根柱子又以抱鼓石環護，天塌地陷也不礙事。中樞高聳，五座樓閣重疊相間，飛簷斗栱，富麗堂皇。特別是「神鵰手」施展他的拿手本領，在所有的磚、石、木上雕刻了一幅幅關雲長的故事，刀法細膩，畫面生動，人物栩栩如生，故事引人入勝。

受于右任、楊虎城保護過的「石頭」

20世紀初，正是中國兵荒馬亂的年代。有一天，河南省洛陽偃師市朱家圪壋村卻忽然熱鬧起來，當地農民拿著鋤頭和鐵鍬，蜂擁來到村頭的一塊荒蕪的空地上挖崛起來。與此同時，來自四面八方的古董商也都睜大眼睛緊盯著。每當農民們挖出一塊石碑殘石，古董商就擁上去，爭相加價向農民收購。原來，東漢時期，這個村子正是當時著名的太學所在地。西元183年，這裡車流如潮，擁塞街道，場面十分壯觀，最多的時候有一千多輛馬車停靠在太學門前。車上的學子們懷著虔誠的心情走進太學，在46塊《熹平石經》前摹寫著，背誦著。

那麼，什麼是《熹平石經》？這些石經上又刻寫著什麼重要的文字呢？

由於古代印刷業不發達，讀書必須靠人工抄寫，抄來抄去錯誤之處在所難免。所以，西元175年，東漢著名學者蔡邕、楊賜等建議，將儒家經文典籍刻製在碑石上，供學子們正定校勘，作為向太學生講授的標準經本。

國寶探祕：河南的傳世文物與文化瑰寶

　　從東漢熹平四年（西元175年）至光和六年（西元183年），石經歷時近九年的時間才製作完成，立於河南洛陽原太學門前，也就是今天的偃師市朱家圪壋村，被稱為《熹平石經》。

　　整套石經篆刻有《魯詩》、《尚書》、《周易》、《春秋》、《公羊傳》、《儀禮》、《論語》七經，共刻製46塊石碑，200,910個字，是中國第一部儒家經典刻石，具有不可估量的歷史價值。

　　可是，這部石經刻成後不久就發生了董卓之亂。董卓率大軍控制了都城洛陽，廢漢少帝，立漢獻帝，致使關東諸侯聯盟對董卓進行討伐。董卓決定放棄洛陽，於是便發生了焚毀洛陽宮殿、荒廢太學的事件。就這樣，《熹平石經》慘遭破壞，飽受戰亂之苦，有的被遷移他處，大部分斷裂後深埋於太學舊址地下，歷經滄桑歲月，無人問津。

　　1931年的穀雨時分，正值古城洛陽牡丹盛開，美不勝收。于右任顧不上欣賞，直接來到古董市場，興致勃勃地流連在各家店鋪門前。于右任酷愛金石，聽說洛陽又出土了一批《熹平石經》殘石，便以賞花為名前來搜索。他走進一家古董店，目光落在一塊長方形的殘石上。殘石的形狀像一頭憨憨的老牛，于右任輕輕拂去殘石上的浮土，清晰地看到一些文字：「可小事，不可大事。」這不是《周易·下經·小過》中的部分文字嗎？于右任興奮起來，將殘石的兩面刻字做了仔細的鑑定。見到如此珍貴的石刻，于右任欣喜若狂，當即決定將殘石買下來。可是，古董商竟開價四千銀元，身在洛陽的于右任，當時盡其所有，卻也只湊出了兩千銀元。

　　1933年的一天，河南省洛陽火車站戒備森嚴，楊虎城將軍的列車緩緩駛進此站，隨從副官從車上跳下來，在車站焦急地等待著什麼人的到來。兩年前，于右任在洛陽預付了古董商一半訂金，買下了《熹平石

經‧周易》殘石，這次聽說楊虎城要去南京處理公事，就委託他路過洛陽時，補足餘款，取回殘石，帶到南京。楊將軍提前與古董商約好日期，定好其快班車抵達洛陽時，在車站交接。楊將軍到達車站，洛陽的古董商正在車站迎候，但是他卻沒有把《熹平石經‧周易》殘石帶來，堅持要先拿到錢，才能交出殘石。楊虎城十分生氣，只好將狡猾的古董商帶上快班車，一同抵達河南開封。

楊虎城一行在開封留宿一夜，派隨從副官與古董商一起回洛陽取殘石，並補給古董商兩千銀元。經過這樣一番周折之後，楊虎城終於將《熹平石經‧周易》殘石交到了于右任手中。拿到石刻，于右任仔細欣賞。《熹平石經》碑面無縱橫界格，係一字隸書直下行文，故也稱「一體石經」。每石行數，每行字數各不相同。《熹平石經‧周易》殘石由蔡邕等人用隸書寫成，陳興等人刻於46塊碑石上。蔡邕是中國東漢時期著名的文學家、書法家，通經史、善辭賦，書法精於篆、隸，尤以隸書造詣最深，名望最高。因此《熹平石經‧周易》具有極高的藝術價值。

就這樣，于右任得到了這塊殘石，並於1936年4月捐獻給了陝西省政府，現今該殘石收藏於陝西碑林博物館。

至尊「國器」——司母戊大方鼎

發掘於鄭州商城的司母戊大方鼎，是目前已發現的中國古代形體最大和最重的青銅器，因腹內壁鑄有「司母戊」三字而得名。亦有人釋作「後母戊」，後母戊即商王武丁的妻子。鼎重832.84公斤，高133公分，口長110公分，寬78公分，足高46公分，壁厚6公分。鼎大得可以做馬槽，所以又俗稱「馬槽鼎」。

國寶探祕：河南的傳世文物與文化瑰寶

　　從整體來看，司母戊鼎立耳、方腹、四足中空，除鼎身四面中央是無紋飾的長方形素面外，其餘各處皆有紋飾。在細密的雲雷紋之上，各部分主紋飾各具形態。鼎身四面在方形素面周圍以饕餮作為主要紋飾，四面交接處則飾以扉稜，扉稜之上為牛首，下為饕餮。饕餮，是傳說中的一種凶殘貪食的野獸，古代青銅器上面常用牠的頭部形狀做裝飾，叫做饕餮紋。傳說饕餮是龍生九子之一，牠最大特點就是愛吃。古人把牠作為貪欲的象徵。而商人把牠鑄在青銅器上，則表示吉祥、豐年足食。

　　再看鼎耳提手處。鼎耳外廓有兩隻猛虎，虎口相對，中含人頭，後世演變成「二龍戲珠」的吉祥圖案。一般認為，這種藝術表現的是大自然和神的威懾力。現在卻有人推測，那個人是主持占卜的貞人，他主動將頭伸入龍虎口中，目的是炫耀自己的膽量和法力，使民眾臣服於自己的各種命令，這個推測完全是可能的。因為當時的貞人出場時都牽著兩頭猛獸，在青銅器和甲骨文經常可以看到這樣的圖案。提手耳側以魚紋為飾，說明了捕魚在商代的社會生活當中也占據著相當重要的地位。四隻鼎足的紋飾也匠心獨具，在三道弦紋之上各施以獸面。鼎足上鑄有蟬紋，圖案表現蟬體，線條也甚清晰。司母戊鼎應是商王室的重器，其造型、紋飾、工藝均達到了極高的水準，是商代青銅文化頂峰時期的代表作。

武則天的「除罪金簡」

　　西元 700 年 4 月，77 歲的武則天遊歷嵩山時，在嵩山頂做法事，向上天參拜贖罪，之後派太監胡超將金簡拋在嵩山的最高峰峻極峰。

　　1982 年 5 月 21 日，登封唐莊公社農民屈西懷到中嶽嵩山最高峰峻極

峰採藥，在武則天原敕建的「登封壇」西南一公尺戈登封市嵩山「除罪金簡」的大石頭下的石縫中，挖出了一條長方形的金屬片，上面沾滿了泥土。屈西懷用手一擦，亮閃閃的，上面還有字，他就把它帶回家偷偷藏了起來。後來一個文物販子跑到王河大隊找到屈西懷要掏 10 萬元買走。眾人一聽這麼值錢，心想必定是寶貝，就找到文物局獻給了國家。該金屬片後經鑑定正是武則天的「除罪金簡」。

當年武則天為掌握權力，殺人無數，連親生兒女都不放過。她自知罪孽深重，怕死後升不了天，就把罪過刻在金簡上，乞求上天免其罪責。

金簡為長方形，長 36.5 公分，寬 8 公分，厚不足 0.1 公分，重 233.5 克，黃金純度在 98% 以上。正面鐫刻雙鉤文字六十多個，其中五個為武則天的自創字。此片雖經千年以上，但仍金黃耀眼。片上刻直徑一公分左右的空心楷書漢字六十多個：「上言大周國主武曌好樂真道，長生神仙，謹詣中嶽嵩山門投金簡一通，乞三官九府除武曌罪名。太歲庚子七月甲申朔七日甲寅，小使臣胡超稽首再拜謹奏。」大致意思是：大周國主武曌，一生通道興善，應為長生神仙。小使臣胡超謹慎地前往中嶽嵩山投一通金簡，乞求天官、地官、水官和所有府君，免除武曌的一切罪行，使其長生不老。

武則天的這通「金簡」是目前中國發現的唯一的一通金簡，過去曾發現過的還有玉簡和銀簡。由於武則天墓尚未開掘，這塊金簡也同時成為武則天唯一的現存文物。由於當時登封文物部門不具備重要文物的保管條件，就將金簡暫存於登封人民銀行的金庫內，後送至河南博物院保存。其間刻印複製品兩塊，一塊在中嶽廟展出時被盜，另一塊現存放於登封市嵩陽書院的藏書樓內供遊人觀瞻。

國寶探祕：河南的傳世文物與文化瑰寶

「上大下小」的天寧寺塔

　　安陽天寧寺塔是塔中的另類，它通高 33.65 公尺，八角五層。此塔有三絕：一是上大下小的奇特結構，中國現存 3,000 餘座古塔中，這是獨一無二的；二是塔上有塔，小塔作頂，形制如喇嘛塔，甚有韻味；三是塔的八角都有精美的磚雕，眾佛個個形態逼真，慈祥無比。

　　安陽天寧寺塔天寧寺塔在安陽兀自突起一千餘年（五代後周時建）了，安陽人既熟悉它又弄不懂它。有關此塔的歷史沿革，只有《彰德府志》中有寥寥數語。安陽古建築研究所所長楊松山在申報天寧寺塔為國家級文物單位時，查閱了很多資料，也沒有找到關於該塔的隻言片語。

　　梁思成的《中國建築史》在涉及古塔建築的章節中，用兩百餘字的筆墨，記述了安陽天寧寺塔，其中有這樣一句話：「自下至上各簷大小完全相同，無絲毫收分或卷殺，為他塔所不見。」這位中國古建築領域的泰級人物，也沒有詳述該塔的歷史沿革，只是在書中將該塔判定為元代建築。這與《彰德府志》所言的始建於五代後周廣順二年（西元 952 年）差了幾百年。據載，天寧寺塔共經歷了宋、元、明、清四代修繕，或許元代之後，匠人承襲元代建築的形制，不再圖變，故而梁先生將其列入元代建制。如果是這樣的話，兩種說法都不錯。

　　其實天寧寺塔塔頂的出位正是天寧寺塔的價值所在。1936 年 11 月，古建築專家劉敦楨來此塔考察，登頂之後，他給了個評語：此塔「為密簷塔中奇特之例」。1977 年，書法家趙樸初登臨此塔，一時雅興上頭，賦詩一首：「層傘高擎窄堵波，洹河塔影勝洹河。更驚離像多殊妙，不負平生一瞬過。」據安陽古建築研究所所長楊松山講述，趙樸初當時的確

激動了一把。假如沒有塔頂可供登高望遠的平臺，只是一孔狹小窗口，趙樸初的雅興還能「上得來」嗎？

一座內鄉衙，半部官文化

中國保存最完整的古代縣級官署衙門，位於河南省南陽市內鄉縣城。品味縣衙，透析歷史，一部厚重深邃的官衙文化「史書」令人感慨萬千。

內鄉縣衙始建於元朝大德八年（西元 1304 年），重建於清代，占地兩萬多平方公尺，廳堂房舍 280 餘間。是中國目前保存最完好的古代縣級官署衙門、中國重點文物保護單位。在如今縣衙的三堂前和師爺居住的「夫子院」，還有兩棵高大的丹桂樹，是元代建縣衙時種下的。每到開花季節，丹桂香飄全城。這兩棵樹，是內鄉縣衙 700 年歷史的見證。內鄉縣衙是一座十分珍貴的文史資料庫，素有「北有故宮、南有縣衙」、「龍頭在北京、龍尾在內鄉」的說法。

內鄉縣衙內鄉縣衙長方形的院子是庭院式的組群布局，嚴格對稱的四合院。內鄉縣衙的建築格局與北京故宮比較相似，都是「前朝後寢」，縣衙的大堂、二堂、三堂分別對應於北京故宮的太和、中和、保和三大殿。人們從縣衙大門進去，每通過一道門，就進入另一個庭院。這樣層層遞進，院院相套，給人氣氛森嚴的感覺。中國從大到小的衙門大都是這種格局，這反映了中國古代社會大一統的行政管理結構和政治理念。

除了中軸線上的三堂等重要建築外，在縣衙儀門和大堂的中間，中軸線的兩邊還對稱地排列著吏、禮、戶、刑、兵、工六房。左邊為文三

房：吏、禮、戶；右邊為武三房：刑、兵、工。這六房對應著中央的六部，是輔佐知縣處理專門事務的機構。三堂和六房便構成了縣衙最基本的功能性場所。

三堂六房之外，縣衙還按照左尊右卑的順序修建了許多輔助性院落。在大堂左邊為縣丞衙，右邊為主簿衙。二堂和三堂的兩邊又有東西帳房、東西花廳等。東西帳房是衙門裡處理錢糧的地方，而東西花廳是官員的家眷居住的場所。

內鄉縣衙有豐富的楹聯文化，所有建築物前（共有 27 處）都刻寫有匾額楹聯，其以語言精練、內涵豐富、寓意深遠而引起世人的廣泛注意。這些匾額楹聯，有概括治地地理位置、山川形勝的；有申明施政宗旨、實現自己抱負的；有以官箴戒約自勉、效法古人為官、省視自身功過的；還有自奉儉約減輕百姓負擔的。其中最為精采的當屬懸掛在三堂門前的楹聯：「得一官不榮，失一官不辱，勿說一官無用，地方全靠一官；吃百姓之飯，穿百姓之衣，莫道百姓可欺，自己也是百姓。」

歲月遺痕：河南的古蹟傳奇與未解之謎

歲月遺痕：河南的古蹟傳奇與未解之謎

鄭州商城

　　商王朝是個疆域遼闊的強大王朝，《孟子》說：「湯十一征而無敵於天下。」《詩經》也說：「昔有成湯，自彼氐羌，莫敢不來享，莫敢不來王。」

　　1950、1960年代，考古工作者在鄭州市區的東里路、順河路、杜嶺街、城東路一帶發現了距今3,000多年的商代城池遺址。1961年，鄭州商城成為第一批國家級重點文物保護單位。隨後，考古工作者繼續尋找商城宮殿區。1973～1976年，透過考古鑽探，考古工作者發現商城東北部，即以東里路為中心的區域內夯土基址有二十多處。最大的有兩千餘平方公尺，最小的一百餘平方公尺。他們對保存較好的三處基址進行了發掘。

　　鄭州商城其中已發掘的最大的一座基址，很可能就是商王和他的後宮佳麗居住的地方。這座基址在東里路和紫荊山路交叉口西南角，東西長65公尺多，南北寬13.6公尺，房基面上有兩排長方形柱礎槽，大體可以復原為一座九室重簷頂並帶有迴廊的大型寢殿。在宮殿基址的附近，曾出土有青銅簪、玉簪和玉片等其他地點少見的遺物，不知道這些飾物是當初哪位佳麗不慎失落的。據此推測，這裡是商城的宮殿區。

　　在宮殿區內還有一條南北向的壕溝，寬1.4公尺，深0.9公尺，在已發掘的長約15公尺的壕溝內發現有一百多個人頭骨，頭骨多被鋸成瓢形。另外在宮殿區東北角的高地上還發現有8個祭狗坑，有的人和狗共置一坑內，這些應是祭祀活動的遺跡。隨後又發現了宮城城牆。手工業作坊區、居民區、墓葬區都分布在城外。手工業作坊包括冶銅、燒陶、製骨等作坊。此外，還在西牆外和東南角各發現一處銅器窖藏，出土了大量的王室青銅禮器，都是商代青銅器中的精品。如杜嶺方鼎高一公

尺，重 86.4 公斤，是目前所知商代前期最大的一件青銅禮器。鄭州商城遺址總占地面積達 25 平方公里，已經形成宮城、內城、外城郭多層防禦體系，有人認為這是中國第一座有規劃布局的王都。

根據中國 1996 年 5 月 16 日啟動的「夏商周斷代工程」以及考古學界多年的研究成果，已基本確認，鄭州商城應是第一代商王太乙（湯）所居的亳都，距今大約 3,600 年。當時鄭州商城的面積計七十多平方公里，是世界上最大的城市之一。以東里路為中心，北到順河路，南到城北路，都是鄭州商城的宮殿區，包括省中醫學院家屬院、鄭州六中、省中醫研究院、黃委會家屬院、黃委會水科院等，面積有 40 萬平方公尺。這塊地面之下，沉睡著二十多處商代宮殿夯土基址，商王朝就被埋在地下數公尺不等的地方。東里路這片土地，就是商湯生活起居、發號施令的地方。而商湯後的十代商王，也都在東里路一帶曾經巍峨的宮殿裡號令天下，祭祀祖先，接受四方諸侯的朝拜。所以，東里路曾經是商王朝的心臟。

「愛情聖地」——汝南梁祝故里

2003 年 10 月 18 日，中國郵政局發行中國民間傳說系列郵票之三《民間傳說——梁山伯與祝英臺》特種郵票，郵票共五枚，描述了五個場景，分別是：「草橋結拜」、「三載同窗」、「十八相送」、「樓臺相會」、「化蝶雙飛」。這套郵票曾在河南省駐馬店市汝南縣發行，汝南縣也瞬間從一個名不見經傳的小縣成為耀眼的「愛情聖地」。

汝南縣梁祝雕塑河南汝南究竟是不是梁祝故事的發源地呢？

實際上，現在的汝南縣存有大量的遺跡和傳說，闡述著這個古老的愛情傳說。如這裡有梁山伯的故里梁崗村、草橋、紅羅山書院、梁祝墓

等遺址。

假如你從汝南縣城往孝和鄉走，正好穿過兩個梁姓村莊，路南的村莊叫南梁，路北的村莊就叫梁崗。據當地村民介紹，因為「和一個女子同住了三年，竟然不知道人家是男是女，所以很多人都認為梁山伯是傻子，都笑話他。一提到梁山伯，當地人都說那個傻子是北梁的。北梁村的人感到丟人，就改北梁為梁崗」。這梁崗就是梁山伯的故里。

我們不但能夠找到梁山伯的故里，而且還發現了「草橋結拜」中的「草橋」，但當地的村民都喊為「曹橋」，當地人都認為是外地人把「曹橋」訛傳為「草橋」。有了傳說中的「草橋」，就對上了「草橋結拜」的傳說。

再有就是紅羅山書院。它是鄒佟創辦的，鄒死後，他的學生，也就是梁祝的同學為紀念恩師，把紅羅山書院變成了報恩寺。在魏晉那個崇尚佛教的時代，這是一個很普通的選擇。再後來，也許因為紅羅山並不是真正的大山，只不過是個用土堆積起來的「臺子」的緣故，就改名「臺子寺」。這臺子寺的舊址也就是紅羅山書院，到祝英臺的家朱莊村，正好十八里路，到和孝鎮梁崗梁山伯的家，也大約是十八里。祝英臺家在書院東北，梁山伯家在書院西北，而兩家到書院的路都必須經過曹橋，曹橋到書院為八里。祝英臺和梁山伯的家距紅羅山書院十八里，因此又符合「十八相送」的傳說。

在汝南當地還流傳著一句話，叫做「梁山伯祝英臺，埋在馬鄉路兩沿」。據傳祝英臺的家在馬北村的南面，官道的東側，馬文才的家在馬北村的北面，官道的西側，而按照當地的規矩，娶親是必須走大道的，京漢古官道對馬文才來說，想繞也繞不開。梁山伯臨終前囑咐家人把自己葬在馬鄉鎮北的官道旁，就是想在英臺出嫁時，再看她一眼。就這樣，

祝英臺得以從梁山伯墳前經過,並有了千古絕唱 ——「哭墳化蝶」。

汝南縣留存下來的大量遺跡和傳說,可以說明這裡就是梁祝的故里所在。

「龍庭」緣何變「龍亭」

位於河南省開封市的龍亭,曾經見證過「汴京富麗天下無」的景象。這裡,曾是六個王朝的皇家禁地;這裡,既有趙匡胤騎馬登殿的豪邁,又上演了令人扼腕的「靖康之變」;這裡就是龍亭。

龍亭的「發跡」始於西元前364年。這一年,魏惠王做出了一個對於日後的七朝古都開封無比重大的決定 —— 將魏國國都由安邑(今山西省夏縣)遷到大梁,並大興土木,而現在的龍亭基本上就處於大梁城的中心位置上。但在秦滅六國的過程中,也就是前225年,秦王嬴政舉兵伐魏,秦將王賁率大軍將大梁城圍了個密不透風。魏國軍民拚死抵抗三個月之久,王賁一怒之下引鴻溝之水灌城,於是堅如鐵桶的大梁城一朝被毀,永遠消失在歷史的陰影裡,深埋於厚厚的黃土之中。

開封龍亭轉眼到了西元781年,開封又迎來了一位貴人,那就是唐朝的汴宋軍節度使李勉,他將衙署從宋州(今商丘)遷到了水陸交通便利、地位日漸重要的汴州,隨之而來的當然是大規模的城市建設。李勉一眼看中了今天的龍亭一帶,沒過多久,規模宏大、富麗堂皇的節度使衙城便在此拔地而起。從此,這座節度使衙城奠定了開封城的中軸線,在以後的1,200多年中竟然沒有絲毫移動;中軸線北端的這塊風水寶地龍亭,始終是開封城最為顯赫的地方。

西元904年,黃巢起義軍大將朱溫又一次垂青於開封,他招降於朝

廷，割據於開封。907 年，他逼迫唐朝小皇帝禪讓，改國號為梁（史稱後梁），面南稱帝。汴州也升為開封府，定為後梁國都。此後，開封王氣盡染，皇帝輪番登場，先後成為後梁、後晉、後漢、後周的都城，龍亭一帶成為皇家禁地。

西元 960 年，對開封人來說無論如何都不能忘記，因為這一年太重要了。在這一年，後周大將趙匡胤在陳橋發動兵變，將即位不到一年的柴榮的兒子趕下皇帝寶座，自己黃袍加身，大宋開國！從此讓無數後人魂牽夢繞的東京夢華出現了，現在也常常讓開封人回味無盡，提起大宋國仍是榮光滿面，情不自禁。

東京的繁華持續了 167 年。西元 1127 年，金兵南下，沉醉於琴棋書畫的藝術家皇帝宋徽宗連同兒子宋欽宗雙雙被俘！這就是影響中國最大的 100 個事件之一的「靖康之變」。經過擄掠的東京城已經是宮闕頹廢，城池蕭條。但 1158 年，金主完顏亮調集勞役數十萬在開封興建皇宮，並且要求宋宮的一磚一瓦都不用。1161 年，完顏亮躊躇滿志地遷都汴京，但未幾，金國便禍起蕭牆，帝位易人，都城北遷，新宮只花了幾個月。1214 年，迫於北方強敵蒙古的強大壓力，金國再次遷都汴京，龍亭一帶再次成為中原的心臟。然而好景不長，金都汴京於 1233 年 5 月被蒙古軍攻陷，華麗的皇城之中再次哭聲四起。從此之後，開封作為都城的歷史也就此結束，龍亭也真正由「龍庭」變為「龍亭」。

一座園林「毀滅」大宋江山

河南大學教授李玉潔曾有一篇論文，闡述了北宋末年修建的「艮嶽」與北宋滅亡之間的關係，指出：「北宋末年修建的艮嶽是北宋國都東京

（今河南省開封市）的勝景之一。艮嶽建築之華麗，景色之奇美，可謂天下一絕。但也就是艮嶽的修建，大興土木，使得北宋王朝政事盡棄，綱紀腐敗。修建艮嶽是導致北宋王朝滅亡的重要原因。」真可謂：「一座園林『毀滅』大宋江山。」

　　談起這座人工園林，就不能不談修建它的原因。

　　當年宋徽宗即位後，因為沒有有子嗣，一直讓他非常頭痛。一天，一個叫做劉混康的道士對宋徽宗說：「京城東北隅，地協堪輿，倘形勢加以少高，當有多男之祥。」宋徽宗立即聽從道士之言，命人在京城的東北隅壘土，造成數仞之岡阜。說也神奇，造岡之後，後宮所生的男孩逐漸增多。宋徽宗大喜過望，他不認為這僅是一種巧合，而是認為道士所言不差。於是下令戶部侍郎孟揆在上清寶錄宮之東（京城東北隅，今河南大學一帶）築山，仿照餘杭鳳凰山修建。此山初名「萬歲山」，即壽山之意；因萬歲山在京城的東北隅，東北在《易經》後天八卦方位上是艮位，而「嶽」是眾山之總名，艮嶽之意就在於要取天下名山之妙匯為一園之中，故竣工之後，萬歲山又更名為「艮嶽」。艮嶽是為了宋徽宗的後宮多生男而修建的。

　　艮嶽之意就在於要取天下名山之妙匯為一園之中，因此宋徽宗傾中國之力建造此園。《水滸傳》中所描寫的「花石綱」就是為建造艮嶽而起。這些花石之物，從江浙、兩廣、四川、山東、湖南等地選取，千里迢迢地被運送到汴京。那些花木都是各地的極品植物，本就價值不菲，但路途遙遠，中途枯死的不計其數，運至京城後尚能存活的不過十之一二。而奇石更為麻煩，那些造型奇異的太湖石大塊的往往高至數丈，需千人拽之，並載以大舟，為方便運送，官吏過河拆橋毀堰也在所不惜。有時候光運一塊大石前後用度就達三十萬緡錢。

艮嶽上有大洞數十，其洞中皆築有雄黃及爐甘石。雄黃能避蛇蠍，爐甘石則天陰能致雲霧，使雲霧迷漫，如在深山之中。更有奇花異木，珍禽異獸，讓人無法想像這裡原來是京都繁華之地。艮嶽，讓人感覺到是天造地設的勝景，簡直是自然天成，不是人力所為。蜀僧人祖秀在〈陽華宮記〉一文中說：艮嶽，「括天下之美，藏古今之勝，於斯盡矣」。「信天下之傑觀而天造有所未盡矣」。

　　艮嶽築成之後，北宋王朝府庫罄竭，民不聊生，四海困窮，全國騷動。受騷擾最大的江浙地區首先爆發了方臘起義。繼方臘之後，中國農民起義此起彼伏，連綿不斷，又加上金人南下，大宋朝顧此失彼，最終葬送了繁華的大宋江山。歷時二十餘年修建起來的艮嶽也在一夜之間灰飛煙滅，成為開封古城永遠的回憶。近年來開封市又在艮嶽遺址處開發了「萬歲山森林公園」，但繁華已經不再，只剩下宋徽宗堆積起來的連綿山岡彷彿還在訴說著過去的輝煌。

　　北宋滅亡，京城艮嶽的太湖石的大部分在京都軍民守城之時被砸碎充當炮石，剩下的被洪水幾次淹城淤沒於地下，留在地面上的遺石至今還保存在大相國寺和龍亭公園裡，成為今日開封與鐵、繁二塔齊名的千年遺物。

「啟母闕」的傳說

　　啟母闕位於河南省登封市嵩山南麓，距城區 2,000 公尺的嵩山萬歲峰下。啟母闕建於東漢延光二年（西元 123 年）是啟母廟前的神道闕，啟母廟因啟母石而建，關於啟母石的來歷有一則神話傳說。

　　登封啟母闕傳說古時候這裡洪水滔天，吞沒了大片的土地和山川，

奪去了許多人的生命。舜帝派大禹到嵩山治理洪水。大禹來到嵩山後，決定在太室山與少室山之間的轘山打開一條疏洪洩流的通道。大禹的妻子塗山氏為了支持丈夫治水，也來到嵩山，每天為大禹縫衣做飯。一天，大禹在上工以前，對塗山氏說：「妳聽見我的擊鼓聲，就來送飯。」說完，就去治水了。塗山氏準備好飯食，只等著鼓聲傳來。

大禹為了盡快鑿開山間通道，就變成一隻大熊，在山間來來往往，開山鑿石，忙碌不停，連飯都忘了吃。誰知一不小心，竟把一塊石頭踢落崖下，恰好擊在鼓上，塗山氏聽到鼓聲，急忙把準備好的飯食送到轘山下。可是她東張西望卻不見丈夫的蹤影，只見一隻大熊在山間跳躍治水。她心中一驚，羞慚之下便向山下跑去。跑了一陣，塗山氏跑不動了，化成了一座巨石。大禹見此情景，大呼：「還我孩子！」只聽一聲巨響，石破北方，一個男孩出生了。這個男孩就是夏朝第二代君主夏啟。石破生啟的巨石高約 10 公尺，圍長 43 公尺，人稱「啟母石」。所謂大禹治水「三過家門而不入」，就是指的這個地方。

由於大禹和妻子塗山氏治水有功，大禹被封為夏伯，後建都陽城。大禹死了以後，漢代人為表彰啟的母親塗山氏支持丈夫治水的功績，便在中嶽嵩山七十二峰中的萬歲峰下，建了一座「啟母廟」，並立下「啟母闕」。

北宋七帝八陵為什麼在鞏義

歷史上的北宋國都在今天的河南開封，但北宋七帝八陵卻位於鄭州鞏義市的孝義鎮、芝田鎮、回郭鎮一帶。陵區地處嵩山北麓伊洛河南岸的丘陵上，南北長約 15 公里，東西寬約 10 公里。北宋九帝中，除徽、

欽二帝外,均葬於此,統稱「七帝八陵」。還有陪葬皇后陵、親王墓、帝系太子、公主和大臣墓共兩百多座,形成了龐大的陵墓群。

鞏義市北宋皇陵按照宋代的五音利姓說,鞏義最符合建「陰宅」。宋皇姓趙,趙姓屬於角音,對稱五行中的木,木生東方,陽氣在東邊開封,所以皇帝必須在西方安葬,且陵區的地勢必須是南高北低,即為陰。鞏義東南山多,峻極峰海拔 1,440 公尺,比西北的邙山高得多,北有伊洛河流入黃河。從堪輿學角度看,山南水北,是富貴不斷的地勢,而且從宋太祖開始,宋朝許多皇帝就想把都城遷到洛陽,選定皇陵在臨洛陽的鞏義,已有遷都的準備,後因群臣反對,遷都洛陽未成,但在鞏義修建宋陵,卻成宋制。

其實,鞏義市東踞虎牢之固,南屏中嶽之險,西有群山拱衛,北有洛河流淌,實屬風水寶地。加之虎牢關以東地下水位逐漸變淺,尤其黃河沖積扇上的開封,既不宜深挖建陵,又有懸河水患之險,而鞏義的這一區域地下水位較深,便於深挖厚葬和建築巨大地下宮殿。

「四絕三奇」的光武帝陵

漢光武帝陵位於河南省洛陽市北二十公里處的孟津白鶴鄉,是東漢第一代皇帝光武帝劉秀的陵墓,分陵園、光武祠兩大部分,總占地 6.6 萬平方公尺。墓塚位於陵園正中,高 20 公尺,周長 500 公尺。園內還有刻於宋、元、明、清時期的石碑五通,隋唐植柏近 1,500 株,柏體杏香,俗稱杏柏,是中國僅有的特殊喬木樹種。

孟津光武帝陵光武帝陵向以「四絕三奇」著稱於世。

◆ 第一絕：帝王選陵，較為特殊

中國歷代皇帝選擇寢葬所，大多「背山面河」，以開闊通變之地形，象徵其襟懷博達，駕馭萬物之志。而光武帝陵，係「枕河蹬山」，一反常態。河南眾多皇陵都在邙山之巔，唯光武帝陵坐落在黃河之灘，為2,000多年歷史上之孤例，至今還是一個謎。

◆ 第二絕：一園千柏，十分罕見

現園內古柏共1,458棵，這麼多的千年古柏聚植一園，在中國其他地方的皇帝園陵中並不多見。整座陵內一種奇香，由滿園翠柏發出，這是漢陵第二絕「翠柏杏香，奇木佳品」。漢陵古柏殊異，是中國僅有的喬木樹種，這種柏質堅性柔，剖面色美，香味濃郁。因它木色金黃，柏體杏黃，又稱「杏柏」、「血柏」，千百年來，為人稱奇。如雨過天晴，這種餘香感覺更深，風過處，滿園古柏清香，可傳十里之遙。

◆ 第三絕：柏楝同根，至愛展現

此奇妙就在於柏楝同根，於植物生態方面實屬罕見，至今也是一個謎。在距地面3.5公尺的柏樹主幹上，生長著一棵直徑為15公分的苦楝樹，根據諧音把「苦楝柏」理解為「苦戀柏」，傳說這是皇后陰麗華一直苦苦眷戀著劉秀的緣故，象徵忠貞不渝的愛情。樹下的連心鎖，是現代青年男女對愛情表達的一種方式。據說兩人同心合一把鎖，表示海枯石爛不變心。

◆ 第四絕：神柏各異，形如眾物

陵園古柏，有的龍騰鳳舞，氣宇軒昂；有的蒼勁挺拔，碧翠妍麗；有的千姿百態，相偎相依。有一棵古柏，因其有兩條彎曲的虯枝，似騰飛的兩條巨龍，人稱「巨龍盤柏」。那龍的氣勢，龍的風骨，巨龍隆突的肌腱，蘊藏著一種即將暴發的力量，大有扶搖而上直衝雲霄之勢。又有

一棵「猴柏」，樹腰處隆突的地方，像一隻機靈頑皮的猴子，調皮的眼睛，欲張未張的嘴巴，稍稍翹起的耳朵，抓耳撓腮、齜牙咧嘴的樣子，真是維妙維肖。

還有一棵古柏叫做「開胸見佛」，它把整個胸腔裡的五臟六腑掏了出來，表示自己的誠意。佛教裡強調「以無念為宗」和「即心是佛」，認為「無生而無不生，無形而無不形」。所以這棵樹應該屬於佛教中誇張的藝術形象。再有一棵柏樹人稱「鹿回頭」，那向外伸展的樹杈像一隻小鹿，惹人喜愛地站在那裡，向我們留戀地張望。而在它的上空有一枝椏，彷彿臥著的鷹，不懷好意地窺視著這隻小鹿，可是這小鹿全然不覺，仍舊善良地仰著腦袋，一鹿一鷹，兩種神態，形成明顯的反差。

再說光武帝陵的「三奇」。

◆ 第一奇：雙手擊掌，鳥柏叫喚

用兩掌拍一下，或對著柏樹輕輕撫摸一下，能聽到小鳥的叫聲；如果大家一齊拍掌撫樹，會出現百鳥合鳴的場景。鳥柏樹被鋸開時發現木紋有清晰的小鳥圖案，為這些柏樹增添了新的謎團，這些現象為何種原因所致，有待人們進一步地去考察論證。

◆ 第二奇：清明穀雨，漢陵曉煙

每年的清明至穀雨前後，在天朗氣清、雲蒸霞蔚、晨曦初現之時，漢陵園內古柏枝幹間會憑空生出團團煙霧，飄如浮雲，自西北向東南姍姍移動，至一定高度即緩緩下降，降至地面2～3公尺高度即迅速擴散而去。人們置身園中，如入仙境，虛無縹緲，似在蓬萊。當地農民也曾流傳道：「漢陵曉煙，預兆豐年。」每當陽春三月，清明穀雨將臨之時，近者朝朝注目，遠者日日探聽，企盼曉煙，祈禱「祥瑞」。

◆ 第三奇：漢皇仰臥，活靈活現

在園外東邊兩百公尺處遠瞻漢陵，仰觀整座皇陵，那鬱鬱蔥蔥的滿院翠柏會構成一幅圖案：東漢世祖皇帝頭戴皇冠，身穿龍袍，頭枕黃河，足蹬邙山。這就是漢陵第三奇，「漢皇仰臥，活靈活現」。

看過光武帝陵的「四絕三奇」，想必您也想親眼目睹一下這天下奇觀吧！

中原石頭城 ── 潞王陵

這裡埋葬著明代最大的地主、萬曆皇帝的弟弟潞簡王朱翊鏐。這裡是目前中國保存最好、規模最大的明代藩王陵園。這裡的石刻儀仗群是秦漢以來帝王鎮墓石獸的大集中。

這裡就是被譽為「中原石頭城」的潞王陵。它坐落於河南省新鄉市鳳泉區的鳳凰山下，距新鄉市區十三公里，陵園周圍是高大的石頭城牆，園內矗立著以石牌坊、華表、碑碣和墓塚組成的龐大建築群。

新鄉北站潞王陵這個「王陵」的不同之處在於其規制非常高，甚至賽過了「皇陵」。據考古發現，潞簡王墓內（包括神道、次妃趙氏墓）所有的牌坊、望柱、紋飾用的全部是龍，在潞王墓地宮，發現1830年代被盜墓者炸毀的石門殘片中，其石門都是龍面鋪首，縱九橫九八十一顆門釘。九九八十一顆門釘是皇權的象徵，也只有皇帝才能夠使用，而大膽的潞王卻在自己陵墓中使用。這真讓人感到驚訝。同樣讓人驚訝的是王陵前的石像生，其規制竟然賽過了皇帝。

按照明代的規矩，帝陵前設定石獸6種，南京朱元璋的明孝陵、北

京朱棣的明長陵都只列獅、麟、象、駝、獬、馬6種石獸。潞王作為藩王，他的陵墓規格當然應該低於帝陵。但潞王卻公然違反祖制，在自己的陵墓前設定石獸14種，大大超過了明代帝陵的規格。潞王陵的14對石獸中，除了常見的獅、虎等，還有4對石獸從未在歷代石刻及各種藝術作品中出現過。甚至曾經有人說過：「哪怕即便是王國維再生，恐怕也叫不出牠們的名字，因為這都是些四不像的神話動物。」這四種石獸就是中國古代典籍中所說的神話動物猰貐（一ㄚˋ ㄩˇ）、爰居、貔貅（ㄆ一ˊ ㄒ一ㄡ）和狻猊（ㄙㄨㄢ ㄋ一ˊ）。

根據古代典籍記載，猰是獸中的最大者；爰居是一種大如馬駒的海鳥；貔貅是一種似虎似豹似熊的猛獸；狻猊是一種似獅似虎的吉祥動物。至此，王陵前14對石獸的名字浮出水面，依次是：猰、爰居、貔貅、獬豸、豹、狻猊、羊、虎、獅、辟邪、麒麟、駱駝、象、馬。可以自豪地說，潞王陵石獸群是秦漢以來帝王陵鎮墓瑞獸的大集中。歷代所有者，潞王陵都有；歷代所無者，如猰、爰居、貔貅、狻猊，潞王陵也有。這批石刻是潞王陵的精華，也是中國傳統文化的瑰寶，價值巨大，珍貴異常。

緊挨著14對石獸的，是兩對石人，一對牽馬小吏，一對文臣武將。那麼潞王陵怎麼會有如此高的規格呢？他不怕觸怒當朝萬歲嗎？這還要從潞王的身世說起。

潞王名叫朱翊鏐，是明穆宗隆慶皇帝的第四個兒子。潞王的生母李氏是個傳奇式的人物。李氏本來只是個普通的宮女，有一次，她很偶然地遇到了當時還是裕王的隆慶皇帝。隆慶只私幸了李氏一次，竟然使李氏懷了孕。明嘉靖四十二年（西元1563年）八月，李氏為隆慶生下一個兒子，這就是後來統治明王朝達48年的神宗萬曆皇帝朱翊鈞。隆慶即位

之後，立即冊立朱翊鈞為太子。母隨子貴，宮女李氏被晉升為貴妃。由於皇帝的寵愛，明隆慶二年（西元 1568 年），李氏又為穆宗生下一個兒子，即潞王朱翊鏐。

隆慶皇帝由於沉迷於色慾，只當了六年皇帝就去世了。年方 10 歲的萬曆皇帝朱翊鈞隨即君臨天下，他的生母李氏被尊為太后。作為萬曆皇帝的唯一同母弟、李太后的幼子，潞王朱翊鏐成為當時宮中的「寶貝蛋」。

明萬曆十二年（西元 1584 年）六月，皇帝派人到衛輝給潞王修建王府。潞王府規模宏大，雄偉壯麗，歷時四年才告竣工，共耗費白銀四十多萬兩。萬曆十七年（西元 1589 年）三月，潞王離開北京就藩。當時，萬曆皇帝親臨皇極門目送，神情依依不捨。

因此，潞王就依仗著自己是皇帝的唯一母弟，而使自己的王陵賽過了皇陵。

此外，關於潞王陵的風水也有一個有趣的傳聞。

據傳說，潞王陵背靠的鳳凰山，在以前本來叫萬虎山，之所以叫萬虎山，是因為山上有很多老虎。周代以後，萬虎山又改成瞭望虎山。潞王把這裡選定為墓址後，覺得望虎山這個名字不好。因為望虎山在潞王陵的北邊，潞王死後入陵，是頭北腳南。頭枕望虎山，這不是把頭放到老虎嘴裡了嗎？左思右想之後，潞王決定把望虎山改為鳳凰山。頭枕鳳凰山，這多好啊。

潞王宣布把望虎山改為鳳凰山，但是老百姓不買帳，還是叫望虎山。於是潞王派爪牙去攔路盤問行人。爪牙們先攔住一位貨郎，問：「這山叫什麼名啊？」貨郎隨口就說：「望虎山啊。」爪牙們當下就把貨郎砍了頭。他們又攔住一位老者，老者習慣性地回答說叫望虎山，隨即被一

劍刺死。貨郎和老者慘死的消息傳開後,附近百姓一時間人心惶惶。此後,大家都不得不改了口,稱望虎山為鳳凰山了。

當地百姓有這樣的民謠來形容潞王陵:「頭枕鳳凰山,腳蹬老龍潭,左手端的金燈寺,右手端的峙兒山。」

范仲淹「扯兒背孫」墓

范仲淹,北宋著名的政治家、軍事家、文學家,一句「先天下之憂而憂,後天下之樂而樂」讓後人世代敬仰。

范仲淹生活在北宋年代,出生在江蘇吳縣(今江蘇省蘇州市)。為什麼死後卻被葬在伊川呢?

在范仲淹兩歲的時候,父親在徐州過世,母親謝氏帶著他改嫁到了山東,范仲淹也因此更名為朱說。西元 1015 年,范仲淹考中進士後,作出了其人生中一次重要決定,回到蘇州要求重歸范氏家族,但遭到家族的拒絕。無奈之下,范仲淹最終作出「只求復姓,別無他寄」的承諾,方才恢復了原來的范姓,改名仲淹,字希文。范仲淹做官後一直把母親帶在身邊,因為范仲淹夫人的老家在今天的河南省商丘,范母去世後就先葬在那裡。范仲淹守制時,在南京應天府書院講學,期間,他曾到登封的嵩陽書院講學。應天府書院和嵩陽書院都是中國北宋時期的著名書院,而當時的范仲淹已經是著名的政治家和文學家了。從商丘到登封路過伊川時,范仲淹拜謁了姚崇墓,第一次產生了將母親移葬此地的想法。再加上這裡背靠綿綿萬安山,前臨著潺潺的曲水河,西面可以近望龍門山色,東面能夠遠眺嵩嶽少林,算得上一個氣聚風藏的風水寶地。本地還流傳著一句諺語:「大山勾了頭,不出王位就封侯!」後來范仲淹

的兒子也果真當了宰相。

　　在范園中，最為獨特的當屬范仲淹及其家眷的墓葬排列。走過墓園祠堂，後有范仲淹墓、仲淹母秦國太夫人墓及仲淹長子純佑墓。後域前部為仲淹次子純仁墓，其後有三子純禮、四子純粹墓及孫輩墓。再後十餘公尺，另有唐代尚書裴遵慶墓。一般墓葬排列順序，多為父後子前孫更前。范墓則為仲淹墓最前，長子緊隨，次子、孫輩遠遠在後，故俗稱為「扯兒背孫」，極為獨特。

　　前域饗堂內懸藍底紅字匾「以道自任」，為1901年光緒皇帝由西安返京路過洛陽時所題。

白居易選墓地

　　唐代大詩人白居易（西元772～846年），晚年定居洛陽履道里（今離區獅子橋、賀村、大屯一帶），卒葬龍門東山琵琶峰頂。

　　洛陽白園包括龍門橋東頭整個琵琶峰，占地約3公頃，分為青谷、墓體、詩廊三區，係根據詩人性格、唐代風采和得體於自然的原則設計建造的紀念性園林建築。迎門為青谷區，叢竹夾道，懸瀑飛灑，荷池送爽，樂天堂、聽伊亭、松風亭等仿唐建築引人入勝。樂天堂內有白居易塑像。園中間為墓體區，有墓塚、24噸重的自然石臥碑、烏頭門、登道、碑樓。整個墓區翠柏蔥郁，奇花飄香。詩廊區在墓北山腰，陳列有當代書畫家書寫描繪的白詩碑刻和詩意瓷磚壁畫。詩廊南頭連道時書屋。

　　白居易墓坐落在琵琶峰巔，背靠龍門東山主巒，前面是陡峭的土坡，坡下邊是寬寬的伊河。有人說，這是詩人生前喜歡伊闕風光，特意

囑咐後代將他葬在這裡,好在死後也能靜靜欣賞伊闕勝景的。也有人說,詩人遺囑葬在琵琶峰巔是有另外的意思。

「洩漏」天機的「中華第一龍」

人們常講:「天機不可洩漏。」但是發生在中原龍鄉濮陽的一件考古發現卻真讓考古專家們參透了「天機」,這「天機」是什麼呢?我們要從中國傳統的天文學講起,從「左青龍、右白虎」講起。

相傳在中國最古老的書籍《尚書》中記載,三皇五帝時期,古人對星象的觀測已達到相當的水準,他們仰觀天文,辨識星座,建立年歲,劃分了春、夏、秋、冬⋯⋯在觀測天文的時候,古人把北極星稱為「帝星」。形容它居於天之中,像一個神聖的君主,群星以它為中心旋轉。而且還發現了與北極星密切相關的北斗七星,它們終年不沒入地平線,一年四季都能看到。同時,北的位移明顯而有規律,民間的一切節令無不與它有關。所以,古人不僅把北斗七星作為時間的指示星,而且還把它想像成玉皇大帝在天穹中央旋轉,乘車巡遊天界。

以北極星和北星為基礎,古人把整個天區劃為五個宮,也就是中宮和東西南北四個宮,中宮的主要星象就是北斗七星,也就是當時的極星,東西南北四個宮管轄著二十八宿。二十八宿又稱「二十八星座」,是古人觀測行星、記錄特殊天象的背景,也是繪製星圖、制定曆法的基礎,是中國古代天文學體系的主體部分之一。二十八宿在東、南、西、北四宮中各有七星。為了便於辨識和記憶,古人將它們分別想像為一種動物,即東宮像蒼龍,南宮像朱雀,西宮像白虎,北宮像玄武,這就是今天人們常說的「四象」。

曾經有學者對「四象」之說源自中國產生過懷疑，但是1977年，湖北隨縣曾侯乙墓中發現的漆箱蓋星圖中左青龍、右白虎與二十八宿同時出現，證明了「四象」說在中國的存在，但仍然不能夠完全駁斥「四象」西來說。直到1987年夏，在豫北平原的一次偶然發現，使得古墓的「天機」顯現了端倪……

　　在這座豫北平原的仰韶文化聚落遺址的發現中，最為神祕的是一座45號古墓。45號墓是一座土坑豎穴墓，南北長4.1公尺，東西寬3.1公尺，它奇特異常，南邊圓曲，北邊方正，東西兩側尚有一對弧形小龕，一位男性墓主頭南腳北地仰臥於墓中，周圍葬有三具殉人。特別奇怪的是，在墓主骨架兩旁，有用蚌殼排列成的圖形，東方是龍，西方是虎，其頭均向北，腿均向外。在墓主腳下，另有蚌殼排列成的一處三角形，旁邊還有兩根人腿骨。同時，在45號墓室以外的同一層位上，另有兩處也用蚌殼排列的龍、虎、鹿等動物圖形，這兩處圖形和45號墓排成一南北直線。這些龍虎圖形以及這些造型說明什麼呢？一時成為考古學界的最大謎團。

　　古墓群的殉人位置擺放也再現了《尚書‧堯典》所謂的「分至四神」，意味著中國的早期星像在6,000年前已形成體系。

　　在西水坡45號墓墓主的周圍，除去擺放的蚌塑龍、虎星象之外，還有三具殉人。三具殉人擺放的位置也很特別，他們分置於東、西、北三處，特意斜置，形成一定角度。經過骨架鑑定，他們都屬於12～16歲的男女少年，而且他們的頭部有刀砍的痕跡，均屬非正常死亡。

　　這些事實促使人們不得不將墓穴表現的這種奇異現象與《尚書‧堯典》的記載加以連繫。在這部書裡，古人當時已有一個很完整的文化觀念，認為春分、秋分、夏至、冬至是由四位天文官分別掌管著，即所謂

的「分至四神」。

　　透過計算和復原得知，它的南邊半圓的墓邊就是春分和秋分的日道。而在這個日道的外側，正東和正西隨葬著兩個人，這意味著這兩個人很可能就是當時人們所認為的司掌春分和秋分的神。在墓葬方框北側的殉人很特別，它不是正東正西擺放，而是有一個角度，這個角度頭指向東南。以濮陽實際的地理緯度來計算，當時是計算冬至時期的太陽初升的角度，而北側這個殉人的頭恰恰指向了冬至這一天太陽初升的方位，也就意味著這個人很可能就是司掌冬至的。如果是這樣，那另外還應該有一個司掌夏至的神。在當年同時發現的還有 31 號墓，其位置恰恰是在從 45 號墓到第二組蚌塑、再到第三組蚌塑以及正南正北的一個子午線上。此墓僅葬一人，但其骨架缺少脛骨，正是被截去做了 45 號墓北的斗柄，而他也是一個孩子。這恰恰能夠彌補當初缺失的位於南側的司掌夏至的那個神。如此看來，整個司掌四時也就是當時的分至四神在整個遺跡裡的展現是十分完整的。

　　墓葬中呈現的這一切正意味著當時的古人已經基本上掌握了回歸年，也就是說，最原始的曆法很可能產生了。同時，也證明中國的早期星像在 6,000 多年前就已經形成了體系，徹底駁斥了中國星象學來自於西方的說法。

　　這條由蚌殼擺塑而成的「中華第一龍」及相關發現，將中國天文學中的「四象」傳統又往前提了 3,700 多年，也使濮陽這座現代石油城成為千年「龍鄉」。

漢高祖斬蛇碑永城市劉邦斬蛇碑

　　漢高祖斬蛇碑位於河南省永城市城北三十公里的芒碭山南麓。立於明隆慶五年（西元1571年），碑高2.39公尺，寬1.1公尺，厚0.22公尺。碑座為長2公尺，寬1.6公尺，高0.44公尺的石龜。石龜引頸縮尾，有爬行之態。

　　劉邦，秦末沛縣豐邑人。早年任沛縣泗水亭長時奉命押送一批勞工去驪山為秦始皇修築陵墓，途中許多勞工趁機脫逃。劉邦暗想：即使到達驪山，勞工也都逃光了，無法交差。於是在芒碭山澤前休息進食，晚上釋放所有的勞工，說：「你們各自逃生去吧！我從此也逃亡去了。」勞工中有十幾位壯士見劉邦寬宏大度，豪爽義氣，便願意追隨他。

　　晚上，劉邦喝了不少酒，趁著酒興繼續趕路。月色蒼茫，小徑蜿蜒。在逃往芒碭山澤的小路上，走到前面的人忽然驚叫一聲，忙回頭向劉邦報告：「前面有一大蛇擋道，請繞道而行吧！」劉邦醉意矇矓，朗聲大笑道：「英雄豪氣，所向披靡，區區一蛇，安敢擋吾道路？」說話間，撥開眾人，仗劍前行，果見一巨蛇橫臥路中，搖頭擺尾。劉邦正欲用劍砍去，只見那白蛇道：「我乃貴為天子，焉遊四海，誅秦平分天下。」劉邦不允，白蛇道：「你斬吧，你斬我頭，我亂你頭，你斬我尾，我亂你尾。」劉邦酒壯英雄膽，說：「我不斬你頭，也不斷你尾，讓你從中間一刀兩斷。」說罷一劍下去把白蛇斬為兩段，頓時蛇血噴濺，染紅了土地，至今這裡長出的草還是紅的。白蛇化作一股青氣飄蕩空中，喊道：「劉邦還吾命來，劉邦還我吾命來。」劉邦道：「此處深山野林怎還你命，待到平地定還你命來。」劉邦貴為天子，金口玉言，後來王莽篡權殺了漢平帝，把400年的漢室分成兩半。傳說王莽乃是白蛇投世，至此也算還了

劉邦所許之願。此是後話。

後來劉邦先隱藏於芒碭山澤中，後又返回沛縣，殺了縣令，被擁立為沛公，扯旗造反，經過楚漢爭霸終於登上了帝王的寶座，遂有人在此地建碑紀念。斬蛇碑前每年都長出一片紅色小草，傳說就是被大蛇之血染紅所致。現斬蛇碑夜晚投一光束，劉邦形象再現，成為永城一大奇觀，旅遊者觀後無不稱奇。

「長城之父」──楚長城

1998年，美國前總統柯林頓首次訪問中國，遊覽北京懷柔境內的慕田峪長城時，問陪同的中國長城學會祕書長董耀會：「這是不是中國最早的長城？」董耀會回答說：「這不是中國最早的長城，中國最早的長城是河南境內的楚長城。」

然而，楚長城的具體位置在哪裡，這在當時還是個謎。經過眾多專家考察、論證，進一步證實，位於「平宛」交界的平頂山市魯山縣、葉縣、舞鋼市，南陽市方城縣、南召縣的古長城是中國最早的長城。經過全面考察研究，楚長城分為西線、北線和東線三部分，整體輪廓呈「∩」形，總長度八百餘公里。

《左傳》上所說楚國「漢水以為池，方城以為城」的「方城」，即指此。春秋時楚國先後吞併江漢地區四十五國，使「楚地千里」。周王室衰敗後，楚在銳意北擴的同時，也面臨著被高舉「尊王攘夷」旗號的齊國率諸侯聯軍征討的危險。在這種形勢下，楚國只有先圍好自己的院牆，才有可能安心地攻取別人的地盤，這就是楚長城的來源。古代文獻有關楚國有長城的記載，最早見於《春秋左傳》，書中記載楚成王十六年（西元

前 656 年），齊桓公率諸侯國軍伐楚，楚國派了一位叫屈完的使臣，迎住了齊軍。齊桓公讓屈完乘坐自己的車子一起觀看齊軍軍容，並以此威嚇屈完。屈完不卑不亢地回答齊桓公說，您如果用周天子的周禮來管理諸侯，誰敢不服，但是您如果動用武力，那麼您的軍隊來到我們楚國，楚國將以方城作城防，以漢水作城池。齊桓公面對這麼大的防禦設施，不敢貿然行動，便化怒臉為笑臉，與楚國結為盟友。在接下來的數十年間，楚倚仗方城的防禦，一次又一次地瓦解了其他諸侯國的進攻，方城成了楚國安全的保障和最後防線。

楚昭王時的一次戰役，為楚長城輝煌的歷史增添了濃重的一筆。據史料記載，西元前 506 年的冬天，吳王闔閭聯合蔡昭侯、唐成公三軍攻楚，吳軍從淮河乘船而來，停在淮河灣中，與楚軍作戰。楚國左司馬沈尹戌與將軍子常共謀戰策，沈尹戌的軍隊全部布防在方城之外，並毀掉吳軍戰船；子常則率軍沿漢水上下堵截，不讓吳軍渡過漢水。經過激烈作戰，三國聯軍退走。在此戰中，楚軍把長城和漢水兩者綜合利用起來進行防禦，長城成為中國軍事史上早期的兩棲作戰中重要的設施。

早在 2000 年，河南省專家就對古長城進行了考察，公布這一驚世發現。在中國歷史上，楚長城當屬修築最早的長城，專家稱楚長城為「長城之父」。這一發現引起了專家們的高度重視。此後，中國長城學會祕書長董耀會、副祕書長吉人先後到這裡考察。兩位專家面對起伏的山峰、蒼茫的林海和雄奇的石城、邊牆、關門等遺址，無比激動地連連說道：「這是楚長城無疑，是老祖宗留下的寶貴財富！」兩位專家筆走龍蛇，董耀會祕書長寫的是「長城之父——楚長城考察紀念」；吉人副祕書長寫的是「祖賜長城，無價之寶」。

歲月遺痕：河南的古蹟傳奇與未解之謎

中國四大莊園之一——康百萬莊園

　　康百萬莊園位於河南省鞏義市康店鎮南村莊園路 69 號，距離鞏義市城北約兩公里。康百萬莊園是一座與外界隔絕的磚石結構的城堡形建築，其圍牆環繞山腰一周。莊園內有九大建築群體，310 個生活區，31 處院子和 73 個窯洞。總占地面積為 64,300 平方公尺，是山西喬家大院的 19 倍。

　　鞏義市康百萬莊園據載，1900 年，慈禧、光緒鑾駕由西安回京時，途經鞏縣，康家十七世傳人康鴻猷以巨資建行宮，修御道，供奉鋪張，極盡奢華，邀寵面聖之間，聖龍顏和悅，讚其家資百萬，以為褒揚，也因此被慈禧太后封為「康百萬」。其實，早在康乾盛世，康家就已經是富甲三省，船行六河的百萬大戶了。「頭枕涇陽、西安，腳踏臨沂、濟南，馬行千里不吃別家草，人行千里盡是康家田」，正是這一繁華的寫照。

　　康百萬莊園背依邙山，面臨洛水，隨形就勢，居高臨下。南大院坐西向東，北大院坐北面南，南北兩院相互呼應，各具特點，自成系統。東面是臨街築起的十幾公尺高的寨牆，城堆連綿環繞。整體建築無不顯示出天人合一、師法自然的中國傳統文化的浸潤和精華。

　　而歷史巧合的是，明末李自成攻占洛陽，誅殺福王，李妃落難，被康家收留。其後，康家十一代傳人康惠與李妃之女結婚，第十二代子孫皆出其門下。康朱聯姻無異為康家的興盛發達造成了重要的推動作用。

　　在康百萬農莊裡面藏著一個鎮園之寶，它是耗費 1,700 多個工日做成的楠木頂子床。其實，康百萬莊園裡面原先還有一張更大的頂子床。相傳，「文革」期間，一群村民到康百萬莊園去抬家具，一個貧苦農民代表韓三說：「東院一個頂子床太大，挪不出去，咋整（怎麼辦）？」「想

法嘛！」韓三有點煩，嫌那人笨，可是他也拿不定主意，就去縣裡找縣長，縣長說：「打破舊世界，建立新中國。」（編按：文革時期中國大力推廣「破四舊、立四新」，損毀了大量文物古蹟）韓三領會了縣長的話，回去擺擺手對大家說：「砸啦，砸後燒掉！」那次燒掉的是用三千工日做成的頂子床，而這張用 1,700 多個工日做的頂子床因個頭小，被搬出去了，僥倖保存了下來，成了今天康百萬莊園的鎮園之寶。康百萬莊園門外一個賣礦泉水的小攤主說：「那張大床燒了三天三夜，太可惜啦，放在今天少說也值幾百萬。」當年砸那張大床時，康家的家具光分給村民的，都能排 15 公里長。

康百萬的名聲在明清兩代是聲名遠播。在康百萬莊園，還有山東省日照市文管所送來的民間保存的「三大活財神」木版畫，畫面是「康百萬、沈萬三、阮子蘭」。蘇杭民間也有「河南康百萬，金銀堆如山」的民謠。

輝煌壯麗的社旗山陝會館

在河南省南陽市一代，流傳著這樣一句童謠：「唐河有個塔，離天一丈八；社旗有座春秋樓，半截還在天裡頭。」

這春秋樓相傳是社旗縣最高的建築，它是社旗山陝會館的一部分，高 38 公尺，因為樓內塑有關公夜讀《春秋》泥像而得名，是以前會館的最高建築。春秋樓結構獨特，遠遠看去，最高的一層如同懸在空中，所以人們說「社旗有座春秋樓，半截還在天裡頭」。可惜的是，這座樓一百多年前被捻軍一把火焚毀了，據說那火燒了幾天幾夜，四五十公里外的南陽市都能看到火光。

不說這春秋樓，光說會館內的旗桿就非常引人注目。旗桿插在鐵獅子的背上，頂上一隻鐵仙鶴展翅欲翔，中間兩條鐵龍凌空盤繞。自上而下有三個雲斗，把這個鐵傢伙裝飾得輕靈生動。這兩個鐵旗桿均高達17公尺多，用鐵2.5萬多公斤鑄成，重量和高度都是中國之最。

再看旗桿北邊巍然挺立著的懸鑑樓，這是會館的戲樓。全樓由24根巨柱高高撐起，高達30公尺，分三層，有三重飛簷。懸鑑樓設計巧妙，「一體兩面」。面南是會館的山門，簷廊寬闊，樓的一層架空，是進入會館的通道；面北的二層是戲臺的臺口，寬12公尺。臺面用十分厚實的木板鋪成，走上去很舒服也很踏實。仰頭看，四根大方柱把樓的三層凌空擎起，非常壯觀。據說這樣的三層古戲樓，中國僅存三座，除北京故宮的暢音閣、頤和園的德和園這兩座皇家戲樓外，懸鑑樓就找不到對手了。

懸鑑樓不只是高大壯觀，而且裝飾得美輪美奐。下面的石柱礎、上面的木結構以及兩山牆凸出的青磚上，都成了雕刻工匠施展才華的地方。座座柱礎、層層飛簷上細膩繁複而生動的雕刻，使這座壯觀的樓宇不顯得凝重肅穆，而洋溢著靈秀清奇的韻味，讓人對古建築裝修的個性化、藝術性、複雜性無限感嘆！已故建築學界泰、原中國古建築學會會長楊廷寶對懸鑑樓情有獨鍾，親自帶領研究生對該樓進行了詳細的測繪、拍照，讚之為「華夏古戲樓的典範之作」。

懸鑑樓並不是山陝會館最高的建築物。走過青白方石交錯鋪設的萬人庭院，就是建在高高月臺上、通高達34公尺的連體建築大拜殿和大坐殿。大拜殿是昔日聚會和祭拜關公的地方，而大坐殿是關公的神位所在。因地位重要，這兩座建築裝飾得更是細緻繁複。會館的彩繪已經被歲月剝蝕殆盡，而大拜殿屋頂彩繪保存尚好，讓人可以想像到從前的金

碧輝煌。殿內的木雕、石雕和殿前月臺的石雕讓人目不暇接，這裡幾乎集中了浮雕、深浮雕、透雕、圓雕、懸雕、線雕等所有雕刻手法，雕刻內容取材也豐富廣泛，既有《三國演義》、《西遊記》、《封神榜》等文學名著故事，又有民間傳說《趙彥求壽》、《趙匡胤輸華山》等，還有反映不同歷史時期社會制度、生活場景的《漁樵耕讀》、《十八學士登瀛洲》等。

社旗山陝會館前後共用了136年的時間建造，被原北京故宮博物院副院長單士元譽為「輝煌壯麗，天下第一」。

還你一個真實的「虢國」

相傳大禹治水，用神斧劈出三道峽谷，形成人門、鬼門、神門，這便是三門峽了！在三門峽市區北上村嶺，從1956年至今，共探明史書記載的古虢國遺址八百餘處，出土文物近三萬件。尤其是1990年代發掘的虢季、虢仲兩座國君大墓，因出土文物數量多、價值高和墓主人級別高，連續兩年被評為「中國十大考古新發現」之一，又被評為「中國20世紀100項考古大發現」之一。

三門峽虢國墓地出土的鐵劍這個虢國留在人們印象中的也許只有那個傳世名作〈虢國夫人出遊圖〉，另外則可能是「唇亡齒寒」、「假道伐虢」的典故。

相傳春秋時，晉獻公要進攻虢國，採納了大夫荀息的計謀，於西元前655年，派使臣到了虞國，送給虞國國君一匹千里馬和一對名貴玉璧，作為禮物，說：「虢國窮兵黷武，經常騷擾我們，我們打算與他們打仗，為行軍方便，請貴國借一條道讓我們通過。」

虞君看看手中的玉璧，又瞧瞧千里馬，一口答應下來，侍立一旁的虞國大夫宮之奇看穿了晉國賄賂虞君的用心，慌忙勸阻說：「不行，不行！虢國和虞國是近鄰，就像嘴唇和牙齒一樣。諺語『輔車相依，唇亡齒寒』說的就是像虞國和虢國這樣的國家，我們只有結成友好鄰邦，才不至於被大國吃掉。」

但拿了晉國美玉、寶馬的虞君見利忘義，打定主意要借道，說：「晉和我們都是同姓，不會打我們，況且人家晉國送來寶貝要與我們結交友好，借一條道給人家有什麼不好呢？晉國要比虢國強大十倍，就算失去一個小虢國，可是結交了一個大晉國，有什麼不好呢？」

就這樣，虞君答應了晉使的要求，聽任晉軍暢通無阻地從虞國土地上穿過，滅掉了曾為友好鄰邦的虢國。

晉軍班師回國時，把許多劫奪的財產送給虞公，虞公更是大喜過望。而晉軍大將里克此時裝病，稱不能帶兵回國，暫時把部隊駐紮在虞國京城附近。虞公也沒有絲毫懷疑。

幾天之後，晉獻公親率大軍前去，虞公出城相迎。獻公約虞公前去打獵。不一會兒，只見京城中起火。虞公趕到城外時，京城已被晉軍裡應外合強占了。就這樣，晉國輕而易舉地滅了虞國。

這個虢虞滅國的教訓，在《孫子兵法》裡成為一計，叫做「假道伐虢」。

若以成語理解，虢國，應該是一個小國，一個窮國，一個弱國。實際上的虢國，直到滅亡之前，一直扮演著軍事強國的角色。

史稱「虢國尚武，其國君好戰」。虢國以虎為族徽，按照《說文解字》的分析，虢字的字形就是一隻張牙舞爪的虎與一柄手執的叉在搏鬥，虢字的原始含義就是一隻英勇善搏的猛虎。一個虢字展現了這個家

族和國家的勇武之風。

從周文王、周武王時期開始，虢國始封君就開始參與周王室的軍事活動，地位十分顯赫。在以軍事為主的向東擴展中，虢國國君以卓越的軍功和軍事才能得到周文王和周武王的敬重。周成王時，虢公積極參與東征，戰功顯赫；周夷王時，虢公率六師伐太原之戎；周宣王時期，虢季子白搏殺伐獫狁於洛之陽；周幽王時期，虢人滅了位於三門峽的焦國。

特別是西周晚期，已反叛周王朝的南方淮夷多次進犯，虢公多次與周天子南征，數年征戰，以戰車之威，讓淮夷臣服。

到了東周時期，虢國更成為周王朝的護衛戰車，東征西討，竭力維護著風雨飄搖的周王朝。

周桓王十四年（西元前 706 年），虢公林父率虢師隨王討伐以下犯上的鄭國；三年後又伐曲沃，奉王命兩立晉侯，干涉晉的內政；周惠王四年（西元前 673 年），王子穨召燕衛之師逐周惠王而自立，虢公醜與鄭厲公率兵南北夾擊，攻下王城，平定內亂，幫助在外流亡的周惠王重新登上王位。

西元前 667 年，虢公丑兩度伐晉，三年後又奉命伐樊皮。前 660 年，虢國終結了與犬戎的連年交戰，留下了自己的絕唱——征服犬戎。

這輛戰車太疲憊了，來不及休整，甚至來不及喘息，強大晉國的轔轔戰車，已帶著滾滾硝煙，不期而至……就這樣，虢國消失在了歷史長河之中，直到 1956 年中國修建三門峽大壩的時候，才整理發現了千年以前的真實虢國。

這裡有中國最早、規模最大的地下車馬軍陣，有上古國君第一陵墓，有「中華第一鐵劍」，有時代最早、形制最為完備的虢季氏綴玉面罩、七璜組玉珮等國寶重器。這裡是郭姓的發源地。

歲月遺痕：河南的古蹟傳奇與未解之謎

刻在石頭上的唐史 —— 千唐志齋

　　千唐志齋位於洛陽市西四十五公里的新安縣鐵門鎮，它是已故辛亥革命元老、著名愛國人士張鈁（字伯英）先生所建園林「蟄廬」的一部分，包括一個長廊、三座天井和十五孔窯洞。這些建築的內外牆壁上鑲著1,400餘塊歷代墓誌銘和繪畫書法石刻，其中僅唐志就有1,100多塊，故名「千唐志齋」。這上千塊唐代墓誌銘，描繪出了一幅波瀾壯闊的唐人生活畫卷，有人稱之為「刻在石頭上的唐史」。

　　新安縣千唐志齋話說當年任陝西靖國軍副總司令的張鈁歸隱老家鐵門為父親守孝。期間清閒無事，他就購地百畝，闢為花園，廣植奇花異木，造假山，置怪石，並用青磚築室，結廬蟄居，不理政事。就在這時，他碰到了同樣失意落魄的康有為。

　　1923年，康有為去西安途中路過鐵門，張鈁用八抬大轎將其請到府上。張雖是軍人出身，但酷愛金石書法，平生最喜歡收集名人字畫、碑帖石刻。康有為是書界泰斗，一代名儒。兩人有共同的愛好，自然聊得投機，遂成忘年之交。「酒逢知己千杯少」，張鈁與康有為在鐵門鎮的張府內把酒言歡。有一天，宴席上酒酣耳熱之際，張鈁拿出早年駐軍關中時購得的「產碑」拓本一幀，讓康觀看。這「產碑」成石於秦代，開華夏碑刻之先河，即便是拓本也價值連城。張鈁將其當性命看待，從不外露。康有為撫摸著「產碑」拓本，愛不釋手。當時張鈁肯定是喝得有點醉了，表示要把這幀拓片送給康有為。康堅辭不受，並揮毫賦文一篇，以謝張鈁的深情厚誼。

　　康有為在張家花園小住幾日，不但為花園題名贈聯，還留下詩作多首，著實令蟄廬增色不少。後來，張鈁將康氏所遺全部手跡覓工刻石，

收藏於千唐志齋。如今抬頭再看那「蟄廬」二字，遒逸雄肆，果真是俊逸不俗，自成一派。「蟄廬」之名，其意當然是暗示張鈁那一段閒居的日子，只是他政治生涯中的一次蟄伏，同時也是康有為對自己當時心境的最貼切表達。

千古名勝 —— 禹王臺

在開封城外東南約 1.5 公里，有一座千古名勝，它叫做「禹王臺」。「禹王臺」的名字是在明朝初年才有的，但為什麼把它稱作「千古名勝」呢？話說此臺，頗有許多歷史和趣聞發生，也曾經名噪一時。

「禹王臺」最早稱作「古吹臺」。相傳春秋時代晉國著名盲人大音樂家師曠曾在此吹奏樂曲。師曠的眼睛為什麼會失明呢？因為師曠幼小時曾受師父訓斥：「學藝不精，用心不專一，瞎子學琴也比你強。」師曠因這句話羞慚，當晚就用繡花針灸瞎了雙眼，專心練琴，最終作出〈陽春〉、〈白雪〉等曠世鉅作。師曠在此撫琴，已成為開封一地的佳話，因而被稱作「古吹臺」。

「禹王臺」的繁盛並不是在春秋時代，而是在西漢初年。梁孝王劉武平息了長王之亂後，自覺抗擊吳楚有功，在梁地大興土木，修建了一個很大的花園，稱東苑，也叫菟園，後人稱為梁園。梁園中各種花木應有盡有，飛禽走獸，無奇不全，風景優美，是當時的遊覽勝地。天下的文人雅士如齊人鄒陽、公孫詭、羊勝，吳人枚乘、嚴忌，蜀人司馬相如等，都成了梁孝王的座上客。入冬之時，梁園萬樹銀花，玉宇輝映，風景如畫，景色迷人，故「梁園雪霧」成為汴京八景之一。無數文人雅士曾經流連於此。

歲月遺痕：河南的古蹟傳奇與未解之謎

「雞鳴狗盜」之地

在河南省靈寶市函谷關鎮有一座「雞鳴臺」景區，現存遺址面積1,500餘平方公尺，著名典故「雞鳴狗盜」就發生在這裡。

靈寶市函谷關雞鳴臺相傳，戰國時代齊國的孟嘗君，是四大公子之一，他養了食客三千多人，個個都有特殊的才能。一旦孟嘗君遭遇困難，食客們一定全力相助，幫他解決困難。

秦昭襄王一向很仰慕孟嘗君的才能，因此就派人請他到秦國做客。孟嘗君為了報答秦王的賞識，於是就送上一件名貴的純白狐裘，作為見面禮。孟嘗君與秦昭襄王二人一見如故，秦王對於孟嘗君的才華也是非常敬佩，因此就想拜他為宰相。但是秦王對孟嘗君的寵信，引起了秦國大臣的嫉妒，於是有許多大臣就在秦王面前說孟嘗君的壞話。起先秦王並不理會，但是大臣們一而再，再而三地向秦王進讒言，最後孟嘗君終於被軟禁起來。孟嘗君遭到軟禁後，就派人去求秦王的寵妾燕妃幫忙。但是燕妃卻說：「如果孟嘗君送我一件和大王一樣的白狐裘，我就替他想辦法。」孟嘗君聽了燕妃的話，不禁暗暗叫苦：「白狐裘就這麼一件，現在要到哪裡再去找一件呢？」

就在這時候，有一位食客自告奮勇地對孟嘗君說：「我有辦法，明天以前我一定可以弄回一件白狐裘來。」這天晚上，這位食客就偷偷進入皇宮，學著狗叫把衛士引開，順利地偷回當初獻給秦王的那件白狐裘。孟嘗君利用白狐裘收買了燕妃，燕妃果然替孟嘗君說了不少好話，過了沒多久，秦王就釋放了孟嘗君。孟嘗君害怕秦王臨時反悔，因此一被釋放就馬上喬裝改扮，趁著月黑風高的夜晚，來到了秦國的邊界──函谷關。只要通過這道關口，秦王就奈何不了他。可是現在是深夜，城門緊

閉，根本沒有辦法出關。孟嘗君一行人心急如焚，城門必須等到雞鳴才會開放，但是如果等到天亮，又怕秦王發現他們逃走了，而派人追趕他們，這該如何是好呢？

就在這時候，忽然有位食客拉開嗓子，學著雞鳴「喔——喔喔」，一時之間，全城的雞都跟著一起鳴叫。守城門的將兵一聽到這麼多公雞在叫，以為天亮了，於是就按照規定把城門打開了。

孟嘗君一行人就這樣平安通過了函谷關，離開秦國，回到齊國去了。

武則天的「洗澡盆」

河南省洛陽市，是中國歷史上唯一的女皇帝武則天登基的地方，她執政的 24 年，絕大部分時間是在這座古都度過的。武則天對沐浴甚為喜愛，經常在溫泉中一泡就是半天。而且，武則天對洗澡也特別講究，根據天氣的不同，她會將各種花瓣分別搭配，撒入溫泉之中，享受花瓣浴的樂趣。

武則天愛洗澡，但不喜歡在木盆裡洗，非得要一池溫泉作為自己的沐浴之處。也就是說，武則天洗澡的地方大得驚人。其實，老百姓口中說的武則天洗澡池，是在 1986 年出土的一處遺址。

透過查閱史料和一系列的分析，考古專家得出結論，這處被老百姓戲稱為武則天澡盆的遺跡，正是唐朝赫赫有名的建築——明堂。

洛陽明堂，也和武則天的大周政權一樣幾經曲折。據史料記載，這座明堂幾次失火，更是幾次重修。但這座代表著武周政權的建築，始終屹立不倒，風采卓絕。

在武則天執政期間，她先後下旨修建了天堂、貞觀殿、武成殿等一系列建築，還將自己登基的「則天門」改名為「應天門」，一方面是為了避嫌，另一方面也是暗喻自己稱帝是順應天意。一時間，洛陽城移步換景、街市繁盛。

後來，明堂一直作為武周王朝的政治中心，每年舉行祭天地的儀式，同時迎接各地使節。

到了李隆基當政之時，曾幾次想將明堂改名為「乾元殿」。可是，很多官員和老百姓都還是一直稱這裡為「明堂」，而且，一些外國使節根本搞不清楚「明堂」與「乾元殿」的關係，來到洛陽找不到明堂，就直接打道回府了。

不得已，在西元737年，李隆基只得又將明堂的名字改了回來。後來，安祿山叛亂，李隆基逃到了四川，「乾元殿」因沒能變成明堂的另一個名字，而漸漸地被人們遺忘了。現在，這座大唐建築已經變成了遺跡，但是明堂這個名字還是鐫刻在了史書上，世代留在了洛陽人的心裡。

羑里城裡的「吐兒塚」

羑里城位於河南省安陽市湯陰縣城北約四公里處，是世界遺存最早的國家監獄，也是風靡全球的《周易》發祥地。湯陰縣羑里城因82歲的周文王在此坐牢七年演繹出《周易》而聞名。在這座世界上最早的監獄裡面，有一處景觀較為奇特，它就是「吐兒塚」。

湯陰縣吐兒塚殷帝乙二十六年（西元前1076年），帝乙去世，帝辛

即位。帝辛就是名聲壞透了的紂王。當時,西伯侯姬昌也就是57歲的周文王,他在商朝上下已有很高的威望,同九侯、鄂侯並稱三公。

殷紂王即位後,起初曾「聞見甚敏,材力過人」,立志做一個有為之君,但在位二十多年之後,隨著國力強盛,紂王變得極端專橫殘暴。

有一次,紂王聽說九侯的女兒長得好,便娶了過來。但這位女子不喜歡他的荒淫,紂王氣怒之下將她殺死,還把她的父親九侯剁成肉醬。鄂侯知道後,就向紂王提出了尖銳的意見。紂王不聽,又將鄂侯殺死,將他的肉做成肉脯。

姬昌聽說這些事情後,不由得嘆了口氣。崇侯虎得知姬昌嘆氣這件事後,立即向紂王作了報告。崇侯虎說姬昌在封國內積德行善,這會兒又流露出不滿的情緒,說不定會奪取殷商的天下。於是紂王便把姬昌抓來,囚禁在羑里這座國家監獄。

三千年前的牢獄生活究竟怎樣,我們無法知道。不過想想殷紂王的德行,我們也能猜個大概。

據史籍記載,為斷絕姬昌與外界的聯絡,殷紂王不僅在羑里駐有重兵,還在通往羑里的道路上層層設卡。姬昌的兒子想看望父親,也沒有得到紂王的批准。

如果是一個普通人生活在這樣的環境裡,不要多久,老命休矣。但對於姬昌來說,這卻是個難得的思考機會。他平常太忙了,憂國憂民,忙於政務,無暇思考。現在,身不自由,思想卻自由了。

在異常艱苦的監獄生活裡,在不知多少個沒有日月星辰的日子中,姬昌將伏羲氏的先天八卦,與他的「天道、道地、人道」思想相融合,進一步推演為六十四卦,並對每卦與每卦的六爻,按照相數的內涵和有關緣由,分別配以具有吉凶利否含義的卦辭和爻辭。「群經之首」的《周

易》，就這樣誕生了。

司馬遷在《史記》中用簡潔的語言概括了這一偉大事件——「西伯拘羑里，演《周易》」。

姬昌演易的事，很快便傳進朝內。紂王得知這一消息後，有些半信半疑。為了考驗姬昌是不是聖人，能不能知過去、測未來，紂王想出了一個狠毒的主意——他將姬昌長子伯邑考殺死，用他的肉做成肉羹，然後派人把肉羹送給周文王姬昌吃。姬昌看到肉羹，立刻知道這是用自己親人的肉烹製的羹。但是，如果不吃這羹，紂王一定會起疑心。最後，姬昌忍著悲痛，勉強將肉羹吃下。紂王聽了下人的匯報，嘲弄地說：「聖人應該不吃自己兒子的肉。喝自己兒子的肉煮成的羹都不知道，誰說他是聖人呢？」

於是便放鬆了對姬昌的警惕。

但周文王並沒有消化兒子的肉。在每次吃完肉羹後，姬昌都找地方再吐出來。不難設想當時姬昌的心情，虎毒尚不食子，何況是人？

如今，在羑里的西北角，距周文王演易處不遠，有一個很顯眼的墳塚，這是伯邑考之墓，也叫「吐兒塚」。據說這裡就是周文王吐肉羹的地方。

當地老百姓又說，這是兔兒塚，當時周文王吐下的肉都變成了兔子，一蹦一蹦地都跑了。所以現在羑里城附近的老百姓中還流傳著一句俗話：「羑里城的兔子，打不得。」在他們眼裡，兔子是伯邑考的魂。

葉縣古縣衙為什麼是五品

葉縣縣衙是中國現存的古代縣級衙署建築中保留明代布局的縣級衙署。它不但結構完整，具備了縣級衙署應有的建築結構和設施，而且更有自己的獨到之處。在建築級別上，葉縣縣衙為五品縣衙，其大堂捲棚的建築形式精妙絕倫；虛受堂、思補齋、知縣宅、西退室和位於縣衙東側的獄房等皆為葉縣縣衙的特色建築。另外，目前在葉縣縣衙內還為遊客開設有文物展廳、編鐘演奏廳、文化旅遊紀念品商店等參觀遊覽設施，不僅使遊客能領略五品縣衙的壯觀氣派，而且還能使其一睹2,500年前春秋時期的編鐘、編磬、青銅升鼎等稀世珍寶，欣賞由這些國寶（複製品）演奏的美妙樂曲。葉縣縣衙對研究中國古代建築的風格、流派特點及其變化規律等具有重要歷史價值。同時，也為研究中國古代縣級政權機構設定保存了重要的實物依據。葉縣縣衙的建築年代比北京故宮還要早幾十年，具有很大的開發人文旅遊景觀的潛力。

歲月遺痕：河南的古蹟傳奇與未解之謎

佛道勝境：
河南的宗教文化與千年聖地

佛道勝境：河南的宗教文化與千年聖地

中國第一座佛教寺院 —— 白馬寺

　　白馬寺位於河南省洛陽市區城東十二公里，始建於西元 68 年，也就是東漢時期，是佛教創立五六百年後在中國建造的第一座佛教寺院。

　　現在，在白馬寺大佛殿的後面，有一座懸山式的建築 —— 大雄寶殿。殿內貼金雕花的大佛龕內供的是三世佛：中為婆娑世界的釋迦牟尼佛，左為東方淨琉璃世界的藥師佛，右為西方極樂世界的阿彌陀佛。三尊佛像前，站著韋馱、韋力兩位護法天將。

　　佛殿的兩側則排列著十八尊神態各異、眉目俊朗的羅漢塑像。這十八羅漢，姿貌宛若真人，表情栩栩如生，透著凡人的喜怒哀樂，是中國佛雕藝術中不可多得的上品。

　　1973 年 3 月，一件批示發到了白馬寺。上級部門決定，將北京一批佛教文物撥給白馬寺收藏，以恢復白馬寺中國第一古剎之面貌。經過中央批准，洛陽白馬寺的工作人員可以從北京故宮調移一批佛像。就這樣，現在在白馬寺大雄寶殿看到的佛像，正是 1973 年從北京故宮運來的。

　　據傳，這些佛像還曾受過慈禧太后的禮拜。大殿裡面的三世佛曾供奉在北京故宮慈寧宮的大佛堂裡，這些佛像全部用乾漆夾苧工藝製作，是獨一無二的稀世珍寶。還有三世佛旁邊的兩尊韋馱和韋力塑像以及擺放兩側的十八羅漢像，這些全部為元代造像，製作精細傳神，線條流暢自然。這 23 尊佛像是從故宮大佛堂遷運到洛陽的 2,900 件文物中的精品，也是中國佛教中的精品。為什麼要調撥這批文物給洛陽呢？那是因為當年為接待柬埔寨西哈努克親王，洛陽市決定修復「文化大革命」期間毀壞嚴重的白馬寺，請求從故宮博物院調撥佛教文物充實白馬寺，才

獲得中國國務院批准。如今，這批珍貴的文物已經越來越受到世人的注意，北京故宮博物院也曾多次表示要討回這批國寶級的文物，但其討寶之路異常艱難，至今佛像仍未邁出白馬寺一步，因為它早已成為白馬寺的「鎮寺之寶」。

「三皇五帝」二帝葬內黃

二帝陵，是中國傳說中的上古時代「五帝」中兩帝王——顓頊和帝嚳的陵墓。位於河南省安陽市內黃縣城南約三十公里的三楊莊村西1.5公里許硝河西岸的大沙岡。其範圍大約有6平方公里。

傳說，金人曾攻打到河南內黃二帝陵（顓頊、帝嚳的陵）附近，準備挖掘二帝陵。但突然一陣黃沙吹來，兩座沙丘將帝陵掩蓋，帝陵從此消失得無影無蹤。

1986年，工作人員在宋代遺井內挖出櫺星門條石和二龍戲珠碑首各一塊，還有宋代瓷片和瓦當等遺物。宋井未面世以前，一位有名的風水先生曾來二帝陵閒遊，隨後對二帝陵的風水讚不絕口，爾後說了一句話：「陵在山上，廟在山腰，水井在山腳。」說完揚長而去。後來，二帝陵看護人員不經意間在此處清沙，果真發現了一口井，後經專家鑑定為宋井，風水先生的話得到了驗證。並且透過清理沙堆，還清理出了一座古老山門。山門拱券洞式，大小共有三個門洞，中間的門洞是三門中最大的一個，其兩側門洞依次減小。之所以有如此區別，是為了顯示封建制度的等級差別。中間的門為御門，專供皇帝一人通行，東側門為陪祭文官通行，西側門為陪祭武官通行，文東武西，各有規制。從三門處有三條藍磚鋪設的甬道通向祭拜殿，中間的路僅供皇帝一人行走，東路為

文官行道,西路為武官行道。

二帝在內黃建業定都後,完成了華夏文化統一大業,然後透過頻繁的社交和生存競爭,最後融合為一體,形成華夏族群,同時也產生出大量的姓和氏。從世襲表可以看到,二帝是夏、商、周的先祖,而華夏民族的主要姓氏又大多產生於這個歷史階段。在這裡,絕大多數人都能找到自己的老祖宗,可在這裡認祖歸宗。

「三奇」古剎 —— 靈山寺

靈山寺是一個極普通的名字,普天之下叫靈山寺的寺院多得難以勝數,但像河南省信陽市羅山縣靈山寺擁有「廟門東開、僧尼同寺、蓄髮修行」這「三奇」者,可以說絕無僅有。

靈山,位於羅山縣城西南面四十四公里處,與避暑勝地雞公山遙遙相望。靈山舊名為霸山,因其「每有雲氣覆頂必雨,驗之信然」,故改稱靈山。靈山佛教歷史源遠流長,舊有「七寺三庵」,其中靈山寺始建於西漢始元七年(西元前80年),原為「霸山廟」,北魏孝文帝延興四年(西元474年)改名靈山寺,為中原有名的古寺。

「靈山三奇」中的「廟門東開」和「僧尼同寺」兩奇,都與唐明皇之女建寧公主在此出家有關。唐玄宗時,劉太后身患怪病,久治不癒。公主建寧聽說靈山寺捨身崖下生長的「七葉一枝花」能治好祖母的病,但需家人親到寺院降香方能靈驗。建寧遂求得皇上同意,到靈山寺禮佛許願,並帶回「七葉一枝花」,太后服用後果然病癒。建寧於是決定還願,到靈山寺出家。玄宗經不住她一再堅持,答應公主帶宮女數人到靈山寺帶髮

修行，並封靈山寺為國廟。當時靈山寺同其他寺廟一樣，坐北朝南，建寧公主入寺為尼時，地狹廟窄，需要進行擴建，但限於地勢，只能依山就勢，將寺門建得朝東開了。此後，「僧尼同寺」、「廟門東開」就一直沿襲下來，成為靈山寺的兩奇。現靈山寺後院南牆邊有一棵千年銀杏樹，傳為建寧公主到靈山寺降香時所種。

靈山寺的另一奇是「蓄髮修行」。據說，北宋時北京西山臨濟寺十九世「鵝頭禪師」終日靜坐修行，頭髮長久不剃，之後代代相傳，都不剃頭，許多佛門人稱他們為「恨頭僧」，並成靈山寺一奇。如今，該寺提倡削髮，除個別僧尼外都已剃髮。

靈山寺此後屢經風雨，許多建築被毀，現有大殿七層，分別為天王殿、祖師殿、大雄寶殿、法堂、念佛堂、祭仙宮、五星殿。

靈山寺代代有高僧，1996 年方丈釋無煩法師圓寂後，火化得七彩舍利子數百粒，為中國近百年歷史上的第二例。

靈山多楓樹，不論春夏秋冬，楓林中終日飄灑著細微的雨珠，故被稱為「晴雨林」。靈山還是鳥的國度，有各種珍稀鳥類 208 種。所謂「安禪僧定性，啼樹鳥音聞」，誠靈山寺之謂也！

大相國寺的來歷

隋朝末年，群雄逐鹿中原，秦王李世民率領大軍攻占了開封。他把帥帳安置在前朝遺老喬相國家中後，即到全城巡視。傳說東漢梁孝王曾在此築臺招賢，所以開封又稱梁苑。這座古城由於苛政和戰亂已經破爛不堪了。李世民沿途所見，殘垣斷壁，餓殍載道，真叫人怵目驚心。

佛道勝境：河南的宗教文化與千年聖地

後來他當了皇帝，果然採取了許多開明措施，改革吏治，安撫百姓，政通人和，國泰民安。李世民在夢中向喬相國借了三萬兩銀子，一直掛在心上。他登基後，便把喬相國召到長安，要還他的帳，喬相國哪裡敢要？叩頭如搗蒜，死活不認帳。當皇帝的是金口玉言，不能有借無還，李世民只得說：「你既然執意不要，就用這筆錢在梁苑替你蓋座寺院吧，也好為百姓驅魔鎮邪。」因為這座寺院是唐太宗為了向喬相國還帳而蓋的，就起名叫大相國寺。

開封相國寺真實的相國寺來歷應該是在唐朝延和元年（西元712年），唐睿宗夢見建國寺裡的佛像顯聖，又因他登基前曾被封為相王，故將這座建國寺改名為相國寺，並為這座寺院親筆題了「大相國寺」四個字的匾額。

相國寺的「酒、色、財、氣」詩

去過河南開封的人，幾乎沒有不去宋朝名寺「大相國寺」一覽的。關於大相國寺的傳說，除四大名著之一的《水滸傳》裡有許多描寫以外，在民間還有很多傳說，其中的關於「酒、色、財、氣」詩便是一例。

相傳，北宋大文豪蘇東坡，有一次到大相國寺探望好友林了元（佛印和尚）。不巧，了元外出，住持和尚就請蘇東坡在禪房休息，並特意端上了香茗美酒素餚款待。

東坡就獨自斟酌，不覺有些微醉，偶然一抬頭，見粉牆上新題有了元的詩一首。其詩云：「酒色財氣四堵牆，人人都在裡邊藏；誰能跳出圈外頭，不活百歲壽也長。」

152

東坡見詩寫得頗有哲理，但覺得四大皆空，禪味太濃，既然人世間酒色財氣，是躲也躲不開的事，那為何不能來個因勢利導，化害為利呢？問題的關鍵不就是掌握一個「度」嗎！於是，就在了元題詩右側題上〈和佛印禪師詩〉一首。其詩云：「飲酒不醉是英豪，戀色不迷最為高；不義之財不可取，有氣不生氣自消。」

　　題畢，把筆一擲，趁著醉意，就離開了禪房。

　　翌日，宋神宗趙頊在王安石的陪同下，亦來到大相國寺休閒。宋神宗看了佛印與東坡的題詩，饒有風趣。於是就笑著對王安石說：「愛卿，你何不和一首？」王安石應命，略一沉吟，即揮筆在佛印題詩左側題〈亦和佛印禪師詩〉一首。其詩云：「無酒不成禮儀，無色路斷人稀；無財民不奮發，無氣國無生機。」

　　王安石真不愧為大政治家、大改革家，以詩人的慧眼，跳出了前人的窠臼，巧妙地將酒色財氣與國家社稷、人民生計結合起來，把人們恐懼的酒色財氣賦予新的勃勃生機和喜慶色彩。宋神宗深為讚賞，乘興也和詩一首，其詩云：「酒助禮樂社稷康，色育生靈重綱常；財足糧豐家國盛，氣凝太極定陰陽。」

　　君臣在大相國寺以酒色財氣為題，先後和詩，各抒己見，別有一番情趣，自此被傳為千古佳話。

華夏第一寺——慈雲寺

　　青龍山慈雲寺位於河南省鞏義市大峪溝鎮民權村，距鞏義市區二十餘公里。這裡四山旁圍、一水中流、峰巒連亙、林木掩映，環境十分幽

> 佛道勝境：河南的宗教文化與千年聖地

靜，是休閒度假的理想境地。

天下叫慈雲寺的古剎伽藍有很多，所以稱慈雲，是說佛之慈心廣大如雲，庇蔭世界。但天下慈雲寺雖多，追蹤溯源，可能都要奉河南鞏義青龍山慈雲寺為鼻祖。

在中國，白馬寺一向被稱為「釋源」、「祖庭」，蓋因東漢明帝永平七年（西元64年），印度高僧攝摩騰、竺法蘭被迎往洛陽，安排在鴻臚寺，也就是現在所謂的國賓館，後在此建立了「中國第一座官方寺院」──白馬寺。據慈雲寺內碑載：「漢明帝永平七年，有僧攝摩騰、竺法蘭始建白馬寺於洛陽城東，既而雲遊其山，因其山川之秀，遂開慈雲禪寺。」由此觀之，慈雲寺可以說是中國第一座真正意義上的寺院，堪稱「中華第一寺」。

北魏孝文帝極為崇佛，在洛陽龍門、鞏縣大力開山鑿窟、造像、修復寺院，慈雲寺也日趨興隆。少林寺就是在此時建立起來的。因少林寺位於慈雲寺南邊，二寺相鄰，慈雲寺又係祖庭，僧眾來往頻繁，續焰排字，相互支持，因而至今慈雲寺的古碑上仍記有「祖風是務，佛日增光，少林共祖，白馬同鄉」的銘語。後世所謂「南院尚武，北院習文」，大意是說修習禪宗武學在南邊的少林寺，研修佛學則在北邊的慈雲寺。

在鞏縣出家、去西天取經的三藏法師唐玄奘，對慈雲寺應該非常熟悉，也許還十分敬慕。唐太宗貞觀十九年（西元645年），玄奘自印度取經回來，不久就到慈雲寺，親自「開演大法，廣度迷津」，並奉旨重修了慈雲寺。

宋朝的開國皇帝趙匡胤也很崇佛，他親自選定的皇陵就在慈雲寺附近的青龍山之陽，並敕令對慈雲寺重新修裝，使之成為受國家保護的重要寺院。

元朝，禪宗中的臨濟、曹洞二宗得到了一定程度的發展，少林寺盛極一時，而與之相鄰的慈雲寺也在元代不到百年的時間內，奉世祖忽必烈和順帝之命兩次敕修，至今還存有兩方元代塔銘和部分石刻。

　　明朝是慈雲寺的鼎盛時期，前後修建達十次之多。其中第二次大修耗資甚巨。時長沙太守之子、國家最高佛院北京大能仁寺國師弘善妙智的高徒南宗順，從北京尋訪祖庭至此，決意在此修行，遂從代宗景泰六年（西元1455年）秋至英宗天順二年（西元1458年）夏大力整修，歷時三年多，奠定了慈雲寺的基礎和規模。此後屢經增建，重修，慈雲寺盛極一時，號稱：「遠公之廬山，達摩之少林，未逾此也。」

　　清代順治至乾隆時，又進行了十多次修補，其中乾隆四十八年（西元1783年）動工時間延續達十多年，工程較大。此後，慈雲寺漸漸頹敗。

　　作為中國最早的佛寺之一，慈雲寺經歷兩千年的風雨，也見慣了興衰榮辱，儘管已不像很多寺院那樣名聲顯赫，但其深厚的文化內涵卻是其他寺院所不具備的。因此，在其價值日益被大家認識的同時，人們對其興趣也日趨強烈。

　　〈釋迦如來雙跡靈相圖〉是慈雲寺的鎮寺之寶。通高1.2公尺，寬0.60公尺，厚0.10公尺，圓形碑首，四周刻有卷草紋，上部橫額楷書「釋迦如來雙跡靈相圖」，其下方為對稱豎刻的釋迦如來雙跡圖，足跡長0.50公尺，寬0.20公尺。兩足大腳趾掌部俱刻山形圖案，餘四指均刻相同的「卍」紋樣。在足掌部位刻有寶瓶、雙魚、寶劍、法螺、蓮花、千輻輪、梵王頂相等諸種紋飾，下部楷書此〈釋迦如來雙跡靈相圖〉所表現的故事內容。

　　據說，如來將寂滅，回顧摩竭陀國，踏此石上，告訴弟子阿難：「吾，今最後留此足跡，來世眾生令得親見，或生信心瞻禮供養者，滅

無量生重罪，常生人矢勝處。」大唐貞觀年間（西元627～649年），玄奘法師去西域取經，親獲瞻禮圖歸。進呈太宗，奉敕刻石供養，以廣傳播。慈雲寺雙跡靈相圖碑較少林寺雙足靈相圖早106年，是當前發現的此圖中（共計四圖）具有明確年代、保存最為完整的一通碑銘，具有特別珍貴的史學、考古研究價值。

淮源名剎──水簾寺

提起水簾洞，大家馬上會想到《西遊記》中描寫的花果山，想到齊天大聖孫悟空稱王的那個神仙洞府。其實現實中也確實有個水簾洞，位於淮河之源的桐柏山腹地，在河南省桐柏縣城西南約六公里的山澗峽谷中。水簾洞距地高約二十餘公尺，洞內有泥塑獼猴一尊，猴身上有泉水流出，在石缽中叮噹有聲。洞口被山頂傾瀉而下的瀑布遮蓋，猶如珠簾垂掛，與吳承恩小說中的描寫相仿。沿著石壁有階梯和鐵鏈供人攀緣而上，進入洞中。即使在盛夏酷暑時節，這裡仍涼爽異常，自古是炎夏避暑的好去處。

水簾洞前有一寺院，依翠峰，臨壁流，崇山環繞，洞鎖煙霞，殿宇巍峨，聖像莊嚴，寺以洞名，叫水簾寺。

水簾寺占地面積7,300平方公尺，始建年代已不可考。據歷代碑刻記載，此處原為道教「七十二福地」中，列於第41位的桐柏山道教聖地的組成部分。始建於宋元祐三年（西元1088年）以前，明嘉靖二十七年（西元1548年），清乾隆、嘉慶年間，都進行過修建。原有山門一間，中殿、後殿各三間，另有陪房十間。

那麼，道教聖地何以會成為今天的佛門名剎呢？桐柏山又名白雲山、大復山，據《白雲宗譜》記載，清乾隆四十九年（西元1784年）四川寧遠府紫微山宗林寺長老、法傳臨濟四十一世端德（號華光）和尚，朝五臺山，歸途中路過桐柏山，見此地峰巒秀麗，白雲磅礡，遂策杖至道教聖地桃花洞，宣揚佛法。他在風雪中於洞外整夜端坐，四名道長自愧弗如，遂棄道事佛，分別被賜名，號為：圓明慧照、圓真慧淨、圓智慧通、圓法慧空。不久，端德帶圓智、圓法回四川，留圓明、圓真在桐柏山傳燈弘法。圓明（出家前曾任湖北省當陽縣縣令）在太白頂建雲臺禪寺，圓真（出家前為舉人）於桃花洞立普化寺。自此，端德派系在桐柏山迅速發展，並漸成獨據之勢，發展為以太白頂（亦稱白雲山）為主體的臨濟宗白雲系，奉端德為開山祖師。1985年11月，水簾寺法師印恭在廣州接法為臨濟宗第四十五世傳人。

　　水簾寺後來屢遭損毀，1949年後佛事活動漸停。1983年，中國宗教政策得到全面落實，政府批准開放水簾寺為佛教活動場所，將這一禪寺重加修建，先後建成大雄寶殿、玉佛樓、毗盧殿、天王殿、山門、僧房樓、功德堂、觀音禪林、羅漢堂、竹林精舍、華藏圖書館、佛教飯店、素餐廳和各類房舍共180間，建塔園一處，石拱橋五座，石欄杆三百多公尺，石踏步九百多階。水簾寺供奉有各類佛、菩薩像128尊，特別是其中的大型精雕緬甸白玉佛像，堪稱國寶。寺內現藏有大型木刻《金剛經》12面，歷代僧人傳承保存的《頻伽藏》一部，《乾隆大藏經》一部，《洪武大藏經》一部，日本版《大正藏》兩部，經書兩萬餘冊。

　　1993年10月28日，水簾寺舉辦了佛像開光、迎奉藏經及方丈升座法會，中國19個省市的佛教四眾弟子及美國、新加坡、馬來西亞、紐西蘭、臺灣等國家和港、澳的佛教團體代表出席法會，盛況空前。如今，

佛道勝境：河南的宗教文化與千年聖地

水簾寺重新成為中國臨濟禪宗的重要道場，也是豫南鄂北佛教活動的中心，與洛陽白馬寺、嵩山少林寺、開封大相國寺並稱為中原當代四大名寺。

千年名剎 —— 風穴寺

嵩山少林寺和洛陽白馬寺是中國聞名的兩大寺院，但在中原地區，卻流傳著這樣一句歌謠：「山清水秀桃源美，更勝少林和白馬。」歌謠讚頌的地方，就是風穴寺。

風穴寺位於河南省汝州市東北九公里的嵩山少室南麓，與號稱「天下第一名剎」的少林寺一脈相連。風穴寺始建於北魏，初建時稱「香積寺」，隋代叫「千峰寺」，唐朝稱「白雲寺」，是中國最古老的佛寺之一，因寺東之山有大小風穴洞而得名。

汝州市風穴寺風穴山口，兩山夾道，萬木蔥蘢，流水潺潺，由此迤邐北行三里許，始見深山古寺。此地群山懷抱，北有紫霄峰，側有紫雲峰、紗帽峰、香爐峰、石榴峰等九條山脈逶迤相連，朝向寺院，有「九龍朝風穴，連臺見古剎」之美譽。寺院周圍層巒環拱，狀若蓮臺，風穴寺就建在蓮花盆地的正中間。這裡山水相連的宜人景色，自古以來就極富吸引力，很多人紛紛慕名前往。一向對嵩山情有獨鍾的武則天更是特別喜歡此地，為方便其不時小住，特地在離風穴寺不遠的地方修建了行宮，並特別喜歡用這裡的溫泉洗浴。興致來時，她沐浴後與眾大臣圍池而坐，使斟滿美酒的杯子浮於水上，漂至誰的面前就由誰滿飲杯中酒並賦詩一首，由上官婉兒評判優劣，很有點蘭亭曲水流觴的意味。

唐開元十三年（西元725年），風穴寺的貞禪師圓寂，玄宗得知，諡

貞禪師為「七祖」，並立即命數名大臣親往風穴寺督建墓塔。貞禪師本是名儒，曾科舉及第，做到太學，後棄儒皈佛，弘揚佛法，在風穴寺滅度後留下數枚舍利，被公認為一代高僧。「七祖塔」高 24.16 公尺，為九層密簷方形磚塔，至今仍聳立在風穴寺中，完好無損。

　　唐代以後，風穴寺規模不斷擴大，歷代均有增修。由於並非一朝一代所建，風穴寺呈現出不同的建築風格。中佛殿建於金代，大雄寶殿建於明代，而同為明代的漣漪亭卻小巧玲瓏，很是雅致。風穴寺處於北方，卻打破了北方寺院中軸對稱的特點，依山勢而建，高低錯落有致，具有江南園林的風格特點。不同風格的建築會聚一起，不僅不覺得相互衝撞，反而顯出了變化，顯出了頗具智慧的相容和創造精神。

　　風穴寺周圍有元、明、清各代寺塔 84 座，是河南省第二處較大塔林。歷史上，不少文人墨客都曾光顧此地，留下了許多著名碑碣。

　　說到風穴寺，不能不說藏於寺中重達 9,999 斤的「中原第一鐘」。大鐵鐘懸掛在高三層的懸鐘閣內，鑄造於北宋宣和七年（西元 1125 年），造型渾厚古樸，銘文清晰。《風穴志略》上的一段話說得好，可給我們人生的啟迪：「每苦紛絮，輒思避風穴，足令熱者冷，濃者淡，忙者閒，煩惱者歡喜。風穴寺不可不來，不可不再來。」

盧舍那大佛與武則天

　　在河南省洛陽市龍門風景名勝區，有一個露天摩崖大佛龕，名叫奉先寺，寺裡的主像是盧舍那大佛的坐像。這是龍門石窟中最大的一尊佛像，通高 17 公尺多，單耳朵就長達 1.9 公尺。盧舍那是西天如來佛的報身像，也就是「光明普照」的意思，可是洛陽的老百姓卻把這尊像叫成

佛道勝境：河南的宗教文化與千年聖地

「武則天像」,這是什麼原因呢?據龍門山一帶的民眾說,盧舍那大佛就是以武則天為模特兒雕塑的。

傳說,有一年唐高宗和皇后武則天居住在東都洛陽的皇宮中。一天清晨,武則天正在梳妝。唐高宗在一旁誇讚道:「梓童(皇帝對皇后的愛稱)相貌端正,雍容華貴,有菩薩之儀態。」

武則天聽了這話,心裡暗暗高興。她靈機一動,立刻抹開了眼淚。高宗吃驚地說:「梓童為何如此悲傷?」

武則天抽泣著說:「眼前縱有千般好,百年之後還是一堆枯骨,有誰知道我的模樣?」高宗說:「這有何難?孤命畫工為梓童作幅精美的畫像。」武則天撒嬌說:「畫像雖好,只是薄薄一紙,不能流傳千年。」這下子,高宗可為難了,想了半天想不出門道,只得問武則天:「依卿之見呢?」

武則天嫣然一笑說:「陛下說妾有菩薩之相,何不在龍門山上開窟造像?」

唐高宗恍然大悟,說:「這有何難!」於是一面命畫工為武則天畫像,一面命人在龍門西山半崖上開鑿九間房大的露天佛龕,取名奉先寺。準備工作就緒後,高宗命人選拔技術高超的石匠,按武則天的畫像雕琢了一座大佛像。為了把這座像雕得更精美,流芳百世,武則天還捐助了兩萬貫脂粉費。

大佛像塑好後,命名為盧舍那大佛,盧舍那梵語是「光明普照」的意思,武則天為自己造字取名為「曌」,其意為「日月當空」,也是光明普照的意思。因此,這尊像不但形態像武則天,連名字的含義也完全一樣。當地老百姓說不慣「盧舍那」這個字眼,乾脆就把它叫做「武則天像」。直到今天,龍門街上的老百姓還是這個叫法。

埋葬關羽首級的地方

說到關羽,大家一定不會陌生。民間把關羽奉為「平安神」和「武財神」,尊為「關公」、「關帝」。據說,在全世界有華人的地方絕大多數都有關帝廟。

關林,亦叫關帝塚,位於洛陽市南 7.5 公里的關林鎮,從洛陽到龍門的公路從其西側經過。相傳這裡是三國蜀漢名將關羽的墓塚。為什麼叱吒風雲的關羽會身首異處,並把首級葬在「關林」呢?這要從三國時代的故事講起。

東漢漢獻帝建安二十四年(西元 219 年),吳主孫權為奪取荊州要地,發動荊州之戰。關羽遭到埋伏,敗走麥城,被孫權手下部將馬忠所擒,最後被孫權殺害。殺掉關羽,孫權覺得除掉了一個心腹大患,但同時又害怕劉備起兵尋仇,左右為難,不知如何是好。這時,他想起一條嫁禍於人的妙計。一天,曹操的下人送來一個檀香木盒,說是孫權送的。曹操打開木盒,只見一張依然有些紅潤的臉,驚得他倒在地上。過了一會兒,曹操回過神來,再仔細一看,原來是關羽的首級。曹操想:「孫權殺了關羽,然後把關羽的首級送給我,那劉備肯定以為殺關羽是我的授意,就會來找我尋仇,孫權這是有意要栽贓嫁禍呀。」曹操決定將計就計,他追贈關羽為荊王,命人用沉香木精心雕刻了關羽的身軀,然後傳令以王侯之禮,將關羽首級安葬在洛陽城南,也就是現在的「關林」。

後來,關羽在人們心目中的地位不斷上升,成為忠義神勇的化身。明朝萬曆年間(西元 1573 〜 1619 年),人們在埋葬關羽首級的地方修建廟宇,成為現在的「關林」廟。根據中國封建禮制,百姓的墓稱「墳」,

佛道勝境：河南的宗教文化與千年聖地

王侯的墓稱「塚」，皇帝的墓稱「陵」，只有聖人的墓才能稱為「林」。在山東曲阜，有埋葬文聖人孔子的「孔林」，洛陽城南埋葬關羽首級的地方被稱為「關林」，足見人們對關羽的崇敬之情。

關林之中還留存有曹操仿關羽詩竹畫所刻的石碑一通，極其巧妙。它畫中藏詩，原為關公借物寄情之作，讀來令人回味無窮。此碑縱102公分，橫38公分。碑上有兩竿翠竹拔地而起，雄健挺勁。左方一竿竹子稍向右斜出，清新俊逸的叢叢竹葉，疏密有致，豐麗滴翠。整個畫面構圖簡練，主題突出。若是細細觀察和品味，你會發現，這些似在臨風搖曳中下垂的簇簇竹葉竟組成一個個文字，原來是一首五言詩：「不謝東君意，丹青獨立名；莫嫌孤葉淡，終久不凋零。」畫的右上端還有兩方刻印，上邊是陰文「關羽之印」，下方為陽刻「漢壽亭侯」。這幅竹中藏詩的畫，還有一段有趣的歷史故事。詩中的「東君」指曹操。據《三國演義》第二十五至二十七回記載及相關傳說，劉備為曹操所敗，關羽被俘，被愛才惜將的曹操留居營中。曹操很器重他，請漢獻帝封侯賜爵，即「漢壽亭侯」，同時以金銀相贈，千方百計使關羽歸順投降。而關羽忠心不改，一心繫念著兄長劉備。一天，他思索著寫封信給劉備，可是又擔心被曹操發現，於是就畫了這幅竹畫託人捎給劉備，表達了富貴不能淫的品格，這即後人所熟悉的「身在曹營心在漢」之典故的出處。

在關林，除了慈禧題的匾，還有許多皇帝留下的真跡，如關林拜殿的殿門上懸掛著乾隆皇帝親自書寫的「聲靈於鑠」匾，關林的二殿上懸掛著光緒皇帝題的「光昭日月」匾等，恢弘氣派。

三門峽有座「蛤蟆塔」

在河南省三門峽市陝州風景區黃河之濱，有一座聞名於世的蛤蟆塔。

三門峽寶輪寺塔蛤蟆塔始建於唐朝，距今已有 1,300 年的歷史。由於它是寶輪寺的附屬建築物，所以，它的大名叫寶輪寺塔。令人可惜的是，珍貴的寶輪寺在 1928 年戰亂時被毀，只有蛤蟆塔倖存了下來。1949 年後，中國相關部門將這座蛤蟆塔列為重點文物保護單位，並撥出專款進行維修。

這座蛤蟆塔呈四方錐形，共分 13 層，高約 26.5 公尺。塔心結構奇巧，設有梯道可通塔頂。每層四角，裝有鐸鈴，輕風吹過，叮咚作響，猶如美妙的音樂。尤其令人稱奇的是，在塔的周圍十幾公尺處，或拍手或擊石，寶塔隨即就會發出「咯哇咯哇」的叫聲，如有萬千隻蛤蟆在鼓膜低唱，妙不可言，發人遐思，蛤蟆塔也就因此而得名。

據民間傳說，塔內原有一對金蛤蟆，所以聲音洪亮。後來，喇嘛僧將雄金蛤蟆盜走，只剩下了一個雌蛤蟆，響聲就不如從前洪亮了。其實，蛙鳴之聲出自回音原理。該塔和北京天壇回音壁、山西普救寺的鶯鶯塔、四川潼南縣大佛寺的石琴，同列為中國古代四大回音建築。但它比回音壁早 353 年，比鶯鶯塔早 387 年，比石琴早 250 年，是四大回音建築中歷史最悠久的。

佛道勝境：河南的宗教文化與千年聖地

中國第一座尼僧寺院

位於河南省登封市的永泰寺，是佛教禪宗傳入中國後修建的第一座尼僧寺院，也是中國現存始建年代最早的一座皇家尼僧佛寺。被稱為佛教禪宗尼僧祖庭，與「天下第一名剎」少林寺有姊妹寺院的關係。自古就有「龍在少林，鳳在永泰」之說。

在中嶽的 72 個寺院，也只有子晉峰下的永泰寺住的是女和尚。永泰寺是怎麼來的呢？話要從頭說起。

北魏宣武帝時，正宮娘娘乏子無後，東宮娘娘生了一個男孩，西宮娘娘生了一男一女。這女孩叫永泰。後來永泰脫離紅塵，削髮為尼。宣武帝死後，孝明帝元詡登基。孝明帝為妹妹永泰在子晉峰下修建一處殿宇，金塑佛像，讓妹妹住裡邊燒香念佛。從那時候起，人們就把這裡稱為永泰寺。

神奇的「三教合一碑」

在河南省鄭州市嵩山少林寺內，矗立一通「三教合一碑」，即「混元三教九流圖贊碑」。

少林寺三教合一碑「三教合一碑」展現出嵩山佛、道、儒三教薈萃、共榮共生的繁榮。此圖從整體上看是一位和尚的影像，也就是佛教的代表，但從中間一分為二，可以看到兩尊面對面的人物影像，左側頭戴方巾者為儒教的代表，右側頭後挽個髮髻的則是道教的影像。三教共存一碑，一派融合。

嵩嶽寺塔變「空塔」的傳奇

　　嵩嶽寺塔位於河南省登封市嵩山南麓太室山下的嵩嶽寺內，始建於北魏正光年間（西元 520～524 年），是中國現存最古老的磚砌佛塔。

　　登封嵩嶽寺塔相傳在很早以前，寺中和尚們住在一起，種菜、煮飯等事情都分工明確，那個最小的和尚專門負責清掃塔房，他每天都打掃得乾乾淨淨。有一天，小和尚正在掃地時，突然感到自己的兩隻腳慢慢離開了地面，升到了空中，然後又徐徐落到地上。原來塔棚口上，一條巨蟒正張開血盆大口，把小和尚往肚子裡吸呢！老和尚招來眾和尚，把情況一說明，當下一合計，決定用火燒來除掉巨蟒以絕後患。大家說幹就幹，不到半天工夫就到山裡砍了許多柴火。他們打開塔門把柴火堆得很高，熊熊大火燒死了巨蟒，也燒掉了塔棚和木梯，從此嵩嶽寺中便只剩下一座沒有塔棚和木梯的空塔了。

　　嵩嶽寺塔，建於北魏，是中國現存大型古塔實物中年代最早的一座，具有極高的建築和藝術價值。它高 39.8 公尺，共 15 層，底層直徑 10.6 公尺，內徑 5 公尺，壁厚 2.5 公尺，如此多層之高塔在中國範圍內罕有。它是一座磚塔，全塔除塔剎和基石外，均以磚砌築，磚呈灰黃色，以黏土砌縫。漢魏時塔多為木構樓閣式，後來才漸漸被磚石材料代替，嵩嶽寺塔則是這一轉化的最早例項，因而極為可貴。

　　該塔的外形和下層平面為十二邊形，是現存塔的實物中的孤例。它還是現在人們所知的第一個密簷塔。它的第一層塔身特別高大，四個正面開了塔門，門頂作半圓拱，上飾尖狀飾物。仔細看，第一層又分為上下兩段：上段除四個拱門裝飾外，其餘八個面都砌出了單層亭閣式方塔壁龕，刻有壺門和獅子裝飾，龕門間的轉角上砌出角柱，在柱下雕為蓮

瓣形柱礎，柱頭雕著火珠垂蓮，栩栩如生；下段為素面平磚，沒有任何裝飾，將上部襯托得更加活潑生動。塔簷之間每面都有小窗一扇，在龕門旁可隱出直欞小窗，有的用來通風採光，有的僅為裝飾。塔頂的塔剎上有七重相輪的剎身與巨型寶珠的剎頂，一直為後來的密簷塔所仿效。

進入塔內，就像故事中所敘說的，是個空筒，從底直通塔頂，數數共有八層。最下層為十二角形，與外表一致，但自這層以上就改為八角形。最後，整個塔的外形，呈現圓潤的拋物線形，不但有巍峨挺拔之雄，更具委婉柔和之秀，這種設計藝術，也堪稱「古塔一絕」。

集如此多的古塔之最於一身，也難怪嵩嶽寺塔具有極高的文物價值與旅遊價值，吸引了眾多的中外學者和遊客。

太昊陵裡有個「子孫窯」

伏羲太昊陵位於河南省周口市淮陽城北一公里處。淮陽古為陳國，傳為伏羲之都，這裡春秋時已有陵墓，後代又屢加修建，逐漸增至近70公頃。

在太昊陵顯仁殿東北角青石臺基上，有一圓孔，遊人香客稱之為「窯」。它實際表現的是女性生殖器。凡來太昊陵的遊人香客，尤其是女性，都要用手摸一摸這個「窯」，既可以多子多孫，又可以使子孫健康，所以被稱為「子孫窯」。

「子孫窯」在一塊長70公分、厚40公分的青石中間。此石歷史上曾換掉很多塊，有準確記載的是1984年換掉的，因為它的上部已被手指摸穿。

「子孫窯」的來歷已有六千多年。六千多年前，也即人祖伏羲生活

的時代，正是人類從母系氏族社會向父系氏族過渡時代，人們「只知其母，不知其父」。伏羲一出世就神奇異常，長大後聰明過人，在征服大自然的抗爭中，充分展示了自己的才華，受到人們的擁戴，成為部落首領。他帶著人民，沿黃河游牧東下，在富饒的宛丘（今河南淮陽）定居下來，建都治天下。他有十大功績，其一就是制嫁娶匹配夫妻。其婚配的方法是，每年仲春之月，打破氏族的觀念，用「會」的形式，把男女青年召集到一塊，會場中間放一塊帶「窯」(孔)的大石頭，男女若互相有意，你用手摸摸「窯」，我用手摸摸「窯」，說明兩人有了感情，願成為夫妻，便把婚配固定下來。這樣，生下的孩子既聰明存活率又高。從此，人類結束了群婚和族通婚的歷史。太昊陵春二月廟會也由此延續下來。太昊陵自有陵以來便有了「子孫窯」。

在太昊陵摸子孫窯之所以有多子多孫、子孫健康的傳說，一是反映了早期社會人類對女性的崇拜，尤其是生殖崇拜。二是反映了人們對近親結婚的弊端早有認知。

伏羲被當地人尊稱為「人祖爺」，太昊陵被尊稱為「人祖廟」。每年農曆二月初二到「三月三」，想要孩子的婦女們會穿著節日服裝喜氣洋洋地來到這裡，虔誠地燒香拜祖，爭相撫摸「子孫窯」，以此祈求早生、多生貴子，光宗耀祖。

王重陽仙逝地 —— 開封延慶觀

天下武功第一的全真教主王重陽仙逝後，各路英豪奮起爭奪《九陰真經》，天下武林大亂——這是串起《射鵰英雄傳》的一根紅線。歷史上，王重陽是個「文武雙進（士）」的傑出人物。作為全真教的開山祖師

和道教的中興之祖,他至今還有一千多首詩詞流傳於世。王重陽仙逝於何處?《射鵰英雄傳》裡對此語焉不詳。其實,這個問題的答案就埋藏在古城開封。

西元 1169 年,王重陽帶領丘處機等四個弟子來到開封,寓居於瓷器王氏的旅邸中。在開封,王重陽收孟宗獻(約 1180 年前後在世)為徒。這孟宗獻可不得了,他聲名播於朝野,時人稱之為「孟四元」。為什麼叫「孟四元」?因為他是「四元及第」。「三元及第」已經是讀書人的最高夢想了,在中國上千年的科舉史上,只有 12 人曾經「三元及第」。而孟宗獻院試、鄉試、會試、殿試都是第一,是中國科舉史上唯一的「四元」狀元。1163 年,孟宗獻中狀元後,被金世宗破格任命為翰林供奉。但令人嘆息的是,母親病逝後,孟因哀傷過度,在服喪期間病逝於家中。1170 年,王重陽在開封仙逝後,他的喪事就是由孟宗獻一手操辦的。王重陽的靈柩也暫厝於孟家的後花園中。

寓居瓷器王氏旅邸期間,王氏對王重陽不太禮貌。王重陽說:「吾後必宅是。」王氏認為這是發狂言,說氣話。王重陽仙逝若干年後,重陽觀果真在王宅原址建起。西元 1233 年,「全真七子」之一郝大通的徒弟棲雲真人王志謹主持重陽觀。遵照丘處機的遺命,他率領徒弟大興土木,歷時 30 年,建起了一座廣袤七里、氣壓諸方的壯麗殿宇。重陽觀,元朝時稱朝元宮,明朝改稱延慶觀,延續至今。

延慶觀裡面的建築最珍貴的要數玉皇閣。它建於元代,至今已經歷了七百多年風霜雪雨。坐北朝南的玉皇閣通高 18.25 公尺,分上、中、下三層,用青磚一「砌」呵成,不施梁架,不設樓梯,其建築風格可謂「特立獨行」。

玉皇閣第一層外部呈四方形,閣內卻像個大蒙古包,一進閣,「天似

穹廬，籠蓋四野」的詩句立刻就會浮現在你的腦海；玉皇閣的第二層是個八菱形的實體，不是空的，它要隔開的是地與天；四面八方之上，自然是天庭——第三層，是個亭閣，裡面住的是玉皇大帝。二、三層與一層之間，不設樓梯，象徵玉皇大帝居於神祕的天庭之上，高不可攀。但在三層閣頂的八角攢尖上，卻是蒙古武士，他騎著獅子，腳蹬筒靴，頭戴尖頂卷邊氈帽，穿著皮毛外衣。這蒙古武士好似天兵天將，不懼風雨、不知疲倦地守護著玉皇大帝，想來已經七百多年了。

王重陽的仙逝之地延慶觀與北京丘處機的仙逝之地白雲觀一樣，同為道教的聖地，被後人稱為中國道家的三大名觀之一，為中國重點文物保護單位。

龍馬負圖寺

河圖與洛書是中國古代流傳下來的兩幅神祕圖案，歷來被認為是河洛文化的濫觴，中華文明的源頭，被譽為「宇宙魔術方塊」。與此有關的龍馬負圖寺位於洛陽市東北約二十五公里的孟津縣老城鄉雷河村。據記載，龍馬負圖寺初建於東晉穆帝永和四年（西元348年）。目前，寺院內尚存有明代嘉靖年間（西元1522～1566年）建的單簷歇山式大殿和「馬負圖處」碑等。

孟津縣龍馬負圖寺上古時候，黃河南岸如今孟津縣老城鄉這一帶，方圓七里內流著雷河、孟河、位河、陳河、西里河、東里河、鄭河、圖河八條河。河網交錯，水草豐盛，岸旁樹木茂盛，土地肥沃。這確實是人類繁衍生息的好地方，可是那時，中國祖先還不會耕田種地，全靠吃樹上的野果和一些草根過日子。到了冬季和春季，缺少這些大自然賜予

佛道勝境：河南的宗教文化與千年聖地

的食物時，只有勒緊肚皮，詛咒著「這鬼地方」熬日月了。

後來，能幹的伏羲來到了這地方，教人們結起網兜，捕捉小的野獸，打撈河裡的魚蝦；教人們把一時吃不完的野獸養起來慢慢受用，調劑餘缺；教人們製造農具，開田種糧。人們四季有食，就不再詛咒「這鬼地方」！安安穩穩過起了生活。

伏羲在教人們學本領時，常要吃力地打半天手勢，因為很多事情指示不明，說不清楚。他為此很是煩惱。

大概是天帝感謝伏羲安頓了下界的這些臣民，或是黃河裡的神靈感謝人們不再隨口咒罵祂吧！總之，他們給予了伏羲神奇的獎賞。一天，伏羲巡行，剛剛來到黃河岸邊，只見黃河中波濤洶湧，水浪裡露出一隻神獸：頭似龍，有角有鬚；身像馬，有鞍有蹄。祂身上的毛十分奇特，雪花一樣，密密實實，又構成種種圖案。這神獸凌波踏水如履平地，遊進圖河，上到岸上，來到伏羲面前，搖頭擺尾，溫順地叫著，還用身頸上柔軟的鬃毛去擦伏羲的手臂。

伏羲十分驚奇，就把這神獸拴起來，選了塊離水稍遠的地方圈養起來。伏羲是極愛動腦筋的人，他根據神獸的模樣替祂取了名字叫「龍馬」。一有空，就將龍馬牽到人們祭天地的高臺上細細端詳，認真思索。順河風微微掀動著龍馬身上的鬃毛，經過八八六十四天，伏羲終於根據龍馬身上的毛紋悟畫出了八卦，把乾代表天，坤代表地，坎代表水，離代表火，艮代表山，震代表雷，巽代表風，兌代表澤。這八種符號包括了天地中主要的東西，交錯組合運用，就如語言文字般能指代萬物、表情達意了。

伏羲研製出八卦，從此教授人們技術，指導人們生產就方便多了，人們的日子過得也越來越有滋味。由於河洛一帶的人們先從伏羲那裡學

會八卦，腦子開竅早，所以古時河洛這一帶的文化就特別先進，讓其他地方的人世世代代地羨慕，直至現在，還有人飄洋過海來這一帶尋「根」！

後來，人們為了紀念廣施恩德的伏羲和那獻圖的神獸，就在圖河岸邊修起了這負圖寺，供奉起伏羲和龍馬，並把當年伏羲拴龍馬畫八卦的高臺叫八卦臺，把附近的村子叫做卦溝村、馬莊（椿），把圈養過龍馬的兩個地方叫前圈和後圈。後來人們圖雅氣，把前圈和後圈改稱作雷河村和位河村。

河圖以十數合五方、五行、陰陽、天地之象。圖式以白圈為陽，為天，為奇數；黑點為陰，為地，為偶數。並以天地合五方，以陰陽合五行。

西峽哪吒廟

哪吒祖廟位於河南省西峽縣丁河鎮奎文村，背靠山坡，有正殿一座，氣勢恢弘，具有江南建築風格，殿內供奉哪吒太子神像一座。殿外有荷花池，池內長滿荷花，祖廟占地一公頃。

西峽哪吒廟哪吒神像哪吒是中國古代神話傳說中的少年，在《封神榜》、《西遊記》等名著中有很多描寫，後成為一名在民間流傳甚廣的神將。其馳名程度可與孫悟空相匹敵。在中國有許多紀念他的神堂，但近年來據專家考證，哪吒的誕生地和故里在河南西峽的奎文關一帶。這裡有杏花村哪吒出生地，哪吒父親李靖鎮守陳堰關遺址。

據河南《西峽縣志》記載：丁河奎文村南山頂原有哪吒太子廟；一間

廟堂，坐西面東，磚牆瓦頂，兩窗一門，內修三尺高通堂神臺，上面供奉哪吒太子彩色泥塑像。據縣志所蒐集的資料及當地老農證實和臺灣哪吒信徒認定，廟中哪吒太子束髮總角，蹬雲下凡神姿，左手持乾坤圈，右手執火尖槍，腹裏紅兜肚，肩飄渾天綾，腳蹬風火輪，威武英勇。每年臘月十三，附近的村民都登山為太子神像掃灰除塵，迎接新年的到來。1945 年，哪吒祖廟被日軍燒毀，至今太子廟遺址附近仍留有戰壕。在西峽縣大力開發旅遊的熱潮中，由奎文村、簡村集資興建哪吒出生地小宮殿。2001 年，在縣政府、丁河鎮大力支持下，由臺灣民間集資百餘萬元，在原來的哪吒廟址附近建大型宮殿一座。殿內塑哪吒神像，仍如舊時面貌。現在廟內香火興盛，尤其是每年哪吒出生日許多臺灣人都會來此祭祀，使哪吒祖廟馳名中外。

雍正治黃「行宮」

　　嘉應觀，俗稱「廟宮」，為中國「四瀆稱宗」的河神廟，位於河南省焦作市武陟縣城東南十三公里的二里鋪村，南臨波濤洶湧的黃河。

　　自清康熙六十年（西元 1721 年）八月至雍正元年（西元 1723 年），黃河曾四次在河南武陟縣境內決口，洪水曾淹新鄉、衛輝、彰德，經衛河入海河，直逼京畿津門，危及整個華北。而且大量泥沙淤塞運糧河道，嚴重影響國計民生，成為當時清朝的心腹之患。為治黃安民，雍正帝在康熙帝病重期間到現場親自指揮堵口、築壩工作。雍正元年，他派知名匠師，並調豫、秦、晉、魯、皖五省民工，遵照當時北京皇宮的標準宮式及滿族風格，開始營建這座規模宏大的中國治黃指揮中心──清雍正行宮（嘉應觀）。

嘉應觀現共占地59.4公頃。主體建築分三進院落，加上東西跨院的河臺、道臺衙署，現存各類殿堂共有兩百餘間。其中第二進院落的中大殿為北京故宮太和殿的縮影。嘉應觀古建築群完全採用宮殿式建築工藝，整個行宮建築布局和殿堂建築的功能都服從於祭祀和治理黃河這個主題，構圖巧妙、裝飾富麗、工藝精湛，是萬里黃河上一顆璀璨的古建築明珠。

在嘉應觀內有三絕，分別是：鐘絕、碑絕、圖絕。

◆ 第一，鐘絕

嘉慶觀鐘樓上的鐘為銅鑄，鐘頭上鑄著二龍戲珠，鐘沿著周圍按照八個方位鑄著八卦圖。用棒擊，每個方位的音階都不相同，好像一架鋼琴，能奏出各種不同的聲音。在黃河對岸鄭州邙山風景區就可聽到它的聲音。據說此鐘是雍正治理黃河，使黃河變清，感動了天宮裡的樂仙翁，他請求玉皇大帝把天宮後花園裡供仙女們玩耍擊樂的銅鐘賞賜給了雍正皇帝。雍正親自把它掛在了鐘樓上。因為它是天賜，人們來嘉應觀遊覽，都想摸一摸，擊一擊，沾沾仙氣。

◆ 第二，碑絕

嘉應觀有個御碑亭，亭裡立著一座高達4.3公尺的銅碑，碑身下面額上，鑄著「御製」二字，中間是雍正皇帝親筆書寫的十一行431個字的碑文。碑文記載了黃河的地理面貌、流域歷史、水患與治理情況，強調黃河與人民、黃河與朝廷的利害關係，對黃河的治理和建造嘉應觀的緣由加以說明。碑文周圍盡為千姿百態的龍雕，有飛龍、盤龍、臥龍、遊龍、降龍、升龍等，栩栩如生。碑下壓著一個銅鑄的獨角怪獸，龍頭、牛身、兔尾、鷹爪，全身肌肉豐滿，健壯有力，呈躍

躍欲立之勢。毋庸置疑，這銅碑在中國是罕見的。

據說這碑剛建造時，碑文周圍的龍上竄下跳，搖頭擺尾，互相嬉戲。雍正五年（西元1727年），皇帝帶著皇后、妃子、文武大臣來觀裡祭神，一個膽小的妃子看到碑上的活龍，「啊」地慘叫一聲就被嚇死了。雍正皇帝就下詔把這些龍釘死了。再看獨角獸，牠頭上卻有個小洞，誰若從小洞裡投進一枚硬幣，牠就會發出一陣鈴聲，那意思是收到了。牠就會保你大吉大利，大富大貴，萬事如意。不少善男信女都在此一試，假若您來此處，一定也來嘗試一下。

◆ 第三，圖絕

天王殿的天棚上是65幅清朝彩繪龍鳳圖。構圖古樸典雅，色彩鮮豔明快，意蘊深沉幽遠，充分展現了滿族的獨特文化氛圍。就是在故宮、頤和園、避暑山莊、東陵等代表建築群，也沒有發現一家有此圖案的。據說圓明園有，可惜被當年入侵的八國聯軍燒了。因而它成了中國又一絕唱。據說，民國初年，有人來盜它，金龍四大天王被激怒了，他們一人一口白霧，形成了一道屏障，使盜者到不了跟前。日軍入侵時，他們想獲此寶，來到門口，問守門老道：「這是什麼觀？」老道見日本兵打著太陽旗，靈機一動，答：「『落陽』觀！」他們也不敢進，便轉身走了。這65幅清朝彩繪龍鳳圖確實是無價之寶。

武林傳承：
從少林到太極的中原武學

武林傳承：從少林到太極的中原武學

「太極一人」陳發科逸事

　　陳發科（西元 1887～1957 年），河南省焦作市溫縣陳家溝人，太極拳世家，他的曾祖父陳長興（西元 1771～1853 年）是楊式太極拳創始人楊露禪（西元 1799～1873 年）的老師。在這裡我們舉兩則陳發科當年的逸事趣聞，來證明陳發科「太極一人」的功夫。

　　一次，朋友介紹陳發科去民國大學教拳，陳發科聽說該大學在半年前請了一位原來做小販的人教武術，就提出自己的意見，說不要辭去原來這位教師他才肯去教。學校方面提出讓陳發科去學校談談。面談後，陳發科進行了表演，當表演至雙擺蓮接跌岔的震腳時，只聽一聲巨響，地上鋪的一塊大方磚竟被震碎，有些碎塊竟噴到圍觀的人臉上。這大學辦在一所舊王府內，地兩三寸厚很堅固的大磚，竟被當場震碎了。在回家路上，陳發科對隨行的人說：「今天不小心，毀了人家塊磚。」隨行的人問怎麼能震碎，陳發科說：「震腳不是使勁踩，而是將全身三五百斤力一併沉下去的。」後來，因這所大學是私立大學，不願支付兩位武術教師費用，陳發科便找了理由推辭不去。

　　陳發科拳師在北京授課時，還發生了一件趣事。當年北京有一條新開的馬路，是南北走向的大街，路面寬十餘公尺。一日，陳發科與學生自北向南走在東邊的人行道上，忽聽後面多人驚叫，原來是一條三四十斤的大瘋狗在路東邊咬傷一婦女後，又竄到西邊咬了一位正坐在車頭上的人力車伕。當他們回頭時，那狗又向路東邊竄來，直撲陳發科。陳發科不慌不忙向上揚起右手，同時飛起右腳，踢到狗的下顎，把這大瘋狗踢飛過馬路。瘋狗慘叫一聲，滿口流血，跌死在路西邊地上。陳發科說：「凡是惡狗都是跳起來咬人頸部。但被咬的人多數是傷及腿部，這是

由於人一閃，狗撲空落下，正好咬到腿部。我見狗跳來，一揚右手，牠必然眼向上看，露出下頰，一踢就準。」這說明陳發科有很豐富的生活知識。能一腳就踢中撲來的狗，許多練武術的人或許可以做到，但一腳把三四十斤的狗踢飛十幾公尺遠，則需要很好的功夫加勁道。

顧留馨老師（西元 1908～1990 年）曾講過一件事：某年在北京有摔跤比賽，一名運動員把對方摔到觀眾席那裡去，只見一位老人接住這名運動員，一下把他丟回場內，全場譁然，後來大家才知這位老人就是陳發科。一天，幾個摔跤運動員找到陳發科家裡，希望見識一下陳發科的功夫，陳發科同意，讓其中一人兩手抓住他的手臂，只見他向右一轉身，便把這人打到右邊的衣櫥上。另一位再試，同樣抓陳發科的手臂，他看到前面那人被打向右邊，便向陳發科左邊用力，只見陳發科向左一轉，把這個人打起，使其從窗口飛出屋外。

有關「太極一人」陳發科的故事還有許多，如果您想了解更多，請您來太極聖地──河南溫縣陳家溝。

八極拳發源地──月山寺

月山寺是與少林寺、白馬寺齊名的河南省三大古寺之一，它不但是豫北地區最大的佛教活動場所，還是中華三大拳之一「八極拳」的發祥地。

風光秀麗的月山寺坐落於博愛縣城北五公里外。月山寺始建於金代，初名清風庵，後金世宗完顏雍賜名大明禪院。明朝永樂三年（西元 1405 年），朱棣又賜名寶光寺。因該寺所在的山形似一彎新月，且名為月山，故當地人又把這座寺院叫做月山寺。時間長了，寺的俗名取代了正名。

焦作月山寺月山寺在明朝永樂三年（西元1405年），曾經大規模整修、擴建，內有樓、臺、殿、閣、亭十多座，房舍千餘間。分正中院、東禪院、西禪院，三院鼎立，渾然一體，建築古雅，宏偉壯觀。明、清鼎盛時期，僧侶達五百餘人。他們在東禪院習文學醫，在西禪院練武強身。

八極拳由月山寺第二代住持——蒼公所創。蒼公到月山削髮為僧後，匯各派武學之精，融各派武學所長，常年苦練於深山洞穴之中，練就一套曠世絕學——搏拳，即八極拳，自成一派。因八極拳源於月山，又名月山八極，它以勁力剛猛、氣勢雄健著稱於世。元末明初，明軍與元軍在懷慶（今沁陽城）作戰時，燕王朱棣在一次戰鬥中受到元兵的追擊，在月山武僧的救護下突出重圍，得以生還。燕王登基後，不僅把月山寺賜名為寶光寺，還撥巨資對月山寺進行大規模整修擴建。乾隆皇帝朝月山時，觀看了護寺武僧的八極拳法後，曾高度讚譽道：「文有太極安天下，武有八極定乾坤。」之後，月山寺的八極拳更是為後人所稱頌。

關於八極拳發祥於月山寺的記載有很多，如《中國文化辭典》中說：「八極拳，武術拳種之一，全稱開門八極。即有六種開（攻）對方門戶（防守架勢）的方法，出勁可達四面八方極遠的地方。相傳清康熙年間（西元1662～1722年）由河南焦作嶽山寺傳出，故又名『嶽山八極』。」《武林》雜誌刊載的〈八極拳單練及實用法〉中說：「八極拳為中國傳統拳種之一，傳聞最早源於河南焦作嶽山寺。」「武林界拳諺云：『文有太極安天下，武有八極定乾坤』。」以上均言「河南焦作嶽山寺」，「嶽山寺」係「月山寺」之誤，因河南全境，沒有「嶽山寺」，只有河南焦作「月山寺」。

陳耕耘太極功夫降群匪

陳耕耘是陳氏第十五世孫，一輩子以保鏢為生。有一年，彰德府（今安陽市）有一個藥材商人要送一批貴重藥材去山東萊州府（今山東掖縣一帶），因路上不平靜，想找一個武藝高強的人押解。他聽說陳耕耘拳藝高超，便派人專門來陳家溝請陳耕耘。一見面，那藥材商人大失所望。原來他發現陳耕耘言不驚人，貌不出眾，像一個文縐縐的讀書人，心中疑惑。但是自己邀請來的，直言拒絕又不好意思，就坐在那兒低頭不語。

陳耕耘是什麼人，他整年走南闖北，見過多少場面，哪能看不出那藥材商的心思，微微一笑，決心露一手給這藥材商瞧瞧，也好叫他放心。

正好這時藥材商手下的夥計端著茶盤送上茶來。陳耕耘借站起接茶之際，右手撫桌，往下一按，左手接過茶碗，微一用力，茶碗嘩啦變得粉碎。藥材商放下茶碗，正要斥責那個夥計，一件事卻驚得他說不出話來。原來他發現，剛才陳耕耘毫不經意地按了方桌一下，方桌卻低了幾寸。低頭一看，更使他驚奇，四隻方桌腿早壓碎了鋪地的方磚，深深陷入土中。他心中不由為自己以貌取人而羞愧，趕忙向陳耕耘賠不是，決定聘請陳耕耘保這趟重鏢。

陳耕耘押著鏢車來到山東，因急於趕路，錯過了宿店，只好將鏢車停在一個村莊外的打麥場上。快到半夜的時候，陳耕耘聽到遠處傳來腳步聲，不一會兒，便到了麥場周圍。但見幾十個黑影晃動，直奔鏢車而來。陳耕耘一縱而起，迎上前去，一條蠟木桿使得好像一條白龍出水，直刺橫掃，左硼右劈，只用喝碗熱茶的工夫，打得幾十名強盜抱頭鼠

竄。幾個跑得稍慢的早被點翻在地。

陳耕耘從被點翻的幾個強盜口中得知，原來這萊州城中有一個開糧行的田二旺，是周圍幾百里一霸。陳耕耘心想：「常言道，擒賊先擒王。看來不制服田二旺，這一路不會安生！」便對那幾個強盜說：「你們回去告訴田二旺，三天後在萊州城外虎頭崗等我。若我勝了他，這一路他不准再找我的麻煩；若他勝了我，我按規矩為他送上買路錢！」

三天後，陳耕耘準時來到虎頭崗。田二旺早在這裡聚集了幾百名匪徒。陳耕耘笑著說：「常言道，強龍不壓地頭蛇，這裡是你的地盤，你就出題目吧！」

田二旺仰天哈哈大笑說：「好，還是陳師傅痛快，今天田某預備了點薄酒，為陳師傅洗塵接風，我們一邊喝一邊說好不好？」

陳耕耘仍是笑著說：「客隨主便吧！」

田二旺一招手，一些匪徒便七手八腳抬上一張八仙桌，桌上放著一個火鍋。火鍋下的木炭燒得正旺，火鍋裡的水正翻滾著大冒熱氣。另有幾個盤子，放著蔥、薑、鹽等調味料和兩大塊鮮紅肥嫩的羊肉。匪徒們搬來凳子，田二旺請陳耕耘坐下後，說：「今天想請陳師傅嘗嘗俺山東的涮羊肉！」

說著，他從腰裡取出一塊白綢汗巾，迎風一抖，鋪在桌上，從一個匪徒手中拿過一口牛耳尖刀，切起羊肉來。他前推後拉，切得很仔細，不一會兒，一大塊肥嫩的羊肉便變成了一片片銅錢厚的肉片。他將羊肉片撮入盤中，對陳耕耘說：「請陳師傅嘗嘗這羊肉味道怎麼樣？」說著，拿起白綢汗巾叫陳耕耘看。

陳耕耘說：「在下不用這個，請端一盆清水，拿個手巾來！」一個匪徒立即照辦。陳耕耘向身邊一個匪徒說：「借你的刀用一下！」話音沒

落，已從匪徒刀鞘中拔出刀來，嚇得那匪徒一連後退幾步。

陳耕耘在清水中仔細地洗了洗刀，抬起頭來，對另一個匪徒說：「在下想借你一件東西用用！」

「不知陳師傅想借⋯⋯」

「脊梁！」

這句話一出口，不要說那個匪徒嚇得渾身發抖，田二旺等人也變臉失色。

那匪徒看了看田二旺，只見田二旺點了點頭，無奈，只得脫下布衫，將腰彎得像大蝦米一樣，站在陳耕耘面前。

陳耕耘仔細用手巾洗了洗那匪徒的脊梁，見他雙腿哆嗦發抖，笑著說：「你要亂動，只怕今天要吃涮人肉了！」那匪徒心一橫，無賴心態上來了，雙腿反而不抖了。

陳耕耘拿過羊肉，便在那匪徒的脊梁上切了起來。他切得很快，就像一個熟練的廚師在當著大家的面表演技術一樣，看得眾匪徒目瞪口呆，整個虎頭崗上，幾百人連一個吭聲的都沒有。

田二旺看著陳耕耘切的薄如綿紙、塊塊鮮紅透亮的羊肉片，臉兒一紅，從腰中拔出一面黃旗，遞給陳耕耘說：「陳師傅，把這旗插到鏢車上，方圓三百里，沒人敢動鏢車一指頭！」

這段制服萊州當地惡霸的事蹟被當地百姓傳頌，並立碑記載，1900年左右，當時在山東省任官的袁世凱看到這碑，便請了陳耕耘的兒子陳延熙（享壽81歲）去教他的兒子們練拳。

達摩一葦渡江

傳說，達摩是天竺國香至王的第三個兒子，自幼拜釋迦牟尼的大弟子摩訶迦葉之後的第二十七代佛祖般若多羅為師。

有一天，達摩向他的師傅求教說：「我得到佛法以後，應到何地傳化？」般若多羅說：「你應該去震旦（中國）。」又說：「你到震旦以後，不要住在南方，那裡的君主喜好功業，不能領悟佛理。」

達摩遵照師父的囑咐，準備好行李，駕起一葉扁舟，乘風破浪，飄洋過海，用了三年時間，歷盡艱難曲折，來到了中國。達摩到中國以後，廣州刺史得知此事，急忙稟報金陵，梁武帝蕭衍立即派使臣把達摩接到南京，為其接風洗塵，賓客相待。

梁武帝是一個佛教信徒，主張自我解脫。達摩是禪宗大乘派，主張面壁靜坐，普度眾生。由於他們的主張不同，每談論起佛事，二人總是不投機。這時達摩感到南京不是久留活動的地方，於是便告辭蕭衍，渡江北上。

達摩急著過江，停立江岸，只見水域茫茫既沒有橋，也沒有船，連個人影也不見。這怎麼過江呢？達摩十分焦慮。誰知「天無絕人之路」。正在這無可奈何之際，達摩突然發現岸邊不遠的地方坐著一個老太太，身邊放了一捆葦草，看樣子好像也是在等船過江。達摩暗自盤算：這位偌大的年紀，為何孤苦伶仃，無人護送照料？也罷！只好向她老人家求助了。於是他邁步走上前去，恭恭敬敬地向老人施了一禮，說道：「老菩薩，我要過江，怎奈無船，請您老人家化棵蘆葦給我，以便代步。」老人抬起頭來，仔細地端詳達摩。見他兩隻突鼓的眼睛炯炯有神，滿臉落腮鬍子，捲曲盤旋，身材魁梧，舉止坦然，形象端壯，儀表非凡。老人

暗自點頭稱許，隨即順手抽出一根蘆葦與達摩。達摩雙手接過蘆葦，向老人告謝而去，及至江邊，他把蘆葦放在江面上，只見一朵蘆葦花，昂首高揚，五片蘆葉，平展伸開，達摩雙腳踏於蘆葦之上，飄飄然渡過了長江。

達摩過江以後，手持禪杖，信步而行，見山朝拜，遇寺坐禪，北魏孝昌三年（西元 527 年）到達了嵩山少林寺。達摩看到這裡群山環抱，森林茂密，山色秀麗，環境清幽，佛業興旺，心想，這真是一塊難得的佛門淨土。於是，他就把少林寺作為他落跡傳教的道場，廣集僧徒，首傳禪宗。自此以後，達摩便成為中國佛教禪宗的初祖，少林寺被稱為中國佛教禪宗祖庭。現在少林寺碑廊裡還有達摩一葦渡江影像碑。

古人有詩讚曰：「路行跨水復逢春，獨自悽悽暗渡江。日下可憐雙象馬，二株嫩桂久昌昌。」

何謂「少林七十二絕技」

根據《少林拳譜》記載，少林寺原有三十六種硬功、三十六種柔功，又稱三十六外功、三十六內功，均在少林寺祕傳，但無詳細文字記載。現在所說的「少林七十二藝」通常被認為是少林功夫的總稱，常在傳說和近代的武俠小說中被稱作神功。

少林七十二藝的名稱分別是鐵臂功、排打功、鐵掃帚功、足射功、腿踢功、銅砂掌（竹葉手）、蛇行術（蜈蚣跳）、提千斤、羅漢功、鐵頭功、四段功、鐵布衫功、雙鎖功、上罐功、石鎖功、鐵珠袋、千斤閘、鞭勁功、分水功、玉帶功、鷹翼功、跳躍法（登高超遠法）、霸王肘、一指金剛法、拔釘功、一指禪功、石樁功、金鐘罩、鐵牛功、旋風掌、臥

虎功、拔山功、金龍手、推山掌、踢椿功、鷹爪功、斬魔劍、玄空拳、金砂掌（摩擦術）、鐵砂掌、飛行功、槍刀不入法、五毒追砂掌（五毒手）、飛簷走壁法、一線穿、穿縱術、金鏟指、揭諦功、梅花椿、拈花功、螳螂爪、跑板功、閃戰法、金刀換掌功、輕身術、鐵膝功、陸地飛行術、穿窗功、浪裏功（泅水術）、點石功、琵琶功、柔骨功、壁虎遊牆術、門襠功、翻騰術、布袋功、蛤蟆功、千層紙功、彈子功、鎖指功、追風掌功、軟玄功。

　　寺僧練的七十二藝功夫，都是根據師父的訓教，由淺入深，先練簡易功夫，如千斤腳、流星腿、腿踢功、打木人、鐵砂掌等，在有一定基礎之後，再練硬功和輕功，如金針指、一指禪、鐵頭功、輕身術、金剛拳、鐵布衫等。在練每一種功夫時總是循序漸進，直到功成，如鐵砂掌，先練運氣、掌砍軟物，再砍土塊，再到砍磚、木板，乃至砍石塊，最後到能把石塊砍碎時，方為成功。

　　少林七十二藝功法，著重強身健體，堅實筋骨，抵禦外辱，驅除內邪，必須認真從事練習，不可心急，漸可成功。練功法有五要：一要深沉穩重，二要腳踏實地，三要精意適當，四要節制情欲，五要珍惜名譽。練功之法可分為數期，最早一步，一練皮肉，二練筋骨，皮肉筋骨既堅實，更要進一步，再練習各部實力。實力既充，再漸進而練運氣，此法如能任意往來，則功法大成，無論練習何功，必定可速見成效。

　　練習少林武術，除拳術和兵器以外，更需要練習軟功和硬功。拳術兵器為應用的動作，而軟硬功夫為拳術兵器的根本。功夫可分四種：有軟功、硬功、內功、外功。軟功多為陰手，硬功多為殺手，內功多主練氣，外功多主練力。軟功練習較困難，練成功後在表面上視之，初不見其異。善此功者，若以拳械擊之，中若敗絮，不能損其毫毛。其陰柔之

勁路，是以柔勝剛，因此稱為柔勁陰功。硬功練習較容易，練成後以槍刀擊之，則鮮有不反撲而出者，或至數百斤巨石，橫擔身上，下臥釘板，令人用鐵錘擊之，石碎而人無損，此硬功驚人之處。硬功為陽剛之勁路，因此稱剛勁陽功。

軟硬內外功夫的種類很多，不止七十二藝，況且一種功夫又包括兩三種。如硃砂掌、軟玄功等法，為軟功夫；金鐘罩、鐵布衫等法，則為硬功；蛤蟆功、布袋功等法為內功；鐵牛功、千斤閘等法則為外功。功夫練成後，則身體強壯，刀槍不傷其身，百病不生，風雪寒暑不能侵犯，更有靈巧活潑的拳腳和兵器，運用自如，無往不利。

河南三大拳派之一的「萇家拳」

在河南，萇家拳與少林、太極並列為「三大拳派」。萇家拳始創於清乾隆年間（西元 1736～1795 年），當地文獻記載，創始人萇乃周「天下馳名，槍鐧錘棒春秋刀俱精妙入神，當時傑士，無有出其右者」。萇乃周精研各派，博採眾長，創立萇家拳派，並將研究心得著書繪譜，留下拳譜武技典籍四十多部。

鄭州滎陽王村鎮後新莊，是萇家拳直系傳人所在地。村莊向西幾里地，便是「扼東西咽喉，南北孔道」的天下名關虎牢關，鄰近村莊習武之氣蔚然成風，滎陽當地將此一帶稱為「拳窩」，周邊練武之人，無論拳槍棒，皆和萇家拳有著千絲萬縷的連繫。

學習萇家拳有兩點：一是萇家拳免費傳授。萇家拳祖師爺萇乃周規定學習萇家拳不收取徒弟一文錢。二是拳法講究一招制敵。萇家拳講究先發制人、後發先制，順勢出招，隨時練功。在過招的時候，並不像電

影中的黃飛鴻，先擺個漂亮的姿勢，或者先扎馬步、運氣等，而是看準時機，直接出招，招招緊扣，直中對手要害。萇家拳的要求是：頭如蜻蜓點水，拳似山羊抵頭，腰如雞鳴捲尾，腳似紫燕穿林。其套路運用，似醉非醉，似柔而剛，柔時運轉如行雲流水，似仙女起舞，剛時發力威猛如虎，形如雷鳴電閃。

關於萇家拳，還有許多有趣的故事：

一日萇乃周到開封遊玩，正好碰到巨盜王倫在開封作案，當地人談王倫而色變。一天下午，王倫把衣服放在巡撫門口的大石獅下，留下字條「衣出則倫去」。萇乃周聽說後，連夜將王倫的衣服取出來，並懸掛在衙門口的高竿上，並揚言「倫三日不去，吾且取其首」。王倫聽說後，自認技不如人，立即逃之夭夭。

在《重修汜水縣志》中也記載有這樣一則故事。萇乃周一日去徒弟秦成宗家串門，上樓需經過五級石頭臺階，附近村民久聞萇乃周武功高深，於是試探問「能不能用腳把石頭踩斷」？乃周笑而未答，走過之處，五級臺階斷了五級。在滎陽高村鄉油坊村的秦家大院內，現在仍可以看到四塊斷裂的石階。

失傳已久的「宋氏通背拳」

中國武術界一位前輩提醒大家，中華武術中有一種「宋氏通背拳」，非常擅長技擊，其代表人物就是河南洛陽偃師人宋天祥，只是不知現在這項武功是否失傳了。

2005年5月，第二屆「中國武術華夏狀元爭霸賽」在湖南婁底市舉行。

51歲的宋鐵龍上臺時並沒有引起江湖人士的太多注意。然而他一出手，立刻技驚四座。做評審的武林前輩們馬上看出，宋鐵龍剛柔相濟、威風八面的招式，正是在武術界「失傳」數十年的「宋氏通背拳」。

　　2005年7月6日，安徽省淮北市舉行了一次中國散打爭霸賽。這個爭霸賽在武林中很有名氣，而決賽更是給人留下深刻印象。因為又是名不見經傳的河南「黑馬」宋鐵龍，在連負兩局的情況下，奇蹟般地連扳三局，將久負盛名的「鐵腿王」打下擂臺，成為新的「散打王」。「河南鐵掌」宋鐵龍頓時成為一顆武林「新星」。

　　要談起這位武林新星就不得不提失傳已久的「宋氏通背拳」，它大約始創於清末年間，流傳於甘肅、陝西、大西北一帶，是一種剛柔相濟，融合道家武當派、佛家少林派以及各門各派的通背拳、通臂拳為指標，博採眾家之長，吸各門各派之精華，自創的一門宋氏通背真功。

　　宋氏通背拳的創始人就是宋鐵龍的祖父宋天祥（1889～1987年）。他早年以保鏢、教頭為生，歷經磨難，由道入釋，穿梭於陝西、咸陽一帶，在大西北收徒弟上百餘人。1950年宋氏一家返回老家河南省堰師市李村鎮下莊村，從此在鄉務農，安居樂業。

　　在宋鐵龍7歲時，宋天祥看到孫子的武術功底很好，是塊練武的材料，但又怕惹上是非，便祕密地傳授宋鐵龍「宋氏通背拳」。

　　宋鐵龍是到距村莊約三公里的一處山溝裡練功的，每天他在腳上綁著25公斤的鐵鏈，來回奔跑。他練功的那個山溝是亂葬崗，凌晨5：00之前，這裡只有他「劈啪」的拳腳聲和貓頭鷹的叫聲。就這樣，日復一日，年復一年，從7歲開始到18歲參加工作離開家鄉，宋鐵龍最終練出了一身好武功。由於超強訓練和刻苦用心，18歲宋鐵龍的功夫已經超過了爺爺巔峰時期的水準。

宋鐵龍自幼得祖父祕傳「通背拳」，一身武功四十多年為什麼不能為世人所知呢？說起不願意「張揚」的原因，宋鐵龍說，爺爺曾經非常輝煌過，但由於授徒不慎，不僅兩個徒弟作惡喪命，還讓他傷透了心。因此爺爺在去世前曾經與宋鐵龍「約法三章」：第一，不准與他人比武；第二，不准參加比賽；第三，不准輕易收徒。這也是為什麼江湖之上的「宋氏通背拳」失傳達數十年的原因。

十三棍僧救唐王

隋末年間，天下大亂。王世充占洛陽後，自立皇帝，定國號為「鄭」。封其姪兒王仁則為領兵大元帥，叔姪倆終日東殺西戰，百姓飽受戰亂之苦。

洛陽城郊十多里的柏谷莊，有少林寺千畝田地，在那裡住有13個和尚，專管種田護院。

一日，飼養牲口的和尚智守來到打穀場上，靠著穀草堆休息，他聽見草堆背面有男女說話聲，一個女人說：「哎，我在那裡撿了一個石疙瘩，方方正正的，一面還有字呢。」男的說：「拿來我看看，刻的有龍，哎呀，怕是皇家的東西吧。」

智守聽到這裡，知道是「秦王之印」。智守把這夫婦帶到莊院，讓他們向其餘和尚又說了一遍。寺主僧志操對他倆說：「秦王印是皇家之物，老百姓不能收藏。」志操說罷，送給他夫婦倆一袋高粱麵，讓他們遠離洛陽這個是非之地。

那夫婦走後，13個和尚就議論起來，有的說：「唐王父子辦事順天理」，有的說：「王世充自稱皇帝，禍國殃民。」最後他們一致認為，那

個被綁起來打進囚車的郎中一定是秦王李世民，要設法搭救才是。

太陽西沉，13個和尚扮成挑柴的壯漢，隨著人群要進洛陽城。他們來到城門口時，走在最前邊的飼養僧智守將柴擔一扔，施出「點按術」，撥倒幾個人，13個和尚就在一片混亂之中混進了洛陽城。

進了王城，他們直奔監牢。智興、道廣、普惠、明嵩抓來幾個禁卒問情況。隨後，他們把那幾個禁卒結結實實地捆綁起來，扔在背角處。大夥搭起人梯，由曇宗帶領智守和普勝，越過獄牆進監獄救人，其餘和尚在外警戒。

曇宗三人來到監獄門口，燈光下只見有兩個獄卒在門口把守，曇宗使了個眼色，普勝、智守飛身上了房頂，又飛身下來將兩個獄卒的脖子卡住，提到暗處捆了起來。

來到內監，他們認出戴著一大副大枷，靠牆根坐著的便是秦王李世民。

李世民忽然聽到腳步聲，以為是夜裡提審他，嚇得渾身大汗。曇宗來到李世民跟前，拿了鑰匙開了大枷，順勢背起李世民跑出內監，智守、普勝隨後跟著出來。

這時，上座僧善護、寺主僧志操早把城門打開，13個和尚碰在一起，決定一不做二不休，兵分兩路，一路送李世民出城，一路去捉拿賊子王仁則，事後到洛陽橋頭相會。

曇宗等五人去捉王仁則時，忽聽到牆內傳出女子哭爹喊娘的尖叫聲。善護這時立即將四個鄭兵擒到跟前，問道：「你們到這裡幹什麼？」鄭兵說：「王仁則酒後經過這家門口，見院中一女子相貌美麗，就進去行房，讓他們在門口守衛。」

曇宗聽罷，便與明嵩衝進了院子。院內的衛兵發現了他們，罵道：「禿驢，誰讓你們進的院？」曇宗撲上去來了個「雙手關門」，兩個衛兵應聲倒地。王仁則在屋內立即把門窗關緊，把燈熄滅。曇宗推了推門，緊如鐵板，摸了摸窗櫺，是八方梅花鐵釦窗，無法進去。這時他聞到了一股酸味，伸手一摸，是一缸柿子醋。曇宗靈機一動，舀醋往屋牆上澆起來，土牆遇到醋就鬆軟脫落，不一會兒，牆上就透出了一個大窟窿。

曇宗讓明嵩撞門，他趁機從洞中鑽進屋去。王仁則發現有人進來，劈頭就是一劍，曇宗來了個金砂飛掌，撥過來劍，兩人就在黑暗中打鬥起來。

忽然，一個東西把曇宗絆了個趔趄，他一摸是一缸泡菜，菜上壓了一盤石磨，於是便來了個「白蛇吐信」，拿起缸照著王仁則砸去，只聽「哎呀」一聲，王仁則倒在地上。曇宗讓女子快開門，點燈。

明嵩進到屋裡，燈光下看見王仁則鮮血直流，但嘴裡還不停地叫罵。曇宗拿了一塊棉絮，塞進王仁則嘴裡，兩個人用繩子將王仁則捆住，往肩上一扛，急忙趕往洛陽橋。

再說志操他們在官馬棚又找到 14 匹馬，正在洛陽橋等候，曇宗他們一到，14 匹馬飛奔而去。曇宗用手臂夾著王仁則騎馬跑在隊伍中間。

沒走多遠，鄭兵就追了過來，這時正好唐兵從西面趕來，將李世民與 13 個和尚讓過，迎頭與鄭兵拚殺起來。

這時，13 個少林和尚才將事情的經過從頭至尾向李世民說了一遍，又把俘虜王仁則和那枚秦王印交給了李世民，然後，他們就回柏谷莊去了。

太極拳開山鼻祖 —— 陳王廷

在《陳氏家譜》中，陳卜被奉為一世祖，但他並不是太極拳的創始人。明萬曆中期，陳卜的第九世孫陳王廷採眾家之長，創編太極拳，成為一代武林泰。因此，陳王廷才是公認的太極拳鼻祖。

按照《陳氏家譜》的描述，陳王廷天資聰慧，自幼勤奮好學，白天練武功，晚上學文化。他不僅深得家傳武藝，而且熟讀諸子百家，是個文武雙全的人才。因他生得面紅莊重，蓄有美髯，又騎一匹棗紅馬，慣使春秋大刀，江湖上人送綽號「二關公」。據傳年輕時陳王廷曾到山東一帶走鏢，當地匪寇無不聞風喪膽。

追溯太極拳的起源，不能不從整理明代民間武術的戚繼光說起。陳王廷晚於戚繼光半個多世紀，是繼戚繼光之後研究和整理中國民間武術的傑出人物。他在整理民間武術套路時，顯然受戚氏的影響很大。在創立太極拳時，陳王廷從戚繼光的「拳經三十二勢」中吸取了二十九勢。陳王廷在繼承祖傳拳術和吸取民間拳術的基礎上，大膽創新，根據《河圖》、《洛書》之太極陰陽八卦學說，與引導、吐納以及中醫經絡學說相結合，融眾家之長，創編出一種陰陽開合、虛實轉換、剛柔相濟、快慢相間的拳術 —— 太極拳。

陳王廷創編的太極拳不但把武術和氣功、經絡學說相結合，還創造了「雙人推手」這一競技運動。中國自古就有踢、打、摔、拿、跌五種技擊方法，但幾千年來，這五種方法都是獨立發展，比如摔法就只講摔，不講打。其他四種技擊方法雖也綜合鍛鍊，但仍各具特色，唐代的「南拳北腿」之說就說明了這種分歧。與戚繼光同時代的名手，如山東的「李半天」之腿、「鷹爪王」之拿、「千跌張」之跌和張伯敬之打，都是各具一

技之長，而「太極推手」則綜合擒、拿、跌、擲、打等競技技巧，具有很強的技擊性。再者，由於踢、打、拿、跌四法在實踐中具有較大的傷害性，因此練習者歷來只做假想性或象徵性的練習，這就造就了大批中看不中用的花架子，而前人苦心累積的經驗也因為實踐不足很難提高技擊水準。太極推手的出現解決了這些問題。

悟出太極真諦的陳王廷有一本祕笈從不離身，那就是《黃庭經》。今天，我們從他留下的那首題為〈敘懷〉的長短句中還能窺到一些當年的祕密：「嘆當年，披堅執銳……幾次顛險，蒙恩賜，枉徒然！到而今，年老殘喘，只落得：《黃庭》一卷隨身伴。悶來時造拳，忙來時耕田，趁餘閒，教下些弟子兒孫，成龍成虎任方便……」一代宗師埋名於鄉野之間，創造了聞名於世的「太極拳」。

太極拳能養生、治病嗎

傳統的陳式太極拳，處處講究平衡，講究陰陽相濟、陰陽對稱、陰陽互包、陰陽交替、陰陽消長、陰陽互根等。這樣一種武術理念，促使人體各個系統整體性地進行自我調整，從而達到一種生命的穩態，即動態平衡。太極拳調節作用的特點是以外促內，由內及外，內外結合，內外互動，就是我們常說的「一陰一陽互為其根」。

具體到細節，應該有如下幾個方面：

(1) 拳走低架對運動系統的調節

俗話說，人老腿先老。練低架太極拳，腿部肌肉發達，血管豐滿，這樣就增加了血液輸送與迴流的泵力。透過練拳，大腿肌肉增厚，肌

肉群的伸展收縮，本身就產生了一種對心臟血液收放泵力作用的輔助功能。

(2) 螺旋運動對循環系統的調節

陳式太極拳注重順逆纏絲勁的鍛鍊。這種胸腰的開合旋轉、手腳的順逆纏絲，對舒筋活絡、疏通氣血都有好處，尤其是對人體的微循環系統有好處。

(3) 丹田內轉對消化系統的調節

此拳強調丹田內轉，胸腰摺疊，所有動作都要求以丹田帶動，腰不動，手不發。因此它首先透過丹田內轉運動，進行自我按摩，提高了小腸壁微血管的功能，增強了吸收功能。

(4) 動作繁難對神經系統的調節

陳式太極拳的動作比較多，一路和二路共有 154 個式子、600 多個動作。由於動作繁難，所以要求練拳時思想高度集中，強呼叫意，以一念代萬念。因此，練拳比單純地練習靜功更容易入靜。這是真正的動中求靜，也是「勞形凝神以健腦」。

(5) 腹式呼吸對呼吸系統的調節

陳式太極拳強調丹田內轉，實質上是鍛鍊腹式呼吸。腹式呼吸與肺呼吸相結合，從而加大了肺活量。

(6) 骨盆運動對內分泌系統、泌尿系統、生殖系統的調節

陳式太極拳特別強調丹田運動，丹田所處的位置正是骨盆。鍛鍊骨盆的肌肉韌帶，能夠增強骨盆內的內臟器官的功能，也就是中醫講的強腎壯腰。有許多例子顯示，陳式太極拳對提高泌尿系統、生殖系統的功能，具有很好的作用。

(7) 輕沉兼備的鍛鍊方式有利於調整「上盛下虛」的時代病

「上盛下虛」是中醫術語，指肝腎兩虛引起的血壓升高、心悸失眠等病症。陳式太極拳大部分是加大下盤運動量，從而使人體下盤穩固如山，上肢如風吹楊柳，這有利於周身氣血的平衡，避免「上盛下虛」之弊。同時，陳式太極拳不僅強調肢體放鬆，還強調輕沉兼備，鬆與沉、輕與沉必須相輔相成，從而達到上下動態的平衡和身心的平衡。

(8) 傳統陳式太極拳是最佳的有氧代謝運動

「生命在於運動」，但運動形式多種多樣。許多醫學家告訴我們：最好的運動方式是有氧代謝運動。陳式太極拳強調走低架，能夠提高腿部肌肉的耐力；在鍛鍊過程中，要求快慢相間，有蓄有發，剛柔相濟，而且時間比較長，運動量較大，能夠保持人體吸入、輸送、使用氧氣的代謝過程，達到汗流而不喘的運動效果。

太極拳的故鄉 —— 河南溫縣陳家溝

陳家溝村位於河南省焦作市溫縣境內，與三國名人司馬懿的家鄉是近鄰。

「南望黃河驚濤萬里走東海，北依太行雄風千仞映旭光。」這是陳家溝大街上「拳源勝境」牌坊上的巨幅對聯，它在宣揚太極拳魂的同時也道出了陳家溝的地理風貌。

坐落於山河之間、沃野之上的陳家溝以「溝」命名，是由於村中多溝，據說大大小小有十幾條溝縱橫交織，其中有三條天然大溝貫穿南北。從居住生活講，村中多溝本是劣勢，可是陳家溝人似乎不這麼看，他們說：「三條溝是三條轎桿，整座陳家溝就是一頂被永遠抬起的轎子，是天生的福地、貴地。」

化不利為有利，陰與陽的相互轉換理論在陳家溝無處不在。

陳家溝在世界極具魅力，它是太極拳的故鄉。據《溫縣縣志》記載：「明洪武初年，因元兵守懷慶（懷慶府管轄八縣，溫縣在內），明兵六攻不下，急於統一天下。太祖遷怒於民，大加屠戮，時溫民死者甚多。」人煙幾絕，十有八九由山西洪洞遷徙而來。當地至今尚有「問我祖先何處來，山西洪洞大槐樹」的說法。

自明末清初陳氏第九世陳王廷創編了太極拳以來，陳家溝代代相傳，名手輩出，屹立於中華武術之林，是中外人士嚮往、遊覽、拜師學藝的「太極聖地」。

陳王廷（西元1600～1680年），明末清初人。文武兼備，精於拳械，功夫深厚。在河南山東一帶很有聲望，曾在山東掃蕩群匪，賊聞其名不敢逼近。在他老年隱居期間，依據祖傳的拳術，博採眾家之精華，

結合太極陰陽之理，參考中醫經絡學說及導引、吐納之術，創造了一套陰陽結合、剛柔相濟的太極拳。陳王廷傳授下來的有一路至五路太極拳，炮捶一路，長拳一百零八勢，雙人推手和刀、槍、劍、棍、鐧、雙人黏槍等器械。其中雙人推手和雙人黏槍更具前所未有的獨特風格。

自陳王廷之後，陳家溝練習太極拳很盛行，老幼婦孺皆練習，全村80％以上的人會打太極拳，就連小孩子玩遊戲也離不開太極招式。所以在當地流傳著這樣一句話：「喝喝陳溝水，都會蹺蹺腿。」

太極拳自17世紀創編以來，經過數百年的不斷發展，目前已成為熱門武術之一。

天地會源自少林

天地會是中國歷史上著名的祕密結社組織之一。在清代，它曾廣泛活躍於中國福建、廣東、廣西、江西、浙江、湖南、雲南、貴州、四川等省，對清朝統治發起過一次又一次的衝擊。這名震大江南北、被無數影視所演繹的天地會其實源自河南少林寺的武僧。

話說嘉慶十六年（西元1811年），清政府在廣西東蘭州（今東蘭縣）姚大羔家查獲天地會《會簿》一件。《會簿》記述了天地會創立的一段悲壯歷史，這就是著名的「西魯故事」。

少林寺僧曾幫助康熙皇帝打退「西魯人」入侵，但未受朝廷的封賞。他們回少林寺後，遭到奸臣陷害，寺院被焚，128位和尚只有18人死裡逃生，其餘慘死。又歷盡艱辛，剩下5人，走向海石連天的長沙灣口。這時，從海面上漂來白錠香爐一個，他們取來一看，香爐底上有「興明

絕清」四字，大受鼓舞，認為命不該絕，決定效法三國時劉、關、張「桃園結義」，乃歃血盟誓，結拜「天地會」，時為康熙甲寅年，即西元 1674 年 7 月 25 日。當此之時，又來了一位年輕男子，自稱姓朱名洪竹，係崇禎皇帝朱由檢西宮娘娘李神妃之孫。當年李自成攻打北京時，李神妃懷胎逃出京城，躲藏於伏華山，生下男兒朱洪英，後來朱洪英又生下一子，即朱洪竹。於是，少林寺五僧便共扶朱洪竹為主，創立「天地會」。

就少林寺的史料而言，確確實實有幾個疑點與「西魯故事」有關：

其一，清初少林寺首任方丈彼岸海寬等人，自順治九年至十一年的三年間（西元 1652～1654 年），大行「天地冥陽水陸賑孤薦祖大法會」，驚動了鞏縣、偃師、登封三縣民眾。這裡不但首揭「天地」一詞，而且顯然是為因清朝入關而慘死者的亡靈祭悼，頗得民眾支持。

其二，清政府於順治三年（西元 1646 年）三月曾「換給新劄」，命彼岸海寬為少林寺住持。但海寬以患「足疾」為由，並未去禮部領取「新劄」，一直到順治十五年（西元 1658 年）春才赴任。他上堂時宣稱「一堂風冷淡千古」，心中彷彿有難言之隱。

其三，彼岸海寬的弟子純白永玉接任少林寺方丈後不久，在康熙三年（西元 1664 年）棄職北上，從此少林寺即無方丈。到底是什麼原因使永玉棄職而走呢？

其四，雍正皇帝在那件關於全面整修少林寺的奏摺上御批說：「朕覽圖內，門頭二十五房，距寺門遠，零星散處，俱不在此寺之內。向來值省房頭僧人，類多不守清規，妄行生事，為釋門敗種。今少林寺即行修建，成一叢林，即不應令此等房頭散處寺外，難於稽查管束。應將所有房屋俱拆，造於寺牆之外左右兩旁，作為寮房。」雍正皇帝指責少林寺房頭們「不守清規，妄行生事，為釋門敗種」，顯然暗示了房頭們有反清

的言行。他下令將二十五房門頭的住所悉數拆毀，以便於「稽查管束」，推測這次強行拆除行動亦必遭到反抗，「寺院被焚」是否指門頭的住所被焚？

孰是孰非，爭議雖然不斷，但總有一段傳說存在，也許是天地會假少林之名以發展壯大，也未知。

為什麼說「天下功夫出少林」

少林武功是中國傳統武術的一個重要組成部分，是正宗的中國功夫。「中國功夫驚天下，天下功夫出少林。」少林武功，名揚四海，在中國武術史上占有重要的一頁。

少林武功起源於嵩山少林寺，並因此而得名。佛門以清淨為本，僧人以慈悲為懷，作為禪宗祖庭的嵩山少林寺，為什麼卻素以武功為人敬仰，流傳千古，聞名於世呢？這還得從頭談起。

相傳北魏孝昌三年（西元527年），印度高僧達摩來到嵩山少林寺傳授佛教的禪宗。由於終日面壁靜坐，不免筋骨睏倦，加上在深山老林，野獸不斷侵擾。為了驅倦防獸，健身護寺，達摩等人仿效中國古代人民，按照身體的各種動作，編成健身活動的「活身法」。達摩在空暇時間，練習了幾手用鏈、棍、杖、劍等防盜護身的動作，後人稱之為「達摩鏈」、「達摩杖」、「達摩劍」。此後他又吸取鳥獸、蟲魚飛翔騰躍之姿，發展活身法，創造了一套動靜結合的「羅漢手」。這套健身術，後經歷代長期演練、綜合、充實、提高，逐步形成了一套拳術，共達百餘種，武術上總稱「少林拳」。

南北朝以後，隨著社會的進步和形勢的需要，要求少林武功向精湛的技擊方面發展，於是開始實行了有組織的、嚴格的僧兵訓練。每日晨光曦微，師僧們同起而習之，冬練三九，夏練三伏，四季不斷，苦練武藝。隋唐之際，少林武功已享盛名。北宋時期，宋太祖趙匡胤喜愛拳術，而且不少拳法是他創造的，曾將他的拳書藏於少林寺。到了金末元初之際，少林拳有了較大的發展，少林派拳術大師白玉峰、覺遠、李叟等人精心研究少林拳法，並注意拳法的整理和傳授。他們將少林拳中的「羅漢十八手」發展為七十二手，以後又發展到一百七十三手。五代十國時期，高僧福居特邀 28 位著名武術家到少林寺演練兩年，傳授拳法。明代抗倭名將俞大猷也曾到少林寺傳授棍術。少林寺僧透過博採百家精華，發展少林武功。明代以來，少林寺演武之風極盛，凡來少林寺者，都要以觀武作為遊此古寺的高潮或結束。故世人長云：「天下功夫出少林！」

與眾不同的襄縣「心意拳」

提起心意六合拳（又稱形意拳），人們普遍知道有山西派、河南派，但襄縣傳承的一支心意拳卻甚少人知。別家心意拳一般都有十大形，但襄縣心意拳卻沒有，系統結構有很大的不同，技術上的重大差別更為人所不知。

襄縣全稱襄城縣，屬河南省許昌市。襄縣心意六合拳獨具特色，與其他地區流傳的心意拳頗有不同。

襄縣心意六合拳，不但流傳於襄縣西街回族中，而且在漢族中大多數武術愛好者練的也都是心意六合拳，城西城北農村都很普及。這與心

意六合拳在襄縣流傳歷史悠久、深得武術愛好者喜歡是分不開的。

襄縣心意拳的內容有溜雞腿、雞踩步、熊出洞、十字把、四把捶、心意全捶，除溜雞腿、雞踩步外，熊出洞、十字把、四把捶又都收在全捶裡。器械有六合大槍、十三槍對扎、風矛槍、鸞刀、春秋大刀、連劍（一棍齊眉，一棍齊胸，以鐵鏈相連線，又稱勾連棍或大兩節棍、長梢子）。最重要的基本功就是溜雞腿、雞踩步、熊出洞、十字把。其中熊出洞和十字把可以說是非常簡單但功效宏大的丹田功，拳功一體，沒有另外的丹田功練法。

學習心意拳，有了扎實的基礎，就可以離開師父自己練習了。能把大槍和全捶全部學完的，只有少數徒弟。

風味傳承：
河南的經典美食與飲食文化

道口燒雞

豫北滑縣道口鎮素有「燒雞之鄉」的稱號。「義興張」的道口燒雞，像金華火腿、高郵鴨蛋、北京烤鴨一樣，譽滿全中國，名揚海外。

道口燒雞具有五味佳、酥香軟爛、鹹淡適口、肥而不膩的特點。食用不需要刀切，用手一抖，骨肉即自行分離，無論涼熱，食之均餘香滿口。

道口燒雞創始於清順治十八年（西元1661年），距今已有三百多年的歷史。據《滑縣志》記載，在開始的一百多年時間裡，由於技術條件差，尚未具特色，生意並不興隆。到乾隆五十二年（西元1787年），現在的燒雞大師張存友的先祖張炳，一次在大街閒逛，偶遇一位曾在清宮御膳房做過御廚的老友，從此得「要想燒雞香，八料加老湯」的祕訣。八料為陳皮、肉桂、荳蔻、白芷、丁香、草果、砂仁和良薑八種作料。張炳按其用法、用量，依法烹製，製出的燒雞果然大有成色。後來，他又在長期的製作實踐中，對嚴格選雞、宰殺褪毛、開剖加工、撐雞造型、油炸烹煮、用湯下料、掌握火候等方面不斷進行探索改進，從而總結出一整套成功的經驗。當時，張炳的燒雞「色、香、味、爛」，被世人稱為四絕。從此，他的燒雞聲譽大振，遠近聞名，其定鋪號名為「義興張」。

清嘉慶年間（西元1796～1820年），一次嘉慶皇帝出巡路過道口，忽聞奇香而振奮，問左右人道：「何物發出此香？」左右答道：「燒雞。」隨從將燒雞獻上，嘉慶嘗後大喜道：「色、香、味三絕。」從此以後，道口燒雞成了清廷的貢品。張炳的世代子孫繼承和發展了祖先的精湛技藝，使「義興張」燒雞一直保持著其獨特的風味。

開封桶子雞

桶子雞是開封幾大名吃之一。說到桶子雞，就要先說一說開封的百年老店「馬豫興」。現在在中國很多地方都有打著它的旗號開的店，大家也許對這個名字並不陌生。但說到它的全稱「金陵教門－馬豫興」，就很少有人知道了。

從它的名字上看就知道「馬豫興」其實並不是開封土生土長的，「馬豫興」的創始人是馬永岑。馬家原是雲南的回民，家勢顯赫，大致在清朝順治年間（西元1644～1661年），吳三桂擁兵入滇，馬家受到極大影響，於是遷到了金陵（現在的南京），開設了商號「春輝堂」。到了咸豐年間（西元1851～1861年），由於太平軍和清廷之間的征戰，金陵處於兵火之中，馬家在馬永岑的帶領之下來到了開封。當時在開封開的商號叫「豫盛永」，主要經營南北食貨。馬永岑針對中原盛產雞的情況，結合南京鴨製品的加工方法，苦心鑽研，以母雞為原料，不開膛，不破肚，使雞成為桶狀，做出了新的品種——「桶子雞」。當時桶子雞就十分受人歡迎，到了同治三年（西元1864年），馬永岑又開了新店，取名叫「金陵教門－馬豫興」，教門表示他信奉的是伊斯蘭教。時過境遷，現在桶子雞的做法早已被開封的廣大商家所熟悉，有些店的桶子雞比起「馬豫興」的絲毫不差。

桶子雞以其色澤鮮黃、鹹香嫩脆、肥而不膩、越嚼越香幾大特點而出名。有些朋友吃過桶子雞感覺並不好，常抱怨咬不爛，啃不動，這除了和做的品質有關外，很大的原因是吃法上不對。由於桶子雞本身的特點就有一個脆字，注定了它並非是用刀剁成幾塊，啃來啃去；也不是撕成幾半，大口地去咬。桶子雞講究的是要先剔骨，再切片，吃的時候夾

起無骨的肉片,細細嚼來,越嚼越香。從這一點來看,桶子雞並非是讓人吃飽的食品,而是讓人去享受的食品。

桶子雞最好的部位是雞大腿,味道香、口感好,用幾個雞大腿切成的細片,是冷盤中的上等品。

「長壽魚」

洛陽長壽魚是以黃河鯉魚為原料的一道名菜,河南省的黃河鯉魚以肉質鮮嫩而馳名。長壽魚即是由黃河鯉魚加上枸杞子共同烹製而成,鹹、甜、酸三味俱全,色澤紅亮,極具藥用價值。

洛陽長壽魚相傳,東漢光武帝劉秀有一年春天外出遊獵,過邙山,來到黃河之濱。故地重遊,神氣清爽。突然一條赤色鯉魚躍出水面,在陽光下,金光耀眼。劉秀大喜,遂命人捉回宮去。御廚別出心裁,將鯉魚與枸杞子同燒,名曰長壽魚。劉秀食後,頓覺精神倍加,疲倦消失,常食之,身體也健康起來。此後,長壽魚傳入民間,成為洛陽的一道名菜。

一段燒灌腸,一片真孝心

內黃灌腸,是內黃縣特有的地方風味小吃,它是以豬血、豬腸、麵粉、香油、五香料為主要原料製成。

先將豬血放入30％的鹽水溶液裡,用木棍攪拌,使之不凝固。繼之,再和4:1的稀水麵汁混在一起,分批適量地灌入洗淨的豬腸之中,

待其血漿、麵汁的混合體在腸內凝固後,即可放入水鍋內用小火溫煮,並要不斷用針灸腸,使之冒出氣泡,以免腸衣崩破。一般情況下約1.5小時即可煮熟食用,如再進行加工則更好。其加工方法是:用手托腸,以刀剖為適量薄片,根據不同季節和食者愛好,可用蒜汁、香油調拌,稱之為涼調灌腸;或放入底平煎盤加油煎,看好火色,待塊體由紅變紫黑,腸衣向外津油,用小鐵鏟翻動,即可盛入分盤食用。用小磨香油煎更好。

灌腸含有大量脂肪、蛋白質、小麥澱粉、醣類以及元素鐵、鈣、鉀、鈉等成分,所以大有補血、健脾、壯筋骨等功能。加上物美價廉,尤為民眾所喜愛。

有關這灌腸,還有一段傳說,這傳說與隋唐時期的著名人物程咬金有關。在早年,程咬金與老母親在鄉下艱難度日,鄉人非常可憐這母子倆,他們就常常把殺豬剩下的豬血、大腸施捨給他們,老程就靠賣這些換得一些飯菜度日。有一日鄰人施捨了許多豬血、大腸等物,老程家窮,無器皿可用,又想把這好好的東西留存下來孝敬母親,就將豬血灌入腸子中存放。誰知這一灌,等過了些時日再拿與母親吃時,感覺味道特別好,於是就有了這流傳下來的安陽特色小吃燒灌腸。這段灌腸,同時也包含了老程對母親的一片孝心。

「總統」粉皮

界溝粉皮以口感細膩、晶亮透明、柔韌清香而成為河南商丘一著名風味小吃,遠銷中國各地。

相傳,宋仁宗年間(西元1023～1063年),現在的河南虞城縣界溝

鎮為一驛站，名字叫界溝驛。有一年大旱，龍圖閣大學士包拯奉詔沿包河運糧至界溝驛一帶賑災。船至界溝驛時，包拯所帶的糧船被水淹沒，打撈上來的糧食不得不在岸上晾晒。現界溝鎮仍存有包拯晾米臺。

包拯在界溝驛賑糧，救活難民無數。王小廟村村民為感謝朝廷恩德，向包拯奉上村裡特製的綠豆粉皮。王小廟村的綠豆粉皮質地純潔，透亮耐煮，光滑柔韌，美味可口。包拯品嘗後連聲稱讚。返回京城時，包拯又用高出市價數倍的銀兩購買了一些王小廟村的純綠豆粉皮，回去後呈送到皇宮。從那以後，王小廟村的純綠豆粉皮就成了御宴上的佳餚美味。

據王小廟村的老人回憶，他們村裡的人王姓居多，在王家老太爺的老太爺時就開始做粉皮。即便是關於包拯和他們村純綠豆粉皮的故事帶有演繹色彩，但他們村製作粉皮的歷史也絕不會少於幾百年。

界溝粉皮又因曾經被稱為「總統」粉皮而享譽民間。據王小廟村的王玉珍老人講，當年，王小廟村出了一個英勇的國民革命軍軍官，名叫王朝竹，官至旅長，著名軍閥孫殿英當時只是他的一個馬前卒。1912年年初，王朝竹帶兵路過家鄉時，從王小廟村帶了一些家鄉生產的純綠豆粉皮到南京送給時任臨時大總統的孫中山品嘗。孫中山吃後，連聲誇讚。1986年，村民根據王朝竹曾將粉皮送給臨時大總統孫中山品嘗的事情，替當地生產出來的粉皮取了個名字，叫「總統」粉皮。

水花佛手糖糕

豫西一絕「水花佛手糖糕」，是三門峽市的傳統特產，它造型別緻，焦酥適口，香而不膩，風味別緻，深受人們歡迎。

相傳 1900 年八國聯軍侵入北京，慈禧太后倉皇出逃，後來在返京途中，路過陝州，即今天的三門峽市。慈禧平常篤信佛祖，人稱老佛爺，但這位老佛爺卻不是吃素的，返京途中，到處要吃要喝，地方官伺候得她滿意的往往得到賞賜提升。當時陝州的知州打聽到這些情況，為了獻媚邀寵，使自己的官越做越大，就來了個「借花獻佛」，命令當地的高手名廚精心製作了一款造型別緻的「水花佛手糖糕」敬獻給慈禧食用。

　　糖糕表層如同黃河的浪花，堆疊起泡，薄如蟬翼，色如紅金，狀如佛手。慈禧一看那「佛手」，猶如無數精美的水花，頓覺喜從心來。因為慈禧剛剛經歷了一次狼狽的逃難，險些失去統治寶座，現在是驚魂稍定，原先的地位和權力依然保持如初，心中本就充滿了喜悅，這時又見到吉祥的佛手，好像在向她報喜，當然喜不自勝，於是興高采烈地嘗了起來。果然風味不同凡響，糖糕焦酥香軟，充溢著一股玫瑰的芳香，慈禧不由得露出了滿意的笑容。她對陝州知州說道：「卿用心良苦，朕自知之，為我佛如來，特賜此饌製作者一件黃馬褂。」陝州知州也受到了特殊恩遇。

　　經慈禧親口一嘗，水花佛手糖糕名聲大振，日益流行起來，至今仍在豫西一帶享有盛名。

乾隆爺親讚秦氏燻肉

　　安陽秦氏燻肉　說起燻肉，古已有之，綜觀中國古代飲食，早在唐代以前，「炙品」就在菜餚中占有很大的比重。但值得一提的是安陽地方特色「三燻」的代表作之一「秦氏燻肉」。據傳清高宗乾隆十五年（西元 1750 年），乾隆皇帝到河南嵩山，途經安陽小憩，進膳時對當地官員進奉的一

風味傳承：河南的經典美食與飲食文化

道菜「燻肉」讚不絕口。至此「秦氏燻肉」在民間廣為傳揚。

清朝末年，袁世凱下野閒居安陽北郊洹上村時，其做家宴和宴請賓客時，「秦氏燻肉」也是必不可少的一道菜餚。

如今的「秦氏燻肉」歷經兩百餘年風雨滄桑、十代傳人的不斷改進，在祖傳的獨特祕方基礎上融入現代工藝，色、香、味都更上一層樓。尤其是第十代傳人秦濤，在保持特色、挖掘繼承傳統的基礎上，博採眾家之長，大膽創新，在原有 29 味調味料基礎上，又加入十餘種名貴中草藥和多種純天然植物香料，運用現代科技工藝製作，形成香而不膩、爛而不黏、瘦而不柴的獨特口味。肉爛骨酥而不黏手，肉香直透骨筋，切開後滿室飄香。

寧陵關家槓子饃

據《寧陵縣志》記載：寧陵槓子饃是寧陵縣城東街久享盛譽的食品。槓子饃味道純正，軟硬適口，色澤漂亮，火候講究。這種饃用開水一泡，軟如蛋糕，用湯匙一壓即成糊狀，酷似牛乳，可代替牛奶餵小孩，故又稱「牛奶饃」。

在河南寧陵縣城，槓子饃還有另一個別名，叫「饃樣子」。「樣子」意為樣品，就是作為供模仿的標準。也就是說，寧陵槓子饃做得非常考究，其他饃都應該學習槓子饃的做法，寧陵槓子饃是饃的標準。

關於寧陵縣槓子饃，還有一個傳說。明朝末年，李自成率領的起義軍途經寧陵縣，要北渡黃河。為便於攜帶食物，起義軍管夥食的頭目就找到在寧陵縣做饃非常有名氣的關家，讓關家做大饃，一個大饃要讓一個士兵能吃上十多天。老關家就用粗槓子、大鍋做了幾百個大饃送給了

起義軍。老關家的大饃非常可口，既能乾吃，又能泡開後吃，很受士兵歡迎。隨著起義軍的節節勝利，寧陵槓子饃也被士兵宣傳到了中國各地。清朝時，寧陵槓子饃還曾被作為宮廷貢品。

寧陵槓子饃係寧陵縣城東街關家祖傳。現在的傳人名叫關合傑，他的祖父關敬新做饅頭有一絕活：同時將兩個饅頭放進鍋內，兩個拇指隨之一擠，待饅頭出鍋後，兩個饅頭之間就會出現兩個抵頭的活靈活現的「金魚」。

關敬新儘管饅頭做得非常好看，並有捏「金魚」的絕活，但這僅是外表，為了讓饃更好吃，他改變了和麵的方法，就是用粗槓子一遍一遍地擠壓麵，從而使麵更加精細。為了增加擠壓的力量，關敬新使用的槓子越來越粗，並對擠壓的方法加以改進，把槓子的一頭固定在牆裡，人斜著身體在另一頭用屁股擠壓。這樣，壓力更大，做出來的饃也就更加精緻，吃著更有筋性，也更討人喜歡。在關敬新的手中，關家饃逐漸形成了槓子饃的核心工藝及其特徵。

假燕窩，真蘿蔔

洛陽水席的頭道菜是「牡丹燕菜」，原稱為「假燕菜」。所謂「假燕菜」，就是以他物假充燕窩而製成的菜餚。這個作假的源頭也發生在武則天身上。

傳說武則天稱帝以後，天下倒也太平，民間發現了不少的「祥瑞」，如麥生三頭、穀長三穗等。武則天對這些太平盛事當然是滿心高興，十分感興趣。一年秋天，洛陽東關外田裡長出了一個大白蘿蔔，長有三尺，上青下白。這個異常龐大的白蘿蔔，理所當然被當成吉祥之物敬獻

給了女皇。武則天很是歡喜，遂命皇宮御廚將之做菜，來一嘗異味。

蘿蔔能做什麼好菜呢？但女皇之命又不敢不遵，御廚沒有辦法，只好硬著頭皮，對蘿蔔進行了多道加工，並摻入山珍海味，烹製成羹。武則天品嘗之後，感覺香美爽口，很有燕窩湯的味道，就賜名為「假燕菜」。從此，「假燕菜」就加進了武則天的選單，成為武則天經常品嘗的一道菜餚。女皇的喜好影響了一大批貴族、官僚，大家在設宴時都要趕這個流行，把「假燕菜」作為宴席頭道菜，即使在沒有蘿蔔的季節，也想法用其他蔬菜來做成「假燕菜」，以免掉身價。「上有所好，下必甚焉。」宮廷和官場的喜好，極大地影響了民間的食慾，人們不論婚喪嫁娶還是待客娛友，都把「假燕菜」作為桌上首菜來開始整個宴席。後來，隨著時代的推移，武則天的賜名逐漸被淹沒，人們將之稱為「洛陽燕菜」，或簡稱為「燕菜」。

「國色朝酣酒，天香夜襲衣」，洛陽是著名的牡丹城，人們又將富有神奇傳說、嬌豔華貴的牡丹和燕菜結合起來，使之更富有鮮明的洛陽特色。

出自王府的「葛記燜餅」

葛記燜餅是「京都老號」葛記罈子肉燜餅館獨家經營的一種風味食品。據《鄭州飲食行業志》記載，葛記燜餅館的創業人葛明惠先生是清朝滿族鑲黃旗人，生於西元1882年。他10歲進北京珂王府做事，曾為王爺趕車，頗得王爺的欣賞。葛明惠勤快好學，閒時常到王府膳食房幫廚，熟諳烹調技藝。當時，王府中有一種主食千層餅，還有一種菜餚名稱罈子肉。

有一天，王爺回到府中，感到腹中飢餓，葛明惠便越俎代庖，用罈子肉為王爺燜了一盤餅，又用榨菜、芫荽沏了一碗湯，餅軟肉香，清湯爽口，王爺大加讚賞。民國初年，戰亂紛紛，葛明惠攜兩子來河南謀生，危難中想起被王爺大加讚賞的罈子肉燜餅。於是，經朋友幫忙，在鄭州火車站附近開了「罈子肉燜餅館」。葛明惠親自站灶，兩個兒子當助手。

葛記罈子肉燜餅是用餅和特製的罈子肉加青菜燜製而成。其餅是用軟麵烙成千層餅，放涼後切成簾子棍形備用。罈子肉選用帶皮五花豬肉，切成 2 公分見方的方塊，先放入鍋內添水煮開，撇去浮沫雜質，撈出肉塊裝入罈內，下足八大料，外加香腐乳，倒入肉湯封口，大火燒開後，改用文火慢燉，煨至爛熟。

開罈時濃香四溢，過往行人聞香止步，素有「開罈香」之美譽。燜餅時，鍋內用青菜鋪底，放上餅條和罈子肉，加高湯稍燜即成。其肉香醇厚，肥而不膩，其餅柔軟適口，老少皆宜。燜餅時配菜除用豆芽外，更多是用四季鮮菜，如蒜薹、小白菜、茭白等。燜餅用的湯，除豬肉湯外，還用雞湯、鴨骨湯，因此燜出的餅軟香不膩，鮮美爽口。

可點火照明的雞爪麻花

雞爪麻花的來歷無考，據傳有王姓者祖輩以此為業。至清雍正年間（西元 1723～1735 年），河南省柘城縣安平集人劉慎，官任監察御史刑部左侍郎。一次，劉慎回家攜帶著家鄉王家生產的雞爪麻花進貢給皇上。皇上品嘗後龍顏大悅，連聲稱好，讓御膳房作為貢品月月進貢。從那以後，安平集的王家雞爪麻花就有了皇室貢品之幸。

安平集上的王家世代以烹炸雞爪麻花為業，手藝傳男不傳女。傳至

風味傳承：河南的經典美食與飲食文化

王安平一輩時，王家沒有子嗣，只有一女，自小指腹為婚嫁與周家。但周家那位公子意外夭折。王家女子按照當時風俗，在其 16 歲時仍然「嫁」到了周家，並守寡一生，從而立下貞節牌。王家女子「嫁」到周家後，因為王家烹炸雞爪麻花的技藝沒有男子可傳，就把技藝傳給了這位女子。王家女子就在周家把雞爪麻花進一步發揚光大。

安平集地處柘城、淮陽、鹿邑、太康四縣交界處，是商賈雲集之地。清朝時，過往商家凡到安平集，必買周家媳婦烹炸的雞爪麻花。從那以後，正宗的王家雞爪麻花就成了周家雞爪麻花。周家雞爪麻花從周大江傳起，至今在周家已傳四代一百多年。

周家雞爪麻花成品嫩黃、油光透亮、香脆酥焦、風味獨特。在塑膠袋中存放半月仍然酥脆如故；將麻花浸泡在開水裡，十幾分鐘仍香酥不減，好像剛炸出來的一樣；折下一股麻花可當紙煤點火吸煙，如一股接一股地續著點燃，一根雞爪麻花可照明走一里路。有俗語形容周家雞爪麻花曰：「老人食之不硌牙，哺餵幼嬰可代乳，病人吃了生津開胃。」

因「炸」秦檜而出名的菜

河南人遇到逢年過節或是家中來客，總愛做一大鍋雜燴菜來招待客人。雜燴菜就是把白菜、粉條、白豆腐、油炸豆腐、肉丸子等放在一起，再加上薑、蔥、香菜以及其他作料熬成一大鍋。吃時，一人一碗，或配蒸饃，或配白米飯，既簡單方便，又經濟實惠，這種就餐形式在河南一帶由來已久。其實這道菜最初的名字不叫雜燴菜，而是叫做「炸檜菜」。關於它，至今民間還流傳著這麼一段有趣的傳說呢！

相傳南宋時期，朱敦儒時逢六十壽辰，便邀集了一些親朋舊友前來

小聚。不料這時突然從京城臨安傳來消息說，抗金元帥岳飛因接連打敗金兀朮，惹惱了奸相秦檜，秦檜遂與其妻王氏密謀，以「莫須有」的罪名將岳飛殺害於風波亭。一時間，各種憤恨交織在一起，朱敦儒哪裡還有心情飲酒歡聚？但客人既已前來赴宴，又怎能讓他們空著肚子回去。於是朱便吩咐家廚：「今日不飲酒，也無須擺那些盤碟，只把備好的蔬菜熬在一起，一人一碗，配上蒸饅端來即是。」

想來這些親朋舊友都是些養尊處優的人，平日裡吃慣了山珍海味，喝順了美酒佳釀，如今這一碗碗粗製的熬菜哪裡嚥得下去！朱敦儒見大家遲遲不動筷子，便夾起碗中一個丸子說：「如今奸臣當道，殘害忠良。岳元帥一生精忠報國，竟然慘死在『莫須有』的罪名下。我恨不能砍下秦檜的頭顱下油鍋⋯⋯」他的話還沒說完，一位客人便忽地站了起來，義憤填膺地說：「大人，這碗熬菜中的丸子就是秦檜的頭，油炸豆腐就是秦檜的肉，粉條就是秦檜的腸子。來，我們大家一起把秦檜這廝吃下去，替我們的岳元帥報仇！」

於是，滿座客人一齊響應，紛紛拿起筷子，頃刻之間就把一碗碗熬菜吃了個精光。菜吃完了，有人問：「該給這道菜起個啥名字呢？」朱敦儒想了想說：「就叫『炸檜菜』吧！」很快，這件事傳入了民間。人們出於對秦檜的憤恨，紛紛做起「炸檜菜」吃。後來，因為這道菜是將各種雜七雜八的菜燴在一起做成的，所以，人們又將它叫做「雜燴菜」了。

好點心出好功夫 —— 少林八寶酥

少林八寶酥，是少林和尚的傳統食品，它是少林和尚以靈芝、猴頭菇、銀耳、銀杏、木耳、嵩菇、香菇、茯苓八種山珍、補藥分別製成的

八種香酥，總稱為少林八寶酥。因為它們各有療效，交替食用，能造成強筋活絡、提神健身、延年益壽的奇效，所以一直被武僧當做強身之寶。

早在一千多年前，少林八寶酥還曾被唐太宗盛讚為「稀世奇味」。事情是這樣的：

李世民在沒登上帝位之前，被父皇封為秦王，負責率兵在外蕩平各路諸侯。這一年他奉旨帶兵，平定洛陽的王世充，不料被王世充抓住，投入監牢。少林寺武功卓著的十三棍僧聽到這個消息後，以曇宗為頭，深夜潛入洛陽，從獄中救出了李世民，並且幫助秦王掃平天下，立下了許多戰功。對於十三棍僧的救命之恩和卓著戰功，李世民銘記在心。他登基後，馬上傳旨召見了十三棍僧，賜予食地四十頃，還特別恩准少林寺可以招僧兵，參政事，食酒肉，開殺戒，並封曇宗和尚為大將軍。又在寺中立起了御碑，把自己的這些敕令一一勒刻於碑，以昭示後來之君和天下官吏、百姓。

貞觀三年（西元629年），李世民帶著滿朝文武官吏來到了少林寺，大將軍曇宗和尚擺下蟠龍宴迎接聖駕。太宗皇帝對滿桌的山珍海味都不在意，唯獨對「少林八寶酥」情有獨鍾。他在品嘗之後，不由昂首吟道：「洛城烽火憶猶存，少林八酥今又聞，真乃稀世奇味也！」但就是被太宗皇帝譽為稀世奇味的少林八寶酥，到了晚唐年間，在唐武宗滅絕佛法的風潮中，也未能逃脫厄運而失傳了。

今天，少林食品廠根據歷史記載，又經少林高僧德禪大師，素喜、永真等禪師的指點，經過潛心研究，終於使這「稀世奇味」重見天日。

慈禧巧創「鯉魚焙麵」

鯉魚焙麵是開封的傳統名菜。在開封市大酒店裡，經常可以看到有客人品嘗這道名菜。鯉魚焙麵是由「糖醋熘魚」、「焙麵」兩道名菜配製而成。

糖醋熘魚的製作，在開封有悠久的歷史。據《東京夢華錄》記載：北宋時期在東京市場上已經流行。它是以鯉魚尤以黃河鯉魚為上品原料，經過初步加工後，用坡刀把魚的兩面解成瓦壟花紋，入熱油鍋炸透，然後以適量白糖、香醋、薑末、料酒、食鹽等調味料，兌入開水，勾加流水芡，用旺火熱油烘汁，至油和糖醋汁全部融合，放進炸魚，潑上芡汁即成。其色澤棗紅，軟嫩鮮香，甜中透酸，酸中微鹹。

1900年，清光緒皇帝和慈禧太后為逃避八國聯軍之難，曾在開封停留。開封府衙著名廚備膳，貢奉「糖醋熘魚」和「焙麵」。慈禧見狀後，心血來潮說道：「鯉魚靜躺盤中，大概是睡著了，應該替牠蓋上被子，免得受涼。」隨之起筷將「焙麵」覆蓋魚身，「鯉魚焙麵」從此傳為佳餚。光緒皇帝和慈禧太后食後，對兩菜連聲稱讚。光緒稱之「古都一佳餚」；慈禧高興地說：「膳後忘返。」他們讓隨身太監手書一聯：「熘魚出何處，中原古汴梁」，賜給開封府以示表彰。

「焙麵」亦稱「龍鬚麵」。據《如夢錄》載：明代開封每逢農曆二月初二，所謂「龍抬頭」之日，為呈吉祥，官府、民間都以細麵相贈，稱之為「龍鬚麵」。起初麵用水煮食，後來經過不斷改進，過油炸焦，使其蓬鬆酥脆，吸汁後，配菜餚同食，故稱「焙麵」。

1930年前後，開封名師最早將用油炸過的「龍鬚麵」，蓋在做好的「糖醋熘魚」上面，創作了「糖醋熘魚帶焙麵」名菜，深為顧客歡迎。將

風味傳承：河南的經典美食與飲食文化

兩者合而為一，既可食魚，又可以麵蘸汁，故別有風味。其後，該菜逐漸傳開。

後來，拉麵傳到開封，人們又用不零不亂、細如髮絲的拉麵油炸後和熘魚搭配起來，使其更為錦上添花。「糖醋熘魚」味道之鮮美，妙在一道菜餚，兩種食趣。有「先食龍肉，後食龍鬚」之美譽，成為宴席上必不可少的一道美味佳餚。

長生不老的「唐僧肉」

玄奘從西天不只取回了佛經，還帶回了「地靈」。唐貞觀十九年（西元645年）正月二十五日，佛學高僧玄奘從天竺取回真經，回到長安，受到了長安官民的隆重歡迎。唐太宗李世民對玄奘的才華和見識極為欣賞，勸其還俗為官，被玄奘婉言謝絕。玄奘要求去少林寺翻譯佛經，於是太宗安排他去弘福寺譯經，玄奘欣然同意。臨行前，玄奘對太宗說，我取經途經西域屈支國（即龜茲，今新疆庫車地區），發現那裡的百姓身體康健且長壽，問當地人緣由時，當地人向我推薦了一種蔬菜，稱作「地靈」。玄奘由此向太宗講起了一個美麗的傳說。

地靈原栽於玉皇大帝的御菜園，稱「天靈」，是專供玉皇大帝和王母娘食用的宮廷御菜，有長生不老的作用。有一位御廚看到民間生計艱難，生命苦短，突發善心，偷偷將此菜種贈與屈支國山民，並教授他們種植。後來被玉皇大帝發現，遂將御廚打入天牢。當地人為紀念這位御廚，特將此菜稱作「地靈」。

玄奘說：「當地人告訴我，常吃地靈具有益壽延年的作用，我已將地靈菜種帶回，故特向太宗請假一月，回原籍河南偃師，教稼同鄉，種植

地靈。」唐太宗聽後非常高興，當即答應。

一年以後，在玄奘的家鄉偃師，一種葉綠、花紫、根莖潔白如玉、光亮似銀的植物（就是現在我們說的偃師銀條）成了當地進貢朝廷的貢品。唐太宗吃後龍顏大悅，並將此菜御封為宮廷貢菜。清乾隆大帝舉辦千叟宴時，御膳房將地靈菜獻上，眾叟品嘗後讚不絕口，讚譽地靈為膳食一寶。

從唐朝起，地靈就被朝廷指定為專用貢菜，且由朝廷提供俸祿的專人種植。民間百姓對地靈有著各式各樣的神祕傳說和傳奇故事。民間部分地區有少數人私種，主要做菜餚和調理腸胃疾病、養生之用。出於對玄奘的敬仰和懷念，地靈在百姓中又被傳稱為長生不老的「唐僧肉」，這就是《西遊記》裡「唐僧肉」的出處。

開封「第一樓小籠灌湯包子」

包子是中國較為普遍的一種食品。歷史上也稱「麵璽」、「玉尖麵」、「饅首」、「肉饅頭」等，發祥於中國。

自宋代起，饅頭原本是有餡的，但後來有了區別。在北方地區對有餡者稱為「包子」，無餡者稱為饅頭；在南方，長江中下游地區不論有餡還是無餡統稱為饅頭，至今亦然。

到南宋時，豬肉饅頭很盛行。《燕翼貽謀錄》記載，仁宗皇帝誕生之日，真宗皇帝甚喜，宰臣稱賀，以「包子」賜群臣。此中的「包子」為「浴兒包子」，是麵食，但用金錢、銀錢、犀角錢、象牙錢、金果、銀果等做餡，這是從宋真宗時傳下來的習俗。包子一詞當然含有生子吉利的意思，後世的有餡麵食稱為包子，正是起源於宋代。

風味傳承：河南的經典美食與飲食文化

在北宋東京已經出現了後世所謂的「灌漿饅頭」或「灌湯包子」。東京七十二家正店之一的「王樓」，製售的名為「山洞梅花包子」，號稱「東京第一」。其造型優美，其形「提起像燈籠，放下像菊花」，被譽為「中州膳食一絕」。後經歷代名廚師承和發展，演變為現在的「第一樓小籠灌湯包子」。

包子大師曹振杰在繼承第一樓小籠灌湯包子傳統工藝基礎上，不斷發展和創新，研製出了「什錦包子宴」和速凍包子，推動了第一樓的發展和進步。開封第一樓小籠灌湯包子名聲遠播，深受海內外人士讚譽。

豌豆糯米飯

中原各地立夏有吃豌豆糯米飯和稱人的習俗，據說與當年諸葛亮七擒孟獲的故事有關。

三國蜀漢鼎盛時，轄區遠至滇中，但在一些少數民族領袖中，有些人不會太心悅誠服，孟獲便是其中突出人物之一。等到劉備白帝城病逝之後，諸葛亮受命託孤，輔佐幼主，多次出奇制勝，七擒七縱，制伏了這位桀驁不馴的孟獲，使他不得不對蜀漢幼帝和諸葛先生佩服得五體投地。後來，諸葛亮病重，臨終時特意叫來孟獲，當面囑咐他說：「我雖死了，幼主阿斗仍在，你每年今日至少去看望他一次。」這天正是立夏時節，孟獲是個直性爽快人，一經答應，就要做到。從此，每年立夏日都要往成都拜見蜀主劉禪。

數年後，晉武帝司馬炎滅了蜀國，把阿斗擄到洛陽，孟獲不忘諸葛亮所囑，每年立夏日仍然帶了親兵護衛前往洛陽看望阿斗。此人粗中有細，唯恐阿斗被虐待，每次都要親自用大秤秤量阿斗體重，一再告訴晉

武帝，如有絲毫差錯，他是絕不答應的。武帝見他如此認真，便想出一個主意，知道阿斗喜食黏甜，每屆立夏，便命人早早煮了豌豆糯米飯給他吃。此時新豌豆上市，又甜又香，做成飯糯香可口，阿斗至少要吃兩大碗。等孟獲到來「秤人」，都比前一年重了幾斤。難怪阿斗要「此間樂不思蜀」了。

從此，立夏煮食豌豆糯米飯和稱人在民間傳開，至今相沿成俗。

開封「一品包子」

河南開封的著名麵食——一品包子，是從宋代的「太學饅頭」發展而來的，民間又稱之為「發麵包子」。一品包子造型大方，肉餡鮮嫩，湯汁豐滿，而且湯汁滲入麵皮之中，皮軟且香，是開封城裡男女老少都十分喜歡的名牌小吃。

開封城裡做包子的歷史很悠久，早在北宋時期，包子已是一種十分普及的食品，風靡全城，到北宋第六個皇帝宋神宗時，由於神宗的褒揚，開封包子就更加著名了。

神宗皇帝即位的時候，朝政千瘡百孔，風氣奢靡腐敗，國貧兵弱，國力不振。為了改變這種狀況，神宗皇帝起用改革家王安石，厲行變法，以求富國強兵。改革的一個方面就是重視培養人才，加強國家最高學府太學的建設，廣招全國各地的人才入太學學習，成績優秀者可直接進入仕途。這些措施刺激了太學生們勤奮學習，關心國政。除此之外，神宗還經常親自視察太學，以表示自己對人才的重視。

元豐初年的一天，神宗又來到太學，這一次他關心起學生的飲食來，命人把太學生的食品拿來看看。這天正好吃饅頭，神宗嘗了很滿

意,說道:「以此養士,可無愧矣。」從此太學的饅頭就出了名。太學生們歸家省親時總是將太學饅頭帶回家鄉,餽贈親友,讓大家也嘗嘗皇帝御口誇讚的饅頭的滋味,太學饅頭的名聲就此傳遍遠近,而「太學饅頭」的名稱也約定俗成地大喊。明代,朱元璋的第五個兒子朱被封為「周王」,他的王府就在開封。朱很喜歡吃「太學饅頭」,不僅自己經常品嘗,還常常用它來招待過往開封的王公大臣。

朱的飲食喜好成了人們談論的話題,一來二去,人們就把朱和太學饅頭等同了起來。由於朱身為藩王,在朝中的品級是一品大員,因而就十分自然地把「太學饅頭」更名為「一品包子」了。

才女唐琬與名吃「三不黏」

唐琬是宋朝著名詩人陸游的元配。她自幼聰慧,人稱才女,後被陸游娶為妻,兩人情愛彌深,夫妻的感情很好。但陸游的母親對這個才貌雙全、賢惠能幹的媳婦就是看不上眼,總是想方設法難為她。在陸游母親六十壽辰這天,陸家賓客盈門,擺了九桌席,十分熱鬧。陸母想讓媳婦在客人面前出醜,吃飯間,忽然當著眾人提出:「今天我想吃說蛋也有蛋,說麵也有麵,吃不出蛋,咬不著麵;是火燒,用油炸;看著焦黃,進口鬆軟;瞧著有鹽,嘗嘗怪甜;不黏勺子不黏盤;不用咬就能咽的食物。」

唐琬心裡明白,婆婆這又是在為難她。她二話沒說,走進廚房。在麵盆裡打了幾顆雞蛋,再將蛋黃加入澱粉、白糖、清水,用筷子打勻,過細羅。炒鍋添入熟豬油,置中火上燒熱,倒入調好的蛋黃液,迅速攪動。待蛋黃液成糊狀時,一邊往鍋中徐徐加入熟豬油,一邊用勺不停地

攪拌，蛋黃糕變得柔軟有勁，色澤黃亮，不黏炒鍋，一會兒工夫就做好了。唐琬將熱騰騰、香噴噴的食物盛在一個盤子裡，撒上點細鹽恭恭敬敬地送上餐桌。客人們一看，合乎要求，一嘗，更是口感酥軟，甜鹹適宜，都誇唐琬心靈手巧。這個菜一不黏盤，二不黏勺，三不黏牙，清爽利口，因此大家替它取名叫「三不黏」，後來成為傳統名食，深受人們喜愛。

之後，陸游的母親還是百般刁難唐琬，陸游夫妻相愛，無奈陸母不容唐琬，生生拆散了他們。一晃十年，陸游去沈園踏春，和唐琬不期而遇，此時唐琬已嫁作人婦，兩人相顧無言。陸游看著沈園春色依舊，歡情不再，一切恍如隔世。感慨之下，寫出〈釵頭鳳〉一詞：「紅酥手，黃酒，滿城春色宮牆柳。東風惡，歡情薄，一懷愁緒，幾年離索。錯，錯，錯。春如舊，人空瘦，淚痕紅浥鮫綃透。桃花落，閒池閣，山盟雖在，錦書難託。莫，莫，莫。」唐琬讀後百感交集，含淚和詞一首：「世情薄，人情惡，雨送黃昏花易落。曉風乾，淚痕殘，欲箋心事，獨語斜闌。難，難，難。人成各，今非昨，病魂常似鞦韆索。角聲寒，夜闌珊，怕人尋問，咽淚裝歡。瞞，瞞，瞞。」

才女唐琬如今已是「玉骨久成泉下土」，但是以她的才藝創製出來的「三不黏」卻成為人們所讚賞的美味佳餚。當您品味這道名菜的時候，也許會想起這背後亙越千年的愛情故事。

「冬至不端餃子碗，凍掉耳朵沒人管」

餃子是中國北方人民喜愛的傳統食品。它的製法是先用麵粉做成薄而軟的餃子皮，再將鮮肉、白菜等切碎，拌以作料為餡，包成後下鍋煮

至餃子浮上水面即可。其特點是皮薄餡嫩，味道鮮美，形狀獨特，百食不厭。餃子原名「嬌耳」。諺語云：「十月一，冬至到，家家戶戶吃水餃。」這種北方人民普遍形成的飲食習俗的背後隱藏著一段感人的故事和傳說，而這個故事就發生在文化氛圍濃厚的河南南陽。

東漢末年，各地災害嚴重，很多人身患疾病。南陽有個名醫叫張仲景，自幼苦學醫書，博採眾長，成為中醫學的奠基人。張仲景不僅醫術高明，而且醫德高尚，無論窮人和富人，他都認真施治，挽救了無數的性命。張仲景在長沙為官時，常為百姓除疾醫病。有一年當地瘟疫盛行，他在衙門口架起大鍋，捨藥救人，深得長沙人民的愛戴。張仲景從長沙告老還鄉後，走到家鄉白河岸邊，見很多窮苦百姓忍饑受寒，耳朵都凍爛了，他心裡非常難受，決心救治他們。張仲景回到家，求醫的人特別多，他忙得不可開交，但心裡總掛記著那些凍爛耳朵的窮百姓。他仿照在長沙的辦法，叫弟子在南陽東關的一塊空地上搭起醫棚，架起大鍋，在冬至那天開張，向窮人捨藥治傷。

張仲景的藥名叫「祛寒嬌耳湯」，其做法是用羊肉、辣椒和一些祛寒藥材在鍋裡煮熬，煮好後再把這些東西撈出來切碎，用麵皮包成耳朵狀的「嬌耳」，下鍋煮熟後分給乞藥的病人。每人兩隻嬌耳，一碗湯。人們吃下祛寒湯後渾身發熱，血液通暢，兩耳變暖。吃了一段時間，病人的爛耳朵就好了。張仲景舍藥一直持續到大年三十。大年初一，人們慶祝新年，也慶祝爛耳康復，就仿嬌耳的樣子做過年的食物，並在初一早上吃。人們稱這種食物為「嬌耳」、「餃子」或「扁食」，在冬至和年初一吃，以紀念張仲景開棚舍藥和治癒病人的日子。

張仲景生活的年代距今已有 1,800 年，但「祛寒嬌耳湯」的故事一直在民間流傳，南陽地區的人們至今仍然在冬至的時候告誡那些不喜歡吃

餃子的小孩：「冬至不端餃子碗，凍掉耳朵沒人管。」質樸的語言中飽含著濃濃的感恩情懷。

吃肉不見肉的夏邑糝湯

孔子的祖籍夏邑縣是一座美麗的小城。它以自己獨特的人文歷史吸引了海內外的賓客前來觀光。而來到這座小城的客人，都會慕名品嘗一種特別的風味小吃——糝湯。

相傳清康熙年間（西元 1662～1722 年），康熙皇帝到栗城（夏邑縣）巡視。中午時分，他路過一家包子鋪時，被裡面飄出的一股濃濃清香所吸引。他走進鋪子裡，問老闆香氣從何而來，老闆指著一個大鍋說：「香味源自鍋中的湯。」

康熙讓老闆盛了一碗，一喝果然醇香清爽，他龍顏大悅，一口氣喝了三碗，然後問老闆湯的名字。七十多歲的老闆說：「我也不知道啊，我在煮肉時無意熬成這種湯，求皇上賜個名吧！」

康熙思索了片刻，說：「既然不知道是什麼湯，那就叫它『糝湯』吧！」自此，此湯在民間流傳下來。

夏邑糝湯主要以肥牛羊肉、母雞肉為原料，配以大麥麥仁、大料、蔥、薑、辣椒、胡椒、味精、食鹽熬製而成。此湯因經反覆煮熬，不腥不羶，鮮美可口，色味俱佳。吃肉不見肉，原湯原味，濃香誘人。由於此湯以多種肉類為主，又加以數種配料，熱量高，味道全，冬季特別受人歡迎。

風味傳承：河南的經典美食與飲食文化

宮廷裡出來的寧陵坨子羊肉

羊肉是大家普遍喜歡的食品，特別是回民，更以牛肉、羊肉為主食。羊肉有很多種吃法：蒸、烤、燉、炒等，但有一種吃法最為神祕，即是把整羊煮爛了，然後擠壓，碼成一坨，吃時用刀削成薄薄的片，夾在燒餅裡，吃到嘴裡香而不膩，而且氣形兩補。這種羊肉就叫坨子羊肉。據說，做這種羊肉的方法是從宮廷裡流傳出來的……

明朝朱元璋時，在眾多的御廚中，有個姓關的中年男子，他本不會做羊肉，是專門炒菜的。當他得知皇上吃膩了「同事」們做的羊肉時，私下裡動了心思，悄悄研究起羊肉的新做法來。關御廚是回民，家是河南寧陵縣城東關的。在他老家，人們有用大鍋煮羊肉的習慣，煮出的羊肉味道很好。他沒事的時候，便煮了一隻羊，配上各種作料，熟後取出冷涼，把骨頭全部剔除。對著一堆肥肥瘦瘦的羊肉，他苦思冥想，尋求一種獨特的做法。幾天後，他腦子中忽然靈光一閃，他把這堆羊肉用粗木棒擠壓成厚厚的一坨。之後，他用刀切下薄薄的一片，一嘗，竟有一種特別的味道。他大喜過望，又反覆試驗了幾次，並找人幫忙把羊肉擠壓得更結實些。

一次，朱元璋用膳的時候，對著面前的羊肉絲毫沒有動筷的欲望。關御廚看準這個時機，把用燒餅夾著擠壓過後的羊肉片呈到朱元璋面前。朱元璋疑惑地咬了一口，細細咀嚼之後，龍顏大悅，讚不絕口，問是什麼東西，關御廚就把做法詳細說了一遍。朱元璋直誇他有心，當即決定讓其專為他做此種羊肉。

關御廚為皇上做了十幾年的羊肉，五十多歲的時候，他告老還鄉，回到了寧陵縣東關老家。閒來無事，他便給家人和親友做成坨的羊肉

吃。大家吃後齊聲叫好，問這羊肉叫什麼名字。這一問還真讓關御廚答不上來了，這麼多年他一直都沒為自己做的羊肉取個名字。他略一思索，道：「既然是把羊肉坨起來吃的，就叫它坨子羊肉吧！」

飛機炸出來的鄭州「燴麵」

　　隨便問一個鄭州人，他都會如數家珍般向你介紹幾家好吃的燴麵，合記、蕭記、馮記……許多老鄭州人從外地回來，一下火車不是趕緊回家，而是直奔相熟的燴麵館。鄭州人招待外地的客人，嘗嘗本地的特色小吃，首選也是燴麵，燴麵已成了鄭州一種特有的地域文化。

　　熙熙攘攘的燴麵館裡，無論是高大威猛的壯丁，還是苗條秀氣的女孩，面前都是一個大碗公。初來乍到的外地食客，看見這碗就會感覺有些先聲奪人，再看碗裡的麵條，彷彿皮帶般粗細，更是嚇人一跳。熱騰騰的肉湯上面漂著一層紅紅的辣椒油，綠瑩瑩的香菜點綴在上面，即使你不餓也肯定會舌下生津。先喝一口湯，濃釅醇厚，再吃一口麵條，鮮香有韌勁，拿鄭州話說是「湯鮮味美麵筋拽」。

　　趙榮光師傅首創了合記燴麵，而合記燴麵的最初產生是趙師傅的「即興發揮」。它的前身是飯館廚師和服務生的工作餐。

　　趙榮光師傅1901年生於直隸省（今河北省）長垣縣（今屬河南省）。長垣是中國第一個「中國廚師之鄉」，有廚師三十萬人之多。趙師傅14歲到河南開封同天聚飯店跟名廚周文漢學藝。趙榮光是漢族人，但一生大部分時間都在從事回族飯菜的製作。他個人喜好麵食，尤喜麵條。抗日戰爭時期，飯店經常因躲避空襲關門，有時廚師剛端起飯碗就要急於逃命。空襲過後，飯早已涼了。趙師傅就把剩飯加湯燴了再吃。久而久

風味傳承：河南的經典美食與飲食文化

之，他發現重新燴過的麵很好吃，於是就在麵裡放些鹽、鹼之類的原料，使麵更有嚼勁，別有一番風味，成為店員們的主要伙食。後來，一些老顧客發現店員吃的麵香氣四溢，就要求購買。

趙榮光師傅由此開始精心配製燴麵。他選用上好的鮮羊肉，放入各種原料將肉煮爛，麵條下鍋時用原汁肉湯，再放入羊肉、金針花、木耳等調味料，味道十分鮮美，逐漸成為該店的熱賣品項。

河南「鐵鍋蛋」

「鐵鍋蛋」是豫菜菜系很有特色的一道菜，先將特製的鐵鍋蓋放火上燒紅，蛋打入碗內，攪勻，放入火腿丁、荸薺丁、蝦子和海米、味精、料酒、鹽水，鐵鍋放在小火上，再將大油注入蛋漿中，並用勺慢慢攪動，防止蛋漿抓鍋。待蛋漿八分熟時，用火鉤掛住燒紅的鐵鍋蓋蓋在鐵鍋上，使蛋漿糊皮發亮，呈紅黃色。其味美，色澤紅黃，油潤明亮，鮮嫩軟香，食之使人回味無窮。

1935 年 5 月 8 日，魯迅邀胡風及耳耶夫婦在梁園吃的就是這道菜。梁實秋在《雅舍談吃》裡記載了北京厚德福飯館的鐵鍋蛋：「厚德福的鐵鍋蛋是燒烤的，所以別緻。當然先要置備黑鐵鍋一個，口大底小而相當高，鐵要相當厚實。在打好的蛋裡加上油鹽作料，摻一些肉末綠豌豆也可以，不可太多，然後倒在鍋裡放在火上連燒帶烤，烤到蛋漲到鍋口，作焦黃色，就可以上桌了。這道菜的妙處在於鐵鍋保溫，上了桌還有嘶嘶響的滾沸聲，這道理同於所謂的『鐵板燒』，而保溫之久猶過之。」

起源於三國時期的博望鍋盔

　　河南省方城縣是中國現存最早的長城──楚長城所在地，中國秦末民變領袖陳勝的故鄉。縣城西南有個博望鎮，是中州名鎮，西漢外交家張騫博望侯封侯處。位於縣城西南百里，北枕伏牛山，西依白河水，地處南陽盆地的北部邊緣，是荊襄北通中原之門戶，南北商賈之通津。在這個三國古戰場上有種曾享譽中國的名吃──博望鍋盔。鍋盔大如鍋蓋，圓形，中部凸起，通身白色，每個厚兩寸，直徑一尺餘，重四五斤，敲之嘭嘭作響，如石如鐵，不乾、不腐、不霉。

　　博望鍋盔用料簡單，主要有麵粉（上等小麥麵）、鹼麵、酵麵、水、鹽。功夫主要在和麵上，經多次盤揉、擠壓、停放，每斤麵含水量只有一兩左右。揉成的麵糰擀成圓形餅子，製成鍋盔雛形後，用一種類似公章的木刻花章在其表面按上花形圖案。再放在鍋內的石子上，待鍋盔正反兩面變硬後，再數個豎立放在鍋內，用文火烤熟。烤鍋盔把握火候是關鍵，要做到既不生又不煳。

　　博望鍋盔雖堅硬，食之卻酥香爽口，質脆味甜，耐嚼頂飢。

　　博望鍋盔由來已久，約有 1,700 年的歷史。傳說三國時諸葛亮初出茅廬第一攻──火燒博望坡後，留大將關羽鎮守博望，抵抗曹操南侵。時值大旱，將士飢餓，軍心不穩。關羽派兵上請諸葛亮出謀，諸葛亮投書於錦囊。關羽指使人如法製作，果然得到形圓如盔的鍋盔。當時製成的鍋盔大如盾牌，厚如酒樽，眾軍士食之脆酥可口，穩定了軍心。關羽憑博望鍋盔堅守住了博望，此品由此而得名。

　　隨著歷史的變遷，博望鍋盔技法被當地農民掌握、流傳，變為食品銷售。鍋盔鋪裡，賣主不用手摺，而以刀割，刀是長葉馬刀，透出三國遺風。

風味傳承：河南的經典美食與飲食文化

　　相傳某日，有一少年從街上買一鍋盔回家，中途遇蛋大冰雹，砸死許多雞鴨。少年頭頂鍋盔，行十里至家，身無傷損，鍋盔無破裂。此為笑談，博人一樂。

技藝非凡：
河南的傳統工藝與特色珍品

技藝非凡：河南的傳統工藝與特色珍品

魂兮歸來宋官瓷

名震天下的中國陶瓷發展到宋代已到了鼎盛時期，蜚聲中外的北宋五大名瓷——「汝、官、哥、鈞、定」更是爭奇鬥豔，各領風騷。其中由宋官窯燒造的貢御瓷器更是工藝先進，製作精良，在質料、顏色、裝飾做工等方面均有神奇的造詣，達到了登峰造極的境界。千百年來人們均以宋瓷為楷模，雖然元、明、清各代極力模仿，但仍未有超越宋官窯之佳品，其精妙程度可想而知。

北宋官瓷然而初見開封的宋官瓷，你也許會不以為然，很樸素很單一的顏色，很簡單的結構造型。但那花中的牡丹確是雍容典雅，一身的富貴之氣。

所謂官瓷是指由朝廷直接監製的官辦窯場裡專門生產出來的御用瓷器。在北宋五大名窯中，北宋官瓷指的就是宋徽宗時代的汴京（開封）官瓷，唯獨它從一開始便為朝廷所建，專為宮廷燒製御用瓷器，而其他四窯皆是由民窯發展到一定程度，再由朝廷派官監造貢瓷。北宋官瓷造型古樸莊重，釉色潤美如玉，紋片粼粼如波，器口微微泛紫，底足褐紅如鐵。在裝飾藝術上追求天然。

官瓷的高貴不全在官，也在於它的異常珍稀，這也是第二個特點。物以稀為貴，自古已然。歷時近千年的歲月滄桑，據說現在北京故宮博物院和臺北故宮博物院收藏的歷代宮廷舊藏官窯名瓷，再加上流散在海內外的，總數也不過300件，以至個別官窯名瓷的破損殘片也被視為至寶，宋官窯瓷之珍稀名貴可見一斑。北宋官瓷稀少的原因主要在於其成品率很低，民間傳下來一種說法：「十窯九不成，成一件即是上品。」看來官窯的確難燒，裡邊有許多的技術問題，現在也已是不解之謎。而

且由於宋代官窯是中國瓷器歷史上第一個真正意義上的宮廷御窯，帶有高貴成分，也特別適合文人與士大夫的審美情趣，所以數百年來尤其明清兩代宋代官瓷被皇家極力收藏。清乾隆帝尤欣賞北宋官瓷，並有詩讚云：「鐵足圓腰冰裂紋，宣成踵此夫華芬。」當年蔣中正在撤隊臺灣的時候，從故宮總共帶走65件宋官窯器，卻有大量的明清兩代瓷器留在南京沒被帶走。可見，宋官瓷之珍貴。

神祕性是宋官瓷的第三個特點。官瓷是一個謎。宋代官窯一直是中國陶瓷歷史上一顆光彩奪目的明珠。才華橫溢、追新求異的宋徽宗廢棄派官監製貢瓷的慣例，調集能工巧匠自建窯燒製御用瓷器，一個震古爍今、彰顯尊貴奢華與皇室風範的新瓷種——官瓷誕生了。只供皇家獨享，就使其工藝對民間嚴格保密，從而使宋官窯越發顯得神祕。但北宋官窯建立不久，宋室便遭金人之亂，北宋官窯猶如曇花一現，消失在戰火之中。北宋官窯因存世器物極為稀少，加之無遺址出土物可以認證，故而有許多人懷疑它的存在。但陶瓷界專家卻堅持認為，前有北宋文獻記載，後有南宋官窯窯址的發現，足可證明確有北宋官窯的存在。因歷史上黃河多次氾濫改道，如今的開封城下已埋沒了七層城池，開封地下水位又很高，官窯窯址早已被掩埋在泥沙之下難以考證了，有關窯址的爭論也成為一謎。

一窯燒出繽紛天下 —— 禹州鈞瓷

中國是世界著名的陶瓷古國，鈞瓷是中國宋代五大名瓷之一。鈞瓷造型端莊，色彩豔麗，五彩繽紛，又為諸瓷之冠，成為宋代五大名瓷之首。鈞瓷最突出的成就在於銅紅釉的穩定燒成，它改變了以往單一色釉

技藝非凡：河南的傳統工藝與特色珍品

瓷的局面，在中國古代陶瓷工藝史上具有極其重要的意義。鈞瓷的名貴在於其獨特的窯變釉色和神奇的「開片」。窯變之妙、燒製之難，使得鈞瓷有「十窯九不成」之說，故成為價值連城之寶。人們將鈞瓷和玉器、金銀並列，民間有「鈞與玉比，鈞比玉美，似玉非玉勝似玉」、「黃金有價鈞無價」、「雅堂無鈞瓷，不可自誇富」、「縱有家財萬貫，不如鈞瓷一片」等眾多說法。

禹州市鈞瓷鈞瓷與其他瓷系不同，官、哥、汝瓷皆主單青色，而鈞瓷獨異。它不靠紋樣裝飾和人工繪畫，而是透過窯變工藝，形成色彩不一、千變萬化、出神入化之美妙圖畫。以其「神、奇、妙、絕」四大特色而名冠天下；以其玄妙獨有的「窯變」藝術，創造出絢麗繽紛、千變萬化的鈞瓷神韻來。鈞瓷「神」在同施一種釉，一經燒製即呈現出色彩斑斕、乳光交融、變幻無窮且特點各異的產品來。故稱「入窯一色，出窯萬彩」，是人意不可為的偶成佳作，恰似「月夜望星空，暈暈自然成」。鈞瓷優雅駭俗，寓動於靜，伴以縱橫交錯的冰裂紋絡，使其瑩潤釉質更加鮮活欲滴，而指感光滑的釉面上呈現出珍珠點、蟹爪痕、蚯蚓走泥紋等奇妙的藝術效果。古語曾云「官鈞瓷器玉為泥」，好似「創過冰河玉凝透，碧瑩淺底網捕魚」。

此外，鈞瓷還有一個神奇之處是「開片」。出窯時，鈞瓷會響起一種「劈劈啪啪」的聲音。之後，這種聲音漸漸趨緩，彷彿舒緩的鈴聲和琴聲。一般來說，這種聲音可以斷斷續續地響 80～100 年。伴著樂音，鈞瓷上會出現縱橫交錯的冰裂紋路。鈞瓷「妙」在它那瑩潤的藝術靈氣，它能給人無限的遐想，即在不同的角度、不同的光線給予人新的發現、新的感受，靈動透活、別具神韻。恰似「指紋」般獨一無二的窯變自身特色更是奇妙、迷離。詩云「鈞瓷無雙，窯變無對」。鈞瓷還非常「絕」，因為它透過「窯變」而聚色成形，看似意境萬千的景觀畫卷，令人拍案叫絕。

典雅秀麗的汝瓷

汝瓷，是中國宋代五大名瓷之一，也是中國古代名瓷中稀世之品最少的一種。汝瓷是聞之者多，見之者少。汝瓷因產於河南臨汝而得名。據記載：西元605年，隋煬帝置臨汝為汝州後，就有「汝窯」之稱，這說明汝瓷生產在當時已具有相當規模。到了宋代，隨著燒瓷技術的發展和達官顯宦、宮廷貴族追求奢侈生活的需求，汝瓷生產甚為昌盛。當時的哲宗皇帝發現汝瓷特別優異，指定宮廷一律用汝窯製品。這樣，汝瓷生產更加興旺，名昭天下。有人評論當時的名瓷時，稱「青瓷之首，汝瓷為魁」。

汝瓷的製作及色彩的要求極為講究。汝瓷胎土細膩，釉彩渾厚，光澤柔和，明澈透底，富有水色。故自古以來素有「近看潔如玉，遠看明如鏡，觸之滑如脂，叩之聲如磬」的讚譽之聲。汝瓷釉色有柔和淡雅的粉青，古樸大方的灰藍；也有如海水碧綠般的豆綠，莊嚴靜穆的蝦青；還有蔥綠的艾青，尤以天藍最為名貴。古人曾以「雨過天晴雲破處」來形容天藍彩釉含水欲滴、融而不流的優美。汝瓷尤為獨特的是，其釉下斑斑小點猶如俊梨之皮；釉面隱紋縱橫恰似蟹過留痕；小裂紋之細碎，宛如芝麻開花。汝瓷還有一處與眾不同，它在胎體上刻以奇花異草、魚龍圖案，依紋樣定運筆深淺，玲瓏剔透，交相輝映，活靈活現，富有立體感之美。北宋汝官瓷歷經坎坷，流傳至今的只有60多件。這些汝瓷被分別收藏在北京故宮博物院、臺北故宮博物院、上海博物館、英國大維德基金會以及美國、日本和香港的私人收藏家手中。

可惜這輝煌一時的汝官窯僅僅存在了20年，「靖康之變」後，隨著金兵的入侵，戰亂兵荒，徽宗皇帝一手建立的汝官窯生產慘遭破壞，也走到了生命的盡頭；南宋以後，汝窯逐漸荒廢，煅燒技術失傳。

技藝非凡：河南的傳統工藝與特色珍品

宋代民窯奇葩 —— 當陽峪瓷

當陽峪絞胎透花瓷器，是宋代著名的民間瓷器，產於河南省焦作市修武縣當陽峪。當陽峪瓷器民間風格突出，線條流暢自然，富於想像，巧奪天工，被譽為「北宋民窯奇葩」。北方民間把絞胎瓷也稱為「透花瓷」。絞胎透花瓷的製作難度很大，用兩種以上不同顏色的瓷泥交替迭擺，互相糅和，經過盤捲，切割滾壓而成。其紋飾入胎質，有黑白或褐白色相間而成的各種圖案紋飾，如羽毛紋、編織紋、孔雀紋、水波紋、類木紋、流沙紋等，器形有盤形、碗形、碟形、缽形、盒形及方形枕等。當陽峪瓷產品種類繁多，有白釉、白釉黑地和黑釉白地等；花紋以纏枝牡丹為主；形式有剔花、畫花、貼花、篦紋、加彩等。

修武縣當陽峪瓷「薄如紙、明如鏡、聲如磬、白如玉」，這是對中國舉世聞名的景德鎮陶瓷器精美程度的形容和高度讚譽。而在北宋時期就有白如雪、黑如漆、紅如朱、綠如翠、薄如紙、明如鏡、聲如磬、花似錦、凝如脂、潤如玉，精美絕倫的陶瓷藝術器。這就是以剔花著稱、絞胎取勝的世界歷史名瓷 —— 當陽峪絞胎瓷。

當陽峪宋代瓷窯的遺址位於修武縣西村鄉當陽峪村。遺址東西長約2,000公尺，南北寬約1,000公尺。1933年英國人施瓦克及瑞典人卡爾貝克曾來焦作當陽峪調查，收集了大量的絞胎瓷殘器，並述說當時尚能看到窯址有四百餘座。此地現存的北宋崇寧四年（西元1105年）所立的「德應侯百靈翁之廟記碑」，是目前中國現存僅有的三塊古代窯神碑之一，非常珍貴。碑文記載了當年當陽峪窯業繁榮興旺的盛況，「世利茲器，埏埴者百餘家，資養者萬餘口……」即當時此地巧匠百餘家，從業者萬餘人。同時碑文還記載了邀請耀地（今陝西耀縣）窯神德應侯 —— 百靈

翁，到此地立廟的事實及原因。「……遂蠲日發徒，遠邁耀地，觀其位貌，繪其神儀，而立廟像於茲焉。」江南提舉程筠曾為百靈廟作歌序，全詩三十四句（七言）。當時，程筠是宋時景德鎮管理燒瓷的地方官員，因見當陽峪瓷器，百般玩賞，大加讚嘆，並以長歌盛讚當陽峪瓷器，精美絕倫：「當陽銅藥真奇器，巧匠陶鈞尤精緻。」

中華藝術瑰寶 —— 洛陽唐三彩

　　千姿百態、色彩絢麗的唐三彩製品，是中國獨特的藝術瑰寶，也是唐代人民創造的具有獨特風格的工藝美術品。據說是從隋代以前的「青瓦陶胎粉彩」和單色釉彩陶發展而來的，距今已有 1,300 多年的歷史。因為它是用紅、綠、黃三種釉彩組合塗抹於陶胎之上並經歷窯燒而成的一種低溫鉛釉陶器，又創始於唐代，故名「唐三彩」。後來，歷經人民不斷創新，釉彩色又增加了藍、黑、紫等多種，但人們仍一直喜愛沿用「唐三彩」這個名稱。另外，這種藝術珍品還有「洛陽唐三彩」這一別稱。因為在 1928 年修築隴海鐵路的工程延伸到河南洛陽邙山之時，偶然出土了大量唐三彩，古董商們將其運至北京，受到了各國古器物研究者的重視和古玩商的垂青。之後，洛陽地區不斷有唐三彩出土，數量之多、品質之美，令人驚嘆。因此，洛陽唐三彩成為承載唐朝三彩陶器藝術的主要載體及代表。

　　洛陽唐三彩其實，唐三彩之所以能夠譽滿古今、馳名中外，是因為它的兩個突出的特點。首先，唐三彩繼承了歷代工藝品的優良傳統，吸收了中國國畫、石刻、雕塑等姐妹藝術的優點，廣泛採用了印花、堆貼、刻畫等形式的裝飾圖案，匯成了一種新奇的民族工藝，創立了唐代

技藝非凡：河南的傳統工藝與特色珍品

塑陶藝術的獨特風格。其特點是造型渾厚豐滿、工整細膩、形象逼真、氣魄雄健、刀法簡樸、線條流暢、色彩瑰麗、瀟灑奇特。這些精湛的技藝，顯示了盛唐時代的精神面貌。

一魚兩脊背——鶴壁淇鯽魚

「淇鯽魚」是流經河南省淇縣和鶴壁市郊區的賀家、王灘、許家溝、朱家、石河岸一帶的淇河灣中的特產名魚，主要特徵為背色淺褐，腹部銀白，脊背寬厚，體形豐滿，略呈金黃色，最重達 2.5 公斤以上，是和黃河鯉魚齊名的名貴的魚種之一。淇鯽魚與纏絲鴨蛋、冬凌草並稱為「淇河三珍」。

淇縣淇河鯽魚「淇鯽魚」自古享有盛譽：三千多年前的商末紂王「肉山酒海，獨鍾淇鯽」。《詩經‧衛風》有「籊籊竹竿，以釣於淇」的佳句。古詩還有「以食其魚，唯淇之鯽」的讚譽。《湯陰縣志》（1938 年版）記載，昔日淇河鯽魚在古代就常有專差向皇帝貢獻，成為當地三大貢品之一，頗受嘉評，故「名聲大噪，馳譽南北」。據《本草綱目》等中醫文獻記載，淇河鯽魚具有強身益智、健胃補脾、催乳利尿、消炎止痢、軟化血管、延年益壽等多種功能，既是滋補身體的佳品，又是款待賓朋的珍饈。淇鯽魚是生長在生態環境良好、無汙染的豫北淇河中的一種珍貴魚類品種，以其稀有珍貴成為河南省四大珍奇水生物之一。

那麼，到底「淇鯽魚」有何價值令人追捧至極呢？首先，「淇鯽魚」的魚背寬厚，魚尾的高度大於魚尾的長度，體厚達 4.8～5.5 公分，因而俗稱「一魚兩脊背——雙脊鯽魚」。其次，「淇鯽魚」還是一種罕見的「三倍體」魚類（普通鯽魚二倍體），骨刺細少，魚肉肥厚，出肉率 73%，遠

遠高出普通魚類；營養豐富，含蛋白19.16％，比黃河鯉魚高出1.16％，比普通鯽魚高出7％，適宜於清蒸和燉煮等烹製方法，特別是燉製好的魚湯呈乳白色並有黏性，久置不易變質；胺基酸含量很豐富，尤其是骨胺酸的含量很高，這也就是它味道鮮美的最主要原因。此外，「淇鯽魚」腥味小，腮甜可食；「十魚九母」，具有雌雄同體的特性。因而，「淇鯽魚」堪稱「鯽中上品」、「國之瑰寶」，實為難得的養生佳品。

雙背鯽魚何以背厚、雙脊呢？據河南省環境水文地質總站測試發現，淇河河谷狹窄，兩岸峰巒競秀，千巖萬壑，地形複雜，高低參差。在水文地質上多屬奧陶紀岩石溶裂隙水，這與淇河中段大量地下溫泉水注入有關。這裡地下溫泉水儲量豐富，在最寒冷的1～2月，同緯度的其他河流早已冰封，而這裡的水溫仍在10℃以上，並且泉水甘洌，鍶含量0.26毫升／升。淇河的水生昆蟲較多，浮游生物豐富，水草豐盛，水中還含有多種稀有元素。因而，正是在此得天獨厚的優越環境中，產生了脊背比一般的鯽魚都要寬厚的淇河雙脊鯽。

淇河鯽魚從食用方面講，味道鮮美、營養奇特，既能調劑口味，又能溫補脾胃，是春節餐桌上的必備之物，因而走俏市場，並且大規模出口至韓國。但如今，由於不合理開發利用和人為濫捕濫殺行為，淇河的生態環境遭到嚴重破壞，致使淇河鯽魚的資源量迅速下降。

蛋黃如裹絹 —— 纏絲鴨蛋

纏絲鴨蛋是鶴壁淇縣的「淇河三珍」之一，是河南省淇縣和鶴壁市郊區的淇河沿岸賀家、許家溝、朱家一帶所產的一種鴨蛋。纏絲鴨蛋外表和普通鴨蛋相同，但蛋黃獨特，煮熟後呈現出不同色環，一層發紅，一

技藝非凡：河南的傳統工藝與特色珍品

層發黃，紅黃相間，宛如彩虹纏繞，直至核心，纏絲鴨蛋由此得名。

淇縣纏絲鴨蛋關於纏絲鴨蛋，在淇河岸邊還流傳著一個美麗的傳說。西周衛國君在朝歌修建中國第一座皇家園林——淇園。建成後，文武百官來朝拜賀，有一文官向衛武公獻上了一枚鴨蛋。衛武公大怒，責此文官戲君之罪。文官道：君王息怒，聽我講來，我獻的這枚鴨蛋才是珍品，蛋裡面有紅黃相間的美麗花環，是神所造而凡人不可為也，食之可長生不老，使我主萬壽無疆。衛武公一聽，命人打開觀看，果然珍奇。這枚鴨蛋就是纏絲鴨蛋。衛武公大喜，替此文官連升三級。此後衛武公很喜食纏絲鴨蛋，據史料記載衛武公享耆壽95歲。纏絲鴨蛋從此名聲大振。到現在淇縣大地上還流傳著這樣一句話：「金蛋銀蛋不如纏絲鴨蛋。」

纏絲鴨蛋，自殷商設都於朝歌（今淇縣）時，即被列為「貢品」，一直延至明清時期。1914年，在美國舊金山舉辦的萬國商品博覽會上被譽為「中國珍品」。

如果將纏絲鴨蛋製成「皮蛋」，豎著切開，擺放盤中，猶如初綻的同心蓮花，可作為拼盤觀賞佳品；如果煮食用鹽製成的纏絲鴨蛋，嚼有肉勁，味香綿長，鮮美可口，餘味引人，傳說這是因為鴨子吃淇河鯽魚所致。其實，若仔細觀察，纏絲鴨蛋的花紋並非絲狀，也不是螺旋形，其橫切面和縱斷面均為近似同心圓，說明這是鴨蛋內分層現象，若稱為「分層鴨蛋」可能更確切一些。並且依據化驗分析：纏絲鴨蛋內含粗蛋白14.38％，粗脂肪12.85％，粗灰粉1.12％，無氮浸出物0.69％，鈣0.17％，磷0.19％，均高於普通鴨蛋，尤其是鈣高出五倍左右。其味道鮮美，具有較高的營養和醫療保健價值，對高血壓、動脈硬化、心血管病、佝僂病、軟骨病、孕婦缺鈣症等患者是不可多得的理想食品。

至今人們還不知道纏絲鴨蛋的蛋黃花紋究竟是如何形成的，相關部門的多次化驗研究都未解開這個謎！另外值得稱奇的是，為何纏絲鴨蛋的產區僅僅限於淇河中段？令人不可思議的是，同樣的鴨，養在別的水域則生不出蛋黃有花紋的蛋來。這是否印證了成語「南橘北枳」的故事呢？對於纏絲鴨蛋的這種特殊現象，科學界存在著不同的猜測和觀點。一種說法認為，可能是淇河中段這一帶的段彎多水流緩，水質極佳，蘆葦水草叢生，因鴨子經常啄食淇河鯽魚和淇河中浮游生物，而這些生物與眾不同，因而生成纏絲鴨蛋的特殊花紋。另一種說法認為，可能與淇河中段的水質、水草及河泥的化學成分具有一定關係。因為這段河流水質、水草和河泥中富含硒、鋰、錳、鑭、鋅、欽、鍶、鉻、釔、鉞、鏑、鐠、鈥等微量元素，並且還有無數天然礦泉匯入，河水味甜質純。然而「纏絲鴨蛋」究竟與淇河水土有什麼關係呢？我們希望科學家能給出一個科學結論來！

跨世紀的中國傳奇 —— 神祕植物冬凌草

冬凌草的神奇源於自然界中唯有該植物於冬天全株結滿薄如蟬翼的銀白色冰凌片，遇風沙不落，見陽光而不化，銀光閃閃，晶瑩多彩，令人駐足稱奇，頗具神祕色彩，因此又名冰凌草、凍凌草等。冬凌草秋季開花，花冠呈淡藍色或淡紫色。這種天然冰草含有 5 種冬凌草茶素、17 種胺基酸、24 種微量元素和抗癌有效成分 —— 延命素。

相傳愚公移山，鍥而不捨，長壽不老，常飲冬凌草泡的水。當年，唐明皇的妹妹玉真公主修道時，也時常採摘冬季結冰的冬凌草用來提煉仙丹。根據《淇縣志》記載：自唐朝始，淇水兩岸「冰冰草盛」，百姓多有

技藝非凡：河南的傳統工藝與特色珍品

泡水飲之，要「解毒熱、清濁氣」等。民間有「日飲冰凌草一碗，防皺去斑養容顏，亮嗓清音苦後甘，驅除病魔身心安」之說。長期以來，鶴壁山區的民間老百姓常年把冬凌草當做茶葉飲用。因其清熱解毒、清咽利喉、消炎止痛的功能盛行於當地，被譽為「神奇草」，它也是淇縣的「淇河三珍」之一。

《現代中藥學大辭典》記載，「冬凌草的性味和功用為：苦、甘、微寒，清熱、解毒、活血止痛，用於咽喉腫痛、扁桃體炎、蛇蟲咬傷、風溼骨痛等。」現代臨床醫學證明，本草性苦寒，全株入藥，對多種癌症有一定緩解作用，又可防止放射性治療產生的副作用及多種炎症。試驗證明，其具有獨特的清咽排毒功能，對食道癌、肝癌以及扁桃體炎、咽喉炎、口腔炎等有一定療效。1972年世界食道癌研究中心從鶴壁一帶的淇河沿岸民間中草藥中發現了冬凌草，經研究發現這種草藥對多種腫瘤有抑制、緩解作用，有明顯的抗菌、消炎能力，並以其獨特的抗食道癌、賁門癌、原發性肝癌等功效收載於《中國藥典》，使得冬凌草更是名聲大噪——這是世界植物界和醫藥界的又一重大發現。

其實，自古自然生長的冬凌草主要分布於太行山南部，後由於亂採濫挖，導致天然資源接近枯竭。現今，冬凌草在淇縣等部分山地大面積生產，年年收割，年年生長，每年可收割幾萬公斤，並在當地已經呈現出深加工、品牌化發展的趨勢。

中國桃花心木——鶴壁香椿

香椿，又名紅椿，為楝科香椿屬中以嫩莖葉供食的栽培種，多年生木本蔬菜。中國是唯一用香椿作為蔬菜的國家，明代時香椿還被作為貢

品進獻給朝廷。

　　根據香椿初出芽苞和子葉的顏色不同，基本上可分為紫香椿和綠香椿兩大類。紫香椿較之綠香椿而言，一般樹冠都比較開闊，樹皮灰褐色，芽苞紫褐色，初出幼芽紫紅色，有光澤，香味濃，纖維少，含油脂較多。在最為著名的三個香椿品種——河南的焦作紅香椿、山東的西牟香椿和安徽的太和香椿中，焦作紅香椿即屬於較為優質的紫香椿，並且由於它適合在土質好的山地——特別是石灰岩地上生長，多為石灰岩地的河南鶴壁市山區便成為當今盛產優質紅香椿的大本營，鶴壁也贏得了「香椿之鄉」的美稱。在《中州名典》上，鶴壁香椿被列為中州名貴特產。

　　香椿渾身是寶，可以全樹利用，是中國經濟價值、營養價值極高，並且適宜廣泛種植的特有的速生樹種。首先，香椿嫩芽脆嫩多汁，色澤鮮美，具有獨特的濃郁香氣，其蛋白質、維他命 C 含量居蔬菜之首。並且香椿子含油率 36 ％～ 38.5 ％，其味芳香，有較高的營養價值。目前，香椿幼芽、嫩葉、種芽作為高級鮮美的蔬菜，在日本、韓國的需求量大增。

　　香椿在國際市場上很受歡迎，前景廣闊。其次，香椿氣味芳香，不僅是景觀及造園上常見樹種，而且還是優良的用材樹種。香椿主幹通直圓滿，無節少疤，堅韌而有光澤，材質富彈性，不翹不裂，耐水溼；材色紅潤，紋理清晰美觀，刨面光亮，出材率高達 80 ％，宜作雕刻、儀器、樂器、音箱，是上等的家具、室內裝飾和車船用材，國際市場稱之為「中國桃花心木」。再者，香椿更是傳統的藥用植物，其樹皮、根皮、種子為上品藥材，在中醫醫療上具有除熱、潤腸、止血、消炎、止痛、殺蟲等功效。香椿子油中的亞麻酸具有降血脂、軟化血管的功效，為保健品、醫藥製品的天然原料。而且，香椿喜光，較耐溼，對生長條件也

要求不高。既適宜生長在河邊、宅院周圍肥沃溼潤的土壤中，也適宜生長在土質較好的石灰岩山地土壤中，整個週期成長迅速，特別在前期生長快，一般 10～15 年便可成材。

神奇華藥──焦作四大懷藥

千百年來四大懷藥以其獨特的藥效和滋補作用蜚聲海內外，歷代中藥典籍都給予了高度評價。《本草綱目》記載：「今人唯以懷慶地黃為上。」《神農本草經》也載有：「山藥以河南懷慶者良。」宋代醫學家蘇頌曰：「菊花處處有之，以潭地為佳。」在《傷寒論》、《金匱要略》的方劑中，懷地黃一藥共見 14 處。懷藥在歷史上不僅享有貢品之榮，也曾在美國的舊金山和菲律賓的馬尼拉舉辦的萬國商品博覽會上作為國藥展出，被中外客商稱為「華藥」和道地的「懷貨」，東南亞各國更是把「四大懷藥」視為稀貴佳品。四大懷藥是河南省的名貴中藥材，歷史悠久，譽滿中外，素有「珍貴禮品」的稱號。

中華四大懷藥是產於焦作的名貴特產，焦作地區種植懷山藥、懷地黃、懷牛膝、懷菊花已有近 3,000 年的歷史。而懷藥之所以成為懷藥，就是因為其「懷」字。地處中原的焦作市轄區歷史上隸屬於懷慶府。據《焦作市志》及市轄各縣（市）縣市志記載：四大懷藥的「懷」，來源於地名。焦作市沁河下游地區《貢》書上稱為「懷」，北魏以後稱「懷州」，元、明、清三代稱為「懷孟路」、「懷慶府」。幾千年來，焦作以種植「四大懷藥」（懷山藥、懷地黃、懷牛膝、懷菊花）聞名海內外。據《懷慶府志》記載：「地黃、山藥、牛膝、菊花等俱出河內，為貢獻常數。」

懷山藥懷地黃懷牛膝懷菊花焦作市特有的土壤和氣候條件，造就了

四大懷藥獨特的藥效和極高的保健價值，歷代的中藥典籍和名醫、史志對其都給予高度評價。有史料顯示，自西元前734年封建諸侯衛桓公以懷山藥為貢品進獻給周王室起，直至清朝末年，四大懷藥一直作為貢品進獻歷代王朝。並據記載，焦作地區生產懷藥雖然始於周朝，但大規模種植懷藥應在唐代，與當年藥王孫思邈將太行山上的野生「四大懷藥」引至民間種植，並製作屠蘇酒為百姓消除瘟疫的歷史功績有關。在明清時期，懷慶府的懷藥貿易日益昌盛，銷售數額與日俱增，藥商隊伍不斷擴大，出現了牙行懷幫，舉辦了懷藥大會。為了便於懷藥的貿易，各地出現了「懷慶會館」，懷藥的貿易出現了空前的繁榮，更有「享有十三幫一大片，不如懷幫一個殿」的美譽。農曆五月二十日和九月初九開始為期15天的懷藥大會在藥王廟舉行，此係中國五大藥材大會之一。可以說，懷藥在中藥史上占有重要地位。

綠茶珍品──信陽毛尖

信陽毛尖，亦稱「豫毛峰」，是河南省著名土特產之一。信陽毛尖，因其條索細圓、緊直有鋒芒，又產於河南信陽，故取名「信陽毛尖」。

相傳在很久以前，信陽本沒有茶，鄉親們在官府和老財的欺壓下，吃不飽，穿不暖，許多人得了一種叫「疲勞痧」的怪病。瘟病越來越凶，不少地方人都死絕了。一個叫春姑的女子看在眼裡，急在心上，為了替鄉親們治病，她四處奔走尋找能人。一天，一位採藥老人告訴春姑，往西南方向翻過99座大山，趟過99條大江，便能找到一種消除疾病的寶樹。

春姑按照老人的要求在路上走了九九八十一天，累得筋疲力盡，還

技藝非凡：河南的傳統工藝與特色珍品

染上了瘟病，倒在一條小溪邊。這時，泉水中漂來一片樹葉，春姑含在嘴裡，馬上神清目爽，渾身有力。她順著泉水向上尋找，果然找到了生長救命樹葉的大樹，摘下一顆金燦燦的種子。看管大樹的神農氏老人告訴春姑，種子必須在十天之內種進泥土，否則會前功盡棄。想到十天之內趕不回去，也就不能救鄉親們，春姑難過得哭了。神農氏老人見此情景，拿出神鞭抽了兩下，把春姑變成一隻尖尖嘴巴、大大眼睛、渾身長滿嫩黃色羽毛的畫眉鳥。小畫眉很快飛回了家鄉，將樹子種下，嫩綠的樹苗從泥土中探出頭來，這就是茶樹。而此時的春姑已耗盡了心血和力氣，倒在茶樹旁，化成了一塊似鳥非鳥的石頭。不久茶樹長大，山上也飛出了一群群的小畫眉，牠們用尖尖的嘴巴啄下一片片茶葉，放進了瘟病病人的嘴裡，病人便馬上好了。從此以後，在信陽山區種植茶樹的人越來越多，也就有了茶園和茶山。

傳說歸傳說，信陽毛尖的馳名產地主要集中在南灣湖周圍山區，它們分別是五雲山（車雲、集雲、霧雲、天雲、連雲）、兩潭（黑龍潭、白龍潭），其中尤以車雲山出產的茶葉品質最佳。這些產地的海拔大多在500～800公尺以上，群山透迤，奇峰高聳，溪流遍布，常年雲遮霧罩，土層深厚肥沃，溼度很大。獨特的自然條件便於茶樹吸收各種養分，從而形成信陽毛尖茶芽肥壯、柔軟細嫩、葉質不易老硬的特色。千百年一脈相承的手工製茶工藝，使得「信陽毛尖」的獨特品質無與倫比。茶聖陸羽在其《茶經》中把光州茶（信陽毛尖）列為茶中上品，宋代大文豪蘇東坡又有「淮南茶信陽第一」的千古之論。

上等優質原料是炒製名茶的基礎。信陽茶區屬高緯度茶區，四季分明，茶園比南方開採晚、封園早。信陽毛尖的採茶期分三季：穀雨前後採春茶，芒種前後採夏茶，立秋前後採秋茶。穀雨前後只採少量的「跑

山尖」,「雨前毛尖」被視為珍品。信陽毛尖還對盛裝鮮葉的容器也很注意,用透氣的光滑竹籃,不擠不壓,並要求及時送回陰涼的室內攤放2～4小時,趁鮮分批、分級炒製,當天鮮葉必須當天炒完。

信陽毛尖品質好,而且炒製工藝也十分獨特。炒製分生鍋、熟鍋、烘焙三個工序,用雙鍋變溫法進行。生鍋的溫度140～160℃,熟鍋的溫度80～90℃,烘焙溫度60～90℃,隨著鍋溫變化,茶葉含水量不斷減少,品質也逐漸生成。生鍋工序是將兩口大小一致的光潔鐵鍋並列安裝成35°～40°傾斜狀;用細軟竹紮成圓形掃茶把,在鍋中有節奏地反覆挑抖,鮮葉下綿後,開始搓揉,並與抖散相結合。反覆進行4分鐘左右,始成圓條,達四五成乾(含水55％左右)即轉入熟鍋內整形。

熟鍋工序在剛開始時仍用茶把繼續輕揉茶葉,並結合散團,待茶條稍緊後,進行「趕條」。當茶條緊細度初步固定不沾手時,進入「理條」,這是決定茶葉光和直的關鍵。「理條」手勢自如,動作靈巧,要害是抓條和甩條,抓條時手心向下,拇指與其他四指張成「八」字形,使茶葉從小指部位帶入手中,再沿鍋帶到鍋緣,並用拇指捏住,離鍋心13～17公分高處,借用腕力,將茶葉由虎口處迅速有力敏捷地搖擺甩出,使茶葉從鍋內上緣依次落入鍋心。「理」至七八成乾時出鍋,進行烘焙。烘焙工序再經過初烘、攤放、複火三個步驟,即製作出品優質佳的信陽毛尖茶了。

信陽毛尖素以葉嫩、湯明、清香、味醇而遠近馳名,清代已為中國名茶之一。1915年在巴拿馬國際博覽會上,榮獲優質獎章和獎狀。1958年在中國名茶鑑定會上,被評為十大名茶之一。1985年獲中國質量(品質)獎銀質獎。1982年、1986年被評為部級優質產品,榮獲中國名茶稱號。1990年「龍潭」毛尖茶代表信陽毛尖品牌參加全國評比,取得綠茶

技藝非凡：河南的傳統工藝與特色珍品

綜合品質第一名的好成績，榮獲中國質量（品質）獎金質獎。1991 年在杭州國際茶文化節上，被授予「中國茶文化名茶」稱號。自 1992 年 5 月始，信陽市每年都舉辦一次信陽茶葉節，這已成為信陽走向世界的一個重要窗口。1999 年獲昆明世界園藝博覽會金獎。2003 年 2 月 19 日中國國家工商總局商標局正式批准信陽毛尖註冊證明商標（證明商標是公益性商標），可授權符合條件的單位使用。因此，信陽市可將同緯度、同工藝、同品質、同地區生產的毛尖茶統稱為信陽毛尖。這使得現今信陽市形成了中國第一個名優茶生產基地。產品暢銷中國各地，遠銷日本、美國、德國、新加坡、馬來西亞等國及香港、澳門。

歷史悠久而又神祕美麗的西峽琥珀

琥珀自古以來，就被人們視為珍寶。作為一種名貴的中藥材，其藥用價值高。《山海經》中記載，琥珀有活血化瘀、安氣定神的功能。《名醫別錄》中，琥珀被列為上品，具有安神定驚、散瘀血、利尿之功能。據明李時珍《本草綱目》記載：琥珀性味甘平、無毒，能安五臟、定魂魄、消瘀血、通五淋、壯心明目、止痛安神、活血生肌，治療心神不寧、失眠多夢、驚風癲癇、月經停閉、小便澀痛、血瘀等病，用琥珀沖茶，有鎮靜之功。

河南省南陽市西峽縣有一段有關唐朝藥王孫思邈用琥珀做藥，救人於危難的美麗傳說。相傳在唐朝時期，孫思邈行醫至河南西峽時，突然看到四個人抬著一口棺材往墓地走。他看見有些鮮紅的血液從棺材縫隙裡滴出來，心中一動，趕忙追上去詢問跟在棺材後面哭得很傷心的老媽

媽。老媽媽告訴他說，她的女兒因為生孩子難產，死亡幾小時了。孫思邈聽了這段話，又仔細查看了棺材縫裡流出來的血水。他斷定這個產婦是由於難產窒息而引起的假死。他想：如果這個產婦真的死了大半天，就不可能再流出鮮紅的血液來，於是他判斷產婦沒有真死，忙叫開棺搶救。老媽媽一聽，半信半疑地讓人把棺材蓋打開了。孫思邈連忙上前查看。

只見那婦女臉色蠟黃，嘴唇蒼白，沒有一絲血色。孫思邈仔細摸脈，發覺脈搏還在微弱地跳動，就趕緊選好穴位，扎下一根金針，又趕快叫產婦家人急取他隨身攜帶的琥珀粉為其灌服，而後以紅花煙燻她的鼻孔。片刻之間，假死的產婦逐漸清醒，哼出聲來，並生下一個胖娃娃；又過片刻，經人攙扶，即可起立。眾人見孫思邈把行將入土的人都救活了，而且是一針救活了兩條人命，都情不自禁地讚頌他是「起死回生的神醫」。孫思邈道：「此乃神藥琥珀之功也。」這個故事在西峽一帶流傳至今。故事是否屬實雖已無從考究，但說明琥珀的藥用價值確實很高。

中國西峽縣盛產琥珀，歷史悠久，埋藏量豐富，集中在一個4.5公里寬，100公里長的狹長地帶。這裡的琥珀藏量大，品質居中國之首。琥珀是一種「窩子礦」，大窩可挖到幾千公斤，小的也可以挖到幾公斤，一般在幾十公斤以上。1980年，西峽縣挖出一大窩重達3,392公斤，價值248,600多元的琥珀礦。1980年，西峽縣重陽鄉挖出罕見的大琥珀，重達5.8公斤，中有昆蟲花紋。顏色紫紅，半透明，有光澤，呈方形或菱形結晶塊，松香味甚濃，係上等藥用琥珀。此外，西峽琥珀項鍊也因品質最佳，引起各國重視。

技藝非凡：河南的傳統工藝與特色珍品

林中丹果，柿中豪傑 —— 新安牛心柿餅

　　柿子，又名朱果。柿樹，舉世公認為起源於中國的古老樹種。目前，中國是世界上柿子產量最多的國家。相傳柿子曾被明太祖朱元璋封為「凌霜侯」。朱元璋做皇帝以前當過和尚，要過飯，嘗過餓肚子的滋味。有一年秋天，他路過一個村莊，看到有棵大柿樹果實纍纍，這時他又渴又餓，見了紅燈籠似的大柿子垂涎三尺。於是偷偷摘下柿子大口吃了起來。那掛滿凌霜尚未熟透的柿子雖然澀得他口舌難耐，但還是一口氣吃了十幾個，填飽了肚皮。隨之朱元璋打躬作揖謝過大柿樹匆匆上路了。後來，他當上了皇帝，不忘柿樹的救命之恩，專程前往虔拜，並脫下龍袍親披樹身，加封柿樹為「凌霜侯」。

　　根據《禮記》記載，我們的祖先在周代就已栽培柿樹，並在重大祭禮禮儀上用柿果作為供品。唐人段成式在《酉陽雜俎》中讚美「柿有七絕：一、樹多壽；二、葉多蔭；三、無鳥巢；四、無蟲蠹；五、霜葉可玩；六、佳果可啖；七、落葉肥大，可以臨書」。唐代劉禹錫在〈詠紅柿子〉詩中讚道：「曉連星影出，晚帶日光懸。本應遺採掇，翻自保天年。」說明柿子受日精月華，雨露滋潤，營養豐富，民可當糧，度荒解飢。北宋孔平仲在其〈詠無核柿餅〉曾讚譽新安牛心柿餅：「林中有丹果，壓枝一何稠。為柿已輕美，嗟爾骨也柔。風霜變顏色，雨露如膏油。」他把新安牛心柿餅刻劃得美不勝收。

　　柿餅在加工過程中，表面產生白色霜狀物，俗稱「柿霜」，被譽為「柿中精津」，含有豐富的甘露醇、葡萄糖、果糖和蔗糖，不僅是珍貴的食品，而且是稀有良藥，用於治療肺熱燥咳、咽乾喉痛、口舌生瘡、吐血咯血等症，效果甚佳。南朝著名醫學家陶弘景在《名醫別錄》中說：

「柿果性味甘澀，微寒，無毒。可清熱潤肺，化痰止咳，主治咳嗽、熱渴、吐血和口瘡等病症。」明代大醫學家李時珍在《本草綱目》中說：「柿乃脾肺血分之果也，其味甘而氣甲，性澀而能收，故有健脾、澀腸、治嗽、止血之功。」現代醫學文獻報告，柿果有清熱滑腸、降壓止血的作用，對於高血壓、痔瘡出血、有便祕傾向者，最為適宜。現代研究發現 100 克新鮮柿子含碘 50 毫克，患甲狀腺腫大者常吃柿子有益。值得一提的是，柿子裡含有大量的柿膠酚和紅鞣質，這些成分遇胃酸後便會凝結成硬塊，在胃內形成胃柿石。空腹吃柿子，同時飲橘子汁等酸性果汁，或胃酸較高的人、十二指腸潰瘍的人吃過多的柿子，都易於凝結形成胃柿石，這是應該注意的。

洛陽新安縣峪里鄉盛產的牛心柿子，鮮果中含蛋白質 1.36％、脂肪 0.75％、果糖 5.11％、粗纖維 2.08％、水分 80.21％、灰分 0.65％。1980 年在中國柿樹評比中，峪里牛心柿樹被列為優質品種。現有較大柿樹萬餘棵，年產鮮柿四十餘萬公斤，可製作柿餅 15 萬公斤。作為林中丹果、柿中豪傑，峪里柿餅當之無愧。牛心柿餅個大體碩，七八個就有一公斤重；餅體綿軟，柿霜分泌多，糖分高，味甘甜；無核或少核，並且耐儲藏，因而暢銷於陝、甘和兩廣、江浙等地。

中國刺繡藝苑中的奇葩 ── 開封汴繡

汴繡，也稱宋繡，距今已有八百餘年歷史。明清之際，刺繡技術和生產，進入了中國傳統刺繡的巔峰時期。而當時的開封汴繡，已成為對後世影響非常之大的四個藝術流派之一，其他三派是上海的顧繡、北京的京繡、山東的魯繡。在此之後才有後人譽為「四大名繡」的蘇繡、粵

繡、湘繡和蜀繡。

現代汴繡的針法是在繼承「宋繡」針法和廣泛吸收民間刺繡針法的基礎上，博採眾家之長，反覆試驗，逐步創新，發展而形成的，它是汴繡藝術的結晶。

汴繡以繡製中國古名畫而著稱，以北宋畫家張擇端的〈清明上河圖〉為代表。它以針代筆，以線代量，使這幅宏偉浩繁的歷史風俗畫卷逼真地展現在世人面前。其針法精細，技法考究，有蒙針繡、打子繡、套針繡、亂針線、單面繡、雙面繡、雙面異色繡等三十餘種針法和繡種。其做工活而不滯、疏而不密、萬線接頭、無影無蹤，具有很高的欣賞價值和收藏價值。第一幅汴繡〈清明上河圖〉的意義是劃時代的。汴繡與〈清明上河圖〉的結合，奠定了汴繡以繡中國名古畫為主著稱於世的基礎。從此，汴繡邁過了小製作的門檻，跨進寬大的藝術大廳。以針作畫，以線作色，這就是汴繡「應物象形」的獨有魅力！

汴繡，中國刺繡藝苑中一朵璀璨奪目的奇葩！它的精美使人們陶醉。有人說，汴繡像一道茶，細細咀嚼，感到一種品茗滋潤的甘甜。其實，它更像歷史與現實相互印證的佳釀，細細品味，何嘗不是一種境界……然而，「一方水土養一方人」，開封這塊粗獷的熱土竟產生如此秀美、精緻的繡品，耐人尋味。

五彩斑斕的洛陽宮燈

元宵佳節人們為什麼有打燈籠的風俗呢？民間有一個傳說：古時一隻神鳥因為迷路而降落人間，祂被不知情的獵人射死了。天帝知道後大

為震怒，傳旨讓天兵於正月十五到人間放火，把人間的人畜財產通通燒光。天帝的女兒不忍心看百姓無辜受難，就偷偷來到人間，把這個消息告訴大家。於是，人們想了個辦法，正月十四、十五、十六的晚上，家家戶戶張燈結綵，人人打著燈籠逛街遊玩。果然，到了正月十五這天晚上，天帝往人間一看，發現一片紅光，便以為是大火在燃燒。人間從此逃過了災禍，這種風俗則流傳至今。

各種宮燈雖然樣式繁多，但以洛陽宮燈歷史最為悠久，名揚四海。洛陽宮燈始創於東漢，盛於隋唐。相傳，東漢光武帝劉秀建都洛陽、統一天下後，為了慶賀這一功業，在宮廷裡張燈結綵、大擺宴席，盞盞宮燈各呈豔姿。後來，宮燈的製作技術傳入民間。「宮燈」之名由此而生，並且逐漸發展成各種綵燈的統稱，宮燈藝術從此日漸精湛。隋煬帝大業元年正月十五，在洛陽陳設百戲，遍布宮燈，飲宴暢遊，全城張燈結綵、半月不息。之後，每逢元宵佳節，家家寶燈高掛，處處明燈璀璨，人人提燈漫遊，盞盞爭奇鬥豔。

唐宋時期，洛陽宮燈的製作已經十分精美，相繼出現了龍燈和轉燈，「玩花燈」成為婦孺皆知的事情。明清以後，洛陽製燈以竹、紗、絹為材料，開始出現白帽方燈、紅紗圓燈、六色龍頭燈、走馬燈、蝴蝶燈、二龍戲珠燈、羅漢燈等。其中，尤以紅紗圓燈最為有名。這種燈造型優美，宜書宜畫，撐合自如，易於保存，既可點綴昇平，也可作為紀念品贈送親友。清末，洛陽老城人李文林成為一代製燈名師，他所製的宮燈年產萬餘盞，遠銷省內外。慈禧太后途經洛陽時，喜納一對，授予李家銅牌一枚，李家宮燈因此名聲大振，生意更加興隆。

技藝非凡：河南的傳統工藝與特色珍品

再現輝煌 —— 洛陽仿古青銅器

青銅是人類歷史上的一項偉大發明，是世界冶金鑄造史上最早的合金。紅銅加入錫、鉛，成為一種新的合金，這種合金歷經幾千年的化學反應，其表面出現一層青灰色的鏽，所以今人謂之「青銅」，而古人則將這種合金稱之為「金」，文獻中這一時期所講的「賜金」、「受金」中的「金」，即指青銅。

洛陽青銅器製造歷史悠久，先民獨創的失蠟法青銅鑄造技術領先世界，自古以來就有「銅出徐州，師出洛陽」之稱，說明河南洛陽長期以來一直是中國青銅器製造業的中心。從目前出土和傳世的大量青銅器可見，古老的塊範鑄造技術在遠古的中國已經發展到了登峰造極的地步，青銅器在中國先民的生活和精神體系中占據著舉足輕重的地位。

中華第一劍 —— 棠溪寶劍

在中國兩千多年的劍文化歷史上，棠溪中華第一劍獨領風騷，把中國的劍文化推向了極致。今河南省西平縣的棠溪河，曾是戰國時期韓國的屬地，當時在這裡逐漸形成了以鑄劍為營生的方圓數百里區域，規模可達480平方公里，涵蓋了當今舞鋼市的部分地域。鑄劍名師歐冶子、干將、鏌鋣等均在棠溪鑄劍，此地形成了中國古代的兵工廠。當時，已發明豎爐冶鐵，規模浩大。

史籍有「十里棠溪十里城」、「工匠七千，竟夜如晝」、「使童男童女三百人，鼓風裝炭」的記載。其紅火的場面更有詩為證：「爐火照天地，紅星亂紫煙，酒幡掩翠柳，鐵歌奏更天。」大史學家司馬遷的《史記》曾

記述說：「天下之強弓勁弩皆從韓出。」典籍《太康地記》也有記載：「天下之寶劍韓為眾，一曰棠溪，二曰墨陽，三曰合伯，四曰鄧師，五曰宛馮，六曰龍泉，七曰太阿，八曰鎮鋣，九曰干將也。」九大名劍皆出自於棠溪，而棠溪寶劍為名劍之首，棠溪寶劍之威名自古譽滿全國。《資治通鑑》、《戰國策》、《鹽鐵論》等大量史書對棠溪九大名劍均有記載。古有讚譽：「棠溪之金，天下之利。」

西平縣棠溪寶劍棠溪是中國當之無愧的歷史最早、規模最大、技術最先進的兵器製造中心。棠溪寶劍之所以能被稱為中華第一，與它的幾個特點有關。一是西平縣獨有的地域資源。鑄劍需要上好的鋼鐵和適宜的淬火之水。冥山鐵礦不僅藏量豐富，適合鑄劍，而且棠溪的龍泉水中富含大量的礦物質，這是淬火所需的珍貴元素。用冥山的礦鍊鐵，棠溪的水淬火，便製出天下名劍。二是優秀的傳統工藝和深厚的文化底蘊。1958年，當地在修潭山水庫時發現了37座豎爐遺址，現在唯一保留下來的豎爐遺址，是戰國時韓國的冶鐵鑄劍爐，已被中國國務院定為國家重點文物保護單位，成了西平吸引遊客的一道勝景。三是材質優良、工藝精湛。棠溪劍的劍架、劍殼都採用棠溪兩岸名貴的棠棣木製成，上面生動的龍鳳、麒麟、饕餮、蝙蝠和蟬紋等都是由手工一刀一刀刻成；劍身的打造要經過三百多道工序，道道工序都是一絲不苟。

現今的棠溪系列刀劍以中國傳統的龍文化和劍文化為底蘊，承襲棠溪地域特色和特殊的生產工藝，融入現代審美意識和先進的科學技術，具備了「強、韌、硬、彈」四大特點，光鑑寒霜，靈氣逼人。在劍條的製作上，仍採用千錘百鍊的鍛打、冶煉方法。更為特殊的熱處理技術，沿襲了傳統的方法。在對劍鞘的加工和雕刻上，也是採用手工製作。棠溪中華第一劍形成成品的過程經三百多道工序，但每一個工序都是手工操

作，沒有機器留下的痕跡。優秀的傳統工藝與現代先進科技相結合，使棠溪寶劍保留了歷史上不烤金、不鍍光、不鏽蝕、不炸裂、利可斷鐵的優良品質。即重型劍砍鐵不留鈍痕，輕型劍彎曲90°恢復原形後不變形、不斷裂。2000年研製的新型棠溪劍，取材精良，設計新穎，經多道嚴格工序精心打造，其造型獨特、古樸典雅，劍條為優質高錳碳鋼，劍鞘、劍架、劍盒用珍貴的紅木和棠溪河畔的棠棣木製作。劍鞘上鑲有青銅飾件和天然寶石，刻有象徵中華民族的飛龍、吉祥如意的鳳凰以及反映古代冶鐵鑄劍的畫面，文化內涵豐厚，具有很高的欣賞和收藏價值。

門神騎紅馬 —— 朱仙鎮木版年畫

「門神門神騎紅馬，貼在門上守住家；門神門神扛大刀，大鬼小鬼進不來……」這是一首流傳久遠的民謠。而「門神」就是年畫！說起木版門神的起源，有一個古老的傳說。當年，秦王李世民率兵攻占了開封。當地父老向他訴苦：連年的戰亂以及城中夜裡鬧鬼，百姓的日子沒法過了。當晚李世民也連連被噩夢驚醒，不能入睡。就派大將秦瓊、尉遲敬德把守城門，他們一個手持雙鐧，一個緊握金鞭，威風凜凜地分站在門旁。果然，此後夜來無事。李世民靈機一動，令謀士畫了秦瓊、尉遲敬德像貼在兩扇城門之上，以保百姓平安。恰逢此時，朱仙鎮一位巧木匠來到開封，看到城門上將軍的畫像，回去後他把兩人的像刻在梨木版上印成門神。木匠的門神畫供不應求，後來門神發展成供喜慶節日張貼的年畫。從此，朱仙鎮木版年畫一舉成名。

開封朱仙鎮木版年畫傳說歸傳說，史載：中國木版年畫最早出現在北宋時期的開封。朱仙鎮的木版年畫作為中國獨有的一朵藝術奇葩，是

中國古老的民間藝術精華。朱仙鎮木版年畫經過長期的發展，逐漸形成了獨有的風格：構圖飽滿、形象誇張、線條粗獷流暢、色彩鮮豔，人物無媚態，具有濃郁的地方特色和鄉土氣息。其製作多出自民間藝術家之手，大量使用中藥材配製調色，採用木版和鏤印相結合的方法，水印套色，種類繁多，所用顏料為炮製工序，用紙講究，色彩豔麗莊重。其內容大都取材於民間，如門神、秦瓊、尉遲敬德、鍾馗、灶王以及安樂吉祥為主題的各種畫面和民間故事，內容豐富，風格獨特，具有鮮明的民族風格。

伏羲女媧摶土造人的「活化石」
——淮陽泥泥狗

河南省是中原文化的發祥地，淮陽「泥泥狗」以其特殊的藝術形式——神祕而厚重，原始而瑰麗，古拙而渾厚，不斷地吸引著專家學者的探源追蹤。

泥泥狗，又叫陵狗，具體形式有「草帽老虎」、「猴頭燕尾」、「四不像」、「歪嘴斑鳩」、「甩尾連魚」等，是太昊伏羲陵泥玩具的總稱。人們將之視為避凶納吉、虔心求子的吉祥物。海內外專家、學者們評價說，太昊陵泥泥狗是「真圖騰、活化石」。太昊伏羲氏是中國發展畜牧業的始祖，狗可能是首先被征服的動物，為人守戶、報警、保護畜群。當時，人的思想認識是圖騰崇拜的，認為狗是上天派下來拯救生靈的，是人和畜群的保護神。後來出現了以狗為圖騰的氏族部落。隨著捏製泥泥狗習俗的延續，相繼出現了反映遠古社會氏族部落圖騰和生活現象的各種造型，都加入了「狗」的行列。因此，「泥泥狗」的問世可能與當時的

技藝非凡：河南的傳統工藝與特色珍品

現實生活有關。

另外，在中國古代的傳說中，還有伏羲、女媧結為夫婦，捏土做人，繁衍人類的傳說。伏羲生活的時代，人煙本來就很稀少，一日，天塌地陷，世界上只剩下伏羲、女媧兄妹二人。這時，人們已從群婚過渡到對偶婚，伏羲又制定出了族內不能通婚的嫁娶制度。為了繁衍人類，兄妹只得求上天做媒。他們從山上推下兩扇石磨，如果石磨合在一起，他們就成為夫妻，否則，仍為兄妹。結果，石磨在山下合在了一起，他們便結成了夫妻。所以，人們至今稱伏羲為人祖爺，稱女媧為人祖姑娘，而不是人祖奶奶。他們嫌自己生育太慢，就用泥捏製泥人。這些泥人曬乾後，都能走動、說話，變成了人。逢到下雨天，他們來不及一個一個往屋裡收，就用掃帚掃，所以，有盲人、瘸子等身障者。因為人是泥捏的，所以一出汗身上就有泥灰。這個傳說的發生地就在淮陽，所以，淮陽在數千年前就有大量捏製泥泥狗的習俗。

時至今日，每年農曆的二月初二到三月初三，淮陽太昊陵還是有隆重祭祀「人祖伏羲」的廟會，並進行傳統的娛樂活動，交流貿易。泥泥狗是太昊陵人祖廟會期間主要的賣品，在太昊陵銷售泥泥狗，是為人祖守陵、警報和傳播人祖聖德於四方的象徵。每個泥泥狗都是泥哨，有孔可吹，音韻渾厚，因此深受民眾特別是兒童的喜愛。因為泥泥狗是為紀念伏羲女媧繁衍人類、肇始華夏文明的功德而製作的，又為淮陽太昊陵所獨有，遊人香客只有在這裡購買的泥泥狗才有「靈氣」。所以淮陽泥泥狗被譽為「天下第一狗」。

淮陽泥泥狗用淤泥捏製，全塗黑底，然後用紅、黃、白、綠、粉紅五色，繪以點線結構的圖案，有楚漆器文化的格調，又像繩紋、方格紋、古陶器的畫法。它造型渾厚古樸，似拙實巧，墨底彩繪，豔而不

俗。其中，黑色的沉穩與厚重也反映了世代勤勞的民眾內在而不張揚的樸實性格，鮮豔的圖形裝飾也展現了百姓對各種美好事物的嚮往，這便形成了民間美術作品的泥土氣質。至今，淮陽鄉間的老年人都喜歡穿一身黑衣服，這大概是古代尚黑的一種遺風吧！現在淮陽縣城東北的金莊、盛莊、陳樓等地仍有許多泥泥狗老藝人在做泥塑。這些造型稀奇古怪的「泥泥狗」，就像一部活生生的《山海經》展現在你的面前。淮陽「泥泥狗」無論是誇張的手法、逼真的造型，還是對比強烈的色彩，都呈現出一種古樸的原始美，呈現出一種中華文化的特色，蘊含著不可估量的藝術價值。

蘊含厚重的南陽玉

「白河流水長，獨玉產南陽。玉器傳千古，藝花五洲香。」南陽玉，又稱「獨山玉」，中國四大名玉之一，產自中國南陽獨山，以綠、白、絳紫色為主，各色浸染交錯，其突出特點是「多色交輝」，巧妙利用「俏色」來掩飾玉石表面的色斑。獨山腳下，玉石資源豐富，質地優良，自新石器時代起便開始了它「如切如磋、如琢如磨」的用玉、製玉歷史，獨山玉在中國玉文化研究中占有獨特地位。南陽獨山也被譽為「玉石之鄉」，尤其是鎮平縣，以獨山玉為主的玉石開採、雕刻因歷史悠久、技藝精湛而馳名中外，被譽為「中國玉雕之鄉」。「村村可聞雕琢聲，戶戶可見玉生輝」，鎮平縣的南陽玉雕業在中國玉業發展中占有極其重要的地位。

南陽玉雕早在 6,000 年前的新石器時代，南陽勤勞智慧的古人就開始利用玉器了，如獨玉鏟、玉鑿等；夏商周時期，是南陽玉業輝煌的時

代,「古人辨玉,首德而次符」,「吾子比德於玉」,「君子無故,玉不離身」,玉成了至高無上和人格化的代表物。此後的古詩文中也常用玉來比喻一切美好的人或事物,如「寧為玉碎,不為瓦全」、「玉不琢,不成器」等。因此,南陽玉連同青銅器、甲骨文的出現,標誌著人類的歷史已經結束蒙昧時代,進入文明社會。南陽獨玉玉質堅硬、色彩斑斕,為玉中上品,古玉工多在獨玉上下工夫。

楚人卞和所發現的「和氏璧」經多方考證為南陽獨玉所創,並以此演繹了「價值連城」、「完璧歸趙」和「傳國玉璽」的故事。在南陽發掘的漢墓中發現了大量的葬玉,當年的皇室王侯及名人為祈求死後屍體不朽,大量使用玉衣、玉含和玉握手等葬玉。而元代世祖忽必烈為大宴群臣所雕琢的盛酒器具——「瀆山大玉海」,則是以整塊獨山玉雕製而成的,雄渾博大、氣勢磅礡,實乃罕見的巨型玉雕珍品,不僅成為中國巨大的藝術寶庫中的珍寶,在世界藝術史上也占有極為重要的地位。到了20世紀初,鎮平石佛寺因絲綢和玉雕名揚海內外,涉外經貿往來很頻繁。

中華老字號──安陽狗皮膏藥

狗皮膏藥,原稱萬應膏,因將藥膏攤於狗皮上而得名。由上等麝香、沒藥、乳香、阿魏、牛黃、血竭、當歸、木瓜等藥材經嚴格配製、熬煉而成。分為跌打膏、固本膏、拔毒膏、暖臍膏、化毒膏、化瘀膏等,具有化瘀止痛、消積化塊、舒筋活血、祛風散寒之功效,主治婦女血塊、男子氣塊、腹內積聚、風寒溫痺、腰腿痠楚、關節扭傷、胃寒作痛、手足麻木等症。

在安陽狗皮膏藥的研製和揚名的歷程中,流傳著一個與八仙之一鐵

枴李有關的傳奇故事。傳說彰德府（今河南安陽）有一家做膏藥的王掌櫃，樂善好施，不管貧富，只要生了瘡，就給人治，名聲不錯。一天，王掌櫃帶了一些膏藥去趕廟會，半路碰上了一個瘸腿乞丐，渾身破爛，直冒臭氣。乞丐見了王掌櫃，伸開長了個小疔瘡的瘸腿，請王掌櫃醫治。王掌櫃一看，取出一帖膏藥貼在小瘡上，說道：「明天一定好。」第二天，王掌櫃又碰上了瘸腿乞丐，忙問：「好了嗎？」乞丐說：「沒好，痛得更厲害了。」王掌櫃揭開膏藥一看，果然瘡更大了，就說：「我替你換一帖藥力大的，再不好，你到我家找我。」於是又為乞丐換了一帖。

　　第二天一大早，王掌櫃剛邁出大門，就見那個瘸腿乞丐在門邊等著呢。沒等王掌櫃開口，瘸子就大罵起來：「你真坑人！彰德府的膏藥——淨是假貨！」王掌櫃揭開一看，不得了，腿瘡變得碗口大了。王掌櫃很過意不去，說：「我再幫你配帖好膏藥。」說著扶起乞丐走進家去。剛一進院，一條大黃狗撲了過來，咬住了乞丐的腿。王掌櫃急忙抄起乞丐手中的木棍，一棍將狗打死。乞丐笑了：「今天有狗肉吃了。」王掌櫃跑到後院，找出幾味名貴藥材，替乞丐配好了一帖膏藥。過來一看，乞丐正吃著烤狗肉，旁邊攤著幾塊狗皮。乞丐接過配好的藥，往腿上一按，又拿起一塊狗皮，也捂到了上面。沒多久，乞丐把狗皮膏一揭，碗口大的膿瘡不見了，真是神奇。王掌櫃接過狗皮膏，感慨萬分。這時瘸腿乞丐忽然不見了，王掌櫃這才明白是鐵枴李前來傳授仙方。從此，彰德府的狗皮膏藥出了名，主治跌打損傷，治腰痠腿痛、生瘡長疔十分靈驗。後來安陽的狗皮膏藥便流傳到中國各地。

　　不過有史記載狗皮膏藥創製於明末清初，創始人姚本仁，原籍江西建昌府南城縣，自幼鑽研醫術。早年遠遊行醫，有一次他行至安陽時，將一家入關送殯的少婦救活，被人譽為「姚神仙」。明崇禎七年（西元

1634 年),封居於安陽的趙簡王聞其醫術高明,招之為趙府良醫所醫正。後來姚本仁辭離趙府,在少林寺與曉山禪師共同研製成主治跌打損傷的膏藥。主要原料是麝香、乳香、沒藥、血竭、當歸、木瓜等二十多種名貴藥材。姚本仁在黃河以南廣為布施,一用輒驗,頗有盛譽。清順治元年(西元 1644 年),因姚本仁聞名遐邇,被清政府賜太醫院御前大夫。順治五年(西元 1648 年),姚本仁歸老於鄴(今安陽),居住在安陽市區鼓樓後街東頭大槐樹院內,開姚家藥鋪,鋪名「宗黃堂」,鋪前高懸「太醫正傳」巨匾,世代相傳。狗皮膏藥的配製方法嚴遵祖訓——傳媳不傳女,沿襲三百多年,也叫姚家狗皮膏藥。

中原奇葩——麥稭畫

一束束麥稭,一座座麥稭堆,是中國北方麥區再平常不過的東西。但你聽說過麥稭也能作畫嗎?麥稭畫又稱麥稈畫(英文名字:straw patch-work),是中國早已失傳的隋朝宮廷工藝品,已有 1,400 多年的歷史。但長期以來難覓其蹤,直至發掘秦懷王墓時,古老的麥稭畫才出土面世。雖經 2,000 多年腐蝕,但仍造型逼真,色澤鮮明,不失其古樸典雅本色,令人嘆為觀止。

麥稈工藝源於民間,它利用民間自然資源麥稈,透過十幾道加工處理工序,又大膽吸收了諸多藝術表現手法,以精湛的製作技巧,巧妙地製作出了一件件精妙的手工藝品。中原是中國的小麥主產區,地處中原的濮陽自然成為麥稭畫的搖籃。麥稭畫的發展雖幾經周折,但仍以其頑強的藝術生命在民間藝術的殿堂裡獨秀一枝,綻放異彩。1980 年代,河南省中原畫家劉麗敏發現了這一中華絕技,她根據相關資料細心鑽研、

多方求教，以靈巧的雙手利用麥稭的自然光澤、紋理和質感，大膽創新發明，並藉助現代化的技術對這一傳統工藝推陳出新，終於使古老的傳統民間工藝重放異彩。這一畫種以其古樸自然、優美典雅的藝術風格，受到中外人士的好評和喜愛。

　　濮陽麥稭畫麥稭工藝畫的製作方法涉及選料、麥稭處理、乾燥、保色、劃片、黏貼和加框封裝七個步驟。所說的選料，是要選擇乾淨完整的麥稭稈為原料，去除麥稭稈節備用。所說的麥稭處理，是用噴霧器裝入白礬水對待處理的麥稭稈實施噴霧，然後進入乾燥流程，待晾乾後再進行保色處理。將經過保色處理的麥稭稈原料，進行劃片處理，按照絲、點、片的刀法製作成黏貼圖畫用的麥稭原料。先將麥稭稈劃成絲，以絲做成點，用麥稭可以直接劃片備用。使用備好的麥稭原料，配合黏結劑，實施黏貼，按照線、點、面的步驟在布料上按圖片底樣黏貼，製作出麥稭畫。再經加框和封裝處理，即可成為永久保存的麥稭工藝畫。

　　該藝術畫經過勾勒圖案、選材、燻、蒸、燙、漂、黏貼、組合等十幾道工序精心製作，普通作品需一個熟練工一週的時間，複雜作品需25天以上才能完成，是典型的技術和勞動密集型產品。在藝術處理方面，除保持麥稈自然光澤和紋理外，又大膽吸收了國畫、民間剪紙、南陽烙畫、刺繡、雕刻等多種藝術手法，製作出維妙維肖、栩栩如生的人物、花鳥、動物、山水等各種題材的手工藝品。

　　麥稭畫既古樸自然，又有典雅大方的特點；既富麗堂皇，又有靈秀端莊的氣韻；既古香古色，又有金碧輝煌的效果。它能保存上千年，質地不老化、不退色，具有很高的觀賞和收藏價值，是家庭、辦公室、飯店、飯店、娛樂場所等理想的裝飾藝術品；是企業餽贈海內外客人的極具中華特色的民間手工藝品；是餽贈親朋好友的特色紀念品和收藏品。

技藝非凡：河南的傳統工藝與特色珍品

古中國珍貴稀有的畫種——南陽烙畫

　　烙畫這門獨特的藝術形式，以其別具匠心的表現手法和凹凸有致的肌理效果，成為藝術界一朵璀璨的奇葩。烙畫，古稱「火針灸繡」，現在又稱「火筆畫」、「燙畫」等，是古代中國一種極其珍貴的稀有畫種。據史料記載，烙畫源於西漢，盛於東漢，後由於連年災荒戰亂，曾一度失傳，直到清代光緒三年（西元1877年），才被一南陽的民間藝人趙星重新發現整理，後經輾轉傳播，逐漸形成以河南為主的烙畫群體，其中以南陽烙畫名氣最大，並以南陽三大寶之首而蜚聲海內外。另外，南陽當地還流傳著關於南陽烙畫的起源和發展的「烙畫王」和烙畫藝術機緣重現的傳說故事。

　　南陽烙畫以前，傳統烙畫僅限於在木質材料上烙繪，如：木板、樹皮、葫蘆等。畫面上自然產生不平的肌理變化，具有一定的浮雕效果，色彩呈深、淺褐色乃至黑色。因此，傳統烙畫由於本身所固有的局限性和商業性，大部分停留在簡烙、點綴、誇張的浮淺程度上。而現代烙畫，是在傳統烙畫之基礎上，運用國畫的皴擦，結合油畫的透視、具象、質感等特點，並從水彩、版畫等畫種中吸取營養，使之形成一整套成熟完善的現代烙畫技法，徹底改變傳統烙畫的原始工藝性，成為純繪畫藝術中的一種新形式。並且現代烙畫大膽採用宣紙、絲絹等材質，從而豐富了烙畫這一門藝術形式。

　　現代烙畫中最具有代表性的是南陽烙畫。它在勾畫烘燙技術與表現手法上都與眾不同，較之先前有所突破。它是以特製的鐵筆、精湛的烙製技術和藝術手法，在冬青木、椴木等製品上，經過潤色、描繪、燙刻等藝術處理，烙繪出帶褐色的花樣圖案。這樣烙出的燙面，古樸典雅，

別緻大方，色彩明快，層次清晰，線條剛勁流暢，富有藝術表現力。目前，南陽烙畫所使用的傳統鐵筆已經改為電筆，烙製時可以隨意調整熱度；而且在藝術作品上也由簡單的小件烙製品，發展到了烙板、烙紙、烙綢、烙絹等複雜的大件工藝品。

雖然烙畫這門藝術形式經歷了由傳統烙畫向現代烙畫過渡演變的漫長時期，但它們本身都是利用碳化原理，透過控溫技巧，使用300～800℃的鐵扦代筆，在竹木、宣紙、絲絹等材料表面勾畫烘燙，以不施任何顏料或以烙為主體、以套色為輔的表現手法，把中西繪畫藝術和烙畫藝術融為一體，形成古色古香、純正、精美、典雅獨特的東方藝術風格。由於烙畫在絲絹和宣紙上作畫不宜修改，因此，難度較高，特別講究一次成功率。一件成功的烙畫作品，它的藝術特徵應該是：線條流暢，著色均勻，搭配過渡色合理，明暗濃淡層次分明。烙畫古樸清雅，美觀大方，不僅適於裝飾廳堂居室、美化環境，而且還是餽贈親友、攜帶藏存、流傳後世的理想藝術品，因而深受收藏者厚愛。

似陶非陶，品質獨特的虢州澄泥硯

眾所周知，文房四寶是文人書房中必備的四件寶物，雖然硯臺在「筆墨紙硯」中的排次中位居殿軍，但從某一方面來說，卻居領銜地位，正所謂「四寶」硯為首。硯臺質地堅實，能傳之百代。自唐代起，端硯、歙硯、洮河硯和澄泥硯被並稱為「四大名硯」。四大名硯中，端硯（產於廣東端溪）、歙硯（產於安徽歙縣）、洮硯（產於甘肅洮河沿岸）都是以產地命名的硯臺，僅有澄泥硯未以此命名；而且前三者均為石硯，澄泥硯則是唯一使用絹袋取黃河脂泥，經精細加工燒製而成的，界於陶、瓷之

技藝非凡：河南的傳統工藝與特色珍品

間的一種特殊材質製成的硯臺，史稱「三石一陶」。

優質黃河澄泥硯飄逸清香，寧心定神，其功效還可與石硯媲美，因此堪稱硯中一絕。據《陝州志》記載：「虢州澄泥硯，唐宋皆貢，澤若美玉，擊若鐘磬，堅而不燥，撫之如童膚，貯墨不耗，積墨不腐。」虢州澄泥硯曾備受歷代帝王、文人雅士所推崇，唐宋皆為貢品。武則天、蘇東坡、米芾、朱元璋均有所鍾，並著文記之。宋代李之彥《硯譜》云：「澄泥硯，唐人品硯為第一。」清乾隆皇帝也讚其「撫如石，呵生津」，將其視為國寶。1914年澄泥硯曾在國際巴拿馬博覽會展出，享有盛譽。

澄泥硯以製作工藝獨特著稱於世，只是這個製法卻頗費周折，它以沉澱千年黃河漬泥為原料，先縫製絹袋置於河水中，迎浪張開袋口，過濾水中泥沙。光是淘洗澄結就要一兩年的時間，出泥後便可製作硯坯，「令其乾……以物擊之，令其堅。以竹刀刻作硯之狀，大小隨意。微陰乾，然後以利刀刻削如法，曝過，間空堆於地，厚以稻糠並黃牛糞攪之，而燒一伏時」，然後再用黑蠟、米醋相摻燻蒸多次；最後經整璞、雕刻、打磨等一系列工序而製成質地似陶非陶的澄泥硯臺。如此繁複的工序，使得澄泥硯臺堅如鐵石。又由於製作澄泥硯的原料是經過過濾的細泥，所以臨河傍江、工於製陶的地方均可出產。相對於依賴某一石脈的硯種，澄泥硯在普及程度上占了先天優勢。但之所以今日所見的古澄泥硯極為稀少，上品更是難求，其原因之一恐怕就在於它的製作工藝繁複、產量甚低了。到清代，澄泥硯已經沒落衰微，偶有較好的，也多是世俗之品。

另外，我們說澄泥硯的材質似陶非陶，介於陶、瓷之間，是因為它的用料非常細緻，普通河泥當然也可以燒成陶硯，但水下的沉澱往往粗沙細泥相雜，即使經過淘洗，終究不如浪裡淘沙來得均勻細緻。澄泥硯

的用料精，而且燒成溫度高出普通陶器，甚至接近瓷器燒製的溫度。因此，澄泥硯成品的構造也必然更為緊密細緻，能達到密不透水的地步，其發墨護毫的功用便得到了保證。

此外，澄泥硯雖不施彩釉，但採用科學周密的原料配方，精心的藥物燻蒸，特殊的爐火燒煉，使之自然窯變，展現出五彩繽紛、幻變神奇、色彩各異、巧奪天工的絢麗多姿，令人嘆為觀止。澄泥硯中以硃砂紅、鱔魚黃、蟹殼青、豆綠砂、檀香紫的色澤為上乘，尤以硃砂紅、鱔魚黃最為名貴。

中國白酒之源 —— 伊川杜康酒

杜康酒為中國十大名酒之一，也被尊為中國白酒之源頭，距今已有4,000多年的歷史，素有「進貢仙酒」之稱。一般人都認為，杜康酒因釀酒鼻祖夏人杜康始造而得名。然而正是魏武帝曹操在〈短歌行〉中有「慨當以慷，幽思難忘，何以解憂，唯有杜康」的名句，使得中國最早的糧食酒 —— 杜康酒成了酒的代名詞。「酒仙屬杜康，造酒有奇方；隔壁千家醉，開樽十里香」。杜康酒以它富有魅力的傳奇色彩，受到歷代豪飲者的讚譽。後來，也就有了「杜康醉八仙」、「杜康醉劉伶」的故事和傳說。

兒時玩伴，始祖象徵 —— 淮陽布老虎

「小猴孩，你別哭，給你買個布老虎；白天拿著玩，黑夜嚇『麻胡』。」這是河南東部淮陽一帶流傳的一首民謠。「麻胡」是隋朝曾殘酷

技藝非凡：河南的傳統工藝與特色珍品

地蒸食過小孩的將軍「麻祜」的轉音。人們把他比喻為惡鬼。所以，每逢春節、端午節或是孩子滿月的喜慶日子，做母親的總會用一些鮮豔的碎布縫製虎頭帽、虎頭鞋以及老虎枕送給孩子，以鎮惡鬼，保護孩子。這隻布老虎即有可能是孩子一生中的第一件玩具和珍貴的生日禮物。送布老虎、做布老虎的習俗，至今仍在各地農村流傳。

淮陽布老虎河南淮陽的布老虎素有「陳州神虎闢邪降福」的說法。在淮陽太昊陵人祖廟廟會上的布老虎特別引人注目，那裡有單頭虎、雙頭虎、直臥虎、側臥虎、枕頭虎……

其實，布老虎的最早形狀已無從考究，但它的出現都是與中國民間所流傳的某些習俗緊密相連的。比如說布虎枕的造型，據高承在《事物紀原》中的考證，是源於西漢李廣射虎的故事。晉代葛洪《西京雜記》記載：「李廣與兄弟共獵於冥山之北，見臥虎焉。射之，一矢即斃。斷其髑髏以為枕，示服猛也。」李廣射死老虎後砍下虎頭當枕頭，目的在於顯示自己制伏猛獸的功績，此事遂被譽為「虎枕之始」。民間虎枕的作者未必知道這段西漢年間的故事，但其製作虎枕的命題也確實存在著與之相近的含意。布虎枕的造型比布老虎更為概括、簡潔，捨去老虎的四腿與尾巴，腰背凹陷，以便枕臥。耳枕則製成趴平的虎形，於虎背中央挖透成穴，以便側臥時放進耳朵，使小孩的耳朵不受壓擠。

正所謂「十斤老虎九斤頭」，淮陽民間製作的布老虎，造型以頭大、眼大、嘴大、身小來突出布老虎勇猛威嚴的神態；同時，比例較大的虎頭和五官又顯示出天真和稚氣，透露著像孩子一般的憨態。淮陽民間製作的這些布老虎的造型稚拙可愛、憨態可掬、天真活潑，特別是那對又大又圓的虎眼，顯示著虎的靈性。布老虎是用黃布縫成，內填裝草糠，用紅、綠、黑各色繪出眉目，大小各異，大的可用於兒童做枕頭，傳說

能避邪氣。布老虎的製作者多是農村婦女，尤以老年婦女居多，她們希望自己的孩子像老虎那樣勇敢強健，同時又希望老虎能夠成為孩子的朋友，擔負起保護孩子健康和安全的責任。製作者的創作動機決定了布老虎的形、神及性格特徵，使每隻布老虎都凝聚著大人對孩子的期望與祝福，因此布老虎才那麼動人，那麼惹人喜愛。

技藝非凡：河南的傳統工藝與特色珍品

戲韻悠揚：
河南的民間表演與藝術盛宴

戲韻悠揚：河南的民間表演與藝術盛宴

太昊陵廟會「擔經挑」

伏羲陵的全稱是「太昊伏羲陵」，位於淮陽縣城北1.5公里處。現存陵園區為明正統十三年（西元1448年）所建，後經明、清兩代多次增建修葺。太昊伏羲陵占地36公頃，規模宏大，建築雄偉，每年農曆二月初二到三月初三，這裡都要舉行祭祀人祖伏羲的大型廟會。其聲勢之大，會期之長，為中原地區廟會所獨有。廟會期間，來自河南、河北、安徽、山東、湖北等地的群眾蜂擁而至，最多時每天可達數十萬人。

太昊陵廟會帶有濃重的生殖崇拜、祖先崇拜的原始文化色彩，特色主要表現在如下方面。

太昊陵廟會的文化現象帶有許多原始文化的色彩，包含許多值得研究的未解之謎。近年來，隨著經濟的發展和旅遊業的發達，廟會期間也增加了多姿多彩的康樂活動，如馬戲、梆子戲、曲藝表演、電影、耍龍燈等。人祖的朝拜禮儀、祭祀規程呈現出了更加多樣化的趨勢，為這種古老的傳統注入了新的活力。

「擔經挑」是在廟會上表演的一種民間舞蹈，又稱為「擔花籃」。這是一種原始的祭祖娛神舞蹈形式。表演者一般為中老年婦女，表演人數最少三人，多者不限。一人打竹板，眾人合唱經歌。舞者通體服飾以黑色為主，上衣為偏大襟，下著大褲腰的肥大褲、裹腿。頭上纏著一條近兩公尺長的黑紗，紗末端綴穗子，腳蹬黑色鞋子，腳面有彩色花紋，並綴一紅纓線。雙肩挑一細長扁擔，兩端吊著花籃。舞到高潮處，舞者們走到場地中間，背靠背、尾碰尾，兩肩相擦而過。這個舞蹈動作與漢代畫像石中人首蛇身的伏羲、女媧下部交尾的影像極為相似，是原始生殖崇拜的一種習俗。舞「擔經挑」時所唱經詞也多與敬祀伏羲、女媧有關。也

有的屬於唱佛之類、宗教色彩異常濃厚的歌，一般一人高唱或其他演員合唱。高潮時，全體香客大聲合唱，氣氛莊重、肅穆。

麒麟舞

麟、鳳、龜、蛇是中國傳統文化中的四種靈物，其中麟列首位，尤為珍貴。因此，那些出類拔萃的人物也往往被人們比喻為「鳳毛麟角」。

從具體形狀來講，麒麟像鹿，頭上長有一隻獨角，全身長滿麟狀甲片，尾巴像牛，是吉祥的象徵。

河南很多地方的門簾、窗紙、床頭上都可見「麒麟送子」的圖案，以保佑家裡的孩子將來榮華富貴，有所成就。

「麒麟舞」是一種技巧性強、動作激烈、驚險的民間舞蹈。表演風格時而細膩、時而粗獷、時而穩健、時而驚險，氣氛歡騰熱烈，催人奮發向上，表現出豪放、堅韌的中原民風。舞隊的人數少則十幾人，多則幾十人，最簡單的團隊組合包括扮演麒麟頭、尾者各一人，扮演七仙女者一人，扮演龍王三太子者一人，打擊樂隊八人，另加上一些搬運道具的雜務人員。「麒麟舞」的演出時間多在節日、廟會、農閒時節，選擇村頭、廣場、麥場等開闊場地，多由村莊負責人出面向舞隊下帖邀請，並註明時間和天數，演員的食宿由村民共同承擔。除此之外，一般沒有演出的勞務費，而是在演出結束時大擺酒宴犒勞演職人員，或送錦旗、鏡子、果子、點心、煙、酒等以示酬謝。

「麒麟舞」的演出共分五場：

戲韻悠揚：河南的民間表演與藝術盛宴

(1)「麒麟送子」

麒麟馱身穿綵衣、抱著嬰兒的七仙女上場。七仙女把孩子獨自放在背上掩面而去，麒麟下場。七仙女上場，悲痛萬分。

(2)「麒麟鬧東海」

傳說麒麟參加王母娘娘的蟠桃會，暢飲過度，醉臥東海之濱。東海龍王的三太子在海邊遊玩嬉戲，看到麒麟，很是好奇，便上前嬉戲半醉半醒的麒麟。麒麟便與三太子打作一團，最終大敗而歸。

(3) 盤燈籠

主要刻劃麒麟戲逗燈籠的場景。

(4) 盤板凳

表演麒麟的舞者在板凳上做出一系列高難度、高技巧動作。

(5) 盤桌子

麒麟舞者以三張桌子為道具，配以煙火，表演驚險刺激，場面壯觀，動作難度高。

麒麟舞的主力演員是扮演麒麟頭和麒麟尾的舞者，兩人必須身強力壯，訓練有素，精力集中，配合協調，動作乾淨俐落，才能展現出麒麟勇猛剽悍的性格。

罵出來的河南社火

在河南，社火是民間對綜合性遊藝隊伍的總稱，包括民間舞蹈、雜技、戲劇、古樂隊多種形式，場面壯觀，陣容強大，內容豐富。

社火的演出時間在春節至元宵節這段日子裡，規模先小後大，先低潮後高潮。

演出開始時（河南民間俗稱「出社」），數匹「探馬」繞街開路，告知眾人，演出即將開始。馬隊過後，炮響三聲，鼓樂齊響，鞭炮齊鳴。此後，社火隊伍便依次舞動起來，民間俗稱「出會」。

首先出來的是社火頭，即活動的組織者，老翁扮相，左手執竹竿，上掛披著紅綾的水牌，正面書寫當日節目，背面書寫演出時間。若第一天演出，水牌正面書「學而第一」。若最後一天演出，則寫「已而已而」。如果演出本已結束，在群眾的再三要求下又繼續演出，則寫「欲罷不能」。

社火頭的後面便是旌旗隊。少者一二十面，多者一百多面，各類旗幟，遮天蔽日，陣容強大。

旌旗隊的後面是四個「號手」，邊走邊吹一公尺多長的「傑出人士號」。再後面就是長長的祭神隊伍。緊跟其後的便是一位坐在轎中的「開路官」，形象多取自歷史上的著名人物，如包拯、關羽等。

「開路官」後就是社火的主體部分了，包括獅子舞、高蹺、龍燈、旱船、拉閣、抬閣、肘閣、背閣、花鼓、竹馬、高蹺秧歌等舞蹈形式，民間亦稱之為「社火心」。

最後一部分是「社火尾」，也叫「社火墜子」或「後垂子」。一般由戲

劇中的丑角組成，扮相逗人，動作滑稽，邊走邊翻觔斗、騰空跳躍，表演武功和雜耍，幽默可笑，增加了節日的喜慶氣氛。

舊時，凡是有些經濟能力的村子都要組織自己的社火隊。於是，相鄰的村子就有了相互競爭的意識，逐漸演變為「賽（鬥）社火」的習俗。雙方在節目內容、服裝、道具、武功和表演技藝上絞盡腦汁，在製作、排練、演出上刻苦認真，以求在「賽場」上大展風采，一決雌雄。

河南靈寶縣陽平鄉的節日社火節目內容新穎，含義深刻，技藝精巧，表演精采，聲勢浩大，場面壯觀，奇妙驚人，堪稱河南社火的代表之作。可誰也不曾想到，這樣高品質的社火是千百年來「罵」出來的，而且這種罵俗沿襲至今。在歡樂祥和的節日氣氛中，這裡的人們卻在進行著別具一格的慶祝儀式：「對罵」。罵得越狠，罵得越巧，捱罵者反而越高興，罵人者還會受到眾人的稱讚！

靈寶社火如今的陽平鄉「罵社火」的預設順序是東起西落，即東常村於初六晚上開始，數十個年輕人，翻穿皮襖，塗紅抹黑，扮成丑角，敲鑼打鼓到對方村頭高聲叫罵。

罵手是有很高的水準要求的。首先，要口齒伶俐，反應敏捷，善於隨機應變；其次，要有一定的知識，要罵得文雅、得體，不能像潑婦罵街一樣亂罵，失了身分；再次，罵手音質要好，音調要高，咬字清晰，能讓對方聽清楚；最後，罵手要年輕力壯，體力好，精力充沛，才能應對激烈的場面，身單力弱、反應遲鈍的人無法勝任。

罵的形式有順口溜、快板、一問一答對口詞等。罵的對象先從當地名流、當權者罵起，進而罵至平民百姓、一切壞人壞事，如貪贓枉法、欺壓百姓、偷盜犯罪、姦情淫穢等都在被罵之列。罵時要提出真實姓名，不虛構、不編造、不留情面。而且，任何挨罵之人都只能洗耳恭

聽，不准打擊報復，不准還口，不准記仇。不過，捱罵之人可以在社火日的其他時間裡對罵己者還罵。但如果事後打擊報復者，村民就會罰其全家用手剝一斗稻穀皮。

罵，自始至終貫穿在社火的每個回合中；罵，成了烘托氣氛的一種挑戰形式。罵社火也成了河南一奇。今天，這種流傳久遠的歡慶儀式對監督村幹部、規範村民行為造成了不可忽視的作用。

怕老婆的《頂燈舞》

舊時，一齣小戲名為《頂燈》的豫劇，是在正式演出之前表演的、民間俗稱「墊戲」的一種。這種形式，一方面造成延長演出時間的作用，另一方面也為藝人提供了一個專門施展演技的平臺。1920、1930年代，在表演《頂燈》中逐漸減少了其中的戲劇成分，刪去了部分豫劇唱段，保留了部分對白或沒有對白，加入了民間舞蹈的內容。1930年代後期，《頂燈》漸漸廣泛流傳，並且固定了基本形式，演變成了《頂燈舞》。

《頂燈舞》實際上是一部頗有教育意義的民間舞劇。傳說一個叫劉皮筋的人，出生於豪富之家，是一名名副其實的紈褲子弟。從小不務正業，懶散成性，並且染上了賭博的惡習，成家後依然惡習難改。不久，劉皮筋的雙親相繼逝世，萬貫家產也被他輸了個精光，僅靠妻子王氏在家紡線餬口度日。一天，王氏讓劉皮筋帶上自己辛苦紡好的棉線去集市上賣，以換些錢來買米下鍋。誰料，劉皮筋賭性難改，轉身就拿著賣線的錢進了賭場，輸得一乾二淨後回到家中。王氏在家中苦苦等待，卻等得丈夫空手而歸，不禁憤怒難忍，大發雷霆，罰劉皮筋頭頂油燈思過。

流行於河南三門峽鄉間的《頂燈舞》一般由兩人表演，一人扮演賭徒

劉皮筋，一人扮演其妻王氏，演繹傳說中的故事，有唱詞、對白、故事情節，話語簡潔明快，風趣幽默。

主角是沉迷賭博的賭徒劉皮筋，破落子弟扮相，頭上頂一個白瓷碗，內盛食用油或沙子，油中放燈芯或蠟燭，點燃。扮演劉皮筋的演員要求身手敏捷，平衡能力較好，表演自如，有過硬的技藝和扎實的基本功。演出中的「劉皮筋」頭頂這盞「燈」做種種滑稽動作，表演時要求「燈」裡的油或沙不能撒，燈不能滅，燈碗不能掉落，難度很大。實際上是融民間戲曲、雜技和民間舞蹈為一體的文藝節目。

道具一般為一條長板凳、六張大方桌。表演時，扮演劉皮筋的演員躺在長凳上，從長凳下鑽進鑽出，或者把方桌按底層三張、二層兩張、三層一張順次疊起。劉皮筋要在桌子上表演「臥倒」、「高山求涼」和「老鱉大晒蓋」等動作。

《頂燈舞》的表演還有另外兩種形式。一是三人參加。一人飾演劉皮筋，一人飾演其妻王氏，一人飾演一個小女孩。這種表演形式有唱詞、對白、矛盾衝突、故事情節。二是只有一人表演，飾演劉皮筋，僅是頭頂一盞油燈，表演各種滑稽動作。無對白、唱詞，情節簡單，但動作難度較大，很像雜技節目或默劇，對演員的肢體語言技巧、基本功扎實程度及表情控制能力有很高的要求。

現代的《頂燈舞》雖已完全轉化為民間舞蹈，但卻與民間小戲更加接近，一般都用對白和唱段來加強場景的營造和氣氛的烘托，是受到群眾普遍歡迎的民間文藝節目之一。

氣勢非凡的銅器舞

銅器舞在中原地區廣為流傳，其中最佳者當屬曹操慶功銅器舞和大銅器舞。

在平頂山郟縣境內，位於藍河入汝處的古藍橋至陽山一帶，古稱摩陂。三國時期，曹操在這裡設定行宮，指揮了兩大戰役。一是建安二十五年（西元220年），襄陽守將于禁、龐德等軍士，在關羽夾擊下全軍覆沒，曹操派徐晃馳援，聲東擊西反擊關羽，大獲全勝。徐晃還摩陂，曹操召開慶功大會，釋出〈勞徐晃令〉。二是封徐晃為平南將軍，守襄陽，誘引關羽再取荊州，吳大將軍呂蒙趁關羽失勢之機，擊其後，關羽兵敗被殺。徐晃得勝返回摩陂，曹操親迎。後人在摩陂建立了關帝廟、回軍廟等多種紀念地。當年，曹操在襄陽之戰大勝後命宮中樂師、工匠打造了許多銅製樂器，並創作了以各個戰役而命名的曲牌，如「得勝鼓」、「呼雷炮」、「五虎下西川」等。後來流入民間，多用於求神、祭天、喚雨、驅邪消災、節日慶典等大型活動儀式，民間俗稱「銅器舞」或「曹操慶功銅器舞」。今天主要分布在河南省郟縣，輻射到襄城縣、禹州市、寶豐縣、汝州市等周邊縣市。

流傳在今遂平、西平、襄陽、鄢城、漯河市郊的大銅器舞，也很有特色，它是以大鐃、大鑔、大鼓等打擊樂器為表演內容的舞蹈，有約1,400年的歷史，屬隋唐燕樂遺音。大銅器舞有著重要的歷史意義，對民族文化優秀傳統、中外文化交流、音樂史、民族遷徙史等的研究有活化石的功能。

舊時，風行區域內80％的自然村都有表演隊，稍大的村莊還不止擁有一班，1930年代的元宵燈節時，平均每晚有一百多班在表演，規模龐大。

舞隊的樂手都是自願參加、自發組織的。每年秋後，打理好農事，

當地銅器會的會首便會召集會裡的人組織排練,同時也吸納一些熱愛此項活動、有濃厚學習興趣的年輕人參加。訓練時,先練基本功和基本步伐。然後,在老藝人的指揮下,三五人一班,各操銅器,圍成一圈操練。銅器舞中,鐃的表演最讓人眼花撩亂。一般的表演是舞者雙手緊握鐃柄,左手上右手下,腿跨弓步,雙臂伸向膝蓋彎曲的前方擊鐃。複雜一點的表演是由舞者雙手持鐃,面向上,用力甩向空中旋轉數周後,穩穩接住,繼續演奏,俗稱「翻鐃」。又有一種「飛鐃」,也叫「撩鐃」。舞者原地用力猛跳的同時,右臂向上丟擲大鐃,飛離數尺,旋轉數周後穩穩接住,不掉板、不拖拍,最為吸引觀眾。

大銅器舞可以單獨表演,所用樂器也可以為竹馬舞、旱船舞、高蹺舞、小車舞等伴奏。獨演時以演奏音樂曲牌為主,古時有140多個曲牌,現今最常用的是《老驢嘶駒》,用打擊樂器描繪、刻劃毛驢發情時不停嘶叫的聲音和情景,後改為《豬八戒啃西瓜》。另有《孫悟空大鬧天空》,音樂變化多端,神奇地刻劃出孫悟空的機智勇敢形象。《小雀鬧竹園》則刻劃了一群麻雀在竹園裡唧唧喳喳的祥和景象。

銅器舞是中原地區古代民間藝術的珍品,也是中國北方打擊樂種的典型代表。它的音樂特色鮮明,氣勢龐大,催人振奮,是世界上最響亮的,也是樂器最多的打擊樂種,對於研究民間音樂、青銅樂器的發展歷史有著極高的價值。

開封盤鼓

開封盤鼓,又名開封大鼓,是開封民間一種特有的純鼓樂表演形式。鼓隊由十幾人、幾十人,甚至幾百人組成。所用的樂器有大鑔、大

鼓、馬鑼幾種打擊樂器。鼓手們在「令旗」的指揮下，演奏各種複雜的鼓點，節奏強烈，氣勢龐大，音樂渾厚，振聾發聵，響徹雲霄。無論是在音樂性還是在舞蹈性上都有極強的藝術表現力和感染力，深受民眾的喜愛。

開封盤鼓最早源於「訝鼓」，也有些史料稱之為「連鼓」或「砑鼓」，是古代軍隊中迎送貴賓及凱旋慶典的一種鼓樂。後流入民間，用於迎神、送神、求雨等風俗儀式及重大節慶活動。因為演奏時需要把大鼓用布帶挎在肩上或綁在腰間，邊走邊演，因而又被民間稱為「走街鼓」。

宋熙寧年間（西元1068～1077年），訝鼓開始與民間舞蹈結合。演員裝扮成各色人物，在訝鼓的伴奏下踏拍而舞，俗稱「訝鼓戲」或「舞訝鼓」。宋代散樂教坊十三部中就設有大鼓部，是官辦的鼓樂隊，其演奏技巧已十分複雜，並趨於程序化。在慶典、得勝、年節等日子裡演出。當時民間鼓隊也很普遍。明代，絕大多數民間舞蹈的表演都由訝鼓伴奏。清代以後，隨著「秧歌」的盛行，訝鼓逐漸衰落。

開封盤鼓所用的木框扁鼓為同一形制，外形扁圓，與棋子相似，木鼓幫雙面蒙牛皮，鼓面直徑45公分，鼓框腹徑55公分，高30公分，重約15公斤，鼓框兩側各有一個鐵環，繫一條長布作為鼓絆。演出時，鼓絆斜掛於左肩之上，鼓面正對上方。鼓槌粗大，一般用長50公分、直徑3公分粗的柳木製成，先用刨子蝕光，再用沙子磨細，要不刺手才行。銅器多用大鑔，直徑一尺左右，綴有一尺多長的紅布。演奏時纏在手指上，亦有配用手鑔或水鑔的。傳統鼓隊中還配有四面或八面馬鑼，直徑八寸，鑼面中心無臍，表演者右手持鑼，左手持鑼棒擊打。舊時表演中，鑼手常把馬鑼拋向空中，再穩穩接住，繼續敲打，非常吸引人。但如今會此技巧者漸少，馬鑼因而漸漸退化或消失。

開封盤鼓的演奏屬於齊奏的方式，但鼓與鑔的節奏又有所不同，鼓

的節奏急促而稠密，鑔的節奏稀疏而簡潔，兩者融合，形成層次豐富的音響色彩。

開封盤鼓的鼓譜屬「套曲」結構，各鼓隊所奏的全部鼓點稱為一「套」，每套鼓譜由若干個鼓點按固定順序連線而成。民間所稱的「鼓點」，即「鼓牌」，又稱「鼓歌」、「傢伙點心」，每個鼓點有固定的名稱，代表著一定的含義。開封盤鼓的鼓牌很多，有兩百多個。實際演奏中，由於鼓點變化多端，不易奏齊，所以一般每個鼓隊只選用十幾個鼓點，甚至三五個鼓點。

開封盤鼓的表演隊伍要求統一著裝，只是令旗手和鼓手稍區別於其他樂手。舞隊無論規模大小，均有一人手持一面寫有「令」字的三角形旗擔任指揮，即令旗手。令旗全長一尺八寸，旗桿木製，直徑寸許，旗面三角形，黃底、黑字寫著大大的「令」，外鑲紅色狗牙邊。令旗是整個舞隊的靈魂，鼓隊的行、進、停、變均靠令旗的指揮完成。令旗手在日常訓練中，負責向年輕鼓手傳授鼓譜，講解各種技巧。正式表演時，透過令旗指示鼓譜的節奏，指揮舞隊的動作和隊形，如：

- 令旗上下舞動，是指揮鼓隊每分鐘演奏六十小節；
- 令旗左右揮動，是指揮鼓手做挎邊動作，左擺是挎邊令，右擺是鼓手同時用雙槌擊打鼓邊；
- 令旗斜指，是指揮鼓隊前進的方向；
- 令旗先左右擺動，接著再上下揮動是指揮鼓手做跨步動作，所有鼓手左腳原地不動，右腳向右橫跨一大步；
- 令旗上端在空中畫一圓圈，是指揮鼓隊由原來的隊形變為圓圈隊形，逆時針畫圈時，鼓隊沿逆時針變換隊形，順時針畫圈時，鼓隊沿順時針變換隊形；

令旗上端點地,則是停止演奏的訊號,再奏兩個小節整個演出便結束了。

開封盤鼓有「原地演奏」和「行進演奏」兩種方式。原地演奏時常以令旗為中心,圍成圓圈;行進演奏時,只求鼓點整齊,不求步伐統一,整個隊伍按照令旗的指揮時走時停,時起時伏,動作整齊、豪放,極富藝術感染力。

開封盤鼓氣勢磅礡,節奏強烈,造型古樸典雅,聲音渾厚深沉,鼓調繁多,舞姿健美,場面壯觀,鼓聲如雷震耳,充分展現了中原兒女粗獷豪邁的氣概。

源於古戰場的跑陣舞

明清時期,民間大興祭祀鬼神之風,這種大規模排練活動逐漸向舞蹈轉化。參舞人數越來越多,又增加了彩旗、小旗、更鑼、大鐃、邊鼓等道具和打擊樂器,舞起來變化多端,令人眼花撩亂。伴奏樂曲也隨之逐漸變形,最終該活動演變成為一種大型群眾性舞蹈——跑陣舞。

跑陣舞的整個演出可先後表演八種布陣形式,因此民間又俗稱「八陣舞」,生動形象地再現了古戰場上行軍布陣的場面。

跑陣舞舞蹈難度不大,也沒有太多技巧,但強調整體性,整個演出隊伍的排列有著嚴格的秩序,絲毫不亂。跑陣舞中的許多角色還帶有明顯的古代戰爭色彩,如走在舞隊最前面的是令旗手,也就是全舞隊的總指揮。其身後是兩個並排的槍手,槍手後是一對大傳鑼、一對紅紗燈、一對虎頭牌、門旗、傑出人士旗、四個叫鼓、一面大排鼓、兩對大鑔、

兩對錦鑼、一對更鑼、四面馬鑼、兩對小鑔、若干邊鼓。再後面是一面三角形座督旗，黃布上畫有黑色陰陽八卦圖，鑲黑色狗牙邊。緊挨座督旗的是一面黃羅傘，傘下坐著「都督」，古代將官裝束，威風凜凜，很有古戰場的真實感。

跑陣舞主要有以下幾個陣法：

在樂曲〈步步緊〉聲中，令旗手快步走到場地正中，揮動手中令旗，舞隊緊跟令旗手在場中沿逆時針方向走圓圈，形成一個大圓，全隊準備起舞。

(1) 游龍陣

舞隊分列兩部分，形成兩個大圓，各內含一個小圓，彩旗招展，四環相扣，如盤旋舞動的巨龍。

(2) 捲白菜陣

全隊先逆時針轉三周，形成三個圓環形陣，再由裡向外，順時針轉三周，形成外六層的陣法，即民間所說「裡三層、外三層」的包圍陣勢。此陣層層相扣，環環相連，撲朔迷離，變化多端。

(3) 七星陣

令旗手率眾人從場地右前方入陣，跑成一個不規則的四角形，每角形成一個小圓環；而後從不規則四邊形的第三邊的中間插入，再跑成一個不規則的四角形，每角形成一個小圓環。即形成兩個相互交叉的四邊形和七個小圓環形的陣法結構，故名「七星陣」。

（4）八卦陣

相傳為諸葛亮所創，布陣巧妙，變化多端，首尾相顧，內外呼應，陣內撲朔迷離，易入難出。

（5）長蛇陣

由右方逆時針入陣，圍成圓圈，先順時針繞成外圓，再逆時針繞出外圈，如此直至形成四層陣勢，首尾相顧，屈曲環繞，宛如巨蛇游動，故名長蛇陣。

（6）線板陣

令旗手跑向右前方，布成一個小圓形陣勢，再依次到右後方、左前方、左後方各布一個圓形陣勢，使之首尾相互交叉，形狀像農婦做工時纏繞的板子，因此得名。

（7）簸箕陣

因其前寬後窄，形如簸箕而得名。

（8）寶陣

因陣形如寶塔而得名。

戲韻悠揚：河南的民間表演與藝術盛宴

群英薈萃馬街書會

　　農曆正月十三本是個普通的日子，但河南省寶豐縣城南7.5公里的小廟鄉馬街村，卻在這天舉辦規模宏大的古廟會和書會，這就是「馬街書會」。又因為書會在正月十三日達到高潮，故俗稱「十三馬街會」。

　　寶豐書會馬街書會，是民間曲藝界群英薈萃的獻藝會演。來自河南、湖北、安徽、江蘇、河北、山東、陝西，甚至四川、山西、浙江、上海等中國各地的數千名曲藝藝人不惜長途跋涉，雲集於此，使馬街書會遐邇聞名。方圓數百公里的群眾也紛紛前來趕會，人數最多時達十餘萬，場面壯觀。

　　馬街書會歷史悠久。據馬街鎮火神廟裡的一尊石碑記載，最早的一次書會是在元代延祐年間（西元1314～1320年）舉辦的。至於馬街書會的起源有很多種說法，一種說法是：七百多年前，馬街鎮隱居著一位德高望重的老藝人，一生桃李滿天下，每到正月十三老藝人的壽誕之日，弟子們便從四面八方趕來為他慶賀，並爭先恐後地向老人獻藝，於是就形成了今天的馬街書會。

　　長此以往，馬街村的村民也形成了熱情周到的待客傳統。無論何方藝人，只要進了馬街村，當地村民就會熱情地把他們接到自己家中，免費提供食宿。藝人們一進村子，也是張口就唱，分文不取。有經驗的藝人正月十一、正月十二這兩天，只欣賞他人演出，自己不唱。到了正月十三這天，大家便爭先恐後地搶占有利場地，表演技藝，俗稱「占攤兒」。馬街村方圓四五里內，山岡、田野、河灘、道路，處處都有藝人，處處都是悠揚的琴聲和婉轉的歌聲。藝人們攤位占定後，無論有無聽眾，只管開演，爭先恐後亮出自己的拿手絕活。誰的攤位前人多、喝采

聲高而頻繁，誰就有可能獲取當年度的「書狀元」。

　　熱鬧的書會中還有一個忙碌、耐心的群體——「寫書人」。「寫書人」參會的目的是尋找自己喜歡的戲團，出資邀請他們前往指定的地點演出。藝人被請走俗稱被「寫」。細心的「寫書人」在人群中穿梭，到處聽唱，比較著藝人們的水準和風格。尋找到合適的目標，便上前說明自己的住處和來意，雙方或耳語、或打手勢進行一番討價還價後，「寫書人」帶走藝人們的琴弦、鐃鈸、簡板、鼓手伴奏樂器，雙方即為成交。三天之後，書會上賣價最高的藝人就成為當年的「書狀元」。若有人不服，可向「書狀元」提出挑戰，來年書會再賽。「書狀元」僅僅是一個光榮稱號，卻被作為一種榮譽的象徵爭相傳頌，視為莫大的榮耀。

　　今天的馬街書會上，不僅有數千藝人精采演唱，還有很多商販推銷各種當地名優特產，給以傳統文化為主體的馬街書會帶來了一層耀眼的商業經濟色彩。

開封鬥雞

　　鬥雞，又稱打雞、咬雞、邊雞、軍雞、英雄雞。這種雞頭小身小，脖長腿長，善打愛鬥，比世界上其他善鬥的動物好鬥性都強。

　　鬥雞是中國的一絕，有著悠久的歷史。開封自宋至今，鬥雞活動一直都很盛行。

　　沿襲至今，開封鬥雞明顯地形成了三種血統，當地俗語稱為「罩」。每罩雞均為同一血統，不與其他血統鬥雞交配繁殖。由此，養雞之人也自然形成了不同的幫派，如北頭派、西頭派、東頭派，每派有數十人之

多，各有自己的鬥雞領袖。

開封鬥雞開封「玩鬥雞」者視鬥雞如親子、如生命。為了幫雞加強營養，他們可以全家節衣縮食，從微薄的收入中節省開支。雞食用的飼料要經過三番五次的淘洗、篩撿。天氣轉涼時節，為避免雞臥在水泥地上把腿凍壞，他們會把爐渣小心篩細，鋪在籠罩下，每天更換。寒冬季節，許多人怕雞凍壞，甚至直接把雞揣在懷中。

首先，鬥雞的品質好壞與雞種關係很大。所以開封人選鬥雞非常精細，鬥雞五輩以內的祖先都會被人們牢牢記住，嚴禁出現近親交配。這樣選出來的雞種才會純而又純。

其次，鬥雞的品質好壞還在於訓練。俗話說得好：「拔好的鵪鶉蹓好的雞。」如果僅有好品種，而沒有科學的餵養方法和高超的訓練技藝，照樣出不了好雞。

訓練鬥雞時，人們每日早早起床，開始攆雞。雞在前，人在後，速度先慢後快，時間把握上最初可稍短一些，此後可逐漸延長。20天後即可延長到一小時左右。攆完雞後，讓牠進雞罩休息、飲水。10：00左右再把雞放在開闊地上任其自由活動。12：00左右餵食，然後把飽食的雞放入罩內休息。15：00～16：00讓它在開闊地自由活動。一小時後，訓練其跳罩、蹬腿等各種姿勢。半小時後讓其休息。天黑前替牠加頓餐。這樣訓出的雞才會筋骨強壯，兩腿有力，動作敏捷，利於打鬥。

鬥雞訓練好後，就可以參加比賽了。每年正月初二舉行的鬥雞比賽是規模最大的一次。此外，二月二、三月三、四月四或二、三、四月的第一個週日也都舉行鬥雞比賽。

舉行鬥雞的場所，叫「鬥雞坑」。因舊時比賽時選擇的場地一般低於四周地面而得名。今天則不盡然，但名稱依然沿用。鬥雞的主持人叫

「雞頭家」、「雞頭」，就是鬥雞比賽的裁判，同時也是兩鬥雞主人的牽線說和之人。因為，按開封習俗，不是隨便什麼雞都能在一起鬥的，參賽者去鬥雞，需要先由雞頭搭橋說和，雙方互相看雞，俗稱「搬眼」。主要是衡量對方鬥雞的個頭、體重、雞齡等，雙方鬥雞在這些方面基本相符才能相鬥。雞頭徵得雙方同意後，便可開始比賽。

首先，雞頭宣布「拉雞」，即雙方抱雞入場。雞頭號令「預備」，雙方各抱雞蹲於圈內，兩雞雞頭相對。雞頭喊「撒雞」，雙方則同時放手，並退出場外。每 15 分鐘為一盤，每盤結束，雞頭喊「攏雞」，雙方各把雞叫回。每鬥一兩盤後，雙方便用清水浸溼毛巾，先把雞頭和口腔內的瘀血洗淨，或直接用口含水向雞頭噴吐，再用清水浸溼雞的胸腹與兩翅膀下，防止雞的體溫過高，使雞緩解痛苦，保持清醒，以利再戰。

鬥雞一般持續一個多小時，也有鬥三個小時之久的。好鬥雞，嘴準而狠，眼快，而且個性異常頑強，無論頭爛、眼瞎、脖扭、腿瘸，仍勇往直前，戰鬥不止，從不畏退。

每次鬥雞比賽，鬥雞坑旁觀者如堵，異常熱鬧。但不論雙方鬥得如何精采頑強，誰都不准拍手叫好，也不准評論哪隻雞好，哪隻雞不好，否則就會被驅逐出場。

黃河船工的號子

三門峽市湖濱區古茅津渡口在黃河南岸，與山西平陸縣隔河相望，自古以來以舟船為兩省主要交通工具。西元 781 年，李泌任宏農太守，在三門峽北岸鑿運漕九公里，繞三門之險，運米三萬斛至長安，解京都缺糧之難。名匠楊務廉在岸上開鑿棧道，讓縴夫拉船逆水而上。自此，

戲韻悠揚：河南的民間表演與藝術盛宴

黃河行船已有一千多年的歷史。

黃河船工祖祖輩輩生活在黃河上，漂泊在木船上。他們對黃河瞭如指掌，把船隻視為家珍。船工們戰天險、鬥惡浪，在與黃河風浪搏鬥的生活實踐中創作出了豐富多彩、獨具特色的黃河號子。聲聲號子抒發了船工們複雜的感情：喜、怒、哀、樂、憂、怨、悲、歡。黃河船工的號子，是船工生活的旋律。

黃河船工是從來不行「啞巴船」的。他們一投入工作，就開始唱「黃河叫號」，招呼大家準備行船。在岸上檢修完船後拖船下水時唱「威標號」。接著有「起錨號」、「搭篷號」、「揚蠻號」（船工們忌用「翻」音，「揚蠻號」即「揚帆號」）。使用最多的是「拉縴喂喂號」。黃河的拉縴號，又有清早拉縴號和夜晚拉縴號之分，雖曲調相同，但歌詞內容是不一樣的。船工們橫渡黃河的時候比較多，在過程中，他們摸索出了向前拋錨，然後用水的衝力推船橫渡的方法。這樣，就創造出了一種適應這種勞動的急促有力的「拋錨號」和「掄大錨號」。另外，船調頭時有「帶衝號」，撐船時有「跌腳號」，快到碼頭時有「大跺腳號」，在兩船之間穿行時有「車擋號」等。直到停船，每一勞動過程都有號子伴奏。

隨著河道的變化，船工們還創造出了各種形式的勞動號子，以適應勞動節奏的變化。如黃河中上游是黃土高原和豫西山地，谷深峽險，水流湍急。黃河船工們逆流而上，步步艱難；順流而下，提心吊膽。民間有句俗話叫「船行三門峽，如過鬼門關」。三門峽是黃河最險惡的地段之一，明礁暗石，水勢凶猛，曾有不少船隻在這裡葬身河底。所以，船工們在這些河段裡行船，必須有同舟共濟之心、力挽狂瀾之膽。這時候，使用的號子幾乎不用歌詞，全用「嗨、嗨」的襯字組成。號子曲調高亢、激越、節奏性強，表現了黃河行船的艱辛和戰勝驚濤駭浪的豪情。

總之，黃河船工號子不僅有指揮勞動、鼓舞勞動情緒的實用價值，還使人們從中體會到黃河行船獨特的風俗民情。現蒐集的「黃河號子」有〈起船號子〉、〈拉縴號子〉、〈喂喂號子〉、〈慢號子〉等，是豫西民歌中獨具風采的一朵藝術之花。

河南民間大戲

民間大戲，指的是演出劇目題材廣泛，內容豐富，人物類型複雜，角色行業體制較為細緻、完備的劇種。因此，也被稱之為大劇種。在河南民間，屬於這類大戲的有：豫劇、大平調、懷梆、懷調、宛梆、鑼戲、卷戲、大弦戲、百調、越調等。這些劇種大都在清朝康、乾時期就已在河南民間流行，深受人們的歡迎。

豫劇，原名「河南梆子」，又簡稱為「豫梆」，有的地方也稱之為「河南謳」。相傳，豫劇於明末清初即已形成。最早見於文字記載的是在清乾隆年間。而豫劇之名則始於 1930 年代，至 1950 年代才得到普遍應用。早期的豫劇「在唱詞與動態，純合於河南的風俗習慣，而其為觀眾所愛好者，則在表現風俗習慣中鄙俚粗俗之人與事物的關係，與觀眾的生活行動打成一片」。豫劇在廣大民眾的支持下得到蓬勃發展。在長期的發展過程中，由於各地語言音調不同，民風習俗有別，因而逐漸形成了不同的地區分支，如以開封為中心形成「祥符調」，以商丘為中心形成「豫東調」，以沙河兩岸為中心形成「沙河調」，以洛陽為中心形成「豫西調（西府調）」。同時也造就了常秀玉、陳素真、馬金鳳、崔蘭田、閻立品、牛得草、唐喜成、李斯忠、趙義庭等一大批優秀演員。

大平調是和豫劇相對而言的，因其唱調比豫劇低而被稱為平調，又

因為其音樂伴奏中所用以擊節的梆子比豫劇等梆子戲的梆子粗而長，又被稱為「大梆戲」、「大油梆」。1950 年代後，通稱為「大平調」。「大平調」的表演動作與木偶戲的表演動作相似，相傳於明中後期就已在豫北地區流行。目前，河南省還有滑縣、濮陽、內黃、浚縣、南樂、清豐、延津七個大平調職業團體，主要活動在豫北農村地區。

懷梆，也稱懷慶梆子。因主要流行於古懷慶府（今河南沁陽）轄區內而得名，是在當地說唱藝術的基礎上，吸收梆子聲腔藝術而形成的。具體形成時間，卻未有文字記載。

懷調，就其音樂唱腔和使用的伴奏樂器看，更接近大平調，主要流行於彰德府（今河南安陽）、衛輝府（今河南衛輝）、順德府（今河北邢臺）、廣平平府（今河北永平）、大名府（今河北大名）五府地區，故又有「五府懷調」之稱。其源流已無從考察，興盛期在清中後時期。現在，懷調僅有一個職業劇團——安陽縣懷調劇團。

宛梆，又稱「南陽梆子」、「老梆子」、「南陽調」等。因南陽簡稱「宛」，故稱之為「宛梆」，主要流行於河南南陽一帶。

鑼戲，有很多種稱謂，如「爾見腔」、「羅腔」、「邏邏」、「玀戲」、「鑼戲」、「大笛子戲」、「大笛羅戲」等。與梆子戲、卷戲同臺演出，又被稱為「梆鑼卷」。鑼戲最早在清康熙年間（西元 1662～1722 年）在河南民間就已相當流行。清朝康、雍、乾三朝是鑼戲在河南最為繁榮昌盛的時期。清後期，鑼戲逐漸衰落。鑼戲的劇目本來有幾百齣，多為歷史故事戲，世間俗稱「袍帶戲」。現在能夠演唱的僅有三四十齣，很多已失傳。

卷戲，又作「眷戲」。據傳明代已有，曾流行於河南各地，清後期逐漸衰落。其源流有二說：

- 一說是寺廟裡「宣卷」時的一種伴奏音樂，後來流入民間，演變為戲曲，因而稱之為卷戲或卷調；
- 二說是一種專為帝王的眷屬們演唱的曲調，後流入民間，稱為「眷戲」。

卷戲上演的劇目，目前知其名者僅幾十齣，其中有不少內容是根據寺廟經文故事內容改編的，大多故事情節與寺廟壁畫上所描繪的勸善故事相似。卷戲劇目的唱詞深奧，講求音韻，以笙、笛伴奏為主，沒有絃樂，配有打擊樂，聽起來幽雅、抒情、婉轉、清晰，富有濃郁的古老宮廷韻味。

大弦戲，又稱「比戲」、「弦子戲」，主要流行於豫北及黃河兩岸地區。大弦戲的形成年代已無從考證，最早在乾隆十年（西元1745年）的《杞縣志》中有記載。

百調，又稱「北調子」、「糠窩窩」，主要流行在北方地區，是在元、明以來中原俗曲小令〈山坡羊〉、〈黃鶯兒〉、〈打棗桿〉等基礎上形成的戲曲。百調最初只清唱曲子，由家班世代相傳。清朝年間已廣為流行。抗戰爆發後，百調班社絕大多數解散。1949年後，這個稀有劇種得到了中國政府的扶持，並開發了不少新的劇目。百調唱腔的音樂結構為曲牌體，有曲牌兩百多支，因而名為「百調」。百調曲調柔美細膩，悠揚委婉，民間有「小旦唱得顫巍巍，小生唱得雲上飛，青有哎哎水中漂，花臉橫磨聲如雷」的精闢概括。

戲韻悠揚：河南的民間表演與藝術盛宴

河南民間小戲

　　小戲是與大戲相比較而言的說法，一般指那些角色行業分工簡單的劇種，內容多以表現民間生活、家庭、愛情、勞動以及民間傳說故事等為主。人物少，劇情也比較簡單。河南民間小戲劇種主要有二夾弦、樂腔、道情戲、花鼓戲、曲劇、嗨子戲、四股弦、四平調、墜劇、蒲劇、揚高戲等。

　　二夾弦，以其主要伴奏樂器四胡各以兩股分別夾著打弓上的馬尾進行演奏而得名，又稱「兩家弦」、「二架弦」、「大五音」、「亂彈」等。二夾弦是在流行於豫東、魯西南地區的「花鼓丁香」的基礎上，吸收了〈贊子〉、〈捻子〉、〈耍孩兒〉等民間俗曲而成。也有人認為是以河南、山東交界的黃河兩岸的勞動號子、船歌、夯調、民間小調為基礎，吸收鼓兒詞、花鼓秧歌等藝術成果而形成的。唱二夾弦以真、假嗓結合，清新柔和，輕快飄逸，尤以花旦為佳，其「唱腔之細膩，發音之柔和，表演之活潑，調門之多，花腔之繁，實為豫省各種戲劇旦角之冠」。

　　樂腔，原名「落子腔」，又作「搭子腔」、「嘮子腔」，因其盛行於安陽一帶，亦稱為「安陽腔」，主要流行在豫北地區。樂腔由民間曲藝演變而成，在長期的發展過程中，依地域分別形成三個支派：以安陽為中心的稱為「中路派」，唱腔靈巧花哨；以濮陽、清豐為中心的稱為「東路派」，唱腔平穩清晰；以武安、涉縣為中心的稱為「西路派」，唱腔跌宕多變。

　　內黃樂腔道情戲，又稱「道情班」、「墜子嗡」、「灶火頭戲」、「五陽調」等。主要流行於豫東、豫皖交界地區。明清時期，一種用漁鼓、簡板伴奏演唱而得名的民間曲藝「漁鼓」廣為流行。在清道光年間（西元1821～1850年），流行於今豫皖交界地帶的「漁鼓」與當地民歌「潁歌」、

「鼓子詞」相結合，並吸取了其他戲曲藝術，形成了道情戲。道情戲的音樂唱腔結構為板式變化體，主要板式有「慢板」、「銅器堆」、「小五板」、「非板」等，另有少數唱腔曲牌如「嘮叨紅」、「鎖南枝」等，演員演唱時多用真嗓，委婉悅耳、樸實親切，鄉土氣息濃烈。

花鼓戲，又名「麻邑哈」、「花鼓燈」、「小鼓子戲」等。主要流行在豫南光山、信陽、新縣、羅山、桐柏、息縣等地。早期的花鼓戲稱為「打五件」，就是一位演唱者用一木架上掛的鑼、鼓、鈸、小鑼、板五件樂器，自奏自唱。後來，發展為一男一女，一唱一和或者由生、旦、丑三個角色表演，專人進行音樂伴奏。表演者往往藉助手巾、扇子等道具，邊唱邊舞，旦角有時還要踩蹺。花鼓戲的音樂唱腔結構以板式變化體為主，可分為「慢板」、「行板」、「快板」、「散板」和曲牌五大類，演員演唱時真、假嗓結合，既高亢明亮又柔和婉轉。

曲劇，又名「高臺曲」、「曲子戲」，流行於河南省大部分地區。它是在河南民間說唱藝術——鼓子曲（洛陽稱「洛陽曲子」，南陽稱「南陽大調曲」）的基礎上，借鑑、吸收其他戲曲劇種的藝術成果而形成發展起來的。曲劇原本是一種業餘的地攤坐唱形式。清末，演員王鳳桐把洛陽、南陽兩地曲子與民間高蹺表演結合起來，稱之為「高蹺曲」。演唱者不分行業，在三絃等樂器的伴奏下，一邊踩高蹺，一邊唱曲子。1920 年代，這種演出形式逐漸變化為高臺表演，於是形成一種新的戲曲形式——高臺曲，即今天的曲劇。其唱腔以真嗓為主、假嗓為輔，真、假嗓結合，樸實自然，纏綿悠揚，靈活舒展，抒情性強，生活氣息濃郁。

嗨子戲，又作「咳子戲」、「嘿子戲」，因其演唱開頭多以「嗨」、「咳」、「嘿」字起腔而得名。行頭極其簡單，一個籃子即可裝下，故又名「花籃戲」，又有「花鼓燈」、「地撲籠子」、「小歌班」、「燈扭子」等別稱。

主要流行在豫南潢川、固始、商城等地。嗨子戲是在明清時代的俗曲「耍孩兒」（又名「娃娃」）的基礎上形成的。舊時一般與民間歌舞結合，在元宵節或舉行民間花會時白天歌舞，夜晚唱嗨子戲。其唱腔音樂結構以板式變化體為主、曲牌為輔，演員多用真音，在部分高音區和甩腔中以假音相結合，唱、幫（腔）、打（擊樂）相配合，純樸粗獷，具有濃郁的大別山民間藝術色彩。

四股弦，又名「四根弦」、「五調腔」、「亂彈」等，與二夾弦同源異流。在長期的發展中大量吸收河北梆子、河南懷調、大平調、落子腔等劇種的營養，形成了自己的特色。並逐漸分化為南、北兩派，南派以河南彰德府（今安陽市）為中心，稱「南府派」或「南路」，演唱特點為調平音軟；北派以河北順德府（今邢臺市）為中心，稱「北府派」或「北路」，演唱特點調直音硬。目前，四股弦仍保留傳統劇目兩百餘齣，並開發、創新出不少新的劇目。四股弦的唱腔一般用真音咬字、假音甩腔，較為舒展奔放。

四平調，又名「咣咣戲」，是在蘇北花鼓（又名碭山花鼓）的基礎上，吸收其他戲曲的藝術成果而形成的。最初僅由一兩人挎鼓演唱，後發展為多人演唱，略加化裝以區別人物身分。不過，演唱者依然要同時兼司鑼鼓。1945 年，鄒玉振、王漢臣、燕玉成、楊學智在虞城縣劉集經過長時間的摸索、排演，反覆試驗，確定了以花鼓（平調）為本，融合其他劇種唱腔音樂，並以六稜二胡為主弦伴奏樂器的演出形式，標誌著四平調的誕生。其音樂唱腔結構以板式變化體為主，主要板式有「平板」、「直板」、「念板」、「慢板」、「散板」等，演員演唱時真、假嗓結合，說唱性較強，優美純樸，平易近人。

墜劇，又名「墜子劇」、「化裝墜子」、「墜琴劇」、「墜子嗡」等。主要

流行在豫北、豫東部分地區。墜劇是在河南民間說唱藝術——河南墜子的基礎上，借鑑其他劇種藝術而形成的。墜劇的傳統劇目有的是根據墜子書、大鼓書曲目改編的，有的是從其他劇種移植過來的。現在上演的傳統劇目有一百多齣，其唱腔音樂結構為板式變化體，演員演唱時以本嗓為主，純樸優美，說唱性比較強。

蒲劇，又名「棗梆」、「蒲州梆子」。主要流傳於陝縣、靈寶一帶，一般認為它是從晉南傳入，也有人認為它是在陝州民間藝術的基礎上形成的。1949 年後，陝縣、靈寶、盧氏先後成立了職業蒲劇團，大眾性的休閒活動更加活躍，現在仍有陝縣、靈寶兩個職業蒲劇團體。

揚高戲，又名「弦子戲」、「秧歌戲」，主要流行在豫西靈寶、陝縣等地。據傳，它是由牧羊人哼唱的山歌小調形成的，所以又稱「羊羔戲」。最初僅在靈寶市南陽村演唱，後逐漸向外傳播，多是業餘性的娛樂活動。隨著揚高戲老藝人的去世，後繼乏人，僅有少數鄉村在年節時演唱，其唱腔音樂結構為曲牌體，音調高昂悠揚。

首山飲酒大會

每年農曆二月十五，是傳說中「柏仙」的祭日。這一天，在河南襄城縣南 2.5 公里的首山上，都要舉行一次盛大的踏青酒會。每到這天，方圓幾十里的人們，成群結隊，帶著美酒佳餚，來到首山頂上痛飲。山上山下，人山人海，你呼我喊，熱鬧非凡。

首山並不大，傳為八百里伏牛之首，故名首山。相傳天下名山有八座，首山為其中之一。當年黃帝鑄鼎煉丹，曾採銅於此山。至今，山腳下仍保存著明嘉靖年間（西元 1522～1566 年）的大型磚雕「黃帝採銅圖」

的影壁。山的西北坡，是有「中州第一禪林」之譽的乾明寺。因寺建在山陰，故俗稱「背影寺」。

自寺院至山巔，為酒會的集中區。中老年人大都圍坐在山腰的叢林中開懷暢飲。山頂的松柏林是青年人聚集的場所。凡能喝酒的都三五成群，席地而坐，各自拿出帶來的酒和水果、罐頭之類的下酒菜，不管相識不相識，都互斟互敬。酒至半酣，便猜拳行令，吆五喝六之聲滿山炸響。今年的新朋，明年就是老友，以酒會友、以酒交友，是首山酒會的風氣。山下的乾明寺周圍，布滿了各式各樣的帳篷和遮陽傘，這裡大都是攜兒帶女、舉家前來踏青飲酒的人們。隨著酒會的盛行，山腳下逐漸形成了一個很大的物資交流會，但以賣酒攤點為最多，生意十分興隆。

首山酒會起於何時，無文字記錄可查。據當地老人講，是從他們的祖輩那裡流傳下來的。酒會的起因，據說和一個悲壯的故事有關。傳說很久以前，首山上長滿了參天的松柏。山前山後的人們燒火用柴、蓋屋取木都靠這滿山的柏樹。山上有一棵很高很大的柏樹，人稱「柏仙」，當地的人們都把「柏仙」看成聖物。有一年的農曆二月十五，一個貪官上山伐木，惹怒了「柏仙」，「柏仙」燃火自焚，燒死了貪官，也燒毀了整個山林。以後每當二月十五「柏仙」祭日這天，人們就帶上酒和香火，上山祭祀「柏仙」，希望它能再「顯聖降福」。久而久之，形成了農曆二月十五盛大的酒會。

現在，這裡常常舉辦一些風箏比賽活動。那翱翔於天空的異彩紛呈的紙鳶，為古老的酒會增添了新鮮的氣息，給踏青遊玩的人們帶來了新的樂趣。

河洛大鼓

在河洛文化的百花苑中，有一朵名為「河洛大鼓」的藝術奇葩，是一種以說、唱為藝術表演手段，敘述故事、塑造人物、表達思想感情、歌唱社會生活的特有曲藝專案。它產生於清代光緒末年，前身為洛陽琴書。1900年前後，偃師的洛陽琴書藝人段炎、胡南方、呂祿等人結伴外出行藝，遇到了南陽單大鼓藝人李狗。在聯合演出中，琴書吸收了單大鼓的打擊樂，引入南陽鼓詞書的表演藝術，並在唱腔上加以改革，逐漸形成了極富洛陽地方特色的曲藝新品種。起初名為「鼓碰弦」、「大鼓京腔」、「洛陽大鼓」等。1952年被正式命名為「河洛大鼓」，廣泛流行於洛陽、偃師一帶，距今已有近百年的歷史。

洛陽河洛大鼓河洛大鼓最初所用的樂器只有一副鐵質鴛鴦板和一面玉鼓，藝人張天培增加了弦子，使河洛大鼓這朵藝術之花更加鮮豔奪目。目前，河洛大鼓最常見的表演形式為：主唱者左手打鋼板，右手敲擊平鼓，另有樂師以墜胡伴奏。演唱風格歡快活潑，氣氛熱烈，節奏明快，唱腔高昂。在音樂、唱腔和表演形式上順應了社會的發展和人們生活心態的變化。河洛大鼓在豫西地區曾盛極一時。它是洛陽地區城鄉居民十分喜愛的藝術形式，常以「願書」的方式在鄉村庭院表演。在洛陽民俗中，逢紅白喜事不請「響器」（吹打樂器）而請「願書」。求一家平安請書叫「平安書」；娶媳婦請書叫「紅書」；毛娃過生日待客請書叫「面書」；老人做壽請「壽書」；還有「掛鞭書」、「立碑書」等名目繁多的各種書場。

河洛大鼓的音樂歡快活潑，表現力豐富，並且具有鮮明的地方風格、別具一格的音樂形態。

其一，河洛大鼓的曲調來源於河南地方區域的多個劇種或曲種，如

梆子、曲子、河南墜子，還有承襲洛陽琴書的曲調等。河洛大鼓藝人們從豐富的地方曲調中吸納相關的音樂素材，並將其重組為全新的鮮活的音樂語彙，巧妙地融入各種唱腔板式中，使其成為敘述故事情節與描寫人物性格的表現手法，大大增強了河洛大鼓的音樂表現力，形成了獨具特色的豫西地區曲調形態。

其二，河洛大鼓是用河南方言說唱的曲種。河南方言的語音系統奠定了河洛大鼓演唱的音韻基礎，河南方言以特有的四聲調值規律影響了旋律的發展形態，並建構了以河南方言為音韻基礎的旋律形態，同時也賦予了它獨特的音樂色彩和濃郁的地方風格。

其三，河洛大鼓音樂是由多種唱腔板式組合的板腔體結構，主要唱腔板式是「平板」，又名「二八板」，其他常用唱腔板式有：引腔、起腔、墜子口、三字緊、落板、五字堆、十字句、飛板、嘆腔、鳳凰三點頭、堆板、滾口白、武板等十幾種板式。這些豐富的唱腔在敘述故事情節、描寫人物性格與心理時，都各具效果。這種根據故事的篇幅、情節發展和刻劃人物的需要所組合成的板腔序列，構成了河洛大鼓的音樂結構形態。

其四，河洛大鼓的調式是以宮為主音的宮調式，具有色彩明亮的表現特點，十分符合河洛大鼓藝人樂觀而堅定的藝術性格，構成了河洛大鼓的基本格調。河洛大鼓大致有五聲、六聲、七聲三種調式形態，特別是常用於過門及前奏結束處的五聲調式，被河洛大鼓藝人們稱為「主旋律」。

遺憾的是，隨著現代休閒途徑的拓展，祖輩們以聽大鼓為主的文化娛樂方式已不被當代的年輕人所接受。各種新潮的文化娛樂方式已替代了當年的「願書」，河洛大鼓的市場需求也因此逐年下降。

百年居所：
河南的古建築與民宅風貌

大河村的紅陶房，也曾金屋藏嬌

百年居所：河南的古建築與民宅風貌

　　大河村的仰韶文化是鄭州地區獨特的文化。5,000 年前，大河村步入父親說了算的歷史新階段。大河村 1～4 號房是當時婚姻及家庭變遷的一個活標本。從房子「緊密相連，東西並列」的整體布局和內部結構看，它們適合家庭居住；從出土遺物大都是鼎、缽、陶紡輪、骨簪等看，它們曾經承載過一個家庭；從 1、2 號房是先期建造，3、4 號房是後來擴建的發展序列看，這個家庭的人口在不斷增多；從房間大小不同、主次有別及套間的設定看，家長在這個擁有「四室一廳」住房的家庭中占有重要地位。尤其是 1 號「木骨整塑陶房」，極有可能曾「金屋藏嬌」，那隔開的套間無疑是遮擋主人私生活的。這一系列跡象顯示，5,000 年前，大河村已經出現了一夫一妻制的新型婚姻關係，個體家庭已成為社會最基本的經濟單元，私有的現象已經出現。這個家庭的男人不單是家長，還是大河村的村長。可以想像的是，當時的一夫一妻制並沒有制度上的保證，也不可能兩個男女死守一輩子，只是關係比較固定罷了，如果用現在的社會現象類比的話，也許它更像金屋藏嬌。

　　這個家庭的主人不但金屋藏嬌，還藏有這個部落的結盟禮器──彩陶雙連壺。大河村遺址面積四十多萬平方公尺，按照河南博物院研究員許順湛先生的推算，那時這裡應該居住著 8,000 來人。而此時在以鄭州為中心，東不過開封、西不過洛陽、北抵黃河、南可以達到許昌的範圍內（這也是仰韶文化大河村類型的勢力範圍），共生活著約 12 萬人。許順湛認為，大河村類型的仰韶文化是鄭州地區獨特的文化，與之相對的就是史書上記載的有熊國文化。有熊國是以新鄭為都的黃帝，說不定黃帝還曾到過這個近在咫尺且勢力龐大、大約居住著 40 個氏族 8,000 來人的大河村部落（該遺址可能有兩三個部落）「視察」，並與大河村的領導共用彩陶雙連壺痛飲果酒或白水呢！

「商後嘗浴處」

河南省魯山縣西部，有一座遐邇聞名的溫泉之鄉——下湯鎮，因位居魯山西部三處溫泉最下泉而得名，至今已有 3,000 多年的歷史。自西周以來，多被記載於史典文集。清嘉慶《魯山縣志》載：「溫泉一名神泉。」《河南通志》載：「溫泉在魯山縣，舊名皇泉，商後嘗浴其處。」

這裡背依青山，三面環水，得天獨厚的溫泉資源，氣象萬千、珍禽比翼的濕地生態，山水倒映、漁舟泛影的獨特自然風光為世人稱奇，自古以來就是著名的療養勝地，並引得一些帝王後妃、文人騷客紛至沓來。據《水經》記載：「商後嘗浴其處」，留下了關於「皇姑浴」的美好傳說。宋朝文學家晁沖之也曾來下湯溫泉沐浴，留下了「太真獨侍溫泉旁，鯨甲龍鱗影清絕」的著名詩句。宋代詩人范純仁寫下了「山前陰火煮靈源，昔日曾臨萬乘尊。歷盡興亡只如此，不隨世俗變寒溫」的著名詩篇。這些美麗的傳說和文人騷客的絕唱為下湯鎮增添了奇光異彩。

下湯溫泉資源豐富，數十個泉點，常年沸湯湧流，溫高量大（水溫均達 63 ℃，日湧出量 800 噸），含有多種化學成分和微量元素，在中國同類礦泉水中屬上乘，能治療皮膚病、類風溼、偏癱等五十多種疾病。如今，一座座風格各異的現代化溫泉度假飯店（度假村、山莊等）在這裡陸續建成，一個交通便利、設施完善、服務一流的溫泉度假區粗具規模。

李師師與宋徽宗相會的樊樓

樊樓位於宋都御街北端，又名礬樓，是 1988 年重建的一組庭院式樓

閣,也是開封目前最大的仿宋娛樂中心。

開封樊樓由東、西、南、北、中五座樓宇組成,每座樓皆高三層。灰瓦青磚,雕梁畫棟,陳設富麗堂皇,古樸典雅。其中西樓是樊樓的主要建築,也是五樓中最大的一座,樓上設有宋徽宗御座,陳設富麗堂皇。中樓設有李師師琴房、書齋等,布置得淡雅幽靜。相傳樊樓為北宋東京七十二家酒樓之首,風流皇帝宋徽宗與京都名妓李師師常在此相會,小說《水滸傳》對此樓也多有描寫。宋代詩人劉子翠曾留下過讚美詩句:「梁園歌舞足風流,美酒如刀解斷愁。憶得承平多樂事,夜深燈火上樊樓。」

冬暖夏涼的地坑院

地坑院也叫天井院,是古代人們穴居生存方式的遺留,被稱為中國北方的「地下四合院」,距今已有約4,000年的歷史。

陝縣人馬寨地坑院地坑院是在平整的黃土地上,挖一個邊長為10～12公尺的正方形或長方形的深坑,深約6～7公尺,然後在四壁鑿挖8～12孔窯洞,窯院一角的一孔窯洞挖出一個斜向彎道通向地面,作為居民出入院子的門洞。

地坑院與地面的四周砌一圈青磚青瓦簷,用於排雨水;房簷上砌高30～50公分的攔馬牆;在通往坑底的通道四周同樣也有這樣的攔馬牆。這些矮牆一是為了防止地面雨水灌入院內,二是為了人們在地面工作活動和兒童的安全所設,三是建築裝飾需求,使整個地坑院看起來美觀協調。

人住在坑裡,排水問題自然是第一大事。為此,他們在地坑院中間

下挖深 4～5 公尺的旱井，俗稱滲坑，專門用來聚集和下滲進入坑內的雨水。地坑院與通往地面的通道旁有一口深水井，加一把轆轤用於解決人畜吃水問題。地坑院內各個窯洞分為主窯、客窯、廚窯、牲口窯、茅廁、門洞窯等，按照主窯所處方位不同稱之為「東震宅」、「西兌宅」、「南離宅」、「北坎宅」四種。這說明建造地坑院同樣受到傳統文化八卦的影響，老百姓依「風水流脈」來確定院子主方向的朝向。

地坑院具有堅固耐用、省工省料、冬暖夏涼、擋風隔音、防震抗震的特點。冬季，窯內溫度在 10℃以上，夏天則保持在 20℃左右，中午、晚上休息還要蓋上被子。人們稱它是「天然冷氣，恆溫住宅」。千百年來，地坑院受到黃河岸邊豫西山區人們的喜愛，這是在黃土高原地帶生長的人與黃土深深的依戀之情。地坑院這樣一種簡單的居住環境，一種中國北方的「地下四合院」，是中華文明中的精采篇章。如今，「穴居」地坑院在河南省三門峽境內保存較好，至今仍有近百座，依然保持著「見樹不見村，進村不見房，聞聲不見人」的奇妙地下村莊景象。其中較早的院子有兩百多年的歷史，住了六代人。

會館聞笙竹，汴京懷晉商

開封位居中原，無高山險峰之阻，有四通八達之利，得天獨厚的地理條件為晉商所青睞。從明至清的數百年間，山西商人在開封一直很活躍。他們將西北的皮毛、山貨及日用品源源不斷地運抵開封。由於開封的山西客商愈來愈多，遂集資於今老會館街（龍亭東側）建立了一處山西旅汴同鄉會館——山西會館。

開封山西會館清乾隆年間（西元 1736～1795 年），陝西旅汴商人與

山西旅汴商人商定聯合建立山陝會館。經多方考察，他們最終選定明代徐府舊址。會館的前半部為關帝廟，西部和後半部為辦公場所。嘉慶初年，會館的建築經風剝雨蝕，年久失修，老會首召集山陝商家開會說：「聖廟創立30餘年，現不如以前。前人既已建立，後人若不增修，有礙聖神之道，有失前輩向善之誠。」最後商家們商定：各個店鋪每進錢一千，抽取二文，交請老會首收存，作為會館每年修補的費用。

清道光四年（西元1824年），商家們把大殿進一步擴展，將大殿、拜殿連為一體。第二年又增建六柱五樓牌坊一座。之後，又將東西兩廡各擴至八間，並建重簷歇山式鐘、鼓二樓。清同治三年（西元1864年）重修了後道院。這樣，一組較為完整的關帝廟古建築群終於聳立於鬧市之中。在相當長的一段時間裡，山陝會館一直是附近百姓奉祀關帝和看大戲的去處。到了清光緒年間（西元1875～1908年），甘肅旅汴商賈加入，山陝會館遂易名為山陝甘會館。山西、陝西、甘肅三省商人聯合，使他們的經濟實力大增。清光緒二十八年（西元1902年），他們又在大殿後增建了一座高大雄偉的春秋樓，正門懸一巨匾「明德維馨」，使會館關帝廟的建築格局更趨完備。

逃難到西安的西太后與光緒皇帝返回北京，途經開封，遂決定癸卯（西元1903年）、甲辰（西元1904年）的會試改在開封河南貢院（今河南大學院內）舉行。於是京都大員頻繁來往於北京和開封。當時，山、陝、甘三省參加會試的舉人雲集汴京，把會館都住滿了。1927年6月13日，馮玉祥被武漢政府任命為河南省主席。他把山陝甘會館的祭祀場所關帝廟改為河南省藝術學校的校址。1933年，會館又被改為私立西北中學。1938年，日軍入侵開封，西北中學外遷，會館成為日軍的華北五省特務機關總部。日本投降後，西北中學返回開封，重新回到會館上課。再後

來，會館又成為徐府街小學的校園。1988年10月23日，修復後的山陝甘會館正式對外開放。

中國最早的城市建築設計規畫

據明《永樂大典》記載，中國歷史上第一個較詳細的都市計畫圖，是西周雒邑（今洛陽市）王城示意圖。據《周禮・考工記・匠人》載「人營國，方九里，旁三門。國中九經九緯，經塗九軌。左祖右社，面朝後市，市朝一夫」，就是記述的洛陽市周王城的規劃制度。周成王七年（西元前1036年），因成王年幼，周公姬旦輔政，在東征平定商裔武庚叛亂後，感到國都鎬京偏西，不利於控制東方的商「頑民」，為實現武王在位時在洛陽建都的遺願，就表奏成王，提出營建雒邑的意向。成王姬誦同意周公的意見，二月派太保召公姬奭到洛陽，卜選城址，做出城郭規畫。三月周公來洛，組織人力，按照召公做的城郭規畫，始建新都，叫做「雒邑」（又叫「成周」）。周公在雒邑建了兩座城，一座叫「王城」（今洛陽市王城公園），一座稱「下都」（今洛陽市白馬寺東）。

《周禮・考工記・匠人》還記載：經塗九軌，環塗七軌，野塗五軌。王城西面各有三門，共十二門，道路九經九緯，各寬九軌（道路寬為車軌的九倍）；環城道一條，寬七軌；向四方輻射的道路四條，各寬五軌。王宮建在中央大道上，共有五門，內有六寢。左邊建有祖廟，右邊築有社稷壇，前面設朝，後面設市（場），於同年十二月底全部竣工。王城建成後，當時只作為周王朝會東方諸侯的處所。下都城的建設規模比王城

小而簡陋。建成後，周公將東征時從殷地俘虜來的商裔貴族集中到下都城居住，並派重兵駐守監視，警備東方。

衛輝的院門為何都塗成黑色

在中原地區，傳說紅色吉利，能驅鬼關邪，所以人們習慣把院門漆成紅色。但在豫北的衛輝市卻與眾不同，當地人都把院門漆成黑色。

傳說明代的時候，衛輝府的馬市街熱鬧繁華，商店林立，貨物充足，財源茂盛。馬市街裡有一家酒店常出怪事，老闆進酒多，賣出的酒少，買賣的數字老是對不上。老闆覺得這事很奇怪，就懷疑店裡有偷酒賊。這天晚上，他拿個斧頭藏在屋裡，夜半時分，他聽見酒缸裡有聲響，便點燈衝了上去，跑近一看，原來偷酒的是一條大蟒。大蟒的尾巴纏在梁上，頭紮在酒缸裡，正有滋有味地埋頭猛喝。老闆舉起斧頭向大蟒的頭上砍去，大蟒縮轉身子，順著狗洞逃跑了。老闆率店裡的夥計飛快趕去，只見大蟒行色匆匆，一下躲進了潞王府。原來，這大蟒是潞王的化身，牠變成蟒精來禍害百姓。潞王挨了酒店老闆一斧頭，痛得滿床打滾，李娘娘侍奉在左右，安慰了好大一會兒潞王才睡去。臨睡前，潞王咬牙切齒地說：「天亮後，我要把那家紅門酒店裡的人斬盡殺絕！」李娘娘是個善心人，她讓宮女悄悄傳出一條密令，命馬市街的紅門人家在天亮以前一定將門漆成黑色。老百姓聽說後，一傳十，十傳百，不到天亮，整個衛輝府的門全部漆成了黑色。第二天，潞王帶領親兵直奔馬市街，轉了幾個來回也找不到紅門酒店。他還以為是自己記錯了，便掃興地調頭回府了，從此以後衛輝府的門就變成了黑色。

從傳說來看，衛輝民居把院門漆成黑色習俗是為了躲避災禍。而這

災禍不是天災，卻是人禍。這人禍是由昏庸無道的潞王造成的。那麼潞王是誰？為什麼他對衛輝府的風俗習慣有這麼大的影響，以至於數百年來沿襲不變呢？

潞王，即潞簡王朱翊鏐（西元 1571～1614 年），是明太祖朱元璋的九世孫，明穆宗朱載垕的第四個兒子，神宗萬曆帝朱翊鈞唯一的同母兄弟。他四歲時受封為潞王，兒時在宮中就胡作非為，21 歲到河南當藩王後，更是驕奢淫逸、橫行霸道。他在世時，不惜花費大量的人力財力，用了四年多的時間在衛輝修建了潞王府，並在鳳凰山下擇得一塊風水寶地，構築了氣派闊綽的潞墓。其優雅的程度完全可以和北京十三陵平分秋色。然而，當地的人們從不正經八百稱它「潞王墓」，而輕蔑地叫它「潞王墳兒」。「墳兒」的分量比「墓」來說就輕得多了，特別用在皇帝胞弟的身上，就更顯得不大妥當了。可是世世代代，人們就這樣稱呼，成了一種習慣。這種習慣，自然是由於人們痛恨潞王形成的。

太行山區特色民居 —— 石板房

石板房是用石頭充當瓦蓋頂的一種房屋建築，主要分布在太行山區。因為這裡缺土，人們又沒錢買磚瓦，而石頭卻取之不盡、用之不竭，因而被當地居民拿來蓋房修屋。在河南林州，男子絕大多數都是石匠，他們選好片層岩石，往岩紋四周打進鋼釺，插入鐵棍，撬起一塊塊一丈長、三尺寬、一寸厚的石板。蓋房時，將石板吊上屋頂，最後在脊上和石板塊之間的銜接處平放上小石板，一座石板房便告完成。這種石板因溜水快，不會存水，梁、檁、椽子等木質不會因潮溼而腐爛，所以堅固耐用，一般都可住兩百多年。

百年居所：河南的古建築與民宅風貌

在著名的林州石板岩鄉，村莊絕大部分是由石板房組成的，清一色的石砌房子掩映在綠樹叢中，堪稱是河南民居中的一絕。當地還流傳著這樣的民謠：「石梯、石樓、石板房，石地、石柱、石頭牆，石街、石院、石板場、石碾、石磨、石谷洞，石臼、石盆、石水缸，石桌、石凳、石鍋臺，石廟、石爐、石神像……」可見，這裡到處都是由石頭組成的，真是名副其實的石板岩鄉。

豫北農村房頂上為什麼沒有煙囪

在豫北農村，老百姓的房頂上沒有煙囪。但據說在明朝以前，豫北農村的房頂上是有煙囪的。據說在元朝末年，朱元璋舉旗造反，元帝派兵去鎮壓。元軍被朱元璋打敗後，向河南境內逃竄。朱元璋窮追不捨，元軍走投無路，就分散鑽進河南農村裡，藏起刀槍，換去軍衣，混到老百姓中間，吃其糧，穿其衣，並下令：誰向朱元璋的部隊告密，就將其滿門抄斬，滅絕九族，株連全村。

朱元璋帶領軍隊趕到河南，卻不見元軍的蹤影，便命兵將沿村偵察。在村裡發現了元軍的刀槍、軍衣。朱元璋又命他的部隊挨村挨戶去抓元軍，可是元軍都換了老百姓的衣裳，分不清楚誰是誰不是。他們不管青紅皂白，見人就抓就殺，好多百姓都被當做元軍殺了。人們一看朱元璋的隊伍胡抓胡殺，都躲的躲，逃的逃，不敢露面。

朱元璋抓不到人，便使了個「金銀計」，叫他的兵將在村裡路上和農民院裡扔下些散金碎銀。第二天再去檢查，發現散金碎銀被人揀了，說明莊裡還有人，就又來一次大搜查，搜出人來又殺了。人們上了朱元璋的當，再也不敢揀散金碎銀了。朱元璋不放心，又叫他的隊伍隱藏到高

308

大的樹上、土岡上,看到哪個村的房頂上冒煙,就去哪個村裡抓人,這樣很多農民又遭到殺害。僥倖活下來的人們一看朱元璋的隊伍是尋著房上冒的煙來的,就把房上的煙囪拆了,在地上砌個尺把高的小煙囪,讓煙順著地皮排出去。朱元璋的隊伍看不到房頂上的煙囪冒煙了,認為人都殺光了,就走了。從那以後,豫北農村的房頂上再也沒有煙囪了。

信陽的建房習俗

早年信陽農民家庭多居住土牆草頂的房屋,稍好的砌成磚牆草頂房屋。富裕人家多係磚石為牆,八柱落腳,房蓋瓦,房內鋪磚,門檻用石條或硬木鋪成。深山區葉岩石頗多,農房多用天然石片砌成牆壁,堅固耐用。沿淮漁家多為船居,一家人按輩分長幼、未婚已婚而分前、中、後艙居住。

建房是居家一大盛事,講究頗多。首先請陰陽先生選擇地基,審查山川形勢,講究方位、向背、排列結構等。房後有山,稱有靠山;房前屋後水向裡流,意為生財。山嶺煙霞騰繞,植被蔥綠,流泉甘洌,土膩石潤的地方,「生氣行於地」,利於建宅。取坐北向南最好,但限於地形,通常只考慮山形向背,不建正北正南房屋。一般地方坐西北向東南的農房約占一半,坐東北向西南的約占35%。水鄉農民多居住在水圍中,四周環以塘、溝,設路壩供出入。城鎮房屋取決於街道走向,非臨街房屋盡可能取坐北朝南方向。建房用料崇尚杉、松、椿、柳、泡桐等,忌用桑、槐(因與喪、壞諧音)和楝樹(因其為苦楝)。嚴禁前屋高於後房、右房高於左房,即所謂「左青龍右白虎,只許青龍高萬丈,不許白虎抬頭望」。自家的門、窗不能正對著他人家的屋梁頭、過梁頭和山牆

尖。因為民間視門窗為人的口眼,而「尖」即「箭」,對口、眼不利。窗楣低於門楣,堂屋門不與院門直對。講究前後牆要一樣長,三間屋中兩頭的暗間要一樣大,屋兩頭山牆要一樣長等。

　　上梁是建房最隆重的場面。上梁時,要喝酒或贈送禮物。送梁多是至親好友所為,將梁披上紅布,名曰梁衣,由兩名童男抬著,伴以嗩吶鑼鼓,吹吹打打送到。上梁前一天夜裡,燃香燒紙祭梁,俗稱「暖梁」。上梁之日,主人擺宴請工匠,親友送禮品相賀,大梁、中柱、斜梁上貼對聯,寫上「豎柱喜逢黃道日,上梁巧遇紫微星」、「畫棟朝飛南浦雲,朱簾幕捲西山雨」之類。有的在梁中央畫一太極陰陽圖。上梁過程中,由會說彩頭、唱讚歌的木工或泥工騎在梁頭,邊唱邊拋撒花生、糍粑、糖、煙、果等,名曰「撒糧粑」,梁下的人們哄搶喝采,名曰「搶糧粑」,熱鬧非常。近年來,固始一帶還流行在上梁時「燎鍋底」、「呼牆根」等習俗,剛打好地基,親朋好友就來祝賀,當然少不了帶有贊助性質。

通途古今：
河南的交通演變與橋道傳奇

通途古今：河南的交通演變與橋道傳奇

中國古代最早的車馬實物和道路遺跡

　　畜力車是古代先民最重要的陸上交通工具。經考古發現殷代的車子結構基本定型，離它最初發明的時間應該有一個相當長的階段了。古文獻中記載夏代就發明了車，但是至今未發現夏代車的遺存。殷墟考古發掘的殷代車馬坑是考古發現的畜力車最早的實物標本。由此證明，中國是世界上最早發明和使用車的文明古國之一。

　　殷墟宮殿宗廟遺址展出的六座殷代車馬坑和道路遺跡，是中國社會科學院考古研究所安陽工作站和安陽市文物工作隊分別在安陽劉家莊北地、南地和孝民屯東地發掘的，商代道路遺跡是在滑翔學校南地發掘的。這幾座車馬坑，保存基本完整，具有較高學術研究和展示價值。每坑葬一車，其中五坑隨車皆葬兩馬，四坑各葬一人。經鑑定，殉人中多為成年男性，另有一少年男性。研究證明，殷代的馬車造型美觀，結構牢固，車體輕巧，運轉迅速，重心平衡，乘坐舒坦。殷代車馬坑不僅展示了上古畜力車制的文明程度，同時也反映了古代社會殘酷的殺殉制度，是最形象的歷史教科書。

中國最早的大型浮橋

　　橫跨於洛河的隋朝天津橋，是中國最早的大型浮橋，也是中國首次記載用鐵鏈聯結船隻的橋型。

　　九朝古都洛陽，在隋朝時政治、經濟已有很大的發展。隋朝為了在洛河兩邊重建方圓七十三華里的東都，在洛河上興建了天津橋，以保證

運輸。這座大型浮橋長達 500 公尺左右，橋北與皇城的端門相應，橋南與長達十里的定鼎門大街相連，成為隋朝東京都城南北往來的通衢。為了能使形體高大的樓船順利通過，橋還可以自由開合。這在中國古代建橋史上無疑是個了不起的創造。

中國最早的關隘 —— 軹關

　　關隘是古道設施之一。古代道路上設定關隘，一方面是為了軍事防禦和控制交通；另一方面也是徵收關稅的重要設施。關隘對控制道路交通、檢查行人和徵收稅務有著重要作用。據古代文獻考察，設定關隘是從周代開始的，最早有東都雒邑（洛陽）王畿十二關的記載。鄭玄著《周禮注疏·地官司徒第二》中說：「王畿千里，王城在中間，有五百里界首，面置三關，則亦十二關。故云關，界上之門也。」界首就是指邊界或邊境，這裡是指王畿與諸侯國交界的地方。在距王城周圍五百里的四面邊界各置三處關口，道路必經此關口而進入王城。這種防禦和控制交通的道路布局，對諸侯國以及後來歷代王朝京都、城邑的四面設關頗有影響。特別是戰國時期，列國封建割據和兼併戰爭加劇，關隘設定增多。其中，軹關為周代著名的關隘。

　　濟源市軹關遺道軹關位於濟源市西二十二公里處，封門口村東，當豫、晉交通要衝，為「太行八陘」的第一陘。戰國時設定，「關當軹道之險」，故名軹關。兩山夾峙呈「V」形，闊 6 公尺，海拔 622 公尺，地勢險要，號稱「封門天險」，是豫北平原通往山西的咽喉，自古為兵家必爭之地。

通途古今：河南的交通演變與橋道傳奇

中國最早的石拱橋

西晉時修造的洛陽旅人橋是中國最早的石拱橋，比趙州橋早332年。中國著名的橋梁專家茅以升在《橋梁史話》前言中指出：「中國最早的石拱橋 —— 旅人橋建於洛陽。」據《河南府志》記載：洛陽七里澗橋也稱旅人橋，在晉代京師建春門東七里的七里澗上。始建於晉太康三年（西元282年）十一月，次年四月建成，日用工7.5萬人，距今已有1,700多年。後來塌毀了。

拱橋是在墩臺之間以拱形的構件來做承重結構的橋。這種橋至遲在漢代已有建造，它是在當時拱式結構墳墓建造技術的啟發下出現的。

石拱橋出現以後發展很快，由於外形美觀，經久耐用，荷載能力、穩定性和剛度都很理想，直至今日仍有繼續發展的廣闊前景。河北趙縣安濟橋（趙州橋）、北京西南郊的盧溝橋和蘇州城南的寶帶橋，是中國古代三座著名的石拱橋。它們風格不同，集中展現了中國古代拱橋的結構科學和建造技術水準。

中國最早的轎子

轎子，在宋代以前，人們稱之為肩輿，是中國古代一種特有的代步工具。「輿」本義指車廂。顧名思義，肩輿是指扛在人肩膀上的車廂。這個名稱準確彰顯了轎子的特點，也說明了轎子與其他交通工具的根本區別。

轎子在中國有4,000多年的歷史。據史書記載，轎子的原始雛形產

生於西元前21世紀的夏朝初期。《尚書‧益稷》中有一句話：「予乘四載，隨山刊木。」這是大禹自述其治水經過時講的。後人解釋，這四載是：「水行乘舟，陸行乘車，泥行乘橇，山行乘檋。」（《史記‧夏本紀》）這個「檋」就是最原始的轎子。它到底是什麼樣子，有的古文獻說：「山行即橋。」（《史記‧河渠書》）這是由於檋是過山之用，負在一前一後兩個人肩上，遠望過去，「狀如橋中空離地也」（《癸巳類稿‧轎釋名》）。

所以，在上古時，轎、橋二字相通。而它的具體形狀目前還無從可考。1978年，在河南固始侯古堆春秋戰國時期的古墓陪葬坑中，出土了三乘木質肩輿，有屋頂式和傘頂式兩種制式。其中一件經復原後還可以看出原來面貌：它是由底座、邊框、立柱、欄杆、頂蓋轎桿和抬槓幾部分組成的。底座呈長方形，頂蓋如同四面起坡的房頂形式，轎身原應圍以帷幔，轎前開有小門，供乘者出入，轎桿捆綁在底部邊框上，和之後轎桿固定於轎身中部的制式不同。這是目前已發現的存世最早的轎子。從它比較完備的結構來看，當時製造轎子的技術已經十分成熟。在它之前，必然還應有一段發展完善的過程。由此可以推斷，轎子起源於夏朝初期的說法是比較可信的。

〈石壕吏〉中的石壕古道在哪裡

石壕古道位於陝縣硤石鄉石壕村東南，距三門峽約三十六公里，是北崤道的一段，以其所在村莊而得名。現在的石壕村有兩千四五百人，是個不大的村莊，在中國卻家喻戶曉，這緣自〈石壕吏〉。距今1,200多年前，唐代大詩人杜甫曾在此住了一夜，目睹了一場人間慘劇後，寫下了這首千古不朽的詩篇。石壕村東北角還有杜甫住過的窯洞——杜甫

窯,很多中外人士都曾慕名來此尋古。

這段古道曾很長時間不為人知。1998年,當地考古專家張懷銀來此調查,花了30元僱人把一人多深的荒草除了除,於是一段原汁原味的古道赫然在目。照片發在《中國文化》上,自此古道名氣大振。古道所在的山坡上長滿了黃耆,四面八方是細碎的蟲鳴。山坡左邊是一座山,古道繞山而修,向東北延伸到2,000公尺外的石壕村內。古道略呈西北、東南向。石坂坡上的車壕印痕全長一百餘公尺,路面寬6～8公尺,轍寬1.06公尺。車轍壕深0.25公尺,係車輪在石坡長期壓輾而成。

這裡的老百姓自古就有「靠路吃路」的習慣。當地有句俗語叫「甘壕(石壕)車壕不種田,逮住車戶吃半年」。1960、1970年代,此地古路壕、老路壕等都出土過唐宋瓷器。還曾出土過兩庫窖藏,多是南宋錢,很可能是富商因戰亂而埋藏的,足以佐證其唐宋時期的繁榮。村頭古道邊,還曾有古人題詠的詩文碑刻,可惜在當年大煉鋼鐵(中國1958年底一場失敗的政治運動)時全被砸了。

石壕村因杜甫的歇腳而成為著名的文化遺址,也成為當地一種永恆的文化旅遊資源。

一夫當關,萬夫莫開 —— 函谷關

以「一夫當關,萬夫莫開」而名揚天下的函谷關,坐落在河南省靈寶市城北十五公里的坡頭鄉王堆村,是中國建置最早的雄關要塞之一。《辭海》記載:「因關在谷中,深險如函(匣子)而得名。東自崤山,西至潼津,通名函谷,號稱天險。」

靈寶市函谷關據《考古通論》記載：「關塞起於殷。周，稱桃林地為桃林塞。周武王伐殷，出函谷大會諸侯於孟津，克商，放牛於桃林，即設專門管理關塞的『司險』，桃林塞已成為重關……」可見，函谷關始建於周初。

據《靈寶縣志》記載，函谷關「西據高原，東臨絕澗，南接秦嶺，北塞黃河。一人守關，可以當百，由是函谷之名，遂雄天下」，是古代舉足輕重的軍事要塞、兵家必爭之地。歷史上，這裡發生了很多有重大影響的戰爭。如虢公敗戎。西元前 658 年，晉獻公賄賂居住在驪山一帶的犬戎從西邊攻擊虢國，犬戎兵至桑田（今函谷關鎮稠桑村），虢公率領伏兵從函谷古道兩側殺出，居高臨下，犬戎大敗而逃。

五縱攻秦。西元前 318 年，楚、趙、魏、韓、燕五國推舉楚懷王為縱約長，第一次聯合伐秦。聯軍攻到函谷關，被秦軍擊退，「五國之師皆敗走」。

楚漢爭關。西元前 206 年，劉邦率先攻入武關滅秦，還兵守函谷關以拒項羽。兩軍大戰，項羽終破關入駐鴻門。

西原大戰。西元 756 年，唐將哥舒翰與安祿山叛軍鏖戰西原（函谷關西的原上）。唐軍被誘入函谷之中，遭受伏兵火攻，大敗。

在抗日戰爭中，函谷關也發揮了重大作用。1944 年 4 月，日軍發動了「豫中會戰」，短短二十餘天時間，就由洛陽攻到靈寶城（大王棗靈鎮、老城西北的黃河岸邊，現已被三門峽水庫淹沒）。中國軍隊據守函谷關及衡嶺原，重創日軍，斃傷日軍包括聯隊長、團長兩千餘名。少數日軍竄至閿鄉隨即撤出，終未能西進一步。

古往今來，函谷關都是連通秦、豫的必經之地，很多名人墨客在此留下了逸聞傳說、名句名篇。「白馬非馬」、「終軍棄」、「雞鳴狗盜」、「紫

氣東來」等典故就發生在這裡。自漢代至明、清，流傳下來的有關函谷關的詩篇達數百首之多，其中，有唐太宗李世民、唐玄宗李隆基、貴妃楊玉環的詩篇，還有李白、杜甫、白居易、劉禹錫、岑參、韓愈、韋應物、元好問、李清照、辛願等詩文巨匠的傑作。最有名的是老子李聃騎青牛過函谷關，應關令尹喜之邀，著寫了中國最早的哲學著作《道德經》五千言。後來，《道德經》被道教奉為經典，函谷關也因此成為道教信徒朝聖祭祖的聖地。

以上所說的函谷關，是故函谷關，也叫秦函谷關。另外，稱函谷關的還有兩處，一處是魏函谷關，在秦函谷關北約十華里的黃河岸邊。史書上說，漢獻帝建安十六年（西元211年），曹操西征張魯、馬超路經弘農，見函谷關古道崎嶇難行，糧草轉運困難，命大將許褚於黃河岸邊另闢新道，即當年的「曹操運糧道」。魏正始元年（西元240年），弘農太守孟康在運糧道的入口處新建關城，號大崤關，又名金陡關，後來人稱魏函谷關。此關的關樓毀於抗日戰爭時期。另一處函谷關在洛陽新安縣東一華里的地方，稱作漢函谷關，又名新函谷關，為漢武帝時的樓船將軍楊僕所建。當時都城在長安，人們以居關內為榮，居關外為恥。楊僕是宜陽人（當時宜陽屬新安），恥為關外人。便上書漢武帝，於元鼎三年（西元前114年），盡捐家資，將函谷關遷於新安。此關樓目前尚存。

巍峨挺拔的雁翎關

雁翎關位於三門峽陝縣東南菜園鄉與宮前鄉交界處，距三門峽市約二十八公里。春秋時稱南陵，北魏至唐又稱西崤。其附近諸山，據《水經注》記載有千崤、盤崤之稱。崤、雁二字聲同韻近，疑雁翎關本名崤

陵關，因大眾訛傳，稱其為雁翎關。

雁翎關為分陝扼秦的咽喉，海拔 851 公尺，寬度約 200 餘公尺，最窄處寬約 30 公尺，兩側懸崖峭壁峻拔陡峭，地勢頗為雄險。

雁翎關口東南響屏山為兩崤諸山之首。風和日麗之時登臨峰頂，東望洛陽川朦朧如煙，西眺西嶽華山依稀可見，洛河、黃河似玉帶纏繞南北，落霞晚照，輝映崤山諸峰，如波濤洶湧，極為壯觀。

太行八陘之一的羊腸坂

古羊腸坂道位於河南焦作沁陽市北二十五公里處，從海拔 630 公尺的山腰盤旋到海拔 800 多公尺的山巔，坂道全長 900 多公尺，北接山西省晉城市宛城村，南達沁陽常平村，為古京洛要道之咽喉。

沁陽市羊腸坂古羊腸坂原名「羊腸坡」，是著名的「太行八陘」之一──太行陘的一段險要路段，因其在山間崎嶇纏繞、形似羊腸而得名。羊腸坂道周代已有，春秋時為趙國重要的軍事通道，中國著名的思想家、教育家孔子遊說趙國，回轅野王，曾過羊腸坡。曹操在西元 206 年，為了討伐并州刺史高幹，留下曹丕守鄴城，由臨漳進軍壺關，太行山大峽谷的羊腸坂是必經之路。漢建安十一年（西元 206 年）冬，曹操北征叛將高幹，路過此地，寫下了描述軍旅生活的著名詩篇〈苦寒行〉：「北上太行山，艱哉何巍巍！羊腸坂詰屈，車輪為之摧……悲彼東山詩，悠悠使我哀。」反映了當時「羊腸坂」的艱難曲折。自此以後，「羊腸坡」乃更名為「羊腸坂」。

據說，在羊腸坂附近還有「兵營」、「兵灶」、「飲馬坑」、「東倉」、「西

倉」等歷史上曹操駐兵宿營的遺跡。同時，還有石塊堆築的軍事堡壘「曹公壘」，用土堆築的軍事設施「土坑堆」。更為有趣的是，因曹軍在冰天雪地的大峽谷裡捕捉山羊，用峽谷的泉水燉食羊肉及內臟充飢和禦寒而士氣大振，進而攻克壺關，便命名這種羊雜為「壺關羊湯」。

歷史上的「漕運四河（渠）」

北宋京都開封府（今河南開封市）有汴渠、黃河、惠民（蔡）、廣濟（五丈）四水，可通漕運，時稱「漕運四河（渠）」，是當時汴京的重要交通要道。一說四水中有金水而無黃河。《宋史·河渠志》載，汴都「有惠民、金水、五丈、汴水四渠，派引脈分，咸會天邑，舳艫相接，贍給公私，所以無匱乏」。但金水河主要作用是供給廣濟河的水源，兼及運輸京西木材入都城，並無正式漕運之利。其他三渠則為東京經濟命脈所繫，連同漕引陝西諸州物資的黃河，歷史上又合稱「漕運四河」。

汴河即隋通濟渠，唐時改稱廣濟渠，俗稱汴河。自孟州河陰縣（今河南滎陽東北，故址已坍入河中）西汴口引黃河水東流，經鄭州、中牟之北，至東京外城西分為兩股，由宣澤、利澤兩水門入城，合為一股，經裡城御街州橋、相國寺前，東南又分為兩股，由通津、上善兩水門出城，合為一股，經陳留、雍丘（今河南杞縣）之北，又經襄邑（今河南睢縣）、寧陵（今河南寧陵東南）、宋城（今河南商丘）、下邑（今河南夏邑）、永城、宿州（今安徽宿縣）靈璧、虹縣（今安徽泗縣）、青陽鎮（今江蘇泗洪）之南，然後東南至泗州盱眙縣（今已淪入洪澤湖中，宋時與今江蘇盱眙縣隔淮相對）匯入淮河。全長約 600 公里。晚唐以後，河道堙塞，漕運不通。五代後周顯德年間（西元 954～959 年），曾幾次疏濬，

修築堤防，自汴口至淮，舟楫始通。北宋時，東南已成為中國最富庶的地區，汴河則是北宋政府攫取江淮財富的主要運輸線。

蔡河的前身是戰國時的鴻溝、西漢時的狼湯渠，魏晉時通稱蔡水，為南北水運要道，唐末堙廢。五代後周顯德年間（西元 954～959 年）導汴水入蔡，重加疏濬，又稱閔河。宋太祖建隆元年（西元 960 年）開濬蔡河自都城至通許鎮（今通許縣），並設斗門以節水流。次年，自新鄭引洧水（今雙洎河）鑿渠東北流經尉氏西、中牟東，至東京外城南垣廣利水門入城，史稱閔河。入城後東接蔡河，折而南流，由普濟水門出城，南流經通許、扶溝、太康、宛丘（今河南淮陽）等地，至項城（今河南沈丘）西注入潁水。宋太宗淳化二年（西元 991 年），又在長葛縣境內開渠二十里，將洧水上游與其南面的潩水（今潩水河）接通，亦作為閔河水源的一部分。在此以前又曾將洧、潩二水的下游疏經鄢陵、扶溝等縣匯入蔡河。於是蔡河水量大增，「舟楫相繼，商賈畢至，都下利之」。宋初開封城西南稱閔河。開寶六年（西元 973 年）改稱閔河為惠民河，東南稱蔡河。後因惠民河和蔡河實為一條河流的兩個河段，故有時稱惠民河也包括蔡河河段。

五丈河是五代後周顯德年間（西元 954～959 年）在南濟故道基礎上開濬而成的。河道自開封城西分汴水東北流，經東明（今河南蘭考東北）、定陶（今山東定陶西北），至鉅野西北六十里的濟州合蔡鎮注入梁山泊，出梁山泊沿著北清河（亦即古濟水），「以通青、鄆之漕」。宋建隆二年（西元 961 年）二月，疏濬五丈河，自都城開封歷曹（今山東菏澤西北）、濟（今山東鉅野南）、鄆（今山東東平）等州，以通東方漕運。同年三月，因五丈河以汴河為源，泥沙淤澱，不利行舟，遂自滎陽縣境內鑿渠引京、索二水，東流過，凡百餘里，名金水河，至開封城西架槽橫絕

汴河，並設斗門，引入城壕，由外城西垣的咸豐水門東匯入五丈河。五丈河自東京外城北面的永順水門入城，至東城善利水門出城。開寶六年（西元 973 年）又改五丈河名為廣濟河。

上述漕運四河（渠）經宋初疏濬和開鑿後，形成了以東京開封府為中心的水運交通網。

黃河上著名的三大古渡口之一：會興渡口

會興渡是黃河上著名的三大古渡之一，位於三門峽市區北部六公里處黃河南岸的會興鎮，與北岸山西平陸的茅津渡隔河相望。兩岸峽谷對峙，河水平靜，風景秀麗。

會興渡地勢險要，古代就是豫西、晉南物資交流的水上通道和軍事要地。西元前 658 年，晉國假虞滅虢，由茅津渡渡河南下，一舉奏捷。西元前 624 年，秦軍從這裡北渡伐晉。東漢末年，亡國之君漢獻帝劉協由此倉皇北逃。唐朝「安史之亂」時，唐肅宗為平叛，借回紇兵三千人，也由此跨入中原。辛亥革命中，秦隴豫復漢軍兩次東征，在渡口附近與清兵激戰。

「中流砥柱」今何在

「中流砥柱」又叫「朝我來」，位於三門峽大壩下方的激流之中，距市區約三十公里。冬天水淺的時候，它露出水面六七公尺；洪水季節，它只露出一個尖頂，看上去好像馬上就被洪水吞沒，驚險萬分。千百年

來，無論狂風暴雨的侵襲，還是驚濤駭浪的沖刷，它一直力挽狂瀾，巍然屹立於黃河之中，如怒獅雄踞，剛強無畏，自古被喻為中華民族精神的象徵。西元 638 年，唐太宗李世民來到這裡，寫下了「仰臨砥柱，北望龍門，茫茫禹跡，浩浩長春」的詩句，命大臣魏徵勒於砥柱之陰。著名書法家柳公權也為它寫了一首長詩，其中有「孤峰浮水面，一柱釘波心。頂住三門險，根連九曲深。柱天形突兀，逐浪素浮沉」等佳句。

三門峽黃河中流砥柱相傳砥柱是一位黃河老艄公的化身。很久以前，一位老艄公率領幾條貨船駛往下游，船行到神門河口，突然天氣驟變，狂風不止，大雨傾盆。剎那間，峽谷裡白浪滔天，霧氣騰騰，看不清水勢，辨不明方向。老艄公駕船穿越神門，眼看小船就要被風浪推向岩石。老艄公大喝一聲：「掌好舵，朝我來。」便縱身跳進了波濤之中。船工們還弄不清是怎麼回事，就聽到前面有人高呼「朝我來，朝我來」，原來是老艄公站在激流當中為船導航。船工們駛到跟前正要拉他上船，一個潮流將船推向下游，離開險地。船工們在下游將船拴好，返回去找老艄公時，見他已經變成一座石島，昂頭挺立在激流中，為過往船隻指引航向。因此，人們把這座石島叫「中流砥柱」，也叫「朝我來」。從此以後，中流砥柱就成了峽谷中的指標，船隻駛過三門峽以後，就要朝砥柱直衝過去，眼看船就要與砥柱相撞時，砥柱前面波濤的回水正好把船推向旁邊安全的航道，使其避開了明島暗礁，順利駛出峽谷。

明朝開封唯一的水陸轉運碼頭 —— 朱仙鎮

朱仙鎮位於開封城西南 22.5 公里，因傍賈魯河，水路轉淮河可遠達揚州，所以自唐宋以來一直是水陸交通要道和商埠之地，明朝時是開封

唯一的水陸轉運碼頭，朱仙鎮因此而迅速繁榮。到明末，朱仙鎮已與廣東的佛山鎮、江西的景德鎮、湖北的漢口鎮，並稱為中國四大名鎮。

開封朱仙鎮岳飛廟朱仙鎮周圍地勢開闊，平疇無際，是通向開封的策略要地。南宋初年，著名抗金英雄岳飛曾率兵在此大敗兀朮。明崇禎十五年（西元1642年），李自成率百萬農民起義軍第三次進攻開封時，在朱仙鎮殲滅了明朝了啟睿、左良玉的二十萬大軍，獲大勝。

傳說，朱仙鎮是戰國朱亥的故里，因朱亥的祖宗原來住在鎮北一個名叫仙人莊的村子裡，故稱朱亥為朱仙，遂又把朱亥的故里稱為朱仙鎮。至今，鎮裡還有仙人街、仙人橋之說。鎮中還有繁盛時期保留下來的雜貨街、曲米街、油簍街、炮房街、估衣街、京貨街等許多街道名稱，鎮裡最著名的商品有「西雙泰」的竹竿青酒、「玉堂號」的豆干、「天義德」的紅紙和門神等。

朱仙鎮木版年畫是中國民間美術的瑰寶之一，被專家喻為中國木版年畫的「源頭」，並被國務院列入首批國家非物質文化遺產名錄。岳飛廟始建於明成化十四年（西元1478年），之後幾經修復，規模宏大，為明代中國四大岳廟之一。1986年春再次修葺該廟，現已修復山門、門前照壁和「五奸跪忠」鑄像，建築粗具規模。岳廟存有碑碣多方，以〈道紫崖張先生北伐〉和〈滿江紅〉兩碑最為著名，字體蒼勁，流暢奔放，為碑中上品。

禮俗風華：
河南的人文風情與歲時習俗

禮俗風華：河南的人文風情與歲時習俗

花樣繁多的中原「待客茶」

河南人熱情好客，舉凡客人到家，必盡全力待之。

來家的客人一般有兩種。一是不請自來之客，二是事先邀請的貴客。未曾邀請的客人多為自家親友，一般沒有大事或者突然有急事登門拜訪，大都不需要太過隆重的招待。事先邀請的客人則不然，所謂辦事請客不容易，「酒席好備客難請」。

河南人請客，多為三次。首先由主人登門或下帖子懇請；宴席當天主人再請；接近開飯前，主人還要再請一次。而被請者也不能一請就去，不然就顯得「沒價值」、「沒身分」、「沒涵養」。這樣一來，「宴客三請」既顯示出主人的古道熱腸和真摯情感，也顯示出客人的身分和尊崇。

無論任何客人到家，主人都必熱情相迎，殷勤相待。第一眼見到客人者必在院中高喊：「來客人了」、「稀客，稀客」或稱呼與客人的關係相迎，如「俺舅來了」等。這時，家中尊長迎出房門，致禮，迎入正堂。

賓主落座，首先向來賓敬菸。吸菸的時間裡，茶就準備好了。

信陽商城茶園河南的待客茶，種類繁多，內涵差別很大。最常見的有五種茶。

一是白開水，又叫白茶。是最為普通的待客用茶，在生活困難年代，多用此待客。

二是糖茶，也就是在開水中加糖。豫東地區比較普遍用此茶。冬天呈上用性溫的紅糖沖的茶，夏天呈上用性涼的白糖沖的茶。

三是用茶葉沖的茶，這也算是真正意義上貨真價實的茶了。客人來到，主婦們先燒開水，然後撮茶入碗，沖入開水，晃一晃，倒掉，謂之

「去塵」。「去塵」後再次沖入開水，才可讓客人飲用。

四是雞蛋茶。並不是所有的客人都能享用到這樣的茶，只有身分特殊的貴客才能受此禮遇。雞蛋茶有糍粑雞蛋茶、紅糖雞蛋茶等種類。信陽一些地區用開水煮蛋和糍粑，出鍋入碗時加白糖，即糍粑雞蛋茶；南陽、駐馬店等地區用開水煮荷包蛋，出鍋入碗時加紅糖，滿碗溢香，即紅糖雞蛋茶。雞蛋的個數為雙數，少則六個、八個，多則十幾個。客人在飲用這樣的茶時，要把湯水連同雞蛋一同送下。如果客人喝得乾乾淨淨，主人就認為沒把客人招待好，還會再上，直至客人吃不完剩下為止。中原古樸、厚道的民風由此可見。

五是「餃子茶」、「粉羹茶」。「餃子茶」多見於豫東地區，一般是在客人酒足飯飽後送上的，茶碗兒較小，盛放有四五個小巧玲瓏的花邊餃子。這種茶多是一種禮節的象徵，客人能吃得下就用，吃不下不用也可。豫西地區也有人在餐後呈上粉羹，當地人稱為「喝茶」，這種「粉羹茶」的功用與「餃子茶」大致相同。

河南吃晚飯叫「喝湯」

河南人的晚飯種類繁多，常見的有饅頭、稀飯、菜品，或者麵條、米飯等，但河南人通稱吃晚飯為「喝湯」。即使晚飯招待貴客，無論宴席多麼豐盛，也一律請客人「喝湯」。不明就裡的人就會以為是湯湯水水，以為主人家好生吝嗇，只讓喝湯，不讓吃主食，實則不然。當他坐在飯桌前的時候，就會發現其中有多麼大的差距。

河南地區就是這樣的習俗，把吃晚飯統一稱為「喝湯」。熟人傍晚見面，也往往以「喝湯了沒有」相互問候，其真實含義也並非要關心別人是

否已吃晚飯,而僅僅是普通的問候語,相當於「你好」。

河南人把吃晚飯稱為「喝湯」,據說源於當年從山西洪洞遷至河南南召的移民。他們為躲避官府的重稅,就謊稱晚上不吃飯,只喝湯,結果被免了一年的捐銀,因而鄉間紛紛仿效。後來雖然脫離了實際內容,但這種語言表達習慣卻流傳了下來。

事實上,這裡面的真正原因恐怕還是因為河南歷史上經濟不發達,人民生活困苦。晚飯後直接休息,不用再務農,為了節省糧食,就不再做稠飯,而是用青菜、麵水之類的做成鹹湯,用來充飢。直到今天,河南人的晚飯還是習慣喝些麵湯、麵條之類的湯類食品,搭配一些饅頭、餅等食用。看來,「喝湯」的習俗也還是保留著。

中規中矩、熱熱鬧鬧的宴席禮

河南民間在家中待客,一般都用寬寬大大、四角見方的八仙桌,而不用圓桌,認為圓桌是小桌,待不得客。

待客一般在正屋,河南方言稱之為「堂屋」。正中放一張八仙桌,桌面上的木板拼縫不能南北向,只能東西向,也就是不能對準首座,否則為待客大忌。八仙桌正對房門的位置就是首座,也叫首席、主位、主座,是尊者的位置。主位兩側的座位,以左為尊。換句話說,也就是除尊者外第一重要者坐左邊,即東邊;第二重要者坐右邊,即西邊;第三重要者坐東邊,緊鄰第一重要者;第四重要者坐西邊,緊鄰第二重要者,依此類推。末位多是主人或家裡晚輩的位置,以承轉菜、倒酒之勞。八仙桌上一般不坐滿,只坐七個人,留一個空位上菜。

如果正房裡放了兩張八仙桌，以東邊為尊。席次的安排有兩種。一種是東邊桌子上方的左首為首席，右首為二席；西邊桌子上的左首為三席，右首為四席，其餘依次而坐。另一種是東邊桌子上的左首為首席，西邊桌子上的左首為二席，東邊桌子上的右首為三席，西邊桌子上的右首為四席。其餘依次而坐。如果正房裡放置三張八仙桌，則以中間的一桌為尊，席次安排與只擺放一張桌子時相同。

主人家準備的飯菜講究充足，待客之後，剩下很多，才算榮譽。否則，就「掉底」了，認為是很丟人的事情。宴客的流程，先酒後飯，先菜後湯。上菜的順序是先涼後熱，口味上先重後輕。

宴席開始前，主人主動引領客人入座。雖然尊者該坐首席，但也要再三推辭，以示知禮。宴席開始，主人不動筷，客人不能先動，否則被視為「貪吃」、「沒有成色」。河南人豪爽，飲酒必勸，講求氣氛熱烈，待客時若是不讓客人喝醉（河南方言「撂倒」）幾個，就表現不出主人家的盛情與體面。不但勸酒，還要勸飯、勸菜。吃飯時，主人會殷勤地為客人拿饃端飯，客人接過要表示謝意，還要在口頭上表示「太多了、吃不完」之意。若主人遞過來的是饅頭，客人一定不要接過便咬，要先把饅頭掰成兩半，一半交還給主人，一半自己吃，否則會被人譏笑為「窮」、「饞」、「餓相」。宴席中，主人還會一邊不停地招呼客人「叨、叨、叨」（河南方言，意為讓客人夾菜），一邊親自下箸把菜夾到客人碗中，更有甚者，主人趁客人不注意把整碗飯菜一股腦兒地全都倒入客人碗中。

宴席中，陪客的人如無急事，一般不要中途離席。坐首席的人沒有放下筷子，其他的客人也不能退席。如果有些客人吃飽了閒坐無事，主人家的待客之人要及時送上香菸或茶水之類，供客人消遣。

飯後，主人還要再次殷勤地送上香菸和茶。稍歇片刻，客人就要起

禮俗風華：河南的人文風情與歲時習俗

身說些「打擾」、「麻煩」之類的客套話，準備告辭，不可做長時間的逗留。主人看到客人要走，也不能當即就道再見，一定要再三挽留。若留不住後，才向客人道別，說些「飯菜不好」、「招待不周」、「以後常來」之類的客套話，遠送至交通道路上，看客人離去後方回。

為什麼生女兒稱「棗花」

在河南，有人家生了孩子，就會有人問：「生個啥？」主人家回答：「棗花子！」問者一聽便知是女孩。不明的人卻丈二和尚摸不著頭緒。要想清楚了解這其中的來龍去脈，還得從河南的另一鄉俗說起。

河南人的傳統：拜訪親戚、拜年少不了禮品。除了日常的果子、紅糖、點心之外，在傳統時期，有一樣禮品必帶，這就是棗花饃。「棗花饃」是用白麵做成的。先做一個圓餅當底，再把麵糰揉搓成條，盤繞成一朵朵的盤花，每個盤花花蕊處放入一顆紅棗，入籠屜蒸熟，這就做成了最簡單的棗花饃。除此之外，「花」的種類還有很多，如二龍戲珠、鳳戲牡丹、年年有餘等民間傳統吉祥圖案。有的竟然能把花做成好多重，更為生動、壯觀。就棗花體形而言，可大可小，小者兩三斤，多者三四十斤！走親戚時需要找人幫忙抬著。棗花饃的數目有多有少，通常是一個大的足夠，但也有些地區送一個大的和數個小的。

至於棗花饃的歸宿，有兩種：一種是娘家把棗花饃留下，送多個棗花饃的，娘家只留大的，小的作為「回禮」；另一種是只看不留，待在娘家吃完飯，眾人品評過之後，小兩口再把棗花饃搬回自家。因此，許多地方出現互借棗花饃的情形。一個花饃，你家用完我家用，反正只是被看看而已，又不被留下，借來的省時、省力。

正因為女兒、女婿拜年必送棗花饃，當地人省掉一個「饃」字，簡稱為「棗花」，所以，「棗花」就常被作為「女兒」的代稱了。

八月十五祭月吃餅與拜扁擔吃餅

農曆八月十五是中秋節。家家戶戶拜訪親戚，送月餅，一派喜慶、祥和的景象。但在河南很多農村地區卻有兩種餅。一種是「月餅」，即祭月的餅，就是我們通常所見的月餅。這種餅既可以用來祭月，也可以用來作為走親戚的禮品。另一種餅叫「團圓餅」、「大月餅」、「月餅饃」，是用白麵粉做的，分量很大，裡面包有紅棗或紅糖。中秋當晚，不管吃不吃月餅，這個團圓餅是一定要吃的。城市裡和富裕些的農村地區一般就只吃月餅了。

河南的蒙人後裔也會在中秋相互慶賀，但卻有完全不同的內容。他們八月十五雖然也食用月餅，但卻不拜月，而是拜扁擔。這其中還有個久遠的故事。相傳，鐵木真當年身著漢服，在洛陽郊區遊玩，突遇暴雨，情急之下，趕往一座茅屋避雨。茅屋裡住著父女二人，因他身著漢服，就對他熱情相迎，閒話家常。正聊得開心，突聽屋外吵吵嚷嚷，原來是一個韃靼貴族派人搶親來了。鐵木真上前勸說未果，雙方交起手來。轉眼之間，搶親的人被鐵木真打得落荒而逃。父女二人感激不盡，並言辭激烈地痛罵韃靼人的罪行。鐵木真此時直言相告，自己也是韃靼人。父女二人驚愕不已。

第二天，鐵木真離開茅屋，送老漢一些銀兩，並說有事可以去洛陽城中找他。時隔數日，一大早，下人送給鐵木真一包圓麵餅，說是一個老人送來的，要他一定吃。鐵木真掰開麵餅，見裡面有張字條，上書：

禮俗風華：河南的人文風情與歲時習俗

「速帶家眷出西門。」鐵木真趕緊招呼妻兒換上漢人的衣服，急匆匆趕往西門。走到半路，突然被一群漢人團團圍住，情勢危急之下，一位老人掂了個油木扁擔跑過來，大聲喊：「這是我家兄弟，自己人。」那群人認識老人，就把鐵木真一家放行了。這位老人就是茅屋裡的老漢。

鐵木真逃出後，一直珍藏著那把油木扁擔。每逢八月十五，漢人都拜月，鐵木真就率領全家拜那根扁擔，並要吃圓餅以示紀念。生活在河南地區的鐵木真的後人多年來也一直沿襲此俗。

頗具教育意義的「六月送羊」

「六月送羊」指的是每年陰曆六月，舅舅「送羊」給外甥的風俗，尤其在豫北地區較為興盛。

「送羊」的習俗來源於一個有趣的傳說。傳說有一對夫婦老年得子，對孩子百依百順，溺愛有加，但孩子長大後，十分不孝。爹娘只得把他送到舅舅家暫住。舅舅是個羊倌，就帶著孩子上山放羊。六月天似流火，酷熱難耐，二人便找了棵大樹，坐下乘涼。樹叢中「撲稜撲稜」的響聲吸引了外甥的注意，他起身仔細觀看，見到一隻隻的小烏鴉不停地從窩巢飛向炙熱的天空，又從熱浪襲人的外面飛進窩巢，便好奇地問舅舅：「天氣這麼熱，小老鴰（河南方言，指烏鴉）飛來飛去，難道就不怕熱嗎？」舅舅嘿嘿一笑，嘆口氣道：「怎麼能不怕熱啊！熱也沒辦法啊！老老鴰在孵出小老鴰後的 45 天，累得筋疲力盡，羽毛絕大多數褪光了，這時候就得靠小老鴰餵食了。要不，老老鴰就得活活餓死！小老鴰飛進飛出，是在為老老鴰覓食呢！這就是『烏鴉反哺』啊！」外甥聽後，默不作聲。

下午時分，外甥忽然看到一隻小羊羔向一隻母羊跑去，就好奇地湊上前去。只見，小羊羔先是前腿跪地，然後銜住母羊的奶頭咕咚咕咚吃起奶來。外甥就跑去問舅舅：「小羊那麼小，一直跪著吃奶，難道牠不會累嗎？」舅舅和藹地看著外甥說：「怎麼能不累呢！牠知道是母親把牠餵養長大的，牠跪著吃奶，是在感激母親的養育之恩哪！這就是『羔羊跪乳』啊！」外甥聽後，想想自己，非常慚愧，不禁失聲而泣。舅舅慈愛地說：「快別哭了，知錯能改就好，快回家吧，你爹娘很是惦記你呢！」為了讓外甥銘記此事，舅舅送外甥一隻羊羔讓他帶回家去。從此，外甥一改常態，對父母百般孝敬。舅舅也為了讓外甥永遠不忘此事，每年六月都要送隻羊羔給外甥。母親為感謝孩子舅舅的教育之恩，每年麥收過後，便扛了新麥麵做成的白饃，前往娘家道謝。天下其他做舅舅的人也都紛紛仿效，有的自外甥出生便「送羊」，希望外甥從小就懂得孝敬父母的道理。而且，只要舅舅、舅媽健在，不管外甥有多大，每年都會送「羊」。天下其他做母親的人也同樣在麥收過後，偕同丈夫，帶上兒女，回娘家探望兄弟父母，為他們送上白麵饅頭，這就是風行中原的「行麥禮」。

　　但並不是家家都有經濟實力送羊羔的，隨著時間的流逝，羊逐漸被麵粉蒸的麵羊所代替。所以，我們常說的「送羊」，便是指的用麵蒸製而成的形似「羊」的「麵羊饃」。數量一般為24個，大羊、中羊、小羊各8個。大羊呈站立的姿勢，約五公斤。中羊略小，為臥姿，背部各馱一隻小羊。後來，羊的數量和體積越來越小，具備一定的表徵意義即可。而且，人們除了送「羊」之外，還增加了麵製的飛禽走獸、花鳥蟲魚等。久而久之，成就了很多「做羊」的能工巧匠，他們創製了一整套的控制麵性、火候、雕刻塑形的操作工藝，使饅頭發展成為一種可觀、可賞、可品、可食的藝術品，形成了特殊的飲食禮俗。

禮俗風華：河南的人文風情與歲時習俗

拴個「娃娃」求子嗣

　　古代社會禮制苛刻，女子婚後多年不育，會面臨強大的社會輿論壓力。再加上醫療技術不發達，求醫無門，只好求神。這種習俗在河南的某些地區一直延續至今。

　　民間講的「拴娃娃」主要在廟會時節進行。最為突出的是淮陽縣的太昊陵廟會和嵩山的中嶽古廟會。

　　太昊陵又稱「太昊伏羲陵」，在淮陽城北一公里處。每年農曆二月初二至三月初三，這裡都要舉行祭祀人祖伏羲的大型廟會，數以百萬計的群眾從四面八方趕來祭祀。在虔誠朝拜的隆重活動中，求子和還願是其中的重要內容。在1940、1950年代以前，太昊陵內有人祖奶奶廟、人祖姑姑廟、女媧廟等多個供人拴娃娃的地方。在這些廟裡的塑像前放置了許多泥塑及木製、布縫或陶製的娃娃，有男有女，形象各異。求子之人事先準備好一條約一公尺的紅繩，套中中意的泥娃娃或瓷娃娃的脖子，向神仙進香，並告知自己來自何方，年齡幾何，求男還是求女，並請神仙作證，若三年之內如願，將會準備何禮來此還願等。然後，就給主持的道士一些布施，請道士為孩子取名。道士於是高聲唱和孩子姓名，如「保安」、「拴柱」、「留柱」、「來貴」、「全喜」、「拴寶」、「拴孩」、「拴保」等吉祥字語。道士把求子者選中的「娃娃」交給本人，令其揣在懷中，就算是拴定了。求子者得到娃娃，轉身返家，一路上不許回頭，並默唸著道士替孩子取好的名字，民間認為這樣就可以如願得子了。

　　中嶽廟在河南省登封市，每年春季農曆三月初十和秋季農曆十月初十在這裡舉行古廟會，各為期10天。在會期熙熙攘攘的人群中，總有一些白髮蒼蒼的老太太頗為引人注目。她們的肩上和手提的籃子裡搭滿一

縷縷的紅線繩，時而會有一些青年婦女向她們購買，並迅速塞進腰間，很快隱入人群。這就是當地流行的「拴娃娃」的習俗。凡是婚後不育的婦女大都要在廟會中參加此類活動。先要去討根紅繩，然後至中嶽廟後院的崇聖門周圍和寢殿裡。這裡面供奉著嵩嶽大帝和嵩嶽娘娘，神像前擺放著很多娃娃偶像，有男有女。求子者在二位神仙的塑像前燃香叩頭，說明想要男孩還是女孩，然後把紅繩遞給主持的道士。道士會把紅繩繫在娃娃的脖子上，繫成蝴蝶結形狀，非常漂亮。如果求子者想要雙胞胎，道士就會遵照求子者的願望，把兩個娃娃背靠背拴在一起。求子者布施後接過娃娃，回到家中，放在床頭上或葦蓆下。如果如願以償，她們在孩子週歲時會備重禮到中嶽廟向嵩嶽大帝和嵩嶽娘娘還願，作為報答。

初生兒的禮服：「舊衣襟」和「迷魂衫」

十月懷胎，一朝分娩。初生兒的第一件衣服卻不是新衣，而是初生兒奶奶的舊衣。在河南一些地區流傳著俗語「布衫襟，包孫孫」，講的就是這種習俗，指的是用奶奶的舊布衫（河南方言，大襟上衣）的衣襟包裹剛出生的孩子。這裡面有幾層意思：一是奶奶的衣襟象徵著奶奶的懷抱，溫暖、祥和，用奶奶的衣襟把孩子包結實了，孩子容易成人；二是古代社會常常為兒子迎娶大妻，所謂「十八歲媳婦七歲郎」，目的是讓媳婦進門之後幫忙務農。因此，夫婦中往往女子較年長。而且，女子又通常比男子的壽命長。所以，用奶奶的舊衣就比爺爺的舊衣多些「法力」，更能保護孩子。從實際用途來講，古代女子的衣襟較長，所以包孩子更為方便，況且，古代衛生條件較差，用舊衣服包才更合適。

禮俗風華：河南的人文風情與歲時習俗

　　孩子被包住之後，奶奶就開始忙碌起來，為初生的孫兒趕製新衣。為什麼新衣不能事先做好，非要等到孩子出生後趕製呢？這是因為在河南民間，人們死後穿的壽衣都是事先做好的，避免親人過世後，家裡手忙腳亂，讓其穿戴不齊就離開人間。此所謂「衣裳等人」。死人如此，生人便需要反其道而行，也就是要「人等衣裳」，否則，便不吉利。

　　奶奶縫製的孫兒一生中的首件新衣，有個獨特的名字「迷魂衫」。在河南民間，人們信仰送子娘娘，也叫送子奶奶。認為所有的孩子都是送子娘娘「送」的。但是送子娘娘有三個：大娘娘送的孩子健康成人；二娘娘送的孩子體弱多病；三娘娘送的孩子聰明伶俐，可惜會早年夭折。人們還相信，送子娘娘會把各自送的孩子做上記號，尤其三娘娘認真，因為她還會把送出去的孩子再收回來。因而，奶奶要為孫兒做「迷魂衫」，使三娘娘找不到孩子的魂靈，無法領回，也使孩子的魂靈找不到回去的歸路，無法回還。

　　正因為如此，「迷魂衫」在製作上也與普通的衣服大有區別。它的布料一定是紅色，製作時不能用剪刀（民間認為，因為「迷魂衫」是在孩子出生的當日製作，而人的出生之日是「血忌之日」，是不能動刀、剪的），而是用手撕，因而衣邊都是毛茬。因為要趕時間縫製，所以針腳很大。此外，「迷魂衫」沒有領子，釦子用布帶代替。這就大大區別於有領、有袖、有衣身的普通衣服了。所以裹在衣服中的魂靈即使聽到三娘娘的召喚，也橫豎找不到回去的路了。

　　「迷魂衫」不僅縫製特別，飾物也很別緻。是在後頸處縫有寶葫蘆，通常為一摞，三個。選用黃、藍、綠三色或黃、藍、紫三色。三個葫蘆相疊，外側較小，裡側較大。寶葫蘆一般不是當日所做，可以事先縫製。民間傳說遠古洪荒時，人類幾乎滅絕，只留下男女二人，他們鑽入

一個大葫蘆中才倖免於難。後來，二人婚配，才有今天的人類。因而認為葫蘆是人類的保護神。這也是在初生兒衣服上縫製寶葫蘆的原因，表達了親人對新生命的期盼與美好祝願。

生孩子的報喜禮

　　生兒育女是人生的一大喜事。在中原地區，只要是生第一胎，無論是男孩還是女孩，都要向孩子的外婆家報喜。第二胎如果與第一胎性別不同，也同樣要報喜。其餘則沒有嚴格的要求。

　　報喜的差事一般由孩子的父親身體力行。名為報喜，總要有些代表物，這就是報喜的禮品。受傳統思想的影響，報喜的禮儀有尊卑之分。古人把生男孩子稱為「弄璋」之喜，表示尊貴；把生女孩子稱為「弄瓦」之喜，表示卑順。直到現在，在農村地區還有大、小喜之分。民間稱生男孩為「大喜」，稱生女孩為「小喜」。報喜的禮品也因而有異。

　　在開封地區，報喜時一定會帶上染成紅色的雞蛋，俗稱「紅喜蛋」。做法有兩種：一種是先把雞蛋煮熟，在蛋殼上塗上紅顏色。另一種是把煮熟的雞蛋剝去外殼，把蛋清染成紅色。顏料多為食用色素，因而不影響食用。如果生的是男孩子，雞蛋要送雙數，寓意為孩子長大後找個好媳婦，日後與媳婦出入成雙，花好月圓。數量上一般選用6枚或8枚，並用墨或鍋底灰在雞蛋上塗一個黑點，表示「大喜」。如果生的是女孩子，雞蛋要送單數，寓意為將來好嫁出去。數量上一般選用5枚或7枚，不塗黑點，表示「小喜」。紅喜蛋被送到外婆家，一眼便知是男是女。外婆接到喜訊，招待完孩子的父親後，還要親自烙一張餅讓女婿帶回，不是為了讓女婿食用，而是為了讓女婿在回去的路上把餅撕碎扔給狗吃，

到家門前拋淨。民間迷信,認為這樣就可以讓狗替孩子去咬災,日後小鬼就不會來找麻煩,孩子可以平安、順利長大成人。

開封紅雞蛋俗話說:「十里不同風,百里不同俗。」在河南的其他地方還存在著很多種其他的報喜形式和象徵物。

就拿報喜送蛋來講,安陽地區也送,但不染紅。數量上也是生男孩送雙數,生女孩送單數。但生男孩時送的雞蛋並不塗黑點。而且,外婆也不用送烙餅給孩子的父親。

而同樣在豫東地區,杞縣的風俗又有很大的不同。孩子落地三天內,孩子的父親要到孩子的外婆家報喜。報喜時帶的竟是麵條。生男孩送寬麵條,生女孩送窄麵條。孩子的外婆收到麵條後,會煮熟,替鄰里、親友各送去一碗,形成通知的作用。但商丘地區卻是送糕點,生男孩子送兩封糕點,生女孩子送一封糕點。

豫西地區的澠池等地,報喜時要送糧食。生女孩送小米,生男孩送綠豆。

豫南地區的駐馬店等地,報喜時送活雞。生男孩送公雞,生女孩送母雞。

豫北地區的沁陽市等地,在嬰兒出生後的第二天就要報喜。生男孩送燒餅,生女孩送麻糖。也有的地方生男生女都送燒餅,不同的是,生男孩子時送的燒餅上打紅點,生女孩子時送的燒餅上打花點。孩子的外婆在收到報喜禮後,還要挑選一些雞蛋,用事先準備好的尿布包了,讓女婿帶回去,算是回禮。而修武縣地區,則是在嬰兒出生後的第三日報喜,報喜禮送的是麻糖。生男孩時,送的麻糖大,中間起稜;生女孩時送的麻糖小,中間有縫。孩子的外婆接到報喜禮,分送給鄰里、親友,以作通知。並準備好芝麻、雞蛋、童子衣服送給女婿,作為回禮。林州

市地區的報喜禮最為隆重熱鬧。多抬酒牽羊，羊脖子裡掛著銅鈴，羊身上披著紅綢，喜氣洋洋。還專門準備書寫好的「報喜帖」，放在紅木匣子裡，裝入錢褡，讓一個童子背著去報喜。生男孩用左肩背，生女孩用右肩背，途中不得換肩。孩子的外婆家要用油餅、白饃熱情招待童子。飯後，童子留下喜帖，外婆贈予喜錢，即可回還。

總之，報喜禮雖有千種，都為一個「喜」字，包含著純樸的鄉民千百年來對新生命的無限祈禱與祝福！

河南育兒禮俗中的神祕數字

古代社會醫療條件差，嬰兒夭折的比例較大。因而從出生到週歲的孩子受到特別關注，在這個特殊時期，先民們創造了種種習俗與禁忌，以保嬰孩平安、吉祥。民間傳統的吉祥數字與忌諱數字便與這些習俗與禁忌有了不解之緣。

比較突出的是「三」。

「三」在中華民俗文化中是一個神祕的吉祥數字。不僅「三」，連它的倍數「六」、「九」，也是傳統的吉數。民間認為，「三」為吉祥數字之基數，是一個小圓，也就是一個小循環。所謂「天道小成」，就是指此而言。所以，嬰兒出生後的第一個「三」便是一個吉日。

在河南民間，廣泛流行著看「三」的習俗。指的是在孩子出生後第三日，孩子外婆家的親人要帶著禮品（往往是米麵、紅糖、雞蛋等物）來探望女兒和孩子，以示關心、疼愛、祝福之意。

外婆家去看「三」，主人家還要洗「三」。所謂洗「三」，也叫「過三

朝」。就是替嬰孩洗澡。有一種草，河南人稱為艾蒿、艾、艾草，其莖葉有香氣。民間認為，艾草能去毒氣。所以，就用艾草的枝葉熬煮湯水，為嬰孩洗澡。既有消毒的作用，又有對孩子的美好祝福。不僅如此，在豫南的光山縣一帶，還會在盛放艾水的洗澡盆中放十枚硬幣，寓意為「十全十美」。洗澡的時候，孩子的奶奶還要用一顆煮熟的雞蛋在嬰孩身上從頭到腳地滾動，邊洗邊滾，邊滾邊唱：「滾滾頭，一生不用愁。滾滾手，富貴年年有。滾滾腳，長大能登科。」洗完澡，給孩子穿上新衣。燒香擺供，答謝「送子娘娘」。

嬌貴的男孩子還要進行祝「三」活動。用剪刀剪一綹父親的頭髮、一綹母親的頭髮、一綹嬰孩的胎髮，用碎布包裹，縫成長條狀，圍繞在嬰孩的脖子裡，縫好接頭即可。河南方言稱為「格拉圈兒」。「格拉圈兒」來自三人，共三綹頭髮，在第三天縫好戴上，代表大吉大利。據說這樣孩子就可以順利長大成人。「格拉圈兒」自為孩子戴上起，以後每年在孩子生日那天都要在父母、孩子頭上各剪一綹頭髮縫入。直到孩子 12 歲時才能去除不戴。也有些地區，1970、1980 年代以前用高壽老人的褲腰帶做「格拉圈兒」。當時，農村地區老人的腰帶多是一根或黑或藍的布帶，從上面撕掉一綹，做出一個圓環，戴在嬰孩脖子上。民間認為，高壽老人「道行」高，用他的腰帶做成的「格拉圈兒」可保佑嬰孩幸福、長壽！

這一天，產婦家裡還要在中午設宴，款待族中長者和接生婆，以表謝意。宴席中少不了「喜麵條」。因為麵條長，象徵著孩子成人，長命富貴。

自此日之後，街坊鄰居、親朋好友就可以陸續前往探望了。探望時一定要為孩子準備「見面禮」。民間認為，生人眼惡，擔心小孩子魂魄不全，被生人嚇掉了魂。因此，去探望的人都要準備些錢財以替人消災。

「百家衣」、「百家飯」、「百家鎖」

百，在傳統文化中有多、完整、圓滿之意。孩子出生後一百天，也是個值得慶賀的日子。俗稱「做百歲」、「過百天」。「過百天」一般在自己家裡慶賀，大請親友者不多。豫南地區風俗是包一百個元寶模樣的餃子，全家食用，是對嬰兒前程的祝福，希望他將來大富大貴。嬌貴的孩子還要穿「百家衣」、吃「百家飯」、戴「百家鎖」。

鄭州百家鎖「百家衣」是一種傳統的嬰兒服。是由許多碎布片拼貼縫製而成。碎布不能全部取自自家，而是由孩子的爺爺、奶奶向街坊四鄰、親朋好友等一百戶人家裡討來的。特別是那些劉姓、陳姓、程姓的人家最受「喜」家青睞。因為「劉」與「留」諧音，「陳」與「沉」諧音，「程」與「成」諧音，都有保佑孩子健康成長之意。至於布片的大小、花色、質地、新舊，則沒有太多的講究，只是大多數「喜」家更喜歡帶藍顏色的布片，因為，「藍」與「攔」諧音，有攔住孩子，不讓妖魔鬼怪收走之意。縫製「百家衣」也很有講究，如在布紋的走向、拼圖等方面，都有約定俗成的規矩。而且，「百家衣」不能在胸前開口，要做成偏開衩的大襟衫，俗稱「道袍衫」。衣服還不能完全縫好，要在底襟處留個口子，俗稱「藏魂處」，把孩子的靈魂留在裡面。

民間為保佑嬰孩健康成長，除穿「百家衣」外，還要吃「百家飯」。往往是比較嬌貴的孩子，由爺爺抱著，裝成乞丐的模樣，挨家挨戶乞討，以一百家為宜。回到家中，再把討回的饃、菜、米燴在一起，煮給孩子吃。據說，這樣孩子就可以得到百家的庇護，免災消難。吃過「百家飯」後，孩子的奶奶也不閒著。要蒸一百個銅錢大小的饃饃，到村莊或街道上，散發給一百個孩子吃，此謂「嚼災」。保佑自家的嬰孩平安、健康。

禮俗風華：河南的人文風情與歲時習俗

在豫北地區,「過百天」的「喜」家還喜歡用麵粉炸製「焦花」分贈四鄰親友,並同時向收「焦花」的人家討錢。討一百家後,把這些錢湊在一起,為嬰孩打製或金、或銀、或鍍銀的「寶鎖」,鎖上鐫刻「百家寶鎖」和「長命富貴」的字樣,把它掛在嬰孩脖項間以祝福孩子。

河南婚俗面面觀之一:「婚前禮」

男婚女嫁,自古人生大事。數千年的淵源流變,造就了煩瑣、熱鬧的婚俗禮儀。

河南的婚俗禮儀按時間順序大致分為三個階段:婚前禮、婚日禮和婚後禮。

所謂婚前禮,顧名思義,就是舉行婚禮之日以前的禮儀規制。一般包括提親、合婚、訂婚、下聘、送好等環節。

提親,俗稱「說媒」、「提媒」、「說親」、「說媳婦」、「說婆家」等。在民間通常由媒人擔當此任。或者媒人自己主動說合併不相識的兩家;或者一方有意請媒人促成好事;或者雙方皆有意,請個媒人走走過場。無論如何,媒人的角色是不容忽視的。

民間擇偶,講究門當戶對。因而,媒人在說合時要充分權衡雙方的家庭條件、家庭地位、相貌、長相、年齡等,以提高成功率。此外,還有些其他的禁忌,如有些地區講究潘姓與楊姓不通婚,這顯然是受宋代潘、楊之爭的影響。還有些地區,馬姓、牛姓、楊姓、朱姓等人家還忌諱與翟姓、單姓、沙姓通婚。馬、牛、楊、朱很容易使人聯想起馬、牛、羊、豬四種家畜,而翟、單、沙又讓人想起宰、騙、殺這些危及家

畜安全的詞彙。

合婚，又稱「合八字」、「合命」、「合年命」。古代民間以干支記錄人出生的年、月、日、時，正好是八個字，俗稱「八字」。「合八字」就是請算命先生看看兩人的「八字」和屬相是否犯沖，如果相犯，那婚事是萬萬行不通的。

訂婚。如果雙方門當戶對，八字相合，便可擇一良辰吉日，將婚事確定下來。古時婚姻沒有法律保障。一旦雙方同意聯姻，為慎重起見，便要書帖為證，並互相交換保存。因此，訂婚又有俗稱「換帖」。帖子一定要用紅色，但換帖的方式卻種類繁多，依地域而異。豫東地區一般由媒人寫「允福」帖分送雙方。雙方同意後，再分別送給雙方「允書」帖。也有雙方家長跳過媒人直接互送帖子的。

「允帖」送妥後，男方準備「龍帖」，為燙金大紅禮帖，印有金龍，上書一些客套話、雙方三代家人的名諱、官職、年庚及媒人名姓，註明年、月、日。女方準備「鳳帖」，上印綵鳳，其餘同「龍帖」。雙方選擇吉日，交換雙帖，俗稱「換龍鳳帖」。換時，男方還要送給女方鐲子一對、耳環一對、頭飾一束、毛巾一條，此謂「定禮」。女方回送筆墨紙硯等物。雙方的聯姻關係就算是確定了下來。訂婚這天，男方還要設宴款待媒人和親家，俗稱「待媒人」。

以上所述是比較傳統的做法，現代訂婚儀式往往要簡單些。有的地方，雙方家長商議直接「換龍鳳帖」。有的地方甚至連「換帖」也取消了，直接送「定禮」，即算訂婚。

禮俗風華：河南的人文風情與歲時習俗

河南婚俗面面觀之二：「婚日禮」

婚日禮，即婚禮，又稱「完親」、「搬親」、「辦（喜）事」、「娶媳婦」、「嫁閨女」、「打發閨女」、「閨女出門」等。包括添箱、送賀、暖房、下禮、開臉、抬嫁妝、迎娶、拜堂、入洞房、宴客、鬧房、聽房等。

添箱是就女方家而言的。箱為女子出嫁盛裝嫁妝之物。臨近婚期，女方家的四鄰親友置辦禮品送來。該禮品往往被充做嫁妝，裝入箱中，因而名「添箱」。送禮的人越多，顯示主家的人緣越好，威信越高，婚事就越熱鬧，這是莫大的榮耀。

送賀是就男方家而言的。指男方的親朋友鄰置辦禮品相送，慶賀男子娶妻的一種禮俗，又叫「送人情」、「行人情」等。送禮者的多少也直接標誌著主家的人緣及社會地位。

暖房俗稱「壓床」。婚禮前的晚上，男方家要帶人布置新房，尤其要鋪好新床。新床也頗有講究，床不離七（妻）。一般長五尺七，寬三尺七，高一尺七。床上的被褥要由兒女、夫婦、雙親都健在的「全福人」縫製。孕婦和寡婦嚴禁參與。被褥內還要縫入紅棗、核桃甚至磚塊（因「磚」與「官」音相近）等物。鋪床也很有講究。光山、許昌等地，要請長輩女子鋪床，還要邊鋪邊唱「鋪床歌」，並向看熱鬧的眾人散發花生、糖果等。在豫南地區，床鋪好後，還要在床的四角放四顆雞蛋或四根紅蘿蔔，再在新房門口掛上一塊肉以壓惡關邪。當天夜裡，新郎家要擇請新郎年幼的弟弟或年幼的姪子陪伴他睡在新床上，俗稱「壓床」。如果當晚小孩子在床上灑上一泡尿則更好，因為這預示著新郎、新娘很快會生個男孩。

下禮的內容差別很大，這裡僅舉例說明。常見的是，婚禮當日，男

方準備好四乾四溼、八樣果子、一大塊肉、一副喜帖、米麵、棉花、鹽、錢、新娘衣服、首飾、日常化妝品、紅蓋頭等物品。四乾，指粉皮、細粉、豆干、山藥；四溼，指藕、芹菜、菠菜、蒜苗；肉，選用豬肋條肉；米麵，寓意為米麵夫妻，與棉花一起，寓意為豐衣足食；鹽，寓意為言和意恰，有緣分；錢，寓意為進錢發家。盛放這些物品的盛具頂部還要放置一把笤帚、一塊磚大的曲、一隻公雞。笤帚和公雞，取其關邪之意；曲，取其發家之意。男方家送給新娘子的衣服首飾要盡量齊備，寓意為馬上就是婆家人了，不戴娘家的一針一線。女方收到禮品後，除笤帚和公雞外，全部收下。但曲只能收半塊，由新娘的嫂子在門檻上把整塊曲一摔為二，取半塊回送給男方家，取共同發家之意。

女方家的回禮除了這半塊曲，在沁陽地區還包括米麵、食鹽、柏枝、絨花、艾、大蔥、炭等，均取雙數，用紅紙、紅線纏裹好。米麵和食鹽無須多言。柏枝，寓意為婚姻常青；絨花，寓意為榮華富貴；艾，寓意為夫妻恩愛；蔥，寓意為聰明伶俐；炭，取烏木檀香之意。而在豫東地區則回送曲、兩個細瓷碗、兩個酒杯、一雙筷子、兩棵艾、兩小劑麵條、兩摞喜餅、餃子（數量與新娘年齡同）、一隻母雞。酒杯裡要倒點蜜，再滴幾滴香油，俗稱「蜜調油」。寓意為小兩口的日子又香又甜。而且，女方回禮的母雞和男方下禮的公雞都不能自家食用，只能賣掉，賣得的錢也只能用來買食鹽，而不能挪作他用。因「鹽」即「緣」，買「鹽」即添「緣」，祝福小兩口感情篤厚、白頭偕老。

開臉迎親的隊伍到來之前，新娘子要梳妝打扮一新。舊時有「絞臉」的風俗，就是用一根細棉線縮成活襻，一頭用手拉緊，另一頭放在嘴裡咬住，在新娘子的臉上利用線的開合來回搓滾，拔去她臉上和脖子上的汗毛和茸毛，俗稱「開臉」。民間認為，女子只有開臉後才真正算得上

是成年人。裝扮好的新娘子著紅衫、紅襖、紅褲、紅裙,腳上卻要蹬綠鞋。因為河南方言中的「綠」與「祿」同音,著綠色也是一種祝福。

抬嫁妝嫁妝,也就是新娘子的陪嫁。陪嫁內容也不一,依地區而異。一般為家具、被褥、衣物、妝奩、居家細物等。陪嫁有多有少,依經濟條件而異。但有幾件東西必須要有。一是蓮盆。實際上是將刺繡的蓮花、蓮蓬、蓮藕的圖案放在洗臉盆內,寓意為連(蓮)生貴子,祈祝多子之意。繡球也是必不可少之物,上配兩個或四個銅錢,象徵雙喜臨門或事事(四四)如意。繡球用紅線繫住,懸掛起來,寓意為「千里姻緣一線牽」,說明二人婚配是天作之合。還要有一些繡有「魚拱蓮」圖案的小飾品,寓意為「連(蓮)年有餘(魚)」,也暗含男女媾和之美意。嫁妝準備好後,在婚日前一天或當天由新郎家來人抬走,或由女方家派人抬送至男方家,稱「抬嫁妝」,又叫送嫁妝、娶嫁妝、搬嫁妝、過嫁妝等。

迎娶即迎娶新人,通常由新郎親自去女方家中娶走新娘。迎娶前一天要「祀先」,即祭祀祖先,告訴祖宗先人,家中將要添人進口,請先人保佑喜事順遂,吉祥如意。迎娶當日一大早,貼好喜聯,抬上禮品,禮炮三響過後,即可吹吹打打起程。整個迎娶過程有一個總指揮,各地稱呼不一。豫東地區喚「大總」,杞縣地區喚「執客」,鄭州地區俗稱「懂家」,還有的地方稱「夾氈兒」,城市裡一般稱「司儀」。迎娶的隊伍到達女方家,不但無人迎接,而且大門緊閉,由專人把守,再三為難新郎後才能通過。在有些地方,新郎好容易進入大門,裡面的屋門又緊閉,還要一番折騰。俗稱「熬性子」、「煞性子」。順利進屋後,新娘的弟弟或姪子端來洗臉水請新郎淨面,然後新郎要向新娘家的祖宗牌位行禮。禮畢,即可開宴。

宴席上有個特殊的規矩,迎娶的人會想方設法從席間「偷」些小東

西，如酒杯、茶盞、筷子等。俗稱「偷富貴」。事實上，「偷」去的東西等新娘子回門時還是要如數歸還的。宴畢，在總指揮導演下的迎親樂隊的再三催促下，新娘子穿戴整齊，同新郎一起拜別雙親，摔曲磚，抓富貴，揣寶鏡，抱花瓶，蓋蓋頭，即刻出嫁。此時的新娘不是笑顏展開，而是哭哭啼啼，此謂「哭嫁」。「哭嫁」之俗，民間認為關邪，以哭代喜，矇混邪魔。同時，也表達了新娘別母離親的悽楚情懷。新娘的舅、伯、叔、哥（南陽地區是新娘的爺、伯、哥）前往送行，人稱送客、送女客。

很多地方還有「壓轎孩」的風俗。就是選擇一個新娘的年幼姪子，和新娘一起坐在轎內，今天往往是一同坐在轎車內。迎娶的隊伍一路上要受到很多的「阻撓」，俗稱「擋喜」。橫跨道路擺一條長板凳，上邊放兩封果子，稱「下馬果子」。今天大都放幾包香菸。迎娶的隊伍遇到這種情況就要停下來，放鞭炮，撒喜糖，餽贈路人。隊伍至男方家門外，只見一名男子左手用火鉗夾住燒紅的犁鏵，右手端一碗醋潑向犁鏵，這就是「打醋罈」、「打醋丹」，為了闢邪。而後，便由新郎的家人或者新郎本人把新娘從轎子裡或轎車裡請下來，接著，有人向新娘撒穀稈草、麥麩、黑豆、紅棗、散錢等，稱「撒穀豆」、「撒蓋頭」、「撒喜錢」等。舊時，新人跨過「馬鞍」（俗稱「騎鞍」，寓意為避危就安）進入正堂，就可以拜堂了。當今簡便些，新人往往直接到正堂拜堂。

拜堂新人到達院中舉行「拜堂」儀式。在正屋門前擺放有天地桌，天地桌上放的東西很有講究。一般是裝滿糧食的斗尺子、鏡子、秤、錢燈、香等，也有些地區還放有萬年曆（用紅布包好）、紅棗、花生、大蔥、錢、等。這些東西不是隨便放的，是有不同的寓意的。

入洞房新人入洞房後的第一件事就是拜床神。二人在床前並排跪下，叩頭拜神，床神受拜，就會保佑新人的安全。拜過後，二人並肩坐

在床沿上，俗稱「坐帳」。接下來，就有兒女雙全之人向新人身上、身後撒糖果、紅棗、散錢等，邊撒邊唱，這就是「撒帳」。禮畢，新郎迴避，請新娘更衣，此時就有孩童前來搶新娘的鞋子，因為裡面有「壓腳錢」，據說得到這些錢或者鞋子便可以得到福氣。接下來要為新娘整理頭飾，重新梳妝，即「上頭」。上頭畢，新郎的妹妹端來一盆放有兩顆紅棗、一些硬幣的清水請新娘洗臉。洗畢，會有人端來「子孫湯」請新娘食用。新郎、新娘第一次同桌用飯也是在洞房裡，就在舉行婚禮的當天晚上，並非僅有二人，而是由表兄弟、嫂子等作陪。席間，陪客一定要逗引新人飲下交杯酒，即「合卺」之俗。

宴客　新人入洞房的同時，院子裡在大擺宴席，宴請賓客。婚宴一般不露天進行，要想方設法遮擋起來，且一般男、女不同席。婚宴的貴客是新娘的舅、伯、叔等，席位最尊。女送客在女眷的席次中也位列最尊。宴席酒菜內容，各地不一。都有冷有熱，有葷有素，有湯有飯，七碟子八大碗，力求豐盛排場。

鬧房　喝過交杯酒，鬧房就開始了。「鬧」的對象主要是新娘，具體方法種類繁多，有雅有俗，但只有一個原則，無論被賓客如何戲弄，新娘都不許惱。民間信奉越鬧越發，新婚沒人鬧房，就代表人緣不好，因而更加助長了鬧房之風。

聽房　終於送走了鬧房的人，小兩口還不得安寧，又迎來了聽房的人。在河南地區，聽房有兩種形式：一是一部分鬧房的人賴著不走，和新郎、新娘一起躺在新床上；二是在窗下偷聽新郎、新娘的悄悄話。民間有「人不聽鬼聽」的俗語，認為無人聽房，反而不好。如果實在沒有人聽，主家就把一掃帚戴上人的帽子，披上人的衣服，立在新房的窗下，權作聽房之人。

河南婚俗面面觀之三：「婚後禮」

　　婚後禮，指的是舉行婚禮之後的一段日子裡的禮儀規範，有瞧親、「三天試刀」、開拜、回門等。

　　瞧親婚後的第二天，新娘的伯或叔、舅、姑夫、兄弟到新郎家裡去瞧看新娘，同時給新娘送去餃子、果子等食物，俗稱「瞧親」。瞧親一則表示關切。舊時，十幾歲的女孩子一夜之間到達一個完全陌生的環境之中，羞澀、拘謹、壓抑，甚至恐懼，兼而有之。娘家人及時前來探望，送來食物，展現著獨特的溫馨。二則表示娘家經濟富裕、衣食無缺，為新娘臉上增光，無形中為新娘與婆家人的相處中增加了主動性的籌碼。

　　「三天試刀」婚後第三天黎明，新娘很早就要起床。盥洗、梳妝完畢，先從自己陪嫁的櫃子裡拿出一些點心，由新郎導引，前往拜見公婆並呈上禮品。隨後，新娘便徑入廚房，為大家做一餐麵條。俗稱「喜麵條」。這是新娘第一次顯露自己的廚藝，因此要使出渾身解數，做出又細又長的麵條。忙碌中的新娘並不能得到半點安生，嫂嫂或小姑一直在旁邊搗亂，一會兒在麵粉上撒些小米，一會兒把筷子插在麵片之間，鬧得新娘手忙腳亂，門口還有很多看熱鬧的人群，鬨笑不已。因此，新娘的動作一定要敏捷，速度要快，刀工要好，才能順利做出滿意的喜麵。民間稱為「新娘三天試刀」。做好的喜麵頭份獻給公婆，祝二老福如東海、壽比南山；二份獻給兄嫂，願妯娌和睦；三份獻給新郎，願夫婦情長如絲，白頭偕老。以後再下的麵，由新郎端著分送給族內諸家吃，寓意為一族同喜。

　　開拜早飯後，新郎、新娘在父母的帶領下，拜祭祖宗牌位，祈告祖先。新郎叩頭四個，新娘叩頭一個，等新郎叩完同起。接著，分別給族

內的尊長叩頭,首先拜有兒有女、夫婦雙全之人,按輩分高低依次進行。再拜不具備此條件的尊者,按輩分高低依次進行。同輩之人先拜年長者。受拜的人往往會贈與數量不等的錢幣,這些錢為新娘所有,公婆不得干預。也有的地方在第二日或婚日的下午舉行開拜儀式。

回門是新娘出嫁後第一次回娘家,因為多在婚後的第三天,民間又稱為「三天回門」。回門大多是新郎、新娘回去,也有的地方是娘家派人,如哥、嫂來請,俗稱「請三天兒」。豫西北地區就是這樣。新娘要由哥、嫂接回,再送還,但新郎不能與之同行。新郎獨自在岳父家參加「回門宴」,新娘不能參加,要盡快返回夫家。送回新娘時還要帶花生、紅棗、核桃、喜糖四樣果品,均成雙數。豫西地區由新娘的哥哥和姐夫去接,一人陪新娘先回,一人陪新郎攜酒、肉、糖果等禮品後去,中午宴飲於岳父家。當天下午新郎先回,隨後新娘由父親送回夫家。娘家不請的地區,男家準備交通工具載上新郎、新娘,裝上酒、肉、果子等送其回娘家。岳父家款待回門女婿很是隆重,先請本族或當地有頭臉的人當陪客人於村外迎接,新郎到家洗臉,稍歇息,參拜岳父家的神主後,專門為新郎準備的宴飲就開始了。

宴席之上,女婿是貴客,要坐首席,頭三盤菜由岳父親自上。在河南商丘虞城縣一些地區,還流行席間「偷東西」。為此,岳父家也專門配合,故作不見或離席一時以留下機會,岳母甚至專門還蒸些小饅頭供女婿偷,裝起來方便。據民間傳說,筷子象徵拌草棍,寓意為槽頭興旺,偷走可保牛馬成群。饅頭可餵豬、餵羊,偷走可保豬肥羊壯。在南陽一些地區,女婿回門時,岳父還要給他禮金,稱「開口錢」,因為只有在受錢後才能動筷吃喝。新郎也備有禮金,分贈給廚師及迎來送往幫忙的親友。新郎回還時,岳母還要回贈一些禮物,其中一定要有豇豆、綠豆,

寓意為「長秧蔓蔓，瓜瓞綿延」。

另外，中原一些地區還流行新娘住娘家的習俗。一般新娘回門的當天不能住下，需要回婆家住幾天後，再回娘家住幾天，然後返回婆家長期居住。具體來講，有以下幾種情況：

「住七還八，兩家都發」，即在婆家住七日後，回到娘家再住八天，兩家都可發家，多出現在平頂山市魯山縣等地。

「頭趟四，二趟八，到娘家，娘家發，到婆家，婆家發」，在婆家住四天，回到娘家再住八天，多出現在豫東地區。

「住九還九，兩家都有」，在婆家住九天，由娘家連同新郎一起接走，同樣住九天後再一同回婆家。女婿在岳父家住的這九天裡，白天依然可以回自己家裡或其他地方做事，但晚上必須回岳父家住宿。兩人九天期滿準備離開時，岳父母要贈送花碗兩個，紅筷兩雙，各包有兩粒花生、點上紅點的圓饃兩個，還有四色果品。多出現在豫西北的沁陽市等地。

「住十三，還十三，騾馬成群槽頭拴」，依然流行在沁陽市的某些地區。講求蜜月後在娘家住九天，回婆家住四天，再回娘家住十三天。

其他的還有「來三去九，不做就有」、「來五去八，不做也發」、「來九去十三，騾馬兩頭拴」等，其中的「來」表示在婆家住；「去」表示在娘家住。

洞房遊戲撒喜床

新人入洞房，雙雙安坐「帳」中，這時就會有一位嫂子或大娘前來撒帳。撒帳者手端托盤，盤中鋪有紅紙，紙上放著糖果、紅棗、零錢、

栗子、花生、桂圓，甚至穀稈、黑豆、紅絨線等物。新郎、新娘並坐床邊，撒帳者手抓盤中物品朝床上撒去，邊撒邊唱，看熱鬧的人群隨聲附和，房中歡聲笑語不斷，嬉笑打鬧聲不絕於耳。

撒喜床，也稱撒帳，始自漢代。現代的撒喜床實際上是一個群體遊戲。所有人都是演員，其中撒床者是主角，邊歌邊舞。不僅是一種表達乞子心願的儀式，同時還是一種幽默滑稽的洞房遊戲。民間對撒床者的要求也頗高。首先，要是個兒女雙全的「吉祥人」。其次，要口齒伶俐，頭腦靈活，反應敏捷，懂得察言觀色，隨機應變。最後，要是同宗同族裡面的嫂嫂輩或大娘輩裡的人。被選中的人非常自豪，因而在撒帳時也會很賣力，極力活躍洞房氣氛。

撒床時所唱的撒帳歌沒有固定的曲調和詞條，有些是重複多年的老模式，有些是撒帳者的一時靈感，現場創意。歌詞的內容都以祝福為主，兼有對新人的打趣逗樂。傳統模式的如下面這一首豫北地區的撒帳歌：

用手抓把大紅棗，長壽子孫個個好。
今夜撒在紅羅帳，夫妻白頭同到老。
撒帳東，才子佳人喜相逢。
撒帳西，好似牛郎配織女。
撒帳南，多福多壽多魁元。
撒帳北，喜氣滿門常相隨。
撒帳已完，福壽雙全。
撒帳已畢，萬事如意。

還有自我加工，改革傳統歌曲創作而成的撒帳歌，如下面一首：

張燈結綵賀新郎，鞭炮齊鳴迎新娘。
男女老少同聚會，親友請我撒喜床。
我嘴巴笨說話難，淺賀幾句莫笑談。
……
一撒榮華富貴長，二撒金玉堆滿房。
三撒吉星照洞房，四撒夫婦敬爹娘。
五撒五穀豐登景，六撒大樓蓋六層。
七撒織女找牛郎，八撒八仙過海洋。
九撒財喜雙富貴，十撒國泰民安康。
……
又撒喜，又撒財，觀音送子到府來。
東家甭說奉承你，明年還有喜事來。
俺把洞房都撒全，說得不好多包涵。

喝子孫湯之俗

舊時，經濟落後，生活艱難，再加上男尊女卑觀念的影響，人們對勞動力，尤其是男性勞動力的企盼異常狂熱。新婚禮儀中時時處處、或隱或顯地流露出對子嗣的祈求和渴望。最典型、最直接的一個儀式就是「喝子孫湯」。顧名思義，就是為生子女而喝的湯，蘊含著明顯的傳宗接代之意。

「喝子孫湯」是在婚日當天舉行。新人入洞房，新郎的妹妹端來洗臉水請新娘淨過面以後，就是「喝子孫湯」的儀式。在中原地區，子孫湯的

禮俗風華：河南的人文風情與歲時習俗

種類很多，最常見的有以下幾種。

麵疙瘩湯事實上比麵湯要稠，裡面有很多麵疙瘩，又稱「疙瘩湯」。這時候的麵疙瘩湯一般由新郎的嫂子或妹妹製作，但一定不能做熟，麵湯裡放幾顆紅棗，取意「早生貴子」。端給新娘時要用筷子攪拌一下，俗謂「嫂子給你攪三攪，不孕閨女就孕小（河南方言，男孩子）」。新娘接過碗來，放在嘴邊，輕啜一下。嫂子接著會問：「生不生？」新娘要回答：「生。」麵湯不熟，河南方言稱為「生」，和生孩子的「生」正好同字。此俗多見於豫東地區。

麵條和餃子麵湯寓意為求男，餃子寓意為求女，這在豫西、豫北廣大地區盡人皆知。豫北地區是新郎的嫂子把湯做好端給新娘，「把湯送到床前頭，來年生個小兒郎」。豫西地區卻是新郎的兄長做湯，「大伯子哥（河南方言，新郎的哥哥，新郎孩子的大伯）拌疙瘩，拌來姪兒姪女一撲啦（河南方言，成群成堆之意，說明數量多）」。新娘食用時，湯只用一點，餃子也只需咬一小口，因為都沒有做熟，關鍵是要回答「生」字。

棗子湯和鳳湯棗子湯用紅棗煮製而成，寓意為早生貴子。新娘食用時僅僅輕啜一下，並不真的全喝，餘下的倒在床底下。鳳湯就是雞湯。新娘也不真吃，啜一口湯，然後用筷子在碗裡撥一下，夾塊肉扔到床下。民間迷信，認為虎狼怪物等都躲藏在床下，灑湯擲肉是為了賄賂牠們，防止牠們將來危害孩子。

茶也就是各送給新娘、新郎一碗放有鹽、蔥、薑的茶。新娘、新郎喝下後，保佑二人終生有緣（鹽），幸福美滿，白頭偕老。所生（薑）的孩子聰（蔥）明伶俐。

祝壽與躲生

《莊子‧盜跖》有云：「人上壽百歲，中壽八十，下壽六十。」中原民間祝壽往往從六十歲開始，而且此後要年年不斷，逢「十」如七十、八十等還要大賀。否則，便為「斷生」（河南方言稱「過生日」為「過生」），是壽者的大忌。

但是，有兩個年頭卻要躲著不過生日，這就是七十三歲和八十四歲。河南有句俗語：「七十三，八十四，閻王不請自己去。」民間常認為老人有兩個坎，是兩道關口，一般人不容易順利活過這兩個歲數。這種習俗源於中國的兩大聖人：孔子和孟子。據《公羊傳》和《穀梁傳》記載，孔子生於魯襄公十二年（西元前551年），死於魯哀公十六年（西元前479年），享壽73歲。孟子的生卒年月未見史料記載，但據元人程復心在其所撰《孟子年譜》中的推算，認定其享壽84歲。孔子和孟子是人們心目中的「至聖」和「亞聖」，連他們都躲不過的年頭，普通人更是難以踰越了。因此，中原人逢73歲生日和84歲生日時都躲著不過，認為一躲就過去了。俗稱「躲生」。

河南地區為老人慶壽並沒有嚴格的儀式，但大體過程基本差別不大。一般都要大擺壽宴，祭拜祖先，壽星接受兒孫磕頭慶賀（俗稱「壽頭」）等，有的還要請鼓樂團隊吹打慶祝，增添熱鬧氣氛。壽宴必上「長壽麵」，有的地方還上「壽糕」，切塊分給眾人，無論多大多小，子孫們都要吃掉，替老人「嚼災」。具體禮節因地而異，如豫南光山縣有壽前一日老人同兒孫共吃長壽麵的習俗。第二天壽誕喜宴上還要再吃。豫東地區過生日則一天都不吃飯，在家蒙頭大睡，因為兒的生日同時也是母親的難日，不吃飯是為了追憶母親的艱辛和養育之恩。

禮俗風華：河南的人文風情與歲時習俗

「三長兩短」話棺木

　　河南喪葬習俗講究事前準備充分，尤其是家中有年事較高的老人時，甚至提前幾年就預備下了棺木和壽衣。這樣做沒有催老人早去之意，反而受眾人稱讚，認為這樣的兒女有孝心。

　　為活人預備的棺材，叫「壽棺」，漆成紅色，棺頭陰刻藍色的「壽」或「福」字，字周圍再鐫上金色的富貴不斷頭的吉祥圖案。「壽棺」做好後，每年都要刷一次漆。平日裡在棺材頭上搭塊紅布。鄭州一帶的「壽棺」則不然。做好後不漆、不雕、不畫，人死後才雕畫棺材頭，俗稱「金材頭」。漆的顏色也有講究，50歲以上漆黑色，70歲以上漆咖啡色，90歲以上漆紅色。

　　棺材的用料首選柏木，因為柏木質地堅硬，不易腐爛，民間還認為柏木又可防穿山甲鑽墓齧咬亡人屍骨。舊時有財勢之家的棺材常用十二根柏木做成，俗稱「十二圓（願）心」，也有的用十三根柏木做成，俗稱「十三太保」。其次是槐、桐、桑等木，再次是楊、椿等木。豫北林州就有這樣的俗語：「人死難為柏木方，桐槐木，也排場，實在沒法用椿楊。」可見各種木料在人們心目中的地位。而豫東地區則另有觀點，認為柏木最好，楸木次之，楊、柳、桐木更次之。但又有一種說法「死人難占活柳」，就是說用溼柳木做棺，既防腐又堅固，再好不過了。

　　棺木講究用六塊拼合而成，天（蓋）、地（底）、兩牆（兩幫，術士認為代表日月）、兩頭，每一塊都要用獨木做成，俗稱「六獨活」。也可用四獨木，兩頭可借用其他餘料，但最忌諱用五塊，迷信認為會造成「五鬼鬧房」的恐怖局面。

　　棺木的長度一般為六尺七寸，或七尺四寸，內寬一尺四寸或一尺八

寸，最窄不能窄於一尺三寸。有俗語云：「一尺三，仄楞肩（河南方言，稍斜、側身之意）。一尺四，走遍天。」豫南地區的棺木長度要求六尺六，寬二尺一，「六」在河南方言裡音「錄」，與「祿」同音。「六尺六」含有雙「六（祿）」，取其吉祥意。棺材板的厚度也有定制，一般底、牆、蓋的厚度依次是「三四五（寸）」或「四五六（寸）」，也有些地方是「一二三（寸）」或「二三四（寸）」。那麼，除去蓋，俗稱「三長」。

兩端的頭都是短的，民間稱為「堵頭」，術士們稱為「彩頭彩尾」，俗稱「兩短」。一提到棺材，大家自然就會聯想到死人，這在人們的精神上和心理上都有一種暗示作用，因此也就產生了「三長兩短」這一俗語，隱喻棺材，譁射「死」字，通俗、形象、生動。當一個人身處危險境地或冒著生命危險去處理一項事務時，其他人往往會擔心地說：「萬一你有個三長兩短……」即源於此。

「供雞」與「點湯」

喪葬，象徵著一個生命的終結，很受重視。中原地區的喪葬禮儀煩瑣複雜，但其中有兩項禮節特別耐人尋味。這就是「供雞」和「點湯」的習俗。

雞是中原人民的吉祥物，尤其是公雞，人們迷信牠有獨特的闢邪作用。河南中部的喪俗中就離不開雞。死者仙逝，親人們把屍體安放好，在其床頭前，正對大門放置一個供桌，桌上有長明燈、兩炷香，還有一隻宰殺乾淨的雞。雞經過稍微烹煮，雞皮繃得很緊，雞身上豎直插著一根或兩根筷子，這叫「倒頭雞」。既是供品，也是家人送給死者的禮物，取其「吉利」之意，是對亡靈平安到達黃泉的衷心祝願。

禮俗風華：河南的人文風情與歲時習俗

逝者下葬以後，雞還會多次重複出現。比如下葬後的第二天，死者的女兒就會拿著一隻事先捏死，並且煮得半生不熟的雞到墳上去祭奠先人。此後，死者的女兒再把雞帶回家，重新下鍋煮熟後，分給眾位姪兒吃掉，俗謂孩子們替死者「嚼災」。

在河南，人死之後會有多次祭奠。從死亡之日計起，每隔七天就要祭奠一次，共祭五次。在這些祭奠活動中，以第五個七日最為隆重。這一天，親人們要為亡靈獻上一隻雞。傳說，陰間的五殿閻君非常殘酷，死者死後的第三十五天，也就是五七之日會到達他那裡。五殿閻君對新到的亡靈一般都會嚴刑拷打。但他有一個嗜好，特別愛吃雞。因此，民間此日紛紛來到親人墳前送上鮮美的白條雞，祈求殘忍的五殿閻君會放過自己的親人，使其免受刑罰之苦。

喪禮中除了供雞，還有獨特的「點湯」習俗，這也是祭奠亡靈的一種形式。不同的是，送雞往往由死者的女兒承擔，「點湯」則一般是兒媳婦的職責。「點湯」的時間沒有定制，有的在下葬的當日，有的在第二日或第三日。「點湯」這日，兒媳先在家裡煮好餃子，用容器將餃子和餃子湯一起盛入，與丈夫、兒女偕行，到墳地祭奠。點燃鞭炮，為亡靈燒紙，叩頭祭拜後，死者的兒子從容器中取出四個餃子，分別埋在墳的四角，繞墓三周把餃子湯澆在墳邊。剩餘的餃子分給兒孫輩吃。吃時要背過臉去，不能讓外人看見，以免祖輩賜予的福氣被他人奪走。

千阻萬攔亡魂路

親人辭世，活在世間的人總是希望他們魂靈有所歸依，黃泉之路順利，來生來世吉祥。但也有些亡者是不受歡迎的，往往被排斥在祝福之外。

(1) 夭殤

未成年的孩子死亡，俗稱「夭殤」。夭殤有三種人，嬰幼兒、少年、青年。夭殤不能入祖墳。

民間素來對死嬰持厭惡、咒罵的態度，認為是偷生鬼（未經送子娘娘允許，私自投生者）來陽間作祟。孩子死後，用穀草秸捆住，棄之荒野。俗稱其「死」以「扔了」、「板（河南方言，扔掉、拋棄之意）了」、「丟了」等語代替。

12歲以上的孩子死亡為少年夭亡。一般用薄匣子裝了，埋在地角、溝邊，不設靈位，不行祭禮，民間稱為「絕墳」、「幼墳」。

未婚男女死了，也不能入祖墳，另尋一大路旁掩埋。

(2) 早逝

四十多歲死亡，民間稱為早逝。未婚者不能入祖墳。已婚男子可以入祖墳，葬時妻兒掛孝、打幡。已婚女子若先夫而亡，則由其女掛孝、打幡，丈夫不穿孝衣、不打幡。棺木暫時不准葬入祖墳，直至其夫死亡，合葬後才能入祖墳。民間認為中年死亡死得「凶」，往往對亡靈，尤其是女子亡靈有諸多防範。

其一，殯日燒毀紙紮器物時，家人會額外焚燒一個沒有底的竹籃子，邊燒邊告知：「×大姐，去摘花，摘不滿了別回家。」迷信的村民認為，這樣亡人就會忙於摘花而不會回家搗亂了。

其二，入殮時，婆家悄悄往棺木中放一把熟黃豆，同時小聲囑咐：「×大姐，生豆芽，生不出豆芽別回家。」熟豆子當然無法生出豆芽，死者的亡靈也就不能回家。

其三，起棺往外走時，死者的妯娌們便一起動手，從堂屋門口開始一直到大門外，每隔一尺左右挖一個小坑，往坑裡丟些黑豆，澆些油，俗稱「挖黑河」、「挖河」、「挖淤泥河」等。再用掃帚把坑掃平，邊掃邊說：「銤的銤，掃的掃，俺把╳搢（河南方言，推意）出去了。」據說這一挖一掃，亡魂就回不來了。

其四，入殮時在亡人的胸上或四肢上壓青石。據說，壓了石頭，亡魂就永遠不得翻身，自然也就回不去了。

其五，在豫西北沁陽、修武一帶，若兄弟間有一人早逝，入殮前，亡者兄弟在其上衣上分別撕一道口，民間喚「拆衫（散）」，表示生死異路，從此不再有兄弟情分。若姐妹間有一人早逝，入殮前，姐妹各在她裙上撕一道口，民間喚「拆裙（群）」，表示以後不再有姐妹情分了。

其六，女子早逝，婆家人在墳的四角釘上桃木橛子。民間認為，桃木是鎮邪之物。

其七，亡人入殮時，在他（她）的兩手手心處分別釘兩個大鐵釘，不讓他（她）以後胡鬧。

其八，女子早逝，出殯時，男子摔碗表示將其送走，以後不再來往。還有的是在起靈時，與棺木背道而行，表示生死異路。防範亡魂的騷擾和災難。

(3) 凶死

非正常死亡的青壯年人一概被喚作「凶死」，如死於偷、搶、匪、監獄、暴病等，一概不准入祖墳。

麻糖祭灶

灶神是主持炊飲之神，民間稱灶王、灶王爺、灶官。中原地區對灶神的信仰非常普遍。

遠古時期，人們經過長期的摸索和實踐，終於掌握了火的儲存和利用方法。用來煮飯的灶便應運而生。灶中之火給人們帶來了莫大的好處，可使食熟，可使味美，可使溫暖，還可以用來防禦野獸，保護自己。人們崇拜它，但同時又懼怕它。懼怕它的蔓延，擔心它的熄滅，出於對它的敬畏之心。因而創造出一個管理灶火飲食的神，這就是灶神。

因為灶神本就是家神，長年累月由人們供奉，因而在初一、十五上上香即可，不需太刻意鋪張。但每年的臘月二十三必須舉行隆重的祭祀儀式，一般由男主人主持。祭灶時，要擺放一些供品，備些穀稈草料和一匹馬（是為灶王爺昇天準備的坐騎）。供品中有一樣東西必不可少，那就是麻糖，也有些地區用麥芽糖或其他糖類食品，祭時要把糖抹到灶王爺和灶王奶奶畫像的嘴上，民間喚之「黏住灶王的嘴」。這個習俗，民間還有一個悽楚的傳說。

古代河南北部有一對老夫婦，膝下僅有獨子一人，被兩人視為掌上明珠，十分疼愛。無奈家中貧困，只好把剛成年的孩子送到附近的煤礦上去做工，貼補家用。兒子去了很長時間，杳無音信。二老在家中甚為焦急。一天，兩人商量讓老漢去礦上尋找。老漢就帶上乾糧出發了。路上遇見一個同路之人，兩人很是投緣，越聊越熱火。興致之極，那人告訴老漢自己叫光腳片，是受閻王指使前往礦上收取一百條性命的。老漢一聽，撲通跪地，請求光腳片放過他的兒子。在老漢的苦苦哀求下，光腳片無奈只好應允，但有一個條件，「天機不可洩漏」，老漢不能告訴任

何人，包括自己的妻兒。老漢感激涕零。到了礦上，老漢見到兒子，佯裝自己生了重病，要兒子回家。

　　此後，老漢一直裝病，他的兒子也一直無法回到礦上。不久，就傳來了礦難的消息，死了一百個礦工。轉眼間三年過去了，這年臘月二十三的夜裡，大雪封門，屋子裡一家三口坐在灶臺邊吃飯，其樂融融，老漢想起三年前的驚心場景，不禁萬分慶幸。終於忍耐不住，趁兒子不在的時候，看看四下無人，就對老伴講述了當年的往事。不曾想，這話卻被灶王聽去了。當天晚上，灶王到達天宮，對玉帝講述了此事，玉帝當即火冒三丈，下令懲罰光腳片，收走老漢的兒子。從此之後，每到臘月二十三，人們就請灶君吃灶糖，把他的嘴巴抹甜，邊祭邊說：「上天言好事，回宮降吉祥。」希望他到天宮不再搬弄是非，多講講人間的好話。

人物志：
改變歷史的河南名人

人物志：改變歷史的河南名人

酒聖杜康醉劉伶

傳說杜康被天帝封為酒神，在洛陽龍門九皋山下開了家杜康酒坊。

汝陽縣杜康仙莊酒祖殿一日，劉伶路過杜康酒坊門前，抬頭看見門上對聯：猛虎一杯山中醉；蛟龍兩盞海底眠。橫批：不醉三年不要錢。劉伶心想，有什麼酒能醉我半天。既然這麼牛，不出三天叫你關門。劉伶走進了酒館喊：「店家拿酒來！」一位鶴髮童顏的老翁捧著酒罈過來斟酒，一杯後劉伶還要，老翁勸他，他不依。連喝三杯酒後，只覺天旋地轉，連忙道別，一路跌跌撞撞，到家就醉了。劉伶交代：「我若死，就埋在酒池內，用酒盅、酒壺陪伴。」他的妻子照此安葬了他。三年後，那老翁（就是杜康）到劉伶家討酒錢。劉伶妻子又氣又恨地說：「原來是喝了你家的酒，還討酒錢，我正找你要人呢！」來拉杜康見官。杜康笑道：「劉伶未死，只是醉過去了。」眾人不信，開棺一看，見劉伶面色紅潤，杜康叫道：「劉伶醒來！」劉伶果然打個哈欠說：「好酒，真香！」

中國歷史上第一位女英雄

1976年由殷商考古專家鄭振香、陳志達二位先生主持發掘的婦好墓，被列為當年中國十大考古成果的前列。隨著這次考古發掘，揭開了中國歷史上第一位女英雄神祕的面紗，她就是「婦好」。

如果您走進位於河南省安陽市的殷墟博物館，在婦好墓前會發現立於婦好享堂前的漢白玉雕像，這是根據婦好墓出土的有關資料雕塑的。你看她目光炯炯，不怒而威，披堅執銳，威風凜凜，顯示了華夏最早的巾幗女將的英姿和風采。她手持的那件龍紋大銅鉞，是其生前曾使用過

的武器,重 8.5 公斤。另一件虎紋銅鉞重 9 公斤。婦好使用如此重的兵器,可見武藝超群,力大過人。古代的斧鉞主要用於治軍,鉞曾是軍事統率權即王權的象徵。

安陽婦好墓「婦好」中的「婦」是一種親屬稱謂,而「好」則是她的名字。她的另一個稱號是「母辛」。商朝的武功以武丁時代最盛,武丁透過一連串戰爭將商朝的版圖擴大了數倍。而為武丁帶兵東征西討的大將就是他的王後婦好。甲骨文記載,有一年夏天,北方邊境發生戰爭,雙方相持不下。婦好自告奮勇,要求率兵前往。武丁猶豫不決,占卜後才決定派婦好起兵。結果大勝。此後,武丁讓她擔任統帥。從此,她東征西討,打敗了周圍二十多個方國(獨立的小國)。那時作戰,出動的人數都不多,一般也就上千人,和大規模械鬥差不多。但是根據記載,婦好攻打羌方的時候,一次帶兵就有一萬三千多人。也就是說差不多中國一半以上的軍隊都交給她了。

在安陽發現的婦好墓,關於婦好的生卒年代和死因都很模糊。有一種資料說婦好死於西元前 1200 年,但是死因不明。在婦好墓出土的數件武器中有一把龍紋大銅鉞和一把虎紋銅鉞。因為上面刻有「婦好」字樣,所以斷定是其生前曾使用過的武器。

伯夷、叔齊不食周粟

伯夷、叔齊是兄弟倆,是商代末期一個小國——孤竹國的王子。孤竹國君臨死前,遺命把王位傳給叔齊。但叔齊卻堅決不肯繼位,說哥哥伯夷是老大,應該讓他來繼承王位。伯夷卻說,父命不可違,應該讓弟弟叔齊繼承。伯夷再三推辭不掉,就偷偷跑了,心想:「我走了,叔齊自

人物志：改變歷史的河南名人

然就會繼承王位了。」誰知叔齊一見哥哥跑了，也放棄王位追了出來。他們在洛陽東面的首陽山相遇，都不願回去當國王，就一起隱居在那裡。也不知道他們隱居了多少年，從兩個年輕人變成了兩個滿頭白髮的老頭子。

商朝末年，紂王腐敗。周武王在洛陽以北的盟津（今孟津縣）會師諸侯，起兵伐紂。伯夷、叔齊聽說周武王要去攻打紂王，就趕緊跑到盟津，攔住武王大軍的去路。有軍士報告武王，說有兩個老人擋在路上，自稱是伯夷、叔齊，指名要見武王。武王一聽是伯夷、叔齊，趕緊叫手下人請他們過來。武王見到伯夷、叔齊，在馬上向他們拱手道：「兩位老人家，今天能見到你們，十分榮幸。可是我現在穿著盔甲，不能向你們行禮，真是多有得罪！」接著，武王又問：「兩位老人家，你們今天來找我，有什麼事嗎？」

伯夷、叔齊拉住武王的馬頭，說：「你是一邦之君，我們兩個平民百姓本來不應該來找你。只是我們看你做得太過分了，才過來勸阻你。」武王很困惑，說：「我做的什麼事情不妥當，請你們幫我指出來吧。」伯夷、叔齊說：「你不應該去攻打紂王。第一，你父親剛死不久，尚未安葬，你就大動干戈，這能算『孝』嗎？第二，你身為臣子，以臣伐君，就是犯上，這能算『仁』嗎？」武王當然不同意他們的看法，就向他們訴說了紂王的罪狀，表示了伐紂的決心，然後命令大軍繼續往前出發。伯夷、叔齊無奈，只好又回到首陽山。伯夷、叔齊攔馬的地方就在現在黃河南岸的孟津縣扣馬村，村名就是因伯夷、叔齊「扣馬而諫」而得名。

周滅商後，伯夷、叔齊為了表示對商朝的忠心，就堅決「不食周粟」，靠在首陽山上採薇（一種蕨類植物）為生。有一天，有一個農婦見他們整天在山上挖草吃，想勸他們吃點飯，就說：「現在天下都是周朝

的了,首陽山也是周朝的土地,山上的一草一木自然也都是周朝的,那薇不也是周朝的嗎?你們不吃周朝的糧食,而吃周朝的薇,不是一樣嗎?」沒想到,伯夷、叔齊這兩個倔強老人乾脆連山上的野草也不吃了,最後活活餓死在首陽山上。今天,伯夷、叔齊兄弟二人的墳墓還在河南偃師的首陽山上呢。

歷來,人們對伯夷、叔齊評價不一。有人認為他們頑固不化,但更多的人讚揚他們氣節高尚,稱頌他們為「古賢人」、「二賢人」。

道聖老子

老子姓李,名耳,字伯陽,又稱重耳、老聃,春秋末期楚國苦縣(今河南鹿邑東)人。(關於老子出生地尚有爭議。)曾任東周守藏室柱下史,在當時的都城洛陽任職數十年,主要是管理國家的圖書典籍、政令文書。因而老子對周朝由盛到衰的歷史非常清楚,加之他有著數十年從政的豐富經驗和生活閱歷,使他對當時你爭我奪的春秋亂世有了很深刻的認知。

鹿邑老子道聖宮西元前518年,孔子入周問禮樂,就到洛陽拜訪過老子。傳說老子因政治主張與世人不同而受到世人排擠,故而騎著一頭青牛離開洛陽,西出函谷關(在今河南靈寶)。當他快到函谷關時,一個叫尹喜的守關人站在關上舉目遠眺,突然發現有一團紫氣從東邊飄來,意味著要有聖人來臨。時候不大,果然看見一位頭綰抓髻的老翁飄然而至,這便是要出關去的老子。尹喜便熱情挽留,請老子在關上住了三個月,老子因此寫出了《道德經》上下篇五千言。尹喜又再三挽留,老子始終不同意留下來。又過了三日,老子終於依依惜別,騎上青牛往西而

去。自此，不知所終。

《道德經》全書共五千字，分「道經」與「德經」兩個部分，是篇講哲理的散文詩，對後世有著很大的影響。

老子在《道德經》裡第一個提出了「道」的概念，認為「道」是萬物的本源。老子認為「道」生天地，支配著世界上的萬事萬物。老子認為，「道」是自然執行，無為而無不為的，所以人類社會生活也應當是無為而無不為的。因此，他認為「純樸未散」的原始時代是最合乎理想的時代，儒家「大道廢，有仁義」的「仁義」正是社會問題的產物，顯然不能解決社會問題。要解決社會問題，只有「去智」、「去巧」，返回到「小國寡民」、「雞犬之聲相聞，民至老死不相往來」的原始時代。

他在反覆觀察了自然界的變化和社會歷史的變化後，意識到世界上的各種事物都有對立面，如高和低、上和下、有和無、貴和賤、生和死、強和弱等，都是相互轉化、相輔相成的。就是說，世上的一切事物都是對立的，又是統一的。即所謂「禍兮福所倚，福兮禍所伏」，「正復為奇，善復為妖」。這個論斷具有樸素的辯證法觀點。他的「柔弱勝剛強」、「兵強則滅，木強則折」等觀點，為後世軍事家所採用，曾產生過積極的影響。後人尊他為道家學派的創始人。

商聖范蠡與西施

范蠡，生於楚平王十二年（西元前 517 年），字少伯，春秋戰國末期楚國宛（今河南南陽）人，是歷史上早期著名的政治家、軍事家和經濟學家。中國長達五千餘年的封建傳統，均以「士、農、工、商」為列，士為首，商為末，直至宋朝，尚有商人穿鞋必須著一黑一白之劣規。

范蠡出身貧寒，但聰敏睿智、胸藏韜略。年輕時，就學富五車，上曉天文、下識地理，滿腹經綸，文韜武略，無所不精。周敬王二十四年（西元前496年），吳國和越國發生了欈李之戰（今浙江嘉興），吳王闔閭受傷而亡，因此兩國結怨，連年戰亂不休。周敬王二十六年（西元前494年），闔閭之子夫差為報父仇與越國在夫椒（今江蘇太湖中洞庭山）決戰。越王句踐大敗，僅剩五千兵卒逃入會稽山。范蠡遂於句踐窮途末路之際向句踐陳述「越必興、吳必敗」之斷言，進諫道：「屈身以事吳王，徐圖轉機。」被拜為上大夫後，他陪同句踐夫婦在吳國為奴三年，「忍以持志，因而礪堅，君後勿悲，臣與共勉！」

三年後歸國，他與文種擬定興越滅吳九術，是越國「十年生聚，十年教訓」的策劃者和組織者。為了實施滅吳策略，也是九術之一的「美人計」，范蠡親自跋山涉水，終於在苧蘿山浣紗河訪到德、才、貌兼備的巾幗奇女——西施，在歷史上譜寫了西施深明大義獻身吳王，裡應外合興越滅吳的傳奇篇章。范蠡事越王句踐二十餘年，苦身戮力，終於滅吳，成就越王霸業，被尊為上將軍。

吳王亡身餘杭山，越王擺宴姑蘇臺。在舉國歡慶之時，范蠡急流勇退，遂與西施隱姓埋名、泛舟五湖。

後來，他輾轉來到齊國，變姓名為鴟夷子皮，帶領兒子和門徒在海邊結廬而居。戮力墾荒耕作，兼營副業並經商。沒有幾年，就累積了數千萬家產。他仗義疏財，施善鄉梓。范蠡的賢明能幹被齊人賞識，齊王把他請進國都臨淄，拜為主持政務的相國。他喟然感嘆：「居官致於卿相，治家能致千金，對於一個白手起家的布衣來講，已經到了極點。久受尊名，恐怕不是吉祥的徵兆。」於是，才三年，他再次急流勇退，向齊王歸還了相印，散盡家財給知交和老鄉。

一身布衣，范蠡第三次遷徙至陶（今山東定陶西北）。在這個居於「天下之中」（陶地東鄰齊、魯，西接秦、鄭，北通晉、燕，南連楚、越）的最佳經商之地，操計然之術（根據時節、氣候、民情、風俗等，人棄我取、人取我與、順其自然、待機而動）以治產。沒幾年，經商積資又成鉅富，遂自號陶朱公。當地民眾皆尊陶朱公為財神，乃中國道德經商——儒商之鼻祖。

史學家司馬遷稱：「范蠡三遷皆有榮名。」史書中有語概括其平生：「與時逐而不責於人。」世人譽之：「忠以為國，智以保身，商以致富，成名天下。」

蘇秦「懸梁刺股」

蘇秦（西元前？～前284年），字季子，是戰國時著名的縱橫家，其故里在洛陽市東南一百公里許，李家樓村東五公里地的太平莊。據史書記載，蘇秦故居在東周下都（周敬王所遷都）之東南乘軒裡，即今之太平莊，村頭原有約2.67公尺高石碑一座，上書「蘇秦故里」四字。

蘇秦剛開始跟著鬼谷先生學習縱橫之術，後來他覺得自己學成了，便告辭鬼谷子下山，到秦國去進行遊說。大誇秦國「士民之多，車騎之用，兵法之教」，足夠「並諸侯，吞天下，稱帝而治」，煽動秦惠王用武力兼併六國，並且顯示自己願意用實際行動來考驗遊說的效果。他以為這麼一說，正可投其所好，一定會受到秦王的賞識，使自己獲得功名富貴。但可惜他去的不是時候。當時秦國內部矛盾剛剛爆發，原來秦孝公重用衛人商鞅，變法圖強，損害了秦國貴族的特權。孝公的兒子惠王即位，車裂商鞅，因為商鞅是衛人，秦惠王就連帶疾惡一切外來的遊士，

結果使蘇秦的野心不能得逞。

　　蘇秦在秦國待了很長時間,「說秦王書十上而說不行」,衣服穿破了,錢也用完了,只得垂頭喪氣地離開秦國回家。蘇秦窮困潦倒,多麼希望從家庭得到些安慰!然而,他回到家裡,父母都不理睬他,弟兄姊妹都嘲笑他。他的妻子正在織布,看他回來,連織布機都不肯下,懶得理他。他肚餓難忍,只好求嫂嫂替自己做飯,嫂嫂也不肯為他做。「妻不下紝,嫂不為炊,父母不與言」,「兄弟嫂妹妻妾皆竊笑之」。大家都說他不事工商,而事口舌,窮困潦倒,落魄而歸,是自作自受。

　　但蘇秦並不因此而灰心,相反更加強了他追求富貴顯達的決心。於是,「乃夜發書,陳篋數十,得太公《陰符》之謀,伏而誦之,簡練以為揣摩」。他遍翻了數十箱書,終於找到了一部姜子牙的兵法書《陰符》,刻苦地晝夜鑽研。蘇秦讀書時,把頭髮用繩繫起來,懸在梁上,自己一打盹,頭髮就把自己扯醒;夜深太睏了,他拿錐子刺自己的大腿以求清醒,這就是成語「頭懸梁,錐刺股」的來歷。蘇秦邊讀書邊揣摩天下大勢,一年後,對天下大勢便了然心中。他再次出去,遊說受強秦威脅的關東六國,憑三寸不爛之舌,曉以利害,說服趙、燕、齊、楚、韓、魏六國簽訂盟約,構成合縱之勢,共抗強秦。蘇秦終於完成了拆散連橫,聯合各國共同抗秦的大功,建立了「蘇秦相於趙而關不通」(指秦兵不敢出函谷關,關內外交通隔絕)的威望,使秦國在 15 年的時間內竟不敢出兵侵犯別的國家。

　　六國君主公推蘇秦為「縱約長」,佩六國相印。「天下之大,萬民之眾,王侯之威,謀臣之權,皆欲決於蘇秦之策」,可知他當時權勢之大。當蘇秦從楚國回趙國去時,路過洛陽,浩浩蕩蕩的車仗隨從,排列數里之遠,比國王外出還隆重,連當時在洛陽的周顯王都派人去給他清掃道

路，到很遠的地方去迎接他。他的父母聽說後，也趕忙清潔庭院，打掃道路，布置好音樂和酒席到十五公里外迎候他；他的弟弟、妻嫂不敢仰視，俯伏在地侍候他的飲食。蘇秦笑著對他嫂嫂說：「妳為什麼以前對我那樣傲慢無理，而如今這樣恭敬呢？」其嫂以手掩面，匍匐蛇行，四跪四拜而謝說：「因為你現在地位高，金錢多啊！」蘇秦感嘆地說：「同樣一個人，富貴時連親戚都尊敬害怕，貧賤時連親戚朋友也看不起，何況其他人呢！假使我有洛陽城郊的良田二頃，我怎能佩六國相印呢！」於是散千金以賜親族朋友。

認為「奇貨可居」的呂不韋

呂不韋（西元前？～前235年），戰國末期衛國（今河南濮陽）人。呂不韋原是韓國陽翟（今河南禹州）的大商人，「家累千金」，經常來往於河南、河北一帶經商。有一次，他在趙國都城邯鄲經商時，認識並結交了在趙國做人質的秦公子異人（秦昭襄王之孫，後改名子楚）。異人是秦昭王的孫子，秦太子安國君的兒子。異人這時處境十分困難。由於秦、趙關係不睦，他在趙國處處受歧視，而且他在秦王室中也不被重視，時常感到前途渺茫。呂不韋敏銳地看到了自己透過異人走上仕途的機會，他認為異人是「奇貨可居」。於是，便積極展開自己的政治投機計畫，以實現他的政治野心。

呂不韋憑藉雄厚的資財，一方面幫助異人改善生活，並以關懷異人孤身獨處為由，把自己已懷孕的愛妾「邯鄲姬」送給異人；一方面又到秦國四處遊說，並用重金賄賂安國君的寵妃華陽夫人。華陽夫人雖然得寵，但沒有兒子。呂不韋便用重金買通華陽夫人，使華陽夫人收異人

為養子，從而使異人回到秦國，並得立為嫡嗣。不久，秦昭王卒，安國君繼位，是為秦孝文王。秦孝文王死後，異人（子楚）繼位，是為秦莊襄王。

呂不韋政治投機的成功，使子楚坐上了夢寐以求的王位。子楚感恩戴德，任呂不韋為丞相，封其為文信侯，食河南洛陽十萬戶。於是，呂不韋便一躍由商人變成了官僚。秦莊襄王三年（西元前247年），莊襄王病故，他十三歲的兒子嬴政即位，這就是後來統一天下的秦始皇。嬴政實際上是呂不韋的兒子（出自《史記‧呂不韋列傳》），他繼位後，仍任呂不韋為丞相，並尊稱他為「仲父」。此時呂不韋食邑有藍田十二縣，洛陽十萬戶，門客三千，家童萬人。

秦王政即位初期，因其年幼，行政大權實際上掌握在呂不韋手中。呂不韋還經常進入內宮，與太后重續舊情。為了討太后歡心，呂不韋還找了一個叫嫪毐的人，令其假裝宦官，獻給太后。為了鞏固和擴大自己的權力，呂不韋千方百計遏制秦王政，嫪毐也憑藉太后的寵愛，干預朝政，從而導致了呂不韋、嫪毐與秦王政之間的尖銳矛盾。隨著秦王政年齡的增長，呂不韋意識到自己權力的危機，王權與相權的矛盾一觸即發。終於在秦王政九年（西元前238年），秦王政舉行加冠禮時，發生了嫪毐武裝叛亂。秦王政在追查這一事件時，發現呂不韋與嫪毐有牽連。第二年，秦王政罷免了呂不韋的相位，讓其「就國河南（洛陽）」。後來又下令把他遷往蜀地。呂不韋感到大勢已去，便自殺身亡。死後，葬在洛陽偃師。

呂不韋長期輔助秦莊襄王和秦王政，積極參與了秦國統一六國的政治、軍事、外交活動，並親自帶兵滅了東周。他明確提出要結束諸侯紛爭、連年混戰的局面，就必須消滅封建割據勢力，建立統一的中央集權

的國家。他所主編的《呂氏春秋》，就是為實現統一而進行的思想和理論準備。

《呂氏春秋》是呂不韋的門客各著其所聞，綜合百家九流之說，暢論天下萬物古今之事，最後彙編成書的。全書分八覽、六論、十二紀，共一百六十篇、二十六卷、二十餘萬字。秦王政八年（西元前239年），《呂氏春秋》完成時，呂不韋曾把這部書「布咸陽市門，縣（懸）千金其上，延諸侯遊士賓客，有能增損一字予千金」，進行大張旗鼓的宣傳，以炫耀這部書的價值。

抬棺材赴任的董宣

董宣到洛陽做縣令時，據說是抬著口棺材赴任的。來當官抬口棺材做什麼呢？

董宣生於西漢末年，是河南陳留縣圉鎮（今杞縣境內）人。他出身寒門，耕讀傳家。光武帝建東漢後，廣選人才，董宣在司徒侯霸的推薦下出去做官，後來升到北海相的位置上。東漢政權鞏固後，一些功臣貴族便驕橫起來。山東青州有個叫公孫丹的人，新造了棟住宅，落成時為祭天地，竟隨隨便便砍了顆人頭為祭品。董宣對這種草菅人命的行徑極為氣憤，衝破重重阻力，將公孫丹判處極刑。

大司寇陰宏是朝裡執掌刑律的官員，他和公孫丹是師生關係，為了報復，竟利用職權羅列罪名，將董宣判了死罪。董宣的夫人悲悲切切地備好棺材趕到法場準備收屍，誰知同刑九人依次斬了八人時，聖旨送到，光武帝免了董宣的死罪，將其降職到江夏做太守。

董宣由於出身寒微，體察百姓的疾苦，所以執法中敢替百姓講話，但又得罪了外戚陰氏，再一次被降職到洛陽做縣令。董宣知道自己的性格，更有不畏權貴的勇氣。於是，赴任洛陽時，他帶上了上次法場上沒能用上的那口棺材，以顯示自己的心志。

　　洛陽是東漢王朝的京都，城內樓閣亭臺鱗次櫛比，街道衢巷車水馬龍。東漢建武十九年（西元43年）的一天下午，董宣來到洛陽端門外的南關大街上。「長柱……我的兒呀……」一串悲愴欲絕的哭喊聲吸引了董宣的視線，只見一位老媽媽瘋瘋癲癲、跌跌撞撞地沿街而來。老媽媽目光呆滯，腳步蹣跚，突然拉住一位過路青年叫起兒來。那青年急忙分辯：「老媽媽，您認錯人了，我不是您的兒子。」

　　董宣感到奇怪，就向路邊人打聽。原來，老媽媽喪夫多年，只有一個兒子與老人相依為命。半年前，老媽媽的兒子去集市賣柴，忽地一陣人喊馬嘶，集市大亂，人群嘩地向路兩邊散去，把街上擺的貨攤撞得七零八落，雞鴨驚得嘎嘎亂飛。只見一隊快馬縱馳而來，賣柴的年輕人躲閃不及，被為首的高頭大馬撞翻在地。這騎馬人是湖陽公主府裡的大管家胡奴，平日仗勢欺人，無惡不作，人稱「鎮街虎」。這傢伙見樵夫擋了道，勃然大怒，連聲喊打。於是，馬後閃出七八條彪形大漢，拳腳齊下，活活將樵夫打得七竅出血，當場身亡。

　　老媽媽失去了兒子，心情悲怒憂鬱，再加上生活無依，漸漸瘋了，每日沿街哭叫，四處尋兒。董宣聽了，義憤填膺，正待細問，忽見人群大亂，跑過來的人驚呼：「鎮街虎上街了！」眨眼間，幾匹快馬飛馳而來。那哭著尋兒的老媽媽突然衝向路中，攔住胡奴的大馬，哭要孩子。胡奴讓家丁趕開老媽媽，老媽媽卻抓住胡奴的馬韁，罵不絕口。胡奴怪叫一聲，拔出佩劍刺進老媽媽的胸膛。

人物志：改變歷史的河南名人

董宣忍耐不住，推開人群，挺身上前干涉。那胡奴素來橫行無法，從沒人敢過問，今見有人干涉，氣得動手打來。董宣的老僕連忙擋住：「休要無禮，這是新任太爺。」胡奴聽了，冷笑一聲，要董宣識相一點，少管閒事，隨後狂笑著打馬揚長而去。董宣怒視著耀武揚威遠去的胡奴，暗下決心，一定要為百姓除去此害！大媽的屍體旁圍滿了憤怒的百姓。董宣問身旁一位老者：「京都鬧市，怎麼沒人管束這惡徒呢？」老人嘆口氣：「官官相護呀！再說，公主勢大身顯，誰敢摸老虎屁股呀！」

董宣心情沉重地進了縣衙，行李沒顧上解，就讓書辦搬出卷宗，翻閱起積案來。他越看越氣，竟有那麼多狀告胡奴的。

第二天，聽說新縣令升堂，並且新縣令還在街上怒斥了胡奴，來告狀的接連不斷。聽著一件件案情，董宣胸口一陣陣發熱，猛地一拍大案，抽出一支令籤，讓衙役去抓胡奴到堂受審。

誰知，眾衙役齊齊跪下，無人奉命。董宣正要發火，一旁書辦解釋說：「胡奴係仗勢欺人，我們這縣衙兵哪能進得公主府去！」董宣想想有理，思忖許久，決定智取。

一天，風清日和。湖陽公主帶領宮女、太監，坐著鳳輦去夏門外賞荷。駕車的是趾高氣揚的胡奴。鳳輦剛出夏門，只見夏門亭裡閃出董宣等人，攔住車馬。

董宣不卑不亢地向公主施了禮，說：「您的管家胡奴犯有幾件人命案子，需要問個明白！」

那公主自恃皇威，哪把小小縣令放在眼裡，蔑視地對胡奴說：「且讓他問！」

董宣將幾樁命案一一道來，胡奴看看傲氣凌人的公主，有恃無恐地滿口招認。問罷，董宣從書辦手中接過錄下的口供，激胡奴說：「你這胡

作非為的人，可敢畫押！」

胡奴跳下車駕，抓過筆來，畫了供，嚷嚷：「我倒要看你拿大爺我怎麼辦！」

胡奴話還沒落音，董宣斷喝一聲：「砍了！」身旁的劊子手應聲飛起一刀，胡奴血淋淋的腦袋就滾落到公主的車前。

這還了得！公主驚魂稍定，就氣沖沖地上殿奏明光武皇帝。光武帝非常惱怒，立即把董宣召來，想用大棒打死。

董宣臨進殿前早命老僕將棺材抬到了宮外。他想，流我一腔血，換來萬民歡，值得！他舉止從容地朝光武帝行禮說：「請讓我說一句話再死！」

光武帝見了董宣，看他滿面忠厚剛毅之色，並非刁蠻霸道之徒，心中已覺詫異，就答：「想說什麼？」

董宣說：「皇上聖明，漢朝才得以中興，但縱容家奴殘害欺辱良民，今後還憑什麼治理天下呢？」他將胡奴的罪狀一一道來，然後從懷中取出胡奴畫押的供狀呈上：「我不用棒打，請讓我自殺吧！」說完，他就用頭去撞殿柱，頓時血流滿面。

光武帝聽著董宣的敘說，已明白了事情的原委，覺察到董宣不畏權勢、認真執法的可貴。光武帝想到「人心為重」的道理，心中已決定寬赦董宣，見狀，忙讓小太監抱住撞柱的董宣。這時，光武帝為了替公主挽回一點面子，就命董宣向公主賠情。董宣呢，不買這帳，向光武帝說：「臣無過錯！願領死，絕不賠情！」

光武帝就向太監們打個手勢，要太監強按住董宣的脖頸，向公主叩頭。好一個董宣，竟用雙手撐地，硬著脖子大呼：「臣無過，為何賠情！」那樣子，如同一隻「臥虎」。

公主羞氣得要死，反問武帝說：「你做百姓時窩藏逃犯，包庇犯死罪的人，官差還不敢登門搜捕；如今當了皇帝，威勢反不能制伏一個小小的縣令嗎？」

光武帝無奈地笑笑說：「當皇帝和當老百姓可不同啊！」他明白，要想治理好國家，就要靠這些剛正不阿、不徇私情的人。於是，不再糾纏賠情之事，還賜封董宣為「強項令」，賞錢三十萬，以示獎勵。

董宣把賞錢全部分給了手下的官吏和受害的百姓。從此，豪強惡霸懾於董宣之威，不得不有所收斂。京城裡的人都把董宣稱為「臥虎」，並編成歌謠讚頌他：「捕賊鼓聲不再鳴，京城出了董少平。」

董宣在洛任職五年，死於任所，享壽 74 歲。他為官清廉，死後只有一條布被覆蓋屍體，家存大麥數斛（舊量器，原盛十斗，後改為五斗）。後來，洛陽人懷念他，就在老城東大街現民主街口的路北為他建了「董公祠」。祠坐北向南，一間正殿，一間捲棚，現已改為旅社。祠中一株五百歲國槐，樹圍三公尺餘，幹已枯空，仍枝條婆娑，綠蔭遮人，恰似董公美名永存。

科聖張衡

張衡（西元 78～139 年），字平子，東漢南陽西鄂（今河南南陽）人，東漢傑出的科學大師、文學家、思想家。

南陽張衡博物館張衡從小天資聰明，刻苦好學，態度謙虛，是個奮發有為的少年。後因家道衰落，生活非常清貧。青年時代，曾遊歷舊京長安和京都洛陽，在洛陽太學讀「五經」，學六藝。據《後漢書・張衡傳》

記載：「衡少善屬文，遊於三輔，因入京師觀太學，遂通『五經』，貫六藝，雖才高於世，而無驕尚之情，常從容淡靜，不好交接俗人。」永初二年（西元 108 年），拜郎中，後進尚書郎。他一心撲在科學事業和著述上。積十年工夫寫成〈二京賦〉，寫出了長安和洛陽的繁榮，也譏喻了統治階級的豪奢行為。他博學多才，學識淵博，在很多領域都有極高的成就。

張衡做郎中期間，認真研讀了西漢學者揚雄的哲學著作《太玄》（包括天文、曆法、數學等），為他在天文方面的研究奠定了基礎。元初二年（西元 115 年）任太史令。張衡從 37 歲那年起，被任為太史令、靈臺令，掌管觀測、記錄天象和選擇「黃道吉日」，記載各地發生的災異自然現象。這使他掌握了大量的研究天文、地理、氣象及地震等方面的資料，為他從事科學事業打下了基礎。洛陽「漢魏故城」以南的靈臺遺址就是他工作過的地方。在這裡，他經常觀測日月星辰，並研究它們的執行規律，把研究成果寫成《靈憲》一書，這是中國第一部天文學理論著作。

書中力圖從哲學和科學的高度闡明天地的生成結構及日月星辰的本質和運動的規律，並提出了赤道、黃道、南極、北極等名稱，記錄了 2,500 多顆恆星，還畫出了中國第一張比較完整的星圖。同時，他已明白月光是日光的反照，解釋了日食、月食的道理。他曾設想「渾天如雞子，天體圓如彈丸，地如雞中黃，弧居於入，天大而地小」，「天轉如車轂之運也，周旋無端，其形渾渾，故曰渾天也」。張衡創造了世界上第一臺自動的天文儀器──渾天儀，並按「渾天說」理論寫成了《渾天儀圖注》。

在他任太史令期間，地震頻繁，使人民生命財產遭受極大的損失。他創造了世界上第一架測量地震方向的儀器──地動儀。張衡的地動

儀用青銅鑄成，形狀像一個巨大的酒樽。在酒樽上有八條龍，尾朝上，頭朝下，每個龍嘴裡銜著一個珠子。在每個龍頭下面，還各有一隻張著大嘴巴的蛤蟆。八條龍分別代表東、西、南、北、東南、東北、西南、西北八個方向。如果哪個龍嘴裡的珠子掉到下面的蛤蟆嘴裡，就說明哪個方向發生了地震。地動儀造出來以後，很多王公大臣都不相信它能測出千里之外的地震。永和三年（西元138年）的一天，西方的龍珠突然掉了，可是西邊的郡縣並沒有發生地震呀！很多人都議論紛紛，看來地動儀是虛有其名啊！沒想到，過了幾天，消息傳來，兩千里外的隴西郡發生了地震。一時，消息震撼了整個洛陽，大家都說：「地動儀真神啊！」連那些不相信的人也不得不信服了。

張衡不僅是一個大科學家，還是一個著名的政治家、文學家、藝術家。在政治上，他反對宦官專權，主張政治清明，並強烈反對讖緯神學。主張「收藏圖讖，一禁絕之」。張衡還是漢賦四大家之一，又是東漢六大畫家之一。其著作〈二京賦〉、〈思玄賦〉、〈歸田賦〉都是文學史上的名篇。他精數學、機械製造學，他畫的〈地形圖〉留傳數百年之久。

醫聖張仲景

張仲景（約西元150～219年），名機，字仲景。東漢末年南陽郡（今河南南陽）人。其生平事蹟不詳，今從其名著《傷寒雜病論》的序言中有「漢長沙守南陽人張機著」可知，張仲景是南陽人，曾任長沙太守。唐代甘伯宗的《名醫錄》對張仲景有這樣的記載：「張仲景，南陽人，名機，仲景乃其字也。始受術於同郡張伯祖，時人言，識用精微過其師，所著論，其言精而奧，其法簡而詳，非淺聞寡見者所能及。」

南陽醫聖祠張仲景少年時期勤奮好學，博覽群書，尤對醫學有極大興趣。張仲景生活的時代正值東漢末年。當時，戰亂不止，瘟疫流行。在《傷寒雜病論》中，張仲景稱其宗族原有人丁兩百餘口，自建安以後不到十年間，死亡者達三分之二，其中死於傷寒的竟占十分之七。張仲景有感於宗族的衰落和人口的死亡，於是悉心研究醫學。學成後，他四處行醫，解危救難。為了使自己的醫學成果澤被後世，他「勤求古訓，博採眾方」，並結合自己的行醫經驗，編成了《傷寒雜病論》。原書十六卷，經漢末戰亂兵火而散失，復得後世醫家整理，編成《傷寒論》和《金匱要略》二書。前者專論傷寒病；後者主要論述內傷雜病。

　　張仲景對外感熱病與雜病的認識和臨證治療的指導思想與方法，被後世概括為辨證論治體系。從東晉咸和年間（西元 326～334 年）起，張仲景就被稱為「醫聖」。他所創造的「六經」分證，中醫診斷病情的陰陽、表裡、虛實、寒熱「八綱」和辨證施治的原則，為中醫學奠定了基礎。

　　當時文學史上號稱「建安七子」（孔融、陳琳、王粲、徐幹、阮瑀、應瑒、劉楨）之一的王粲（字仲宣），是「七子」中成就最高的作家、詩人。他和張仲景往來密切。在接觸中，張仲景憑自己多年的醫療經驗，漸漸發現這位僅有二十幾歲的作家隱藏著可怕的「癘疾」病源。有一天，他對王粲說：「你已經患病了，應該及早治療。如若不然，到了 40 歲，眉毛就會脫落。眉毛脫落後半年，就會死去。現在服五石湯，還可挽救。」可是王粲聽了很不高興，自認文雅、高貴，身體又沒什麼不舒服，便不聽他的話，更不吃藥。過了幾天，張仲景又見到王粲，就問他：「吃藥了嗎？」王粲騙他說：「已經吃了。」張仲景認真觀察了一下他的神色，搖搖頭，嚴肅而又深情地對王粲說：「你並沒有吃藥，你的神色跟往時一

般。你為什麼諱疾忌醫，把自己的生命看得這樣輕呢？」王粲始終不信張仲景的話，20年後眉毛果然慢慢地脫落，眉毛脫落後半年就死了。

曹植與洛神

河南西部的洛河流域是中華民族的發祥地之一。在這裡，自然留下了許多動人的傳說。洛神的傳說就是其中之一。

據說，洛水之神名宓妃，相傳她是伏羲的女兒，聰明又美麗。不幸的是，有一天她到河邊遊玩，竟不小心掉進水中淹死了。伏羲傷心極了，就請天帝把她封為洛神。

又有傳說，洛神後來嫁給了河伯。可是河伯對洛神很不好，每天出去花天酒地，把洛神冷落在家裡。洛神十分痛苦，每想起自己悽慘的處境，就會在洛水中哭泣。洛陽的老人們經常說，每當月白風清之夜，你如果坐在洛水岸邊，就會聽見水裡會傳來「嗚嗚」的哭聲，那就是洛神在哭泣呢！

世上不幸的人太多了，洛神不幸，曹植同樣也是個不幸的人呢！

曹植是曹操的兒子，聰明能幹，學識淵博，深得曹操的喜愛。開始曹操一直想立他為太子，可是偏偏曹植恃才傲物，不拘小節，時常因為一些小事觸犯法律。而他哥哥曹丕卻很善於矯情自飾，討父親的歡心。結果，曹操最終還是把曹丕立為太子。曹操死了以後，曹丕就繼位當了魏王，不久又當了皇帝。由於曹植太有才華了，曹丕一直想除掉他。於是就把他趕出京城洛陽，封為東阿王。曹植離開洛陽到自己的封地去，已是心灰意冷，滿懷惆悵。當他路過洛河的時候，看見河上薄霧迷離，

葦草蒼蒼，不禁引發了自己的淒涼愁緒。恍惚之間，他彷彿看見了美麗的洛神在河上巡遊，於是就揮筆寫下了千古絕唱〈洛神賦〉。

〈洛神賦〉首先寫了洛神的姿態、容貌、穿戴、動作，接著寫了詩人對洛神的愛慕之情，但最終人神道殊，只得滿懷戀情，恨怨離去，只留下滿懷的惆悵和思念。

可是，關於曹植為什麼寫這篇賦，還有一種說法呢。有人說洛神原來就是曹丕的皇后——甄后。據說，曹丕、曹植兄弟倆從小都看上了甄氏女，可是後來甄家把她嫁給了袁紹的二兒子袁熙。曹操打敗袁氏父子，甄氏成了俘虜。曹植滿懷希望想娶回甄氏，卻沒想到被曹丕搶先一步，娶了甄氏。曹植非常失望。曹丕當皇帝後不久，甄后就死了。曹植聽說甄后死了，心中悲傷極了。曹植路過洛水時，想到以後很難回到洛陽了，就不禁又想起了甄后。這時，他看見甄后從洛水中冉冉而來，對曹植說：「我本來將心許妳，但是天不遂人願，真是造化弄人啊！」甄后將一串珠子送給曹植，曹植把自己的玉珮解下來送給了甄后。兩人依依難捨，直到甄后消失於水波之中。曹植此時如痴如醉，悲喜交加，作了篇〈感甄賦〉以寄愁思。後來怕曹丕知道，才改為〈洛神賦〉。

口哨傳情的「鼻祖」阮籍

阮籍（西元210～263年），三國魏詩人，字嗣宗，陳留尉氏（今屬河南）人。是建安七子之一阮瑀的兒子。阮籍在政治上本有濟世之志，曾登廣武城，觀楚、漢古戰場，慨嘆「時無英雄，使豎子成名」。因與嵇康、劉伶等七人為友，常集於竹林之下肆意酣飲，世稱竹林七賢。竹林七賢各有絕招，各有特色，而阮籍則更有許多獨創，其中「口哨傳情」令

後人競相模仿。

阮籍嗜烈酒，善彈琴和吹口哨。據《世說新語·棲逸》記載：阮籍吹的口哨可以傳幾百步遠。一次，阮籍去拜訪蘇門山中的一位真人。他對著真人談天說地，激揚文字，可是真人卻似聽而不聞，一聲不響，連眼珠子都不動一下。阮籍無奈，就乾脆對著真人吹起了口哨，這下真人開了尊口：「請再來一次。」阮籍再次長嘯，然後就下山了。到了半山腰，山谷中忽然迴盪起優美的嘯聲，阮籍抬頭望去，原來是真人在長嘯不已，幽妙和諧。受到真人嘯聲的感染，阮籍寫出了著名的《大人先生傳》。

繼阮籍後，吹口哨便在士族青年中流行起來。

嵇康與〈廣陵散〉

嵇康是曹魏後期著名文人。他當時生活在洛陽，與當時的一些詩人名士如阮籍、山濤、向秀、阮咸、王戎、劉伶等「相與友善，遊於竹林，號為七賢」，即所謂「竹林七賢」。

曹魏後期，司馬氏掌握了魏國的軍政大權，與曹魏統治者展開了激烈的爭奪政權的競爭，政治異常黑暗。司馬氏為了鞏固統治，不得不利用禮教這個工具。而嵇康和好友阮籍卻提出「自然」來和司馬氏的「名教」相對立。他們不但否定禮法，而且否定儒家的一切。他們之所以反對禮教，正是因為司馬氏周圍的人均提倡禮教，而且又墮落到連一點起碼的道德也沒有。他們氣憤不過，因此索性來一個全面的否定。

嵇康的詩歌著重表現一種清逸脫俗的境界。如〈酒會詩〉之一：

淡淡流水，淪胥而逝。汎汎柏舟，載浮載滯。微嘯清風，鼓楫容裔。放棹投竿，優游卒歲。

但他的〈答二郭〉等卻明顯地表現了憤世嫉俗的感情，特別是因呂安事件被牽連入獄後所寫的〈幽憤詩〉，敘述了他託好老莊不附流俗的志氣和耿直的性格，雖然也責備自己不善於處世，以致「謗議沸騰」，但他並不肯改變素志，最後表示要「採薇山阿，散髮巖岫」，絕不向黑暗勢力低頭，仍然是以俊逸之辭來表現他的硬骨頭精神。他的四言詩藝術高於五言詩。他還善寫散文，其中〈與山巨源絕交書〉就是一篇有濃厚文學意味和大膽反抗思想的散文。這篇散文自始至終貫串著對司馬氏腐朽統治的決絕態度。他把山濤薦他做官比作是「羞庖人之獨割，引屍祝以自助；手薦鸞刀，漫之羶腥」，極盡辛辣諷刺之意味。並表示如果司馬氏強迫他做官，他就會像野性難馴的麋鹿，「狂顧頓纓，赴湯蹈火」。全篇嬉笑怒罵，鋒利灑脫，表現了他剛烈的性格。

嵇康「非湯武而薄周孔」，不但從根本上動搖了儒家學說，而且把司馬氏積極籌劃的以「禪讓」形式奪取皇權的根據也給推翻了。因而為司馬氏所不容，嵇康最終被司馬昭殺害於洛陽東市。

司馬氏排除異己，殺害嵇康的消息一經傳出，便轟動了洛陽全城，洛陽三千多名太學生上書請願，要求赦免，並請求要以嵇康為師，未能獲准。嵇康臨刑時，神情自若，從容不迫，見愛好音樂的哥哥手裡拿了把琴，便要了過來，當場演奏了一曲〈廣陵散〉，琴聲悲壯優雅，委婉動聽，圍觀者無不感嘆動容，唏噓涕零。曲終，嵇康嘆曰：「袁孝尼嘗請學此散，吾靳固不與，〈廣陵散〉於今絕矣！」

人物志：改變歷史的河南名人

天下第一美男子 —— 潘安

「貌似潘安、才如子建」的潘安的故里在今鄭州市中牟縣。

潘安也叫潘岳，字安仁，西晉人。民間喜歡稱之為潘安而不是「安仁」，這裡有地方風俗的原因。中原人起名有不少單名名末用一個「安」字或一個「順」字，唸的時候一定唸作「安兒」、「順兒」，舌尖往裡一翹，加個兒話音，就顯得特別親切。任你多高的身分，被這麼一叫，立刻成為大家的寶貝。

潘安是個在西晉文學史上有名的人，與〈文賦〉作者陸機齊名，史稱「潘陸」。梁鍾嶸《詩品》將潘安作品列為上品，並有「潘才如江」的讚語。潘安此人可稱「才貌雙全」，而民間念念不忘的是他的貌。「才比子建，貌若潘安」，「才比宋玉，貌似潘安」。

潘安到底有多美，《晉書》沒有詳細描寫，但有比詳細描寫更高明的表現方法：「岳美姿儀……少時常挾彈出洛陽道，婦人遇之者，皆連手縈繞，投之以果，遂滿載以歸。」這就是「擲果盈車」的故事。用今天的話說，就是每當潘安上街，總是引起一堆少女圍觀，搞得城市交通堵塞。後來他都不敢步行了，只好坐車。可是一旦被發現，也是引來尖叫一片。那些少女們覺得只是尖叫難以吸引潘安的注意，就想了一個辦法 —— 丟水果。而且還比誰丟的水果大，誰丟得準。所以每次潘安出街，都會帶著滿滿的一車水果回家。

大智大勇的唐玄奘

自佛教傳入中國以後，中土高僧赴西天取經者絡繹不絕。三國有朱士行，東晉有法顯，唐代僧人有慧超、悟空等，最著名的當屬玄奘。

玄奘，俗姓陳，本名褘，河南洛州緱氏縣（今河南偃師）人。一提起玄奘法師，一般人都會想到《西遊記》中那位膽怯懦弱、人妖不分、是非難辨的糊塗和尚。其實這僅僅是作者的虛構，對其形象未免過於歪曲。史實記載的玄奘法師，不僅精通佛法，虔心求學，而且膽識過人，是位大智大勇的高僧。

偃師市玄奘寺當年，玄奘離開長安，艱難地跋涉在西域的雪山荒漠中，偶然遇到一名胡人（是個獵戶），名叫石磐陀。當他得知玄奘要遠赴天竺求法，心中十分敬仰，發誓要做玄奘的弟子，隨師父前往印度。但經過十多天的日夜兼程，石磐陀感到前途艱險，九死一生，頓時失去信心，竟產生了殺師叛逃的惡念。一天法師正在打坐，石磐陀抽出鋼刀，向他逼近。見石磐陀目露凶光，玄奘知道他已經動了殺機。此刻，不論是厲聲斥責，還是乞求饒命，都會激起石磐陀的殺心。於是玄奘靜靜地坐著，閉目不視。見此情景，石磐陀竟不敢下手，徘徊良久終於還刀入鞘。直到此時，玄奘才開口說：「石磐陀，你為何還不走？我沒有你這樣的弟子，你快回家和妻兒團聚吧。」在玄奘法師的責難下，石磐陀終於慚愧而去。

玄奘法師經過兩年的艱險旅程，到達天竺後，拜在著名的那爛陀寺百歲高僧戒賢法師門下，刻苦參研佛法，數年間精通了經藏、律藏、論藏，因此被尊稱為「三藏法師」。但也因此招來了天竺一些僧人的忌妒。

人物志：改變歷史的河南名人

　　一天，一名婆羅門僧人自以為學問高深，無人可及，於是在那爛陀寺門前貼出五十條疑難經義，自稱如果任何人能夠破解其中一條，就立即將自己的頭顱砍下。寺中眾僧不服，紛紛前往觀看，但果真無人破解出任何一條。眾僧求助於玄奘，玄奘卻淡淡地說：「都是出家人，何必好勇鬥狠呢？」遂一連三日不出寺院。

　　到了第四天早上，玄奘剛剛走到寺院門前，就被那婆羅門僧扯住。那婆羅門僧罵道：「玄奘，你連一條經義都破解不出，還是滾回唐朝去吧！」

　　玄奘微嘆道：「身為出家人，為何還要出言不遜？這五十條經義，我又怎能不解。」說罷，玄奘隨口講解經義，眾人聽得如同醍醐灌頂，大為欣喜。婆羅門僧面如死灰，為了履行誓言，只得拔劍準備自刎。玄奘制止道：「你捨命求學，實在難得，說過的話何必當真呢？」婆羅門僧拜倒在地，拜玄奘為師。

　　不久，玄奘聽說那婆羅門僧會講解《論勝》這部經典，於是便請他為自己講解。婆羅門僧驚異地說：「我是弟子，怎敢向師父講經？」玄奘回答：「那部典籍我沒有學過，既然你精通，我就應該向你求教。」

　　待到那婆羅門僧講解完畢後，玄奘對他說：「以前我是你的師父，現在你對我講經，又是我的師父，我們還是不以師徒而論，平起平坐地研究佛法吧。」經此一事，全寺眾僧無不敬佩玄奘的淵博和大度。

　　唐玄奘於唐貞觀十九年（西元645年）正月二十五日返回長安。史載當時「道俗奔迎，傾都罷市」。唐太宗親自接見，慰勉有加，勸其還俗出仕。玄奘婉言辭謝，在弘福寺譯經並完成《大唐西域記》一書，記錄所見所聞，該書成為一部珍貴的歷史文獻。正如印度史學家辛哈和班納吉所說：「中國的旅行家如法顯、玄奘，為我們留下了關於印度的寶貴記載。

不利用中國的歷史資料，要編一部完整的佛教史是不可能的。」

在之後的日子裡，玄奘主要主持佛經翻譯。他奏請造塔以安置經像獲准，於是大雁塔建成。

畫聖吳道子

吳道玄（約西元 685～758 年），字道子，陽翟（今河南禹州市）人。中國唐代著名畫家，被稱為「百代畫聖」。

吳道子少時孤貧，像大多數唐代文人一樣，吳道子也選擇了遊學天下。他曾到洛陽，向當時的書法名家張旭、賀知章學習書法。但很不幸，不知是資質問題還是審美問題，他沒有學成。轉而學畫，未及弱冠，已經是深造圖繪的妙處了。若不是吳道子天性聰慧，靠積習苦功，20 歲的他是不可能達到如此高度的。

吳道子曾在韋嗣立處當過小吏，後來做過兗州縣尉。唐明皇聞其名，召入供奉，任以內教博士，由此名震天下。吳道子繪畫大概師法張僧繇，甚至有人認為他是張僧繇投胎轉世。至於吳氏畫風的變化縱橫，與造物不相上下，則讓人懷疑縱是張僧繇也不能及也。世稱畫有六法，顧愷之能齊備。傳說顧愷之畫鄰家女子，以棘刺畫像而使真人呻吟；吳道子畫驢於僧房，和尚一天黃昏聞有踏地之聲。張僧繇畫龍點睛，龍聞雷電破壁飛去；道子畫龍，則鱗甲飛動，每到天下雨則煙霧升騰。在中古繪畫史上，顧愷之冠絕於前，張僧繇繼絕於後，能夠與上兩家冠名於史冊的，大概也就只有吳道子了。

在長安、洛陽兩地，吳道子曾作寺觀壁畫三百餘間，畫中神怪人物千奇百怪，沒有一處雷同的痕跡。

唐張彥遠的《歷代名畫記》稱：「自顧陸以降，畫跡鮮存，難悉詳之。唯觀吳道玄之跡，可謂六法俱全，永珍必盡，神人假手，窮極造化也。所以氣韻雄壯，幾不容於縑素；筆跡磊落，遂恣意於牆壁；其細畫又甚稠密，此神異也。」宋蘇軾亦曰：「道子畫人物，如以燈取影，逆來順往，旁見側出。橫斜平直，各相乘除，得自然之數，不差毫末。出新意於法度之中，寄妙理於豪放之外，所謂遊刃餘地，運斤成風，蓋古今一人而已。」

吳道子還曾在洛陽城北邙山上清宮的牆壁上畫了唐高祖、唐太宗、唐高宗、唐中宗、唐睿宗等所謂的〈五聖圖〉，還依據真人而繪有〈千官像〉。以上兩圖都非常生動逼真，絕妙傳神，氣勢雄渾，氣象萬千。詩聖杜甫曾寫詩稱讚這位畫聖的畫道：「畫手看前輩，吳生遠擅揚。森羅轉地軸，妙絕動宮牆。五聖聯龍袞，千官列雁行。冕旒俱秀發，旌旗盡飛揚。」

到了宋代，上清宮的吳道子壁畫被一個隱士用三十萬錢買走。這個隱士得到壁畫後，三年閉門不出，臨摹鑽研。等他覺得學成了，為了使自己學到的畫藝成為絕工作，竟然把壁畫沉到洛河裡去了。

有學者稱有唐之盛，文至於韓愈，詩至於杜甫，書至於顏真卿，畫至於吳道玄，天下之能事畢矣。吳道子的傳世畫跡有〈天王送子圖〉、〈釋迦圖〉，均為後人摹本，現皆藏於日本。

張巡「草人借箭」

張巡（西元709～757年），唐朝著名愛國將領，河南省南陽市鄧州人。

大家都知道諸葛亮草船借箭的故事。可是實際上，諸葛亮並沒有借

過什麼箭,所謂草船借箭,是《三國演義》的作者施耐庵從唐代名將張巡那裡移植過來的。

唐朝天寶年間(西元 742〜755 年),爆發了安史之亂。安祿山的叛軍從范陽起兵,很快攻破東都洛陽。安祿山一面去攻打長安,一面派唐朝的降將令狐潮率兵東進,去攻打雍丘(今河南杞縣)。

駐守雍丘的是唐將張巡。當時,張巡手下只有一千多人,而令狐潮所帶叛軍有四萬多人,眾寡懸殊。但張巡帶領雍丘軍民堅決抵抗,堅守六十多天,接連打退叛軍兩百多次進攻,殺傷大量叛軍。不久,長安失守的消息傳來,令狐潮就派人進城勸降。但張巡等人堅決不投降,表示要抵抗到底,並痛斥令狐潮的投降行徑。令狐潮大怒,命令叛軍加緊攻城。此時,雍丘被圍多日,情況十分困難。不僅缺少糧草,而且箭也基本上用完了。怎麼辦呢?

一天夜裡,雍丘城頭上突然出現了數百名身著黑衣的戰士,他們在城頭上繫上繩子,然後順著繩子就往下溜,看樣子,他們準備偷襲敵營。叛軍的哨兵發現情況,馬上向令狐潮報告。令狐潮冷笑一聲:「這不是自投羅網嗎!」就下令士兵向城頭放箭。一時間,箭如雨下,紛紛射向正從城上往下溜的唐兵。射啊,射啊,一直射到天色發白,叛軍才發現原來城牆上掛的全是草人。

又過了幾天,城牆上又出現了要來偷襲的唐兵。令狐潮的士兵想這回一定又是草人,就不去理會。沒想到,這回不是草人了,而是數百名驍勇善戰的勇士。這些勇士乘叛軍猝不及防,直撲令狐潮的大營。幾萬叛軍一時大亂,被打得落花流水。

張巡一直堅守雍丘,不斷打敗叛軍。第二年,睢陽太守許遠派人向張巡告急,叛軍大將尹子奇率領十三萬大軍要來進攻睢陽了。

人物志：改變歷史的河南名人

　　張巡深知睢陽控扼通向江淮的要道，戰略位置比雍丘要重要得多。於是，趕緊帶兵增援睢陽。張巡和許遠苦守睢陽，與數十倍於己的叛軍激戰四百餘次，殺敵十二萬人。最後彈盡糧絕，才被叛軍攻陷。

　　張巡、許遠壯烈犧牲。睢陽陷落時，唐軍已奪回長安，叛軍已窮途末路，無力再向江淮發動進攻。江淮地區的保全，使唐王朝在經濟上有所依賴，對戰爭結局有重大影響。而在這一點上，張巡、許遠當立首功。

詩聖杜甫

　　杜甫，字子美，他是晉代名將杜預（西元222～284年）的第十三代孫。唐玄宗先天元年（西元712年）正月初一，杜甫出生在河南鞏縣南窯灣村筆架山下一個沒落的官僚地主家庭裡，所以，一般又稱他為鞏縣人。

　　杜甫很小時就開始寫詩，「七齡思即壯，開口詠鳳凰」，「往昔十四五，出遊翰墨場。斯文崔（崔尚）魏（魏啟心）徒，以我似班揚」。杜甫十四五歲時，學業有成，就開始在洛陽與各界名流如崔尚、魏啟心、岐王李範（玄宗之弟）、祕書監崔滌以及著名樂工李龜年等人交往。崔尚、魏啟心都是社會名流，他們樂於和這麼一個十四五歲的孩子交往，並稱讚他比得上班固、揚雄，足見杜甫才華之盛。杜甫晚年在潭州（長沙）與李龜年重逢時，還清楚地憶起這些往事。

　　唐天寶六年（西元747年）起，杜甫旅居長安近十年。在長安，他目睹了統治集團的荒淫腐敗和橫征暴斂，寫下了〈麗人行〉、〈兵車行〉、〈自

京赴奉先縣詠懷五百字〉等現實主義力作。天寶十四年（西元 755 年），安祿山起兵叛亂，洛陽、長安相繼失陷。至德二年（西元 757 年），郭子儀率唐軍收復兩京（長安、洛陽），杜甫藉機回洛陽家鄉探望。不料形勢突變，乾元二年（西元 759 年），唐軍大敗於相州（今河南安陽），洛陽震動，官吏四散奔逃。杜甫也由洛陽逃回關中。一路上，他親眼目睹了社會殘破、民不聊生的悲慘現實，憤然寫下了「三吏」（〈新安吏〉、〈石壕吏〉、〈潼關吏〉）、「三別」（〈新婚別〉、〈垂老別〉、〈無家別〉）等千古絕唱，都從不同的側面反映了當時朝政昏暗、官吏暴斂、軍閥專橫、戰爭動亂、人民苦難等社會生活畫面。人們稱杜甫的詩為「史詩」，稱杜甫為「詩聖」。

此後，杜甫移居四川成都。晚年長期漂泊於四川，但他心中念念不忘故鄉洛陽。從他的〈聞官軍收河南河北〉一詩中，我們可以深切地體會到詩人對故鄉的眷戀和歸鄉的渴望。

……

白日放歌須縱酒，青春作伴好還鄉。

即從巴峽穿巫峽，便下襄陽向洛陽。

回家的路線，不知在他心中設計了多少回。詩人正是滿懷思鄉之情踏上了歸途。但他最終也未能回到自己日夜思念的洛陽。大曆五年（西元 770 年），杜甫淒涼地病逝於歸鄉的一葉小舟上，時年方 59 歲。杜甫去世後，他的兒子杜宗武無力運柩歸葬，只好將其厝於岳州。直到元和八年（西元 813 年），他的孫子杜嗣業才從岳州將其靈柩遷回他魂牽夢縈的故鄉。

人物志：改變歷史的河南名人

詩豪劉禹錫

劉禹錫（西元 772～842 年），字夢得，洛陽人，自稱是漢代中山王劉勝之後，故亦作中山（今河北境內）人。其實他是中國北方少數民族的後裔，其七世祖劉亮時隨魏孝文帝遷都而後舉家移遷洛陽定居。

劉禹錫於唐德宗貞元九年（西元 793 年）與柳宗元同榜中進士，又登宏詞科。貞元十一年（西元 795 年）中吏部取士科，官授太子校書。貞元十六年（西元 800 年）先後被請為徐州掌書記和揚州掌書記。兩年後調補京兆渭南主簿。貞元十九年（西元 803 年），升為監察御史。

唐永貞元年（西元 805 年），順宗李誦即位，希圖刷新政治，改革弊政。劉禹錫與王叔文、王伾、柳宗元等積極推行改革，反對宦官專權和藩鎮割據勢力，時稱「二王劉柳」。但「永貞革新」僅推行半年即告失敗，劉禹錫被貶為連州（今廣東陽山）刺史。未至，又被斥為郎州（今湖南常德）司馬。10 年後被召還長安，因遊玄都觀作〈戲贈看花諸君子〉詩：

紫陌紅塵拂面來，無人不道看花回。

玄都觀裡桃千樹，盡是劉郎去後栽。

這首詩「語涉譏刺，執政不悅」，復遭貶，先後任播州（今貴州遵義）、連州、夔州（今四川奉節）、和州（今安徽和縣）刺史。14 年後被召回長安，又寫下了〈再遊玄都觀〉絕句，對達官顯宦進行了無情的嘲諷和有力的鞭撻：

百畝庭中半是苔，桃花淨盡菜花開。

種桃道士歸何處，前度劉郎今又來。

這首「詆權近」、「滋不悅」的詩展現了他剛正不阿、輕蔑權貴的不

屈意志。但也因此,他又被調往洛陽。到洛陽後,被任命為東都尚書省主客郎中,後又改做禮部郎中,兼集賢殿學士。終以恃才褊心不得久處朝列,於唐大和五年(西元831年)六月,又出任蘇州刺史,因有功績,受賜金魚袋。又調任汝州、同州(今陝西大荔)任刺史兼御史中丞等職。唐開成三年(西元838年)因患足疾等故而改任太子賓客,分司東都。一年後,加檢校禮部尚書。世稱劉賓客。唐武宗會昌二年(西元842年)七月,劉禹錫與世長辭,享壽71歲。

劉禹錫的文學成就是多方面的,文以論證博辯,說理透澈見長;詩以律、絕為工,樂府小章尤為著名。白居易曾由衷地讚嘆道:「劉夢得,詩豪者也,其鋒森然,少敢當者……文之神妙,莫過於詩,若妙於神,則吾豈敢?」他詩中「沉舟側畔千帆過,病樹前頭萬木春」、「人世幾回傷往事,山形依舊枕寒流」等句,深寓哲理,膾炙人口,成為傳世佳句。

白居易與龍門香山寺

自唐武則天建周初期修建龍門香山寺之後,期間經歷了12個皇帝,近150年。香山寺由盛到衰,又逐漸至荒廢,至唐文宗大和初年時,已荒廢得不可寓目。

由於對當時的政治越來越感到失望,白居易於唐文宗大和三年(西元829年)春天,從蘇州刺史任上稱病東歸,回到洛陽,任太子賓客分司東都,第二年任河南尹,開成初年拜太子少傅。自此定居洛陽18年,直至逝世。

白居易居洛陽期間,常到龍門香山寺遊說,並和該寺名僧如滿交上了朋友。他看到寺院逐漸荒廢,已不堪人居,經常感慨繫之,便決定重

新修建香山寺，但苦於一時還無能為力。

唐文宗大和六年（西元832年），他得到了一筆錢。這筆錢是他好友元稹的家人送給他的。元稹在臨死前曾託他撰寫墓誌銘，他欣然從命。元稹死後，家人根據其遺囑，假以「謝文之贄」（潤筆費）為給白居易送去七十萬兩銀子及一些紀念品。白居易推辭不掉，只好收下，並決定用這筆錢加上平生的積蓄，重修香山寺。

經過近一年的時間，建造了寺前亭1所，登寺橋1所，連橋廊7間，石樓1所，連樓廊6間，東佛龕大屋11間，南賓客院1所，房屋7間。於是，「遊者得息間，觀者得寓目。關塞之氣色，龍門之景象，香山之石泉，石樓之風月，與往來者耳目一時具新」。之後又將寺西北隅的舊屋3間，擴建為藏經樓。堂內除藏大小乘經、律、論集凡5,270卷外，白居易又將自己從大和三年（西元829年）至開成五年（西元840年）居洛12年間，所作的賦與格律詩凡八百多首，合為十卷，名為《白氏洛中集》，也收藏其中。

白居易在重修香山寺後，更加喜愛龍門山水和香山風景之美，便移居香山寺。他在〈香山寺二絕〉之一的詩中寫道：

空山寂靜老夫閒，伴鳥隨雲往復還。

家醞滿瓶書滿架，半移生計入香山。

他在〈修香山寺記〉中說：「洛都四郊山水之勝，龍門首焉，龍門十寺觀遊之勝，香山首焉。」他與香山名僧如滿肩輿往來，結香火社，並自稱「香山居士」。他定居洛陽的18年裡，「朝夕之所遊，詩思之所注」，多數在香山寺裡。其在此寫過很多詩，其中不少都是憂國憂民的著作。白居易晚年在香山寺的活動，使香山寺更加聞名於世。他的高風亮節使人民敬仰，他的詩篇與香山寺一起萬古流芳。

元稹的「豔詩」

元稹（西元 779～831 年），唐代文學家，字微之，別字威明，河南洛陽人。元稹是唐代著名的詩人，是新樂府運動的倡導者和小說家，與白居易並稱為「元白」，可見其影響之大。他的詩歌數量很多，他把自己的詩分為古諷、樂諷、古體、新題樂府、律詩、豔詩等十類。此處，我們來看一首使他名聞天下的「豔詩」——〈離思〉：

曾經滄海難為水，除卻巫山不是雲。
取次花叢懶回顧，半緣修道半緣君。

元稹寫有〈離思〉五首，尤其此首寫得一往情深，熾熱動人，具有獨到的藝術特色。在描寫愛情題材的古典詩詞中，堪稱名篇佳作。現在也被影視界多次演繹，使之變得婦孺皆知，但其詩內的具體含義，大多則是一知半解，真如那巫山之雲讓人捉摸不透。這首詩到底隱藏著多少鮮為人知的故事，也引起了諸多學者的猜疑。

綜觀全詩，僅四句，即有三句採用比喻手法。一、二兩句，破空而來，暗喻手法絕高，幾乎令人捉摸不到作者筆意所在。「曾經滄海難為水」，是從孟子「觀於海者難為水」（《孟子‧盡心篇》）脫化而來。詩句表面上是說，曾經觀看過茫茫的大海，對那小小的細流是不會看在眼裡的。它是用大海與河水相比。海面廣闊，蒼茫無際，雄渾無比，可謂壯觀。河水，只不過是舉目即可望穿的細流，不足為觀。寫得意境雄渾深遠。然而，這只是表面的意思，其中還蘊含著深刻的思想。

第二句，是使用宋玉〈高唐賦〉裡「巫山雲雨」的典故。〈高唐賦〉序說：戰國時代，楚襄王的「先王」（指楚懷王）曾遊雲夢高唐之臺，「怠而晝寢，夢見一婦人……願薦枕蓆，王因幸之」。此女即「巫山之女」。她

別離楚王時說:「妾在巫山之陽,高丘之阻。且為朝雲,暮為行雨,朝朝暮暮,陽臺之下。」楚王旦朝視之,果如其言,因此就為她立廟號曰「朝雲」。顯而易見,宋玉所謂「巫山之雲」的「朝雲」不過是神女的化身。

元稹所謂「除卻巫山不是雲」,表面是說:除了巫山上的彩雲,其他所有的雲彩都不足觀。其實,他是巧妙地使用「朝雲」的典故,把它比作心愛的女子,充分地表達了對那個女子的真摯感情。詩人表明,除此女子,縱有傾城國色、絕代佳人,也不能打動他的心,取得他的歡心和愛慕。只有那個女子才能使他傾心相愛。寫得感情熾熱,又含蓄蘊藉。

第三句「取次花叢懶回顧」,是用花比人。是說我即使走到盛開的花叢裡,也毫不留心地過去,懶得回頭觀看。為什麼他無心去觀賞映入眼簾的盛開花朵呢?第四句「半緣修道半緣君」便做了回答。含意是說他看破紅塵,去修道的緣故,這是其一。其二,是因為他失去心愛的她,再也不想看別的「花」了。統攬全詩,不難看出,「取次花叢懶回顧」的原因,還是因為失去了「君」。「半緣修道」之說,只不過是遁詞罷了。

古代詩評家曾經說這首詩是作者為其曾經相愛的韋叢而作的悼亡詩,或臆斷為詩人「與鶯鶯在閨中狎暱之遊戲」(卞孝萱《元稹年譜》)的自我寫照。孰是孰非,不知如何判斷?

元稹一生的作品很多,有《元氏長慶集》一百卷,今存六十卷。他的愛情小說〈鶯鶯傳〉膾炙人口。王實甫的《西廂記》即取材於此。

為什麼李賀被稱為「詩鬼」

李賀(西元790～816年),字長吉,昌谷(今河南宜陽)人,以樂府詩著稱。詩中反映出對宦官專權、藩鎮割據的強烈不滿,對勞苦人民的

疾苦亦寄予關切。但也有一些作品流露出人生無常的陰鬱情緒。

　　李賀雖然只活了 27 歲，但存詩達兩百多首，詩中充分顯露了他的天才。他詩歌的主要內容是懷才不遇的苦悶，風格幽冷悽婉。他喜歡用「死」、「血」、「鬼」、「泣」這類字眼，驅遣千奇百怪的形象，表現驚人的想像力，如〈馬詩〉23 首，透過馬表現賢才的雄心壯志及其懷才不遇的憤慨。有些詩則是描寫幻想中的神仙世界，表現他的苦悶和追求。如〈夢天〉寫夢遊月宮、俯視人間的情景，表現了不滿現實而又無力改變它，轉而厭棄現實，逃避現實的心情。描寫人民疾苦是另一類題材，如〈老夫採玉歌〉寫採玉老人的艱苦勞動，是一篇情景交融的佳作。有些詩篇則是揭露統治者殘暴荒淫的，如〈猛虎行〉影射藩鎮割據，〈苦晝短〉諷刺皇帝迷信求仙。李賀還寫了一些戀情、閨思、宮怨之作，這類詩則以形象鮮明、意境美麗、格調清新、感情真摯為特點，如〈江樓曲〉寫少婦等待夫婿歸來，很有生活氣息。

　　李賀的詩受《楚辭》、古樂府、齊梁宮體及李白等多方面影響，經自己熔鑄，形成獨特的冷豔風格。李賀詩歌的意像帶有很大的虛幻和想像的成分。構思不拘常法，意象之間跳躍很大，常常超越時間和空間。語言極力避免平淡而求奇，為了求奇，便在事物色彩和情態上著力。

　　李賀的詩想像豐富，構思奇特，具有極度浪漫主義風格。故被尊稱為「詩鬼」。

紅杏尚書──宋祁

　　宋祁（西元 998～1062 年），北宋的大臣、文學家、史學家，字子京，開封雍丘（今河南杞縣）人。他和哥哥宋庠勤奮苦讀，終成大器，

同年得中進士。據說他原名列第一,而哥哥在其後。但其時章憲太后當朝,認為弟不可以先兄,於是乃以宋庠為狀元,宋祁名列第十。學而優則仕,宋庠官做到宰相,宋祁官至尚書。因宋祁有一句千古名句「紅杏枝頭春意鬧」,故世人稱為「紅杏尚書」。

當上官以後,兄弟二人的做派可就大不相同。某年元宵佳節,宋庠在書院裡研讀《周易》,夜半尚未歇息。他聽說當夜弟弟宋祁卻在家中「點華燈,擁歌妓,醉飲達旦」,就很不以為然,差一個親戚去規勸弟弟,傳他的話說:「弟弟你昨夜窮極奢侈,不知還記不記得登第前的一個元宵節,我兄弟二人在州學內煮細粉吃的艱苦情景嗎?」宋祁聽了大笑,就叫親戚回覆哥哥:「我們當年千辛萬苦,為的是什麼呢?」

說到這裡,我們就有必要讀一下宋祁那首著名的詞的全文,詞牌為〈玉樓春〉:

東城漸覺風光好,縠皺波紋迎客棹。綠楊煙外曉寒輕,紅杏枝頭春意鬧。浮生長恨歡娛少,肯愛千金輕一笑。為君持酒勸斜陽,且向花間留晚照。

這裡寫的「浮生長恨歡娛少」,也就是人生不如意事常八九之意。那麼在這綠楊紅杏春光明媚之時,如遇美女,怎麼會吝惜千金而不換取佳人一笑呢?

要而言之,弟弟是個很會享樂的人,認為以前吃苦就是為今天享樂;而哥哥是個迂執的道學家,還要保持艱苦樸素的本色,要弟弟牢記以前的苦日子。看來誰也未能說服誰,這是兩種不同的人生態度,只能是各有所愛了。人們雖然敬重宋庠,但是卻喜歡宋祁。下面再來說宋祁兩件天真可愛的事。

宋祁「天資蘊藉，博學能文章」，晚年在成都做官時，修唐書（《新唐書》為宋祁、歐陽脩等撰）。他修史時場面頗壯觀：雪天，燒起兩爐子熊熊的炭火，厚厚的簾子將門窗護嚴，室內點燃一根如椽大燭，桌子左右另有兩個秉燭；侍妾婢女環侍，磨墨的磨墨，潤筆的潤筆，鋪紙的鋪紙。看到這情景，人們就知道尚書要修唐書了，個個屏息伺候。

宋祁喜宴飲、歌舞、遊樂。家中不僅有專門廚師，還有樂隊歌舞團（蓄聲伎）。他這娛樂團隊不只供家中欣賞，還可以用來待客。張岱在《陶庵夢憶》中說，明代達官貴人家中聲伎，「仿石季倫（東晉石崇）、宋子京家法，都令客見」。宋祁晚年知成都府，在錦江上游玩，並於船上設宴。宴罷微覺風寒，叫底下人取個背心來穿。「諸婢各送一枚，凡十餘枚畢至」。這十幾件背心很可能是婢女們從自己身上脫下來的。面對這樣的深情蜜意，宋祁覺得不能厚此薄彼，就一件也不接受，忍著凍回到家裡。

岳飛背後的字是誰刺的

岳飛（西元 1103 ～ 1142 年），字鵬舉，相州湯陰人（河南），為宋朝名將。岳母刺「盡忠報國」（一說為精忠報國）於其背的故事婦孺皆知，但這四字真是岳母所為嗎？

《宋史・何鑄傳》記審問岳飛的史事，說岳飛背上四字乃「舊刺」也。按此線索考查可知，這「舊刺」實是「舊制」所致。這與宋代「刺字為兵」的制度有關。宋朝統治階級在招募兵勇時，兵勇臉部要被刺字，是為入籍標誌，亦防止兵丁逃跑。南宋人朱弁《曲洧舊聞》說：「藝祖（宋太祖）平定天下，悉招聚四方無賴不逞之人，刺字以為兵。」說明宋代募兵制

是要刺字為記的。也有不刺字於面的，如范仲淹任「環慶路拒西夏招討史」，主陝邊務，所招募的兵勇只刺字於手背或手臂上。朝廷訂定死制度，邊關大吏靈活運用，收到了較好的募兵效果。所刺文字最初是軍隊編號，如武德軍、陝軍等，稍後亦可刺吉語、警策語。

岳飛於宋宣和四年（西元1122年）19歲時在河北真定第一次應募入伍，背部刺字大約是此時所致。因為北宋末年「刺字為兵」的制度仍在貫徹執行。「刺字於面」的士兵為當時社會所歧視，是一種下賤的職業。在這種背景下，岳飛既要當兵報效國家，又不能違反「刺字」入軍籍的制度。因此，他選擇「盡忠報國」四字刺於背部明志，是符合當時募兵制度的。

「岳母刺字」，最早見於清乾隆年間杭州錢彩評《精忠說岳》第二十二回回目：「結義盟王佐假名，刺精忠岳母訓子。」內容為，岳飛不受楊麼的使者王佐之聘，其母恐日後還有不肖之徒前來勾引岳飛，倘若一時失察受惑，做出不忠之事，英名就會毀於一旦。於是禱告上蒼神靈和祖宗，在岳飛背上刺了「盡忠報國」四字。該書敘述岳母刺字時，先在岳飛脊背上用毛筆書寫，再用繡花針灸就，然後塗以醋墨，使永不褪色。描述得具體而詳細。但有些學者認為，紋身刺字是一門特技，有嚴格的操作流程和技巧，絕非一般人所能。岳母乃家庭婦女，不可能具有這種技藝，顯然是作者按照元、明有些傳記中有岳飛背上刺字的記敘，加以想像發揮，藝術加工構造的。

因此，岳飛脊背上的字是誰之手所刺？尚是個難解之謎。

安樂先生與安樂窩

邵雍，字堯夫，自號安樂先生。范陽（今河北涿縣）人，死後葬於河南伊川縣。邵雍幼時隨父遷共城（今河南輝縣），在共城蘇門山百源（今輝縣百泉）讀書，因其博學多辯，又在百源讀書，故人稱他為百源先生。他拜共城縣令李之才為師，李授他以圖書先天象數之學，使其從中領會到不少東西。他又據《易經》關於八卦形成的解釋，參合道教思想，虛構一宇宙構造圖式和學說體系，成就了他的象數之學（也叫先天學）。邵雍認為宇宙的本原是「太極」，亦即「道」、「心」。太極永恆不變，而天地萬物皆有消長，有終始，只能按照「先天圖」循環變化。他認為人類社會已盛極而衰，從中國古代有關三皇五帝等傳說和某些歷史現象出發，提出了「皇、帝、王、霸」四個時期由盛到衰的歷史觀點。

邵雍30歲時到洛陽遊學，被洛陽的秀麗風光所吸引。次年，便從共城遷到洛陽定居。不久，他的父母先後死去，他便把父母都葬在洛陽的伊水之濱。邵雍初到洛陽時，沒有地方住，自己又是一介窮儒，沒有錢，只好在洛河南岸自己蓋了個草棚。草棚四面透風，每逢下雨，滿屋子都是水，附近的人都譏笑他，然而他卻自得其樂，對別人的譏笑滿不在乎。宋嘉祐七年（西元1062年），王拱辰為河南尹，見邵雍住得太不像樣，便把位於洛陽天津橋南的五代節度使安審琦的故宅三十餘間，借給他居住。後來司馬光、富弼、呂公著等名滿朝野的人物相繼退居洛中，都很推崇他的學問和為人，並與其友善往來，並帶頭集資，為其購買了這所宅院。

邵雍自己在洛河邊開荒種了一些莊稼，收穫僅供衣食，過著半飢半飽的生活。但他不以為苦，還覺得樂在其中，並將其居住的地方命為安

人物志：改變歷史的河南名人

樂窩，又自號安樂先生。他經常與司馬光及程氏兄弟一起飲酒詠詩，談論時政。他有詩道：

夏居長生洞，冬居安樂窩。

竊料人間樂，無如我最多。

他還喜歡一個人推著輛小車到洛陽城中遊樂。他的德行和學問，使得洛陽的老百姓都很敬仰他。一看見他進城，很遠就出來迎候他，叫著「我家先生來了」，爭著往自己家裡讓。後來大家乾脆不叫他的姓氏了，直呼「我家先生」。

邵雍自幼好學，非常刻苦地博覽群書。他讀書，寒冷的冬天不生爐子，酷熱的夏天不搧扇子，夜讀晝寫，刻苦鑽研，數年如一日。為了增廣知識，開闊眼界，他又周遊了很多地方。到洛陽定居以後，主要著書立說，主要有《皇極經世》「觀物內外篇」、「漁樵問答」等哲學著作及《伊川擊壤集》十餘萬言流行於世。

司馬光的哥哥司馬端明曾跟隨邵雍學習，他們兩人都有很高的德行，人們都非常羨慕推崇，一些父子兄弟發生了爭端，每每互相勸誡說：「我們不要忘了道行，不然，邵先生和司馬先生會笑話我們。」四方來洛陽的人士，即使不上公府去，也一定要到邵雍處去。邵雍和別人說話，總是先談到別人的優點。凡是向他請教學問的人，他總是耐心告訴，絕不強加於人，無論貴賤少長，他都一視同仁，誠懇相待。因此人們都願意接觸他，學習他的高尚品德，連那些不好的人也受他感化變好了。

人們到處傳頌他的才德，競相學習他的言行，以至於「一時洛陽人才特盛，而忠厚之風聞天下」。朝廷聞說後，多次召他去當官，他都一一回絕了。

熙寧十年（西元 1077 年），邵雍患病去世，享壽 67 歲。在他病重期間，好友司馬光、張載、程顥、程頤等始終不離左右。朝廷贈他祕書著作郎之稱。元祐年間（西元 1086～1093 年）又賜諡號「康節」。咸淳元年（西元 1265 年），從祠孔子廟，和孔子一樣受祭祀。程顥稱其懷內聖外王之學，並為其寫墓誌銘，稱頌其道，純一不染，說他的學問達到了很高的程度。

樂聖朱載堉

朱載堉（西元 1536～1611 年），字伯勤，號句曲山人，青年時自號狂生、山陽酒狂仙客。生於懷慶府河內縣（今河南省焦作市沁陽），係明太祖元璋九世孫，仁宗帝的第六代孫，鄭藩王族嫡世。他不僅是樂律學家，也是曆學家、算學家，是世界上第一位解決十二平均律數理和計算的人。

朱載堉一生是十分坎坷的，雖然他在很多學術領域都取得了成就，但在當時，他的成就並沒有得到社會的重視，而他也注定只能在默默無聞中度過自己的餘生。

他本是明王室子弟，但在他 15 歲時，他的父親恭王朱厚烷在宗室的勾心鬥角中被無罪繫獄，18 年之後才獲赦免。這期間他從一位貴族的世子降為囚徒的兒子，其地位可說是一落千丈，其心境也是可想而知的。

在父親被囚禁期間，朱載堉對統治階級間的勾心鬥角深惡痛絕。他搬出王宮，築土室於宮門外，每日粗茶淡飯地過著苦行僧式的生活，把全部精力用於鑽研律學、數學和天文。他的主要著作是《樂律全書》。這是一部綜合性的鉅著，涉及律學、樂學、舞學、歷學、算學等多種學

科，而他最重要的樂律學著作則是《律學新說》和《律呂精義》。

西元 1596 年，他的父親被釋放出獄，恢復了王爵。大約是經受苦難太多的緣故，一年以後就去世了。按照當時的慣例，爵位應由朱載堉來繼承，然而他拒絕繼位。家境的變遷使他看破了紅塵，不願再在名利場中打滾，寧可清貧淡泊地度過自己的一生。除了研究學問外，他常常寫一些醒世辭以抒懷，其中不乏幽默風趣之作。下面是朱載堉寫的一篇〈山坡羊・說大話〉：「我平生好說實話，我養個雞兒，賽過人家馬價；我家老鼠，大似人家細狗；避鼠貓兒，比狗還大。頭戴一個珍珠，大似一個西瓜；貫頭簪兒，長似一根象牙。我昨日在岳陽樓上飲酒，昭君娘娘與我彈了一曲琵琶。我家下還養了麒麟，十二個麒麟下了二十四匹戰馬。實話！手拿鳳凰與孔雀廝打；實話！喜歡我慌了，蹦一蹦，蹦到天上，摸了摸轟雷，幾乎把我嚇煞！」從這首詞，我們可以看到這位大學問家活潑、風趣、熱愛生活的一面。

袁世凱「不回家」的背後

袁世凱（西元 1859 ～ 1916 年），字慰亭，亦作慰廷、尉亭，號容庵。出生於河南項城縣張營一個官宦大家族。按傳統習慣，中國人應當葉落歸根，但袁世凱卻最終沒有葬在老家項城，而是永遠長眠於異鄉客地的安陽。其實，這背後隱藏著一段鮮為人知的故事，這故事要從袁世凱的身世說起。

袁世凱的生母劉氏是位偏房姨太太。其父袁保中的原配夫人亦姓劉，生有一子，即袁世凱的哥哥，嫡長子袁世敦。原配劉氏因為身體不

好,難以承擔袁家繁重的家務,袁保中便又納一妾劉氏,生子袁世昌、袁世廉、袁世凱。原配劉氏病逝後,袁世凱的生母被扶為繼室,家庭地位雖得到提升,但名分並沒有得到徹底改變。

1902年10月,袁世凱的生母劉氏病逝。當時袁世凱正在山東巡撫任內,他立即請求回鄉守制三年。庚子之變後的中國正處在一個多事的時節,慈禧自然不准,只給百天假期,令其在撫署戴孝。袁世凱心中不安,再次電請回鄉葬母守制。慈禧回電慰留,並下諭祭奠劉氏,賞正一品誥命。袁世凱這才心滿意足地同意留下來撫署戴孝。母以子榮!帶著老佛爺的諭旨和封賞,袁世凱風光地親自扶靈回鄉安葬母親。

袁世凱雖然在慈禧老佛爺那裡賺足了面子,但他萬萬沒有想到,令他難堪的事情出在他們兄弟之間。

按照豫東一帶的喪葬風俗,繼室死後是不能夠葬入祖墳正穴的,只能葬在墳地的邊角地帶。以袁世凱當時山東巡撫、太后寵臣的身分,加上慈禧老佛爺剛剛賜給母親的殊榮,不能將母親葬進祖墳的正穴,袁世凱的面子自然掛不住。但袁世敦以自己嫡長子的身分,堅決不肯讓步。母以子貴,母以子尊!這是中國幾千年帝王繼承制造就的一條不變定律。但是,這條在官場中被普遍認可的定律到了袁世凱的長兄袁世敦那裡偏偏就行不通了。袁世凱和袁世敦大吵一通,徐世昌和河南巡撫親臨調勸,非但無效,反而更惹惱了這位族兄。世間從來都是光腳不怕穿鞋的。袁世敦一不做二不休,乾脆拿出市井草民的潑皮手段,在袁家居喪期間竟然穿上大紅袍子鬧起喪來。

那個時代嫡長如父,言不可違;加之袁世敦又有當地習俗慣例作依據,也並非完全無理刁難,風光一路的袁世凱在兄長那裡顏面喪盡,卻又無可奈何。兩兄弟從小就結下的不睦和宿怨,在這個關鍵時刻、關鍵

人物志：改變歷史的河南名人

場合做了一次徹底的了斷。親情一旦產生裂痕，其破壞力往往遠甚於常人。對親情的絕望會變成仇恨的助燃劑，燒毀一切寬容和理智，令憤怒的舉止更加無所顧忌。親情都不要了，還講什麼？官高難敵民意，位尊不犯鄉俗。袁世凱只好匆忙地在附近為母親買了一塊墳地，另外安葬了事。從此兩家老死不相往來。這次傷心之旅是袁世凱一生中最後一次回項城老家，在他死後也決計不再葬在項城。

中原記憶，河南剪影 —— 繁華古都的興衰與更迭：

武學拳法 × 密檐磚塔 × 汝瓷汴繡 × 漕運四河 × 道口燒雞，黃河波濤滾滾東流，探索華夏文明的起點

主　　　編：	許韶立
發 行 人：	黃振庭
出 版 者：	崧燁文化事業有限公司
發 行 者：	崧燁文化事業有限公司
E - m a i l：	sonbookservice@gmail.com
粉 絲 頁：	https://www.facebook.com/sonbookss/
網　　　址：	https://sonbook.net/
地　　　址：	台北市中正區重慶南路一段61號8樓 8F., No.61, Sec. 1, Chongqing S. Rd., Zhongzheng Dist., Taipei City 100, Taiwan
電　　　話：	(02)2370-3310
傳　　　真：	(02)2388-1990
印　　　刷：	京峯數位服務有限公司
律師顧問：	廣華律師事務所 張珮琦律師

-版權聲明-

本書版權為旅遊教育出版社所有授權崧燁文化事業有限公司獨家發行電子書及繁體書繁體字版。若有其他相關權利及授權需求請與本公司聯繫。

未經書面許可，不得複製、發行。

定　　價：550元
發行日期：2025年03月第一版
◎本書以POD印製

國家圖書館出版品預行編目資料

中原記憶，河南剪影——繁華古都的興衰與更迭：武學拳法 × 密檐磚塔 × 汝瓷汴繡 × 漕運四河 × 道口燒雞，黃河波濤滾滾東流，探索華夏文明的起點 / 許韶立 主編. -- 第一版. -- 臺北市：崧燁文化事業有限公司, 2025.03
面；　公分
POD版
ISBN 978-626-416-335-4(平裝)

1.CST: 人文地理 2.CST: 歷史 3.CST: 河南省
671.34　　　　114002547

電子書購買

爽讀APP　　　臉書